"十四五"时期国家重点出版物出版专项规划项目
新基建核心技术与融合应用丛书
智能网联汽车技术系列

智能网联汽车协同控制技术

第2版

王庞伟 王 力 余贵珍 著

机械工业出版社

本书汇总了作者及团队在车路协同体系下智能网联汽车领域研究的相关科研成果，探讨了交通运行状态的感知与评价、实时路径决策方法和速度引导方法，研究了智能网联汽车动力学模型、编队控制模型及编队切换控制技术、时空轨迹优化方法、主动安全控制技术、数据交互系统，以及智能网联汽车编队控制模型及硬件在环仿真技术等。

本书汇总的这些前沿关键技术可以为优化城市干线车流行驶状态、缓解城市干线拥堵、提高道路通行能力提供新的技术手段和解决方案。

本书适合从事车路协同技术应用和智能交通研究的研究人员阅读参考，也可以作为智能交通、自动控制专业师生的参考用书。

图书在版编目（CIP）数据

智能网联汽车协同控制技术/王庞伟，王力，余贵珍著. —2版. —北京：机械工业出版社，2023.1（2024.1重印）

（新基建核心技术与融合应用丛书. 智能网联汽车技术系列）

"十四五"时期国家重点出版物出版专项规划项目

ISBN 978-7-111-71536-8

Ⅰ.①智… Ⅱ.①王… ②王… ③余… Ⅲ.①汽车-智能通信网-协调控制-研究 Ⅳ.①U463.67

中国版本图书馆CIP数据核字（2022）第162683号

机械工业出版社（北京市百万庄大街22号　邮政编码100037）
策划编辑：王　欢　　　责任编辑：王　欢
责任校对：陈　越　刘雅娜　封面设计：严娅萍
责任印制：单爱军
北京虎彩文化传播有限公司印刷
2024年1月第2版第2次印刷
184mm×260mm・18.75印张・2插页・472千字
标准书号：ISBN 978-7-111-71536-8
定价：119.00元

电话服务　　　　　　　　网络服务
客服电话：010-88361066　　机　工　官　网：www.cmpbook.com
　　　　　010-88379833　　机　工　官　博：weibo.com/cmp1952
　　　　　010-68326294　　金　书　网：www.golden-book.com
封底无防伪标均为盗版　　机工教育服务网：www.cmpedu.com

第2版序

随着车联网和自动驾驶技术的迅速发展，智能网联汽车技术已成为解决城市道路交通拥堵与交通安全问题的重要技术手段之一。该技术，对改善交通安全状况、提高交通运行效率、实现节能减排、提高社会效益、促进城市可持续发展，具有重要推动作用。

智能网联汽车技术，将交通系统所涉及的人、车、路、云等要素有机结合，从而使交通系统更加智能、有序、畅通、低碳和安全。在《交通强国建设纲要》和《中国制造2025》的指引下，2018年工业和信息化部颁布了《2018年智能网联汽车标准工作要点》和《国家车联网产业标准体系建设指南（智能网联汽车）》，旨在推动国家标准向高质量国际标准提升，为全面建设汽车强国提供坚实支撑。2020年，国家发展改革委根据智能车发展态势提出了《智能汽车创新发展战略》，围绕构建智能汽车技术进行了系统化的任务部署。2022年，国务院印发《"十四五"现代综合交通运输体系发展规划》，指出要推动车联网部署与应用，支持构建"车—路—交通管理"一体化协作的智能管理系统。这一系列文件的发布表明，智能网联汽车已成为我国大力支持的未来交通系统的重点发展方向。

本书由王庞伟等人合著，从面向智能网联汽车的高实时性车路协同体系入手，创新地提出了多源车路信息融合的实时立体交通感知与交通运行状态评价方法、智能网联汽车实时路径规划和速度引导方法；同时，基于智能网联汽车动力学模型，创新地提出了混行车辆编队控制理论，研究了队列稳定性及切换控制方法、时空轨迹优化方法、主动安全控制技术及硬件在环仿真技术。本书基于作者的长期研究成果，对智能网联汽车技术领域的重要研究成果进行了总结，涵盖了目前智能网联汽车领域各项前沿关键技术。本书顺应智能交通行业的研究趋势，契合交通强国战略的发展需求，内容丰富，理论与实际相结合，是作者对该领域多年辛勤研究凝练而成的，对智能网联汽车技术实际应用及理论研究具有重要价值。

展望未来，智能网联汽车技术将大大提升道路和车辆的信息化、智能化、网联化水平，必将加速赋能智能交通和自动驾驶产业发展。智能网联汽车技术，不仅是解决汽车社会面临交通安全、道路拥堵、能源消耗、污染排放等问题的重要手段，也是构建智慧出行服务新型产业生态的核心要素，更是推进交通强国、数字中国、智慧社会建设的重要力量。本书给出了作者在相关技术上取得的前瞻性研究成果，同时也为从事智能交通技术研究的人员提出了新的研究课题，并与广大读者分享。

北京航空航天大学校长，中国工程院院士 王云鹏

2022年10月于北京

第2版前言

随着汽车保有量逐年增加、城市化进程加快，现阶段道路拥堵、环境污染与交通安全问题日益严重。近年来，随着车联网、人工智能技术在智能交通系统中的广泛应用，并借助高效可靠的通信机制，交通路网内车、路、云之间可以实现高速、稳定的信息交互，智能网联汽车技术得以迅速发展。

智能网联汽车与5G通信、人工智能、云计算、大数据等新技术和新兴产业跨界相连，构建起新的汽车产业生态，现已成为当今全球智能交通技术研究的热点。智能网联汽车带来的不仅是汽车行业的深刻变革，也将对出行方式和道路交通系统带来重大变化。近几年，美国、日本、德国等国家陆续发布了各自在自动驾驶领域的法规和鼓励自动驾驶汽车发展的政策，着力智能网联汽车研发。我国也在努力推进智能网联汽车的发展，自2015年国务院印发《中国制造2025》后，国家有关部门相继发布一系列政策促进智能网联汽车的产业化发展。2016年和2020年《智能网联汽车技术路线图1.0》《智能网联汽车技术路线图2.0》先后发布，系统梳理、更新、完善了智能网联汽车的定义、技术架构和智能化网联化分级，研究了智能网联汽车的发展路径。2020年国家发展和改革委印发了《智能汽车创新发展战略》，明确提出加快推进智能汽车创新发展。2021年工业和信息化部联合多部门印发了《智能网联汽车道路测试与示范应用管理规范（试行）》，推动智能网联汽车自动驾驶道路测试与示范应用。2022年工业和信息化部科技司公开征求对《国家车联网产业标准体系建设指南（智能网联汽车）（2022年版）》（征求意见稿）的意见，持续推动智能网联汽车产业高质量发展。在可预见的未来，智能网联汽车的规模化应用将对交通基础设施、道路交通运行及交通管控方法产生巨大影响。

智能网联汽车指搭载先进传感器、控制器、执行器等装置，融合现代通信与网络技术，实现车与X（人、车、路等）智能信息交换、共享，具备复杂环境感知、智能决策、车路协同控制等功能，可实现安全、高效、舒适、节能行驶，并最终替代人的操作的新一代智能汽车。智能网联汽车的主要优势在于可以提供更安全、更节能、更环保、更便捷的出行方式和综合解决方案。智能网联汽车技术架构主要涉及以下6种关键技术：

1) 环境感知技术，包括利用机器视觉的图像识别技术、利用雷达的周边障碍物检测技术、多源信息融合技术、传感器冗余设计技术等。

2) 智能决策技术，包括危险事态建模、危险预警与控制优先级划分、群体决策和协同、局部轨迹规划和驾驶人多样性影响分析等。

3) 协同控制技术，包括面向驱动、制动的纵向运动控制，面向转向的横向运动控制，基于驱动、制动、转向、悬架的底盘一体化控制，融合车联网通信及车载传感器的多车队列协同和车路协同控制等。

4) V2X通信技术，包括车辆专用通信系统、车路云信息共享与协同控制的通信保障机制、多模式通信与信息融合等。

5) 云平台与大数据技术，包括云平台架构与数据交互标准、云操作系统、数据高效存储和检索、大数据关联分析和深度挖掘等。

6）信息安全技术，包括汽车信息安全建模、数据存储和传输及应用三维度安全体系、信息安全漏洞应急响应机制等。

发展智能网联汽车，可以改善汽车保有量增加带来的能源、环保、安全、拥堵等多方面问题，有利于建立新型社会交通体系和新型智慧城市，有利于建立绿色、共享型汽车社会，有利于推动通信、交通、电子等相关产业的协同发展，有利于推动人工智能、大数据、机器人、工业互联网、智慧城市等多个万亿级产业的建设，对于汽车产业经济及社会和国家的发展都具有战略意义。

本书结合车车/车路无线通信技术优势与城市道路交叉口特征，设计了面向智能网联汽车的高实时性车路协同体系，并定义了车辆与路侧智能设备间的数据交互方式与交互软件系统实现方案。基于路侧智能设备对多源数据进行采集与融合，通过图嵌入神经网络提取道路空间特征与时间特征构建立体交通状态感知模型，提出了一种基于多源信息融合的交通状态评价方法。该方法通过从上述车路协同系统得到的实时数据选取评价指标进行模糊综合，引入多算子对构成二级交通评价模型并根据层次分析法确立指标权重；同时，根据仿真和实验结果建立了适用于各级道路参数的可变隶属度规则，从而融合动态车辆数据与静态路段参数，计算得出交通评价结果。基于以上评价结果，本书通过挖掘车路协同交互系统数据，以交叉口交通信号控制和路径转向信息作为影响因素，对传统路径规划系统所得到的结果进行进一步优选。该方法能根据当前时刻各路段的统计数据和实时信号机数据来预测各备选路线的行程时间，从而选择行程时间最少的路线。最后，本书根据网联汽车实测行驶数据，验证了该方法的有效性。

本书考虑了传统交通传感器精度上的限制及车辆状态信息获取的滞后性，认为目前交通信号控制系统很难根据实时车流量动态优化配时方案，来达到预期效果。但是，随着车路协同和智能网联汽车技术的广泛应用，编队控制技术为未来的城市交通控制系统提出了新的解决方案。智能网联汽车编队技术，可使车辆行驶保持理想车间距和车速，优化城市干线车流行驶状态，为缓解城市干线拥堵、提高道路通行能力提供了新的技术手段和解决方案；同时，车路协同控制技术对具有共同行驶目的的所有车辆进行统一控制和车队化管理，使得复杂的交通控制得以简化，交通可组织性也同时增强，起到了缓解交通拥堵、提高道路通行能力的作用；最后，车辆队列依靠协同控制机制来调整所有车辆性能保持一致，将交通流调整到最佳状态，有效地减少了由于个别的人为驾驶因素造成的交通事故，保证了车辆行驶的安全性。

综上所述，面对新型车路协同体系，智能网联汽车欲达到更好的编队控制效果，需要设计可靠、有效的协同控制模型，来避免车车通信延迟、失效对车辆队列行驶安全性和稳定性造成的影响；充分利用多源交通融合数据，弥补传统控制模型缺陷，使智能网联汽车能够根据不同交通状况，准确预测未来交通状态和交通安全事故，进行动态路径优化及控制，从而避免可能发生的交通拥堵和交通事故，为解决目前交通问题提供有力的技术保障。

本书第1、3~8、10~15章由王庞伟负责撰写，第2章由王力负责撰写，第9章由余贵珍负责撰写。项目组张名芳老师及研究生邓辉、刘虓、汪云峰、王天任、叶荣盛、俞宏胜、刘程、孙远哲、王佳君进行了本书的资料收集和整理工作。同时，特别感谢北京航空航天大学校长王云鹏院士为本书作序。

本书得到国家重点研发计划项目 2018YFB1600500、北京市自然科学基金项目 4212034 的资助，并且得到北方工业大学"城市道路交通智能控制技术北京市重点实验室"和北京航空航天大学"车路协同与安全控制北京市重点实验室"科研团队的大力支持，在此表示深深的感谢！

由于作者水平有限，书中难免存在疏漏不当之处，恳请广大专家、学者和读者批评指正。

作者

2022 年 10 月

第1版序

交通在城市发展中的战略地位极为重要，一个便捷、高效、畅通的交通系统是城市可持续发展的重要保障。随着我国城镇化进程不断加快，汽车保有量逐渐增加，随之出现的交通拥堵和车辆事故问题愈发严重，不仅影响了道路行车的安全性，而且造成了巨大的能源浪费，进而成为制约城市可持续发展的重要因素。因此，如何缓解城市道路交通拥堵及提高交通安全，已经成为亟待解决的重要社会难题。

随着车联网和自动驾驶技术的迅速发展，智能网联汽车技术已成为当今学者用以解决交通问题的重要技术手段之一。该技术将交通系统所涉及的人、车、道路与移动互联网环境有机地结合在一起，从而使交通系统智能化，更好地实现安全、畅通和低能耗的目的。2018年4月，工业和信息化部、公安部、交通运输部联合发布了《智能网联汽车道路测试管理规范（试行）》；2018年12月，工业和信息化部发布了《车联网（智能网联汽车）产业发展行动计划》。由此可见，智能网联汽车已成为我国政府大力支持的未来交通系统重点发展方向。

本书由王庞伟等合著，从面向智能网联汽车行驶条件下交通评价体系入手，结合车车/车路无线通信技术的优势与城市道路交叉口的特征，详细阐述了面向智能网联汽车的高实时性车路协同体系，创新地提出了利用多源车路信息融合的实时交通运行状态评价方法。同时，基于新型交通评价结果，通过挖掘车路协同交互系统数据，以交叉口交通信号配时和路径转向信息作为影响因素，建立了智能网联汽车实时路径规划理论方法。基于作者的长期研究成果，本书充分考虑了无线通信系统的网络延迟、中断、丢包等情况，创新地提出了时变通信拓扑结构下的智能网联汽车编队控制理论；通过对具有共同行驶目的的所有车辆个体进行统一控制和管理，将交通流调整到最佳状态，使得复杂的交通控制得以简化，交通可组织性也同时增强，起到了缓解交通拥堵、提高道路通行能力的作用。最后，为应对无线通信时变性特征，作者研究了智能网联汽车协同避撞及切换控制方法，车队整体通过协同控制机制调整所有车辆单体性能，实现了队列稳定性，有效地减少了由于个别人为驾驶行为因素所造成的交通事故，保证了车辆行驶安全性。本书是智能网联汽车技术领域研究成果的重要总结，是作者在该领域多年辛勤研究凝练而成的，对智能网联汽车技术实际应用及理论研究具有重要价值。

展望未来，智能网联汽车是集汽车、交通产业与高性能计算芯片、人工智能、物联网等新一代信息技术深度融合的产物。这一发展将变革人们交通出行的行为模式，使其呈现出多元融合、人机协同、模拟思考的新特征。大力发展智能网联汽车技术，不仅是解决汽车社会面临交通安全、道路拥堵、能源消耗、污染排放等问题的重要手段，也是构建智慧出行服务新型产业生态的核心要素，更是推进交通强国、数字中国、智慧社会建设的重要力量。本书作者在相关技术上已有了前瞻性研究成果，同时也给从事智能交通技术研究人员提出了新的研究课题。

北京航空航天大学副校长，长江学者特聘教授　王云鹏

2019 年 4 月于北京

第1版前言

　　交通拥堵和交通安全问题，是世界各国亟待解决的两大交通领域难题。近年来，随着车路协同技术在智能交通系统中的广泛应用，借助其高效可靠的通信机制，使得交通路网内车辆和基础设施之间可以进行高效可靠的信息交互，智能网联汽车技术随之应运而生。

　　智能网联汽车作为当今全球智能交通技术研究的热点，其发展已经超越了传统汽车产业的范畴，与人工智能、信息通信、大数据等新技术和新兴产业跨界融合，构建起新的汽车产业生态。智能网联汽车带来的不仅是汽车产业的深刻变革，也将对出行方式和道路交通系统带来重大变化，是备受关注的发展方向和焦点。近几年，美国、日本、德国等国家陆续发布各自在自动驾驶领域的法规和鼓励自动驾驶汽车的发展政策，布局智能网联汽车研发。我国也在努力推进智能网联汽车的发展，自2015年国务院发布《中国制造2025》明确将发展智能网联汽车提升至国家战略高度后，国家发展改革委、工业和信息化部和科学技术部等各有关部门密集发布了《新一代人工智能发展规划》《智能汽车创新发展战略》《智能网联汽车道路测试管理规范（试行）》等一系列政策促进智能网联汽车的产业化发展。在可预见的将来，智能网联汽车的规模化应用将对交通基础设施、道路交通运行及交通管控方法产生巨大影响。

　　智能网联汽车是指，搭载先进传感器、控制器、执行器等装置，融合现代通信与网络技术，实现车与X（车、路、人等）智能信息交换、共享，具备复杂环境感知、智能决策、车路协同控制等功能，可实现安全、高效、舒适、节能行驶，并最终替代人来操作的新一代智能汽车。智能网联汽车的主要优势在于，可以提供更安全、更节能、更环保、更便捷的出行方式和综合解决方案。智能网联汽车的技术架构主要涉及以下6种关键技术：

　　1）环境感知技术，包括利用机器视觉的图像识别技术、利用雷达的周边障碍物检测技术、多源信息融合技术、传感器冗余设计技术等。

　　2）智能决策技术，包括危险事态建模技术、危险预警与控制优先级划分技术、群体决策和协同技术、局部轨迹规划技术和驾驶人多样性影响分析技术等。

　　3）控制执行技术，包括面向驱动/制动的纵向运动控制技术、面向转向的横向运动控制技术、基于驱动/制动/转向/悬架的底盘一体化控制技术、融合车联网通信及车载传感器的多车队列协同和车路协同控制技术等。

　　4）V2X通信技术，包括车辆专用通信系统技术、车间信息共享与协同控制的通信保障机制、移动网络技术、多模式通信融合技术等。

　　5）云平台与大数据技术，包括云平台架构与数据交互标准、云操作系统、数据高效存储和检索技术、大数据关联分析和深度挖掘技术等。

　　6）信息安全技术，包括汽车信息安全建模技术、数据存储和传输及应用三维度安全体系、信息安全漏洞应急响应机制等。

　　发展智能网联汽车，可以改善随着汽车保有量的增长带来的能源、环保、安全、拥堵等多方面问题，有利于建立新型社会交通体系和新型智慧城市，建立绿色、共享型汽车社会，有利于推动通信、交通、电子等相关产业的协同发展，有利于推动建设人工智能、大数据、机器人、工业互联网、智慧城市等多个万亿级产业的深度融合,对于汽车产业经济及社会和国家都具有战略意义。

本书结合车车/车路无线通信技术的优势与城市道路交叉口的特征,设计了面向智能网联汽车的高实时性车路协同体系,并定义了车辆与路侧智能设备间的数据交互方式,基于车路协同体系提出了一种利用多源信息融合的实时交通运行状态评价方法。该方法通过从上述数据交互系统得到的实时数据中选取评价指标进行模糊综合,引入多算子对来构成二级交通评价模型,并根据层次分析法确立指标权重;同时,根据仿真和实验结果建立了适用于各级道路参数的可变隶属度规则,从而融合动态车辆数据与静态路段参数,最终计算得出交通评价结果。基于以上评价结果,本书通过挖掘车路协同交互系统数据,以交叉口交通信号控制和路径转向信息作为影响因素,对传统路径规划系统得到的结果进行进一步的优选。该方法能根据当前时刻各路段的统计数据和实时信号机数据来预测各备选路线的行程时间,从而选择行程时间最少的路线。并且,根据智能网联汽车行驶数据,本书验证了该方法的有效性。

本书考虑了传统交通传感器精度上的限制及车辆状态信息获取的滞后性,认为目前交通信号控制系统很难根据实时车流量动态优化配时方案,来达到预期效果。但是,随着车路协同智能网联汽车技术的广泛应用,编队控制技术为未来城市交通控制系统提出了新的解决方案。智能网联汽车编队技术,可以使车辆行驶时保持理想的车距和车速,优化城市干线车流行驶状态,为缓解城市干线拥堵、提高道路通行能力提供新的技术手段和解决方案;同时,车路协同控制技术对具有共同行驶目的的所有车辆进行统一控制和车队化管理,使得复杂的交通控制得以简化,交通可组织性也同时增强,起到了缓解交通拥堵、提高道路通行能力的作用;最后,车辆队列依靠协同控制机制来调整所有车辆性能以保持一致,将交通流调整到最佳状态,有效地减少了由于个别人为驾驶因素造成的交通事故,保证了车辆的行驶安全性。

综上所述,面对新型车路协同体系,智能网联汽车欲达到更好的编队控制效果,需要设计可靠、有效的协同控制模型,来解决车车通信延迟、失效对车辆队列行驶安全性和稳定性造成的影响;充分利用道路条件,弥补传统控制模型缺陷,使智能网联汽车能够根据不同交通状况,准确预测未来交通状态和交通安全事故,进行动态路径优化及控制从而避免可能发生的交通拥堵和交通事故,为解决目前交通问题提供有力的技术保障。

本书第1、3~5、7~10章由王庞伟负责撰写,第2章由王力负责撰写,第6章由余贵珍负责撰写。项目组张名芳老师及研究生邓辉、蒋依伦、于洪斌为本书进行了资料收集和整理,在此表示感谢。同时,还要特别感谢北京航空航天大学副校长王云鹏教授为本书作序。

本书介绍的研究内容得到国家自然科学基金项目61603004、北京市自然科学基金资助项目4174088、北京市科技新星计划Z181100006218076、北方工业大学毓杰人才培养计划18XN154-003的资助,以及北方工业大学"城市道路交通智能控制技术北京市重点实验室"和北京航空航天大学"车路协同与安全控制北京市重点实验室"的大力支持,在此表示深深的感谢!

由于作者水平有限,书中难免存在不足之处,恳请广大专家、学者和读者批评指正。

作者

2019年4月

目　录

第 2 版序
第 2 版前言
第 1 版序
第 1 版前言

第 1 章　智能网联汽车相关技术发展过程 ································ 1
1.1　车路协同技术 ·· 2
1.2　智能网联汽车技术 ·· 6
1.3　车辆编队技术 ·· 9
参考文献 ··· 13

第 2 章　面向智能网联汽车的车路协同系统 ···························· 15
2.1　车路协同技术特征分析 ·· 15
2.2　面向智能网联汽车的车路协同系统设计 ···················· 16
2.2.1　系统设计目的 ·· 16
2.2.2　车路信息交互场景 ·· 17
2.2.3　车路数据实时交互方法 ·· 18
2.3　车路数据交互软件系统 ·· 18
2.3.1　车路数据交互软件系统总体目标 ························ 18
2.3.2　车路数据交互软件系统方案论证 ························ 19
2.3.3　车载终端软件系统实现 ·· 21
2.3.4　路侧终端软件系统实现 ·· 22
参考文献 ··· 23

第 3 章　基于车路信息融合的交通状态感知与预测技术 ········ 24
3.1　交通状态感知与预测的现状分析 ································ 25
3.2　基于 V2X 通信的多源车路信息融合系统 ··················· 26
3.2.1　交通感知层 ·· 28
3.2.2　网络传输层 ·· 29
3.2.3　数据处理层 ·· 30
3.2.4　信息服务层 ·· 33
3.3　基于 V2X 通信的交通状态感知场景 ··························· 35
3.3.1　基于 V2X 通信的城市单交叉口场景 ·················· 35
3.3.2　城市单交叉口图模型 ·· 36
3.4　V2X 通信环境下的交通状态预测模型 ························ 37
3.4.1　基于图嵌入提取道路空间特征 ···························· 38
3.4.2　基于神经网络捕获时间特征 ································ 39
3.5　实验测试与分析 ·· 40
3.5.1　基于多源车路信息融合的智能边缘计算平台 ···· 40
3.5.2　模型参数设置 ·· 41

XI

3.5.3　测试结果分析 ··· 41
　　3.5.4　对比实验结果分析 ·· 43
　　3.5.5　实验结果总结 ··· 44
　参考文献 ··· 45

第4章　基于车路信息融合的交通运行状态评价方法 ···················· 47
4.1　车路信息融合技术分析 ··· 47
4.2　基于信息融合的交通运行状态模糊评价方法研究 ······················ 47
　　4.2.1　目前常用的交通评价方法 ··· 47
　　4.2.2　多级模糊综合方法结构设计 ··· 48
　　4.2.3　一级模糊评价空间 ··· 49
　　4.2.4　基于样本数据的层次分析法 ··· 53
　　4.2.5　二级模糊评价空间 ··· 56
4.3　交通状态评价方法实验验证 ·· 57
　　4.3.1　实验设计 ··· 57
　　4.3.2　实验流程 ··· 57
　　4.3.3　实验结果与分析 ·· 59
　参考文献 ··· 61

第5章　智能网联汽车实时路径决策方法 ·· 63
5.1　路径规划算法分析 ··· 63
5.2　智能网联汽车实时路径规划系统设计 ······································ 65
　　5.2.1　车路协同场景描述及路径规划系统设计目的 ······················ 65
　　5.2.2　智能网联汽车路径规划策略 ··· 65
5.3　基于车路协同的路径规划优化方法研究 ··································· 67
　　5.3.1　车路信息交互过程 ··· 67
　　5.3.2　路阻计算方法 ··· 68
　　5.3.3　路径选择策略 ··· 71
5.4　优化方法实验验证 ··· 72
　　5.4.1　实验设计 ··· 72
　　5.4.2　实验结果与分析 ·· 74
　参考文献 ··· 77

第6章　智能网联汽车速度引导方法 ·· 78
6.1　基于车路协同的交通控制系统概述 ··· 78
6.2　车路协同环境下车速引导方法 ··· 80
　　6.2.1　车路协同环境下的单车车速引导模型 ································ 81
　　6.2.2　车路协同环境下多车车速引导模型 ··································· 84
　　6.2.3　面向智能网联汽车的干线信号优化模型 ···························· 86
6.3　基于VISSIM/MATALB的车速引导仿真验证 ····························· 88
　　6.3.1　交通仿真验证场景 ··· 88
　　6.3.2　仿真数据分析 ··· 91
　参考文献 ··· 93

第7章　面向城市道路的智能网联汽车时空轨迹优化方法 ·············· 94
7.1　时空轨迹优化算法现状分析 ·· 94
7.2　智能网联汽车时空轨迹优化的典型城市多车道场景 ················· 96

	7.2.1	基于V2X通信的多车道路段场景	96
	7.2.2	智能网联汽车时空轨迹优化系统架构	96
7.3		面向智能网联汽车的多车道时空轨迹生成方法	98
	7.3.1	智能网联汽车的状态向量	98
	7.3.2	系统成本函数的定义	99
	7.3.3	智能网联汽车行驶约束条件	101
	7.3.4	基于最大值原理的求解方法	102
7.4		基于先进先出算法的协同换道方法	103
7.5		基于强化学习的优化方法	105
7.6		基于MySQL数据库的时空轨迹匹配方法	107
7.7		基于双尾配对T检验算法的系统分析方法	108
7.8		基于SUMO软件二次开发的模型仿真验证	109
	7.8.1	基于SUMO软件的测试平台	109
	7.8.2	基于SUMO软件的测试方案	110
	7.8.3	测试结果分析	112
	7.8.4	实验结果总结	115
参考文献			115

第8章 面向城市路网的智能网联汽车时空轨迹优化方法 ······ 118

8.1		最优路径相关算法的研究现状	118
8.2		基于V2X通信的城市路网场景	119
8.3		城市路网环境下的系统架构改进	120
8.4		基于有向加权图方法的多子节点拓扑图生成	121
8.5		路网承载力分析模型	123
	8.5.1	基于优劣解距离法的节点承载力分析	124
	8.5.2	基于重力模型法的路段承载力评价	125
8.6		面向城市路网的路径决策模型	125
	8.6.1	基于D^*算法的城市路径规划	125
	8.6.2	基于混合遗传算法的求解方法	127
8.7		仿真实验	129
	8.7.1	场景选择与搭建	130
	8.7.2	参数设置	132
	8.7.3	仿真实验结果分析	133
	8.7.4	实验总结	143
参考文献			144

第9章 智能网联汽车动力学模型 ······ 145

9.1		智能网联汽车受力分析	145
9.2		智能网联汽车简化纵向动力学分层模型	149
	9.2.1	智能网联汽车动力学模型的简化	149
	9.2.2	简化纵向车辆动力学模型的分层	150
9.3		基于CarSim/MATLAB软件的车辆动力学模型联合仿真验证	152
	9.3.1	CarSim软件仿真环境参数设置	153
	9.3.2	CarSim、MATLAB、Simulink联合仿真验证	156
	9.3.3	下层动力学控制模型仿真结果分析	156
参考文献			159

第 10 章　智能网联汽车编队控制模型 ································· 160
10.1　智能网联汽车编队控制系统概述 ································· 160
10.1.1　车辆编队控制系统数学模型 ································· 160
10.1.2　车辆队列系统控制方法 ································· 161
10.1.3　车辆队列控制系统结构 ································· 162
10.2　智能网联汽车编队行驶条件 ································· 163
10.2.1　车辆行驶安全性条件 ································· 163
10.2.2　车辆队列稳定性条件 ································· 164
10.3　智能网联汽车编队控制技术 ································· 165
10.3.1　智能网联汽车编队控制数学模型 ································· 165
10.3.2　智能网联汽车队列稳定性分析 ································· 168
10.4　智能网联汽车编队控制模型仿真 ································· 169
10.4.1　阶跃紧急减速输入仿真效果 ································· 170
10.4.2　正弦加速度输入仿真效果 ································· 171
参考文献 ································· 173

第 11 章　智能网联汽车编队切换控制技术 ································· 175
11.1　通信异常对智能网联车队控制影响及模型策略调整 ································· 175
11.1.1　通信延迟的影响及模型策略调整 ································· 175
11.1.2　通信失效的影响及模型调整策略 ································· 176
11.2　考虑通信时延的智能网联汽车编队切换控制模型 ································· 177
11.2.1　存在通信时延时智能网联汽车编队切换控制模型 ································· 177
11.2.2　存在通信时延时保持队列稳定性条件 ································· 177
11.3　通信失效下的智能网联汽车编队切换控制模型 ································· 178
11.3.1　车辆队列中通信失效车辆及其后车的控制模型 ································· 178
11.3.2　通信失效下保持队列稳定性条件 ································· 179
11.4　通信异常时智能网联汽车编队控制模型仿真 ································· 180
11.4.1　头车阶跃紧急减速输入仿真 ································· 181
11.4.2　头车正弦加速度输入仿真 ································· 182
参考文献 ································· 183

第 12 章　智能网联汽车主动安全控制技术 ································· 184
12.1　车辆主动安全控制系统概述 ································· 184
12.2　传统避撞模型缺陷分析 ································· 185
12.3　避撞过程中交通资源非线性规划问题 ································· 186
12.3.1　非线性规划函数 ································· 186
12.3.2　非线性规划求解方法 ································· 187
12.4　智能网联汽车协同主动避撞模型 ································· 189
12.4.1　加速度非线性规划模型 ································· 189
12.4.2　非线性规划求解条件 ································· 190
12.5　协同主动避撞模型应用于车辆队列控制 ································· 191
12.6　仿真验证 ································· 195
12.6.1　两车协同主动避撞 ································· 195
12.6.2　车辆队列协同主动避撞 ································· 195
参考文献 ································· 199

第 13 章　混行车队通信拓扑及车间距策略 ····· 201
13.1　混行车队研究现状分析 ····· 201
13.2　混行车队多车道区域划分及长度计算方法 ····· 203
13.2.1　混行车队协同控制流程 ····· 204
13.2.2　多车道行驶区域内换道场景分析 ····· 205
13.2.3　缓冲区与编队区长度计算方法 ····· 207
13.3　混行车队规模计算方法 ····· 208
13.4　车队通信拓扑结构 ····· 210
13.4.1　通信正常车队拓扑结构 ····· 210
13.4.2　通信异常拓扑结构切换 ····· 211
13.5　车间距策略 ····· 212
13.5.1　通信正常车间距策略 ····· 212
13.5.2　通信异常车间距策略 ····· 214
参考文献 ····· 215

第 14 章　混行车辆编队控制方法及稳定性分析 ····· 216
14.1　基于模型预测控制的混行车辆编队模型 ····· 216
14.1.1　模型预测控制方法简述 ····· 217
14.1.2　通信正常混行车辆编队控制模型 ····· 218
14.1.3　通信异常混行车辆编队控制模型 ····· 222
14.2　系统稳定性分析 ····· 224
14.2.1　$\mathcal{L}_2$ 队列稳定性分析 ····· 225
14.2.2　渐进稳定性分析 ····· 226
14.3　混行车辆编队控制效果验证及分析 ····· 227
14.4　混行车队协同控制及通信异常切换控制 ····· 229
14.4.1　实验场景设计 ····· 229
14.4.2　实验结果分析 ····· 230
14.5　考虑交通信号配时下的单车道混行车队协同控制 ····· 232
14.5.1　实验场景设计 ····· 232
14.5.2　实验结果分析 ····· 233
14.6　考虑交通信号配时下的多车道混行车队协同控制 ····· 236
14.6.1　实验场景设计 ····· 236
14.6.2　实验结果分析 ····· 237
参考文献 ····· 242

第 15 章　智能网联汽车编队控制硬件在环仿真技术 ····· 243
15.1　智能网联汽车编队控制硬件在环仿真平台原理 ····· 243
15.1.1　硬件在环仿真系统框架 ····· 244
15.1.2　硬件在环仿真平台验证原理 ····· 246
15.1.3　硬件在环仿真平台验证可行性验证 ····· 247
15.1.4　车辆动力学的微缩车实现 ····· 249
15.2　智能微缩车平台硬件结构 ····· 250
15.2.1　控制部分电路设计 ····· 251
15.2.2　环境感知部分设计 ····· 255
15.3　智能微缩车平台软件结构 ····· 256
15.3.1　图像处理部分软件结构 ····· 256

15.3.2　控制系统部分软件结构 …… 256
　　15.3.3　数据滤波处理程序结构 …… 257
　　15.3.4　上位机控制软件结构 …… 259
15.4　仿真结果分析 …… 261
　　15.4.1　仿真场景环境参数设置 …… 261
　　15.4.2　智能网联汽车编队控制效果 …… 262
　　15.4.3　智能网联汽车编队主动安全控制效果 …… 262
15.5　智能网联汽车驾驶模拟平台 …… 264
　　15.5.1　仿真环境建立 …… 266
　　15.5.2　仿真平台与智能小车联调测试 …… 268
　　15.5.3　智能网联虚拟驾驶运行效果 …… 272
参考文献 …… 281

第1章

智能网联汽车相关技术发展过程

汽车现已成为人们日常生活不可或缺的一部分，全世界汽车保有量持续增长。随着经济持续稳定发展，我国的汽车工业得到了发展机遇。特别是改革开放以来，汽车工业产值加速增长，汽车产业在我国经济发展中起到了支柱作用，并具有重要的战略地位。截至2021年12月底全国机动车保有量已达3.95亿辆。

在汽车总量不断增长带动经济发展和提高生活水平的同时，能源消耗、环境污染、交通拥挤、交通事故等诸多问题随之产生，直接影响着人民的生命安全，也导致巨额的经济损失。相关文献数据表明，对于世界上大多数国家，交通拥堵和交通安全事故（见图1-1）严重影响着人们的日常生活。在美国和欧洲，每年有超过40000人因车祸死亡。我国2016年涉及人员伤亡的路口交通事故为21.2846万起，共造成6.3万人死亡和22.643万人受伤，比2014年分别上升8.2%、8.6%、6.9%。以上国内外数据表明，随着道路交通环境的发展和汽车保有量的增长，道路交通事故造成的伤亡人数和财产损失对社会的影响十分恶劣。这引起各国政府高度关注[1]。

图1-1 车辆的增多带来交通拥堵和事故

根据公安部交通管理局的数据，近年来发生在我国境内的交通事故中，不同类型事故的占比及其对应经济损失的占比如图1-2所示[2]。

如图1-2所示，车辆碰撞事故的数量占比最高，相应财产损失占比也最大。所以避免碰撞事故可以最大限度地减少交通事故数量，避免财产损失。通过有关文献分析可知，驾驶人操作失误、道路状况信息获取不及时是导致碰撞事故的主要原因[3]。

如何利用最新的科技手段解决交通安全问题备受关注。世界各国相继出现了很多解决交通碰撞事故的车辆安全控制技术，如驾驶辅助安全系统，包括超速提醒、盲点监测、车距提醒、辅助换道等以及车辆主动避撞控制系统（或主动制动系统）等。其中很有代表性的是车辆主动避撞控制技术。该技术通过先进的传感器技术（雷达、超声波传感器等测距）检测车辆前方障碍物的距离信息和前方车辆的距离、速度信息，控制车辆在遇到紧急情况时自动制动。该技术受到了汽车行业的广泛关注。

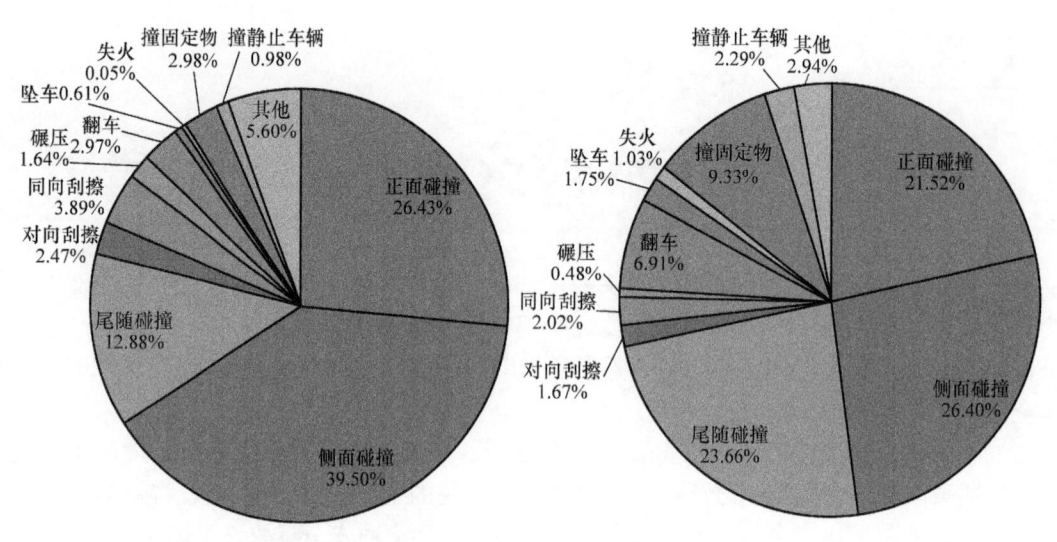

图 1-2 不同类型事故的占比及其对应经济损失的占比

1.1 车路协同技术

车路协同系统（Cooperative Vehicle Infrastructure System，CVIS）是采用先进的无线通信和新一代互联网等技术，全方位实施车车、车路动态实时信息交互，并在全时空动态交通信息采集与融合的基础上开展车辆主动安全控制和道路协同管理，充分实现人车路的有效协同，保证交通安全，提高通行效率，从而形成安全、高效和环保的道路交通系统，如图 1-3 所示。作为智能交通系统（Intelligent Transportation System，ITS）发展的主要方向之一，车路协同系统的应用范围非常广泛。基于车路、车车通信的车路协同系统不仅能有效减少各种碰撞事故的发生，如人车主动避障、车车主动避障、危险路段预警等，且能够在大范围内实现交通协调控制，如交通信号协调控制、实时路径诱导、公交优先控制等。车路协同技术在提高交通运输效率、缓解交通拥堵、减少尾气排放等方面可发挥重要作用[4]。

车路协同系统通过开发和集成各种车载和路侧设备及通信技术，让驾驶人在驾驶中能够更好和更安全地进行决策。当其与车辆自动安全系统结合应用时，在面对危险的情况下，如果驾驶人不能或没有及时做出响应，则会自动响应并进行操作，在增强了安全预防的同时减轻了碰撞损失。此外，运输系统管理者、车辆运营商、出行人都能得到所需数据，为机动性、安全性、运输成本等做出动态决策。建立车路协同系统，实现车路协同控制，改善交通安全，提高通行能力，达到安全高效、节能环保的目的。车路协同技术结构框图如图 1-4 所示。

车路协同技术在国内外都是近几年才发展起来的新技术，对缓解交通拥堵及改善交通安全都有很大帮助，因此备受关注。

1997 年，美国（加利福尼亚州）进行了自动公路系统的演示，并于 1998 年开始组织智能车先导（Intelligent Vehicle Initiative，IVI）计划、协同式车辆-公路自动系统（Cooperative Vehicle-Highway Automation Systems，CVHAS）以及车路协同（Vehicle Infrastructure Integration，VII）计划的研究。2007 年，VII 计划被美国交通部（Department of Transportation，DOT）更名

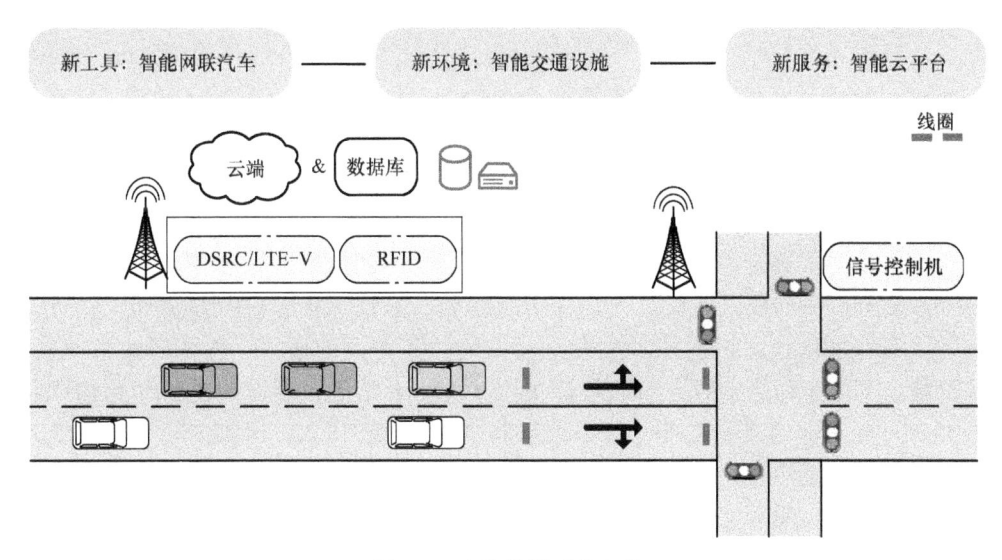

图 1-3　车路协同系统架构

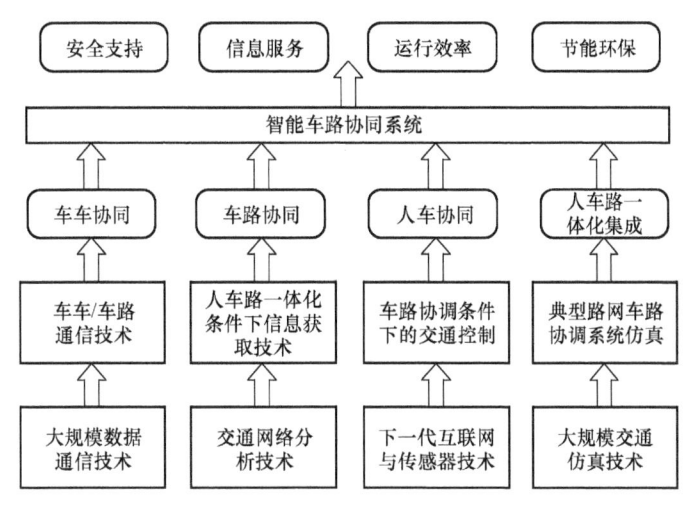

图 1-4　车路协同技术结构框图

为 IntelliDrive。2009 年 11 月 8 日，美国交通部发布了《智能交通系统战略计划 2010—2014》，为之后五年的智能交通系统研究项目提供战略引导。2012 年，相关部门在美国加州、密歇根州等地建立了相应的车路协同城市平台。2014 年 2 月，专用短程通信技术（Dedicated Short Range Communications，DSRC）被美国交通部确认为 V2V 通信的标准。美国 ITS 关键的安全性应用领域要求采用 5.9GHz DSRC。

2001 年，欧盟发表白皮书《面向 2010 年的欧盟交通政策：时不我待》（European Transport Policy for 2010；Time to Decide），提出到 2010 年道路死亡人数减少 1/2 的宏伟目标。为实现这个目标，欧盟启动了 eSafety 计划。2004~2010 年，欧洲投入了大量经费研究车路协同，解决了一系列车路协同系统关键技术，并先后推出了 PReVENT、SAFESPOT、CVIS、COOPERS 等项目。但欧洲对车路协同的研究并未就此止步，2011 年启动了面向 2020 年的 DRIVE C2C 项目，重点研究车车通信环境下的交通安全技术及应用。

1991年,日本政府组织警察厅、通产省等部门开始研发VICS并投入运行。1994年,日本警察厅、运输省等5个部门联合成立日本路车交通智能协会(Vehicle Road and Traffic Intelligence Society, VERTIS; 已更名为日本智能交通协会,即ITS Japan)。2001年,日本开始安装使用ETC。2004年,日本提出了SmartWay项目。2011年,以SmartWay的研究为基础,在全日本高速公路上开始安装部署ITS的设备和系统。VICS、VERTIS和ETC是车路协同的初级阶段,从SmartWay项目开始,日本进入了系统研究车路协同技术的新阶段[5]。

我国的科研机构从交通的组成要素人、车、路三个不同角度,开展了车路协同的研究工作,取得了许多有价值的成果。针对车辆的辅助驾驶,开展了基于机器视觉和雷达技术的道路环境感知技术、危险状态识别技术及安全辅助驾驶等方面的研究,取得了车道偏离报警、前向危险报警、安全车距保持等方面的研究成果。清华大学是较早开始进行车路协同技术研究的单位之一。从2008年起就进行了一系列车路协同试验和仿真,研究内容涉及基于NS2的城市交通环境无线通信建模、基于无线传感器网络的交通信息提取等。这些研究所取得的一系列成果为车路协同实际系统的构建提供了有效支持[6]。2015年,清华大学校园成为我国车路协同首个园区运行示范基地,校园内8处交通复杂路口建设应用车路协同路侧系统,实现对周边环境目标的动态检测,并通过DSRC、Wi-Fi和LED发布;在30辆校园公交车安装一体化车载终端,给驾驶员提供安全预警[7]。2022年2月24日,清华大学智能产业研究院(AIR)联合多家科研机构共同发布了首个基于真实场景的车路协同自动驾驶数据集DAIR-V2X,向境内用户提供下载使用。发布的数据集,首次实现了在相同时空下车载端与路侧端联合视角的2D、3D标注方法创新。作为业界、学界首个开源车路协同数据集,将有效服务科研、产业、政府机构[8]。

企业方面对车路协同也展开了大量研究,并取得了一定的成果。华为公司于2015年在南京举办的"第十四届亚太智能交通论坛"上,与清华大学进行了演示车路协同的技术展示。2017年底,5G汽车通信技术联盟(5G Automotive Association, 5GAA)上海会议期间,华为公司公布了LTE-V2X近期的测试结果。测试结果显示,LTE-V2X直连通信覆盖达到1km以上,能有效提供两车面对面相对时速达500km/h下的卓越性能;高密度拥堵的交通场景下(400辆车在十字路口),通信时延小于20ms,消息发送成功率超过90%。2018年7月,华为公司发布了全球首款支持Uu+PC5并发的路侧单元(Road Side Unit, RSU)产品。2018年10月,"世界智能网联汽车大会"成功召开,车路协同技术再次成为热门。阿里巴巴公司推出自己的自动驾驶汽车+路侧"感知基站"+云控平台,实现云端、路端、车端一体的智能方案[9]。为进一步推进智能网联汽车的发展,加强汽车网联化与智能化技术的创新协同,2020年9月28日,中国智能网联汽车产业创新联盟,在产业界三十多家单位的共同参与和支持下,发布了《车路云一体化融合控制系统白皮书》(又称《智能网联汽车云控系统白皮书》)。该白皮书,对云控系统、云控平台、云控基础平台和云控应用平台等重要概念给出了界定,分析了之间关系;给出了云控系统的总体架构、组成部分、关键技术及系统特征,阐明了云控基础平台的分级架构及主要功能;明确了云控系统的产业定位,充分体现了云控系统产业相关方跨行业协同创新,具备突破关键共性技术的国家智能汽车创新发展战略思想[10]。

LTE-V车联网系统如图1-5所示。我国车路协同技术的发展路线如图1-6所示。

智能网联汽车作为物联网浪潮下的典型应用,市场规模已具备,并且有着巨大的发展空间。2016年有研究人员预估,2018年时每年新车出货量可能超过1亿台,而其中60%的新车

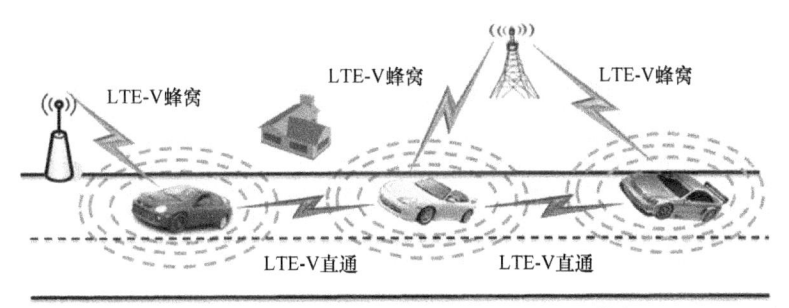

图 1-5　LTE-V 车联网系统[11]

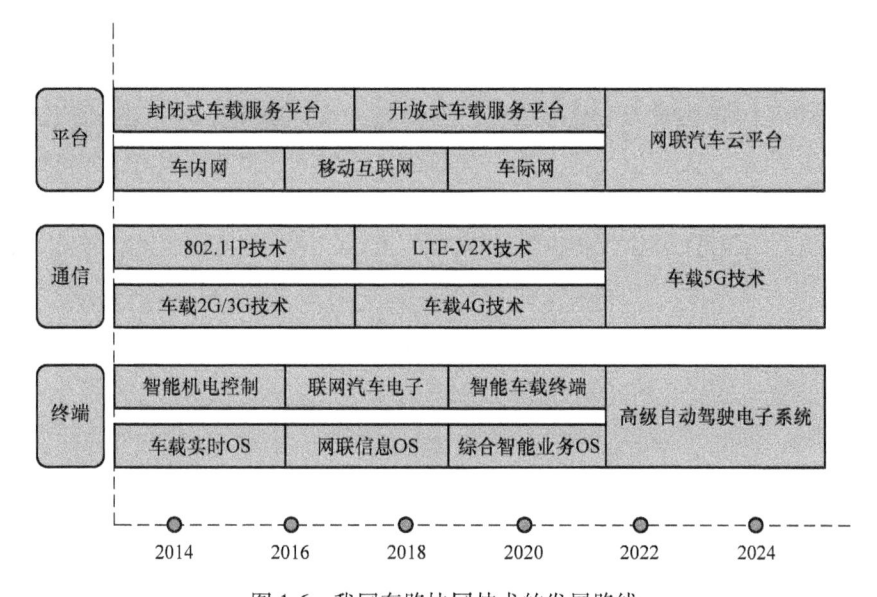

图 1-6　我国车路协同技术的发展路线

可实现联网（见图1-7）；到 2020 年，所有出厂汽车均必须装前联网模块[12]。从全球看，GSMA 与 SBD 预计，到 2018 年，全球车联网的市场总额有望达 390 亿欧元，互联网连接将成为未来汽车的标配，到 2025 年 100%的汽车将具备移动互联网接入功能。据美国 Gartner 集团的 Machina Research 公司预计，到 2024 年，汽车领域连接数将达 1.2 亿。而 Business Intelligence 公司更加乐观：2021 年，连接的汽车数量达 3.8 亿。就我国而言，近几年，我国车联网产业的市场规模可能发展到千亿人民币级别。根据中国商情网的报道，2016~2020 年我国智能网联汽车产业规模呈现连续上涨趋势，2020 年产业规模增长到了 2556 亿元，同比增长 54.3%；预计 2022 年智能网联汽车产业规模将超 3500 亿元[13]。

总体而言，目前我国的车路协同系统研究仍处于初级阶段，和国外研究相比有一定差距。早期我国的车路协同技术，大多是采用日本汽车电子巨头电装公司和澳大利亚 Cohda 无线公司的设备，但现在从芯片到终端，都有国产设备，而且一些终端设备都支持 DSRC 和 LTE-V 两种感知通信技术，在车路协同的全球市场建立了自己的优势。

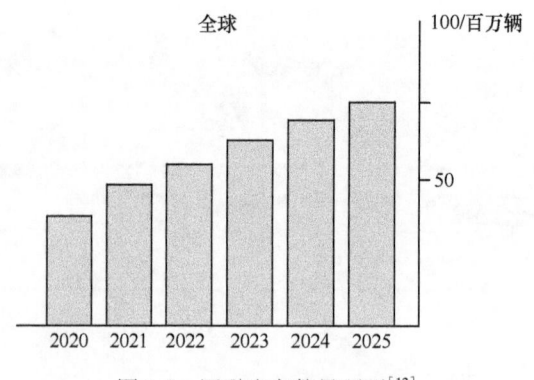

图 1-7　网联汽车数量预测[12]

1.2　智能网联汽车技术

智能网联汽车是搭载先进的车载传感器、控制器、执行器等装置，融合现代网络通信技术的一种新型智能汽车，实现车与 X（人、车、路、云端等）智能信息交换共享，拥有复杂的环境感知、智能决策、协同控制和执行等功能，保障车辆安全、舒适、节能、高效行驶，并最终可替代驾驶人实现自动驾驶，如图 1-8 所示。

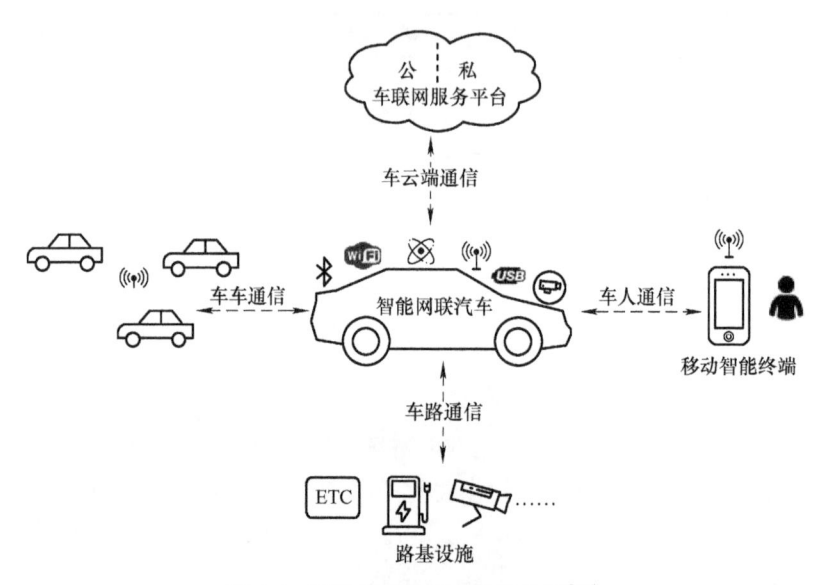

图 1-8　智能网联汽车系统结构图[14]

从发展历史来看，1885 年，卡尔·本茨制造出世界上首辆三轮汽车；1939 年，美国通用汽车公司首次展出无人驾驶概念车；1970 年前，一些车企尝试使用射频和磁钉的方式引导车辆实现自动驾驶；1980 年开始，美国国防部高级研究计划局（Defense Advanced Research Projects Agency，DARPA）进行了自动驾驶陆地车辆军事化应用的研发；1995 年，美国卡耐基梅隆大学研制出的无人驾驶汽车在州际公路上完成了测试；2009 年，美国谷歌公司推出了无人驾驶汽车计划（见图 1-9a）。2015 年，福特公司获得美国加州的自动驾驶车辆测试许可。2017

年至今，自主式和网联式加速融合，更高级别驾驶辅助技术逐渐成熟[15]。2018年7月4日，在百度AI开发者大会上，百度公司与厦门金龙公司联合举办了全球首辆L4级自动驾驶巴士阿波龙下线仪式。达到L4级的阿波龙，搭载了百度最新Apollo系统，拥有高精定位、智能感知、智能控制三大功能。基于高精地图和智能感知，它的"汽车大脑"能实时感知环境信息、获取高精地图数据，实现对于路径的最优规划，预测车辆、行人的行为和意图，做出合适路况的行车决策，从而控制无人车正常行驶[16]。

图1-9 智能驾驶汽车

从20世纪90年代开始，我国各高校及车企也展开了对自动驾驶技术的研发。1992年，国防科技大学研制出国内第一款自动驾驶汽车CITAVT-I型自主车。2011年，一汽红旗HQ3无人驾驶汽车完成从长沙至武汉286km的路测。2015年，百度无人驾驶汽车完成北京开放高速路的自动驾驶测试。2016年，长安汽车完成2000km超级无人驾驶测试（见图1-9b）[17]。

百度公司也积极推动智能汽车技术进步，全力提升Apollo平台（见图1-10）安全性的同时，也催生了无人配送车、无人清扫车、无人微循环巴士等"自动驾驶新物种"的出现，促进了自动驾驶产业发展[18]。

图1-10 百度Apollo无人驾驶汽车

智能网联汽车融合了多项关键技术，如环境感知技术、无线通信技术、智能互联技术、信息融合技术、人机界面技术和信息安全与隐私保护技术等。智能网联汽车主要包括感知系统、决策与控制系统和执行系统（见图1-11）。感知主要可分为自主式感知和网联式感知。通过车载传感器获得的对复杂环境的感知，称为自主式感知；借助现代通信和网络技术来感知环境，称为网联式感知。在大数据时代，自主式感知可以由通信设备传播至互联网络，同时网络式感知也可分发至智能网联汽车，这是一个交互的过程。存在于互联网络中的智能网联汽车，通过这样的密切交互，形成了一种特定的新型网络系统——车联网。而车联网并不只是一般意义上的信息服务，它除了包括车车通信、车路通信和车内部的通信外，还包括了在移动互联下能提升安全和节能等方面指标的信息服务。

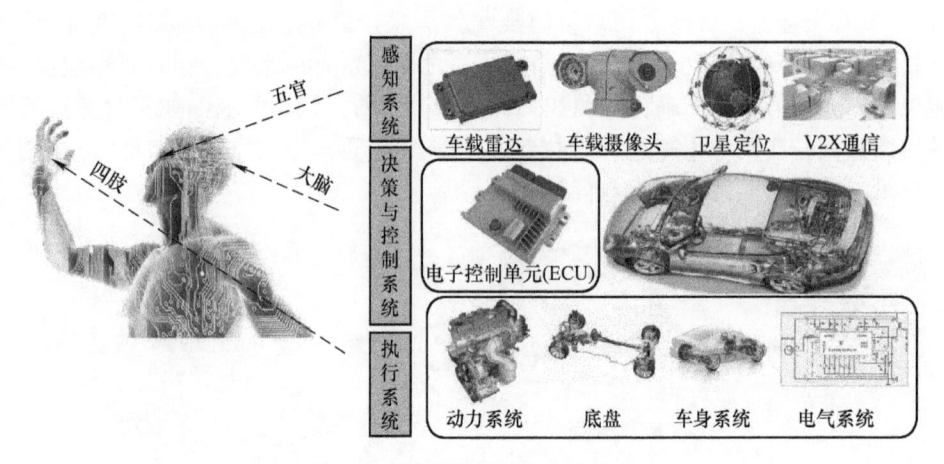

图 1-11　智能网联汽车主要组成

目前在智能化方面，业内普遍接受的是美国汽车工程师协会（Society of Automotive Engineers，SAE）的分级定义。它分为 L1 驾驶辅助（Driver Assistance，DA）、L2 部分自动驾驶（Partial Automation，PA）、L3 有条件自动驾驶（Conditional Automation，CA）、L4 高度自动驾驶（High Automation，HA）、L5 完全自动驾驶（Full Automation，FA）五个等级，如图 1-12 所示。如果包含 L0 无自动驾驶（No Automation），则可视为 6 个级别。

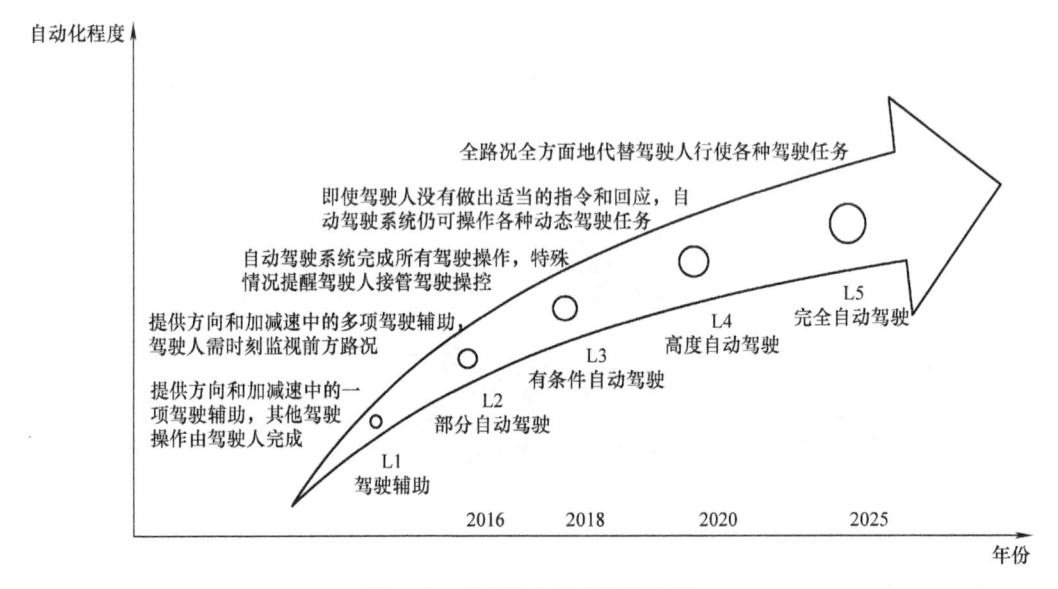

图 1-12　智能汽车技术发展路线

无自动驾驶：驾驶人是整个汽车系统的唯一驾驶决策者和操作者，驾驶人控制方向盘、加速踏板、制动踏板、档位等来实现对汽车的驾驶和控制。

驾驶辅助：系统可提供方向和加减速中的一项驾驶辅助功能，如自适应巡航控制（Adaptive Cruise Control，ACC）功能或车道保持辅助（Lane Keeping Assist，LKA）功能，其他驾驶操作由驾驶人完成。驾驶辅助按其功能可分为两类——预警类驾驶辅助和执行类驾驶辅助。在遇到紧急情况时，预警类驾驶辅助功能只发出告警信号，由驾驶人决定如何操作；

而执行类驾驶辅助功能则可自主判断决策，控制车辆实现加速、制动、转向等动作，以避免碰撞。

部分自动驾驶：两个以上的方向和加减速中的驾驶辅助功能被组合在一起（如车道变换），提供方向和加减速中的多项驾驶辅助，如 ACC 功能与 KLA 功能组合在一起，但驾驶人需要时刻监视前方路况的变化，需要根据车辆环境随时接管对车辆的操作。

有条件自动驾驶：驾驶人短暂地释放对车辆的控制，由系统完成对方向盘、加速踏板和制动踏板等的所有驾驶操作。特殊情况下，如驶离高速公路等，车辆判断是否需要将车辆操控权交还给驾驶人，如果需要则提醒驾驶人，驾驶人按要求接管对车辆的驾驶操控。

高度自动驾驶：驾驶人可长时间地释放对车辆的控制，实现高速公路全部路况和特定市区全部路况的无人驾驶，如封闭的小区或特定的市区路段。特殊情况下，如驶离封闭的小区或特定的市区路段，系统提醒驾驶人是否接管驾驶操控，驾驶人可以不响应。

完全自动驾驶：这是最高程度的自动驾驶，即车辆在整个行驶过程中，完全自动控制，全程检测交通环境，能够实现所有的驾驶目标；驾驶人只需提供目的地或者输入导航信息，实现门到门的货物或人员运输；方向盘与制动踏板的操作为可选项，驾驶人操作也为可选项。

1.3 车辆编队技术

在传统车辆控制技术的基础上，新兴智能车路协同系统（Cooperative Vehicle-Infrastructure System，CVIS）技术的广泛应用给车辆主动安全技术带来了崭新的产业变革。车路协同系统将具有共同行驶目的的车辆进行统一化管理，从而促进了车辆编队技术的应用[19]。日本汽车行驶电子技术协会（JSK）最早提出的车辆编队控制技术，目的在于充分利用道路条件，保证道路交通安全与高效行驶的条件下，将一系列车辆进行统一车辆队列管理，使具有相同行驶路径的车辆能够根据交通状况，以协同合作的方式完成车辆队列巡航、跟随、组合与拆分、换道等相关控制策略[20]，如图 1-13 所示。

图 1-13 车路协同系统中车辆编队行驶

车路协同控制系统对具有共同行驶目的的所有车辆进行统一控制和车队化管理，使得复杂的交通控制得以简化，交通可组织性也同时增强，起到了缓解交通拥堵、提高道路通行能力的作用；并且，车辆队列依靠协同控制机制调整所有车辆单体的性能保持一致，将交通流调整到最佳状态，有效地减少了由于个别人为驾驶行为因素所造成的交通事故，保证了车辆行驶安全性。基于以上优点，车队协同控制成为解决交通安全和避免碰撞事故问题的新手段[21]。

国外的早期车路协同研究开始于 20 世纪 80 年代，同时也开辟了车辆队列协同控制的先河。美国加州大学伯克利分校于 1986 年就成立了 PATH 项目组，对车辆队列控制模型展开了研究，并联合美国加州交通管理局和相关领域的数家公司、机构共同开展了高速公路智能车队驾驶实验。该项目得到美国政府、科研机构和社会各界的广泛支持，取得了丰硕的研究成果，为美国加州的地面交通系统优化提供了有效的解决方案。

1997 年 8 月，美国智能高速公路系统协会（National Automated Highway System Consortium, NAHSC）在加州圣地亚哥市的 15 号州际高速公路上成功地进行了一系列演示实验，内容包括车辆队列编队控制和智能车辆无人驾驶等，如图 1-14 所示。车辆队列控制实验由 8 辆别克牌汽车组成的车辆队列完成，利用每辆汽车保险杠配置的磁传感器来接收地面埋设的磁道钉的磁场信息，以检测车辆在公路上的横向位置从而对车辆进行横向控制，防止车辆偏离车道。同时利用车车通信及雷达测距传感器获取车辆纵向状态信息，车辆电子控制系统基于这些信息控制车辆的制动、加速和转向。在高速公路上，该实验最终实现了期望车距为 6.5m 的车辆队列自动驾驶，行驶车速达到 105km/h。

图 1-14 分别在美国和日本进行的车辆编队实验

1996 年，日本也启动了车辆队列控制相关的项目。该项目采用 11 辆具有自动驾驶功能的车辆组成车辆队列，在高速公路上进行了往返 11km 的车队驾驶实验。在车辆队列行驶中还进行了安全行驶控制的演示，包括车辆自动巡线控制和防车道偏离控制等。在无人为干预的自动驾驶的情况下，车辆队列的速度可以达到 100km/h。2002 年，德国慕尼黑联邦国防军大学研究的自动驾驶汽车，最高时速达到 160km/h 以上，在高速公路上能够安全地进行自动车辆跟驰和自动超车等驾驶动作。

在各国投入车辆队列控制项目的同时，相应的控制模型研究也取得了丰硕的成果。美国 PATH 项目将智能车队的协同工作原理划分为五个层次，如图 1-15 所示。不同性质的问题由不同层次处理，五个层次分别为网络层、链接层、协调层、调节层及物理层。网络层和链接层负责交通量的控制和协调；协调层用于协调车队的合并、分离和换道等，并生成车辆行驶意图；调节层按照车辆的行驶意图计算车辆控制参数；物理层根据调节层的指令实现控制目标。从网络层开始，自上而下地发送本层的控制目标，下一层实现上一层的指令，最后由物理层实现对车辆行驶的具体控制。另外，由物理层开始，自下而上每一层都将本层的控制信息反馈给上一层，作为上一层控制的参考。

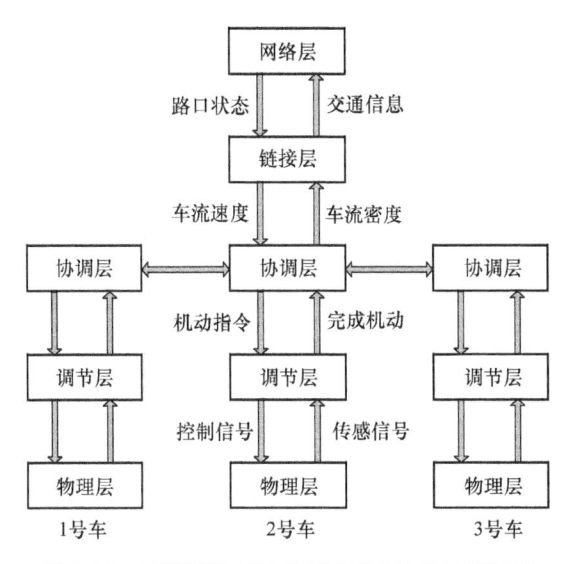

图 1-15　车辆编队行驶时车辆层级协作体系结构

日本的研究人员也做过相关的车辆队列控制模型研究[22]，2000 年，Tsugawa 等人设计了车辆协同驾驶系统，该系统也为多层次控制结构，具体分为三层：交通控制层、车辆管理层和车辆控制层[23]，如图 1-16 所示。交通控制层为系统第一层，主要由多种路侧设备组成，给车辆提供道路信息，如无线通信设备、道路交通标志等；车载端进行车辆管理层和车辆控制层设置，用于驾驶策略的生成和执行。

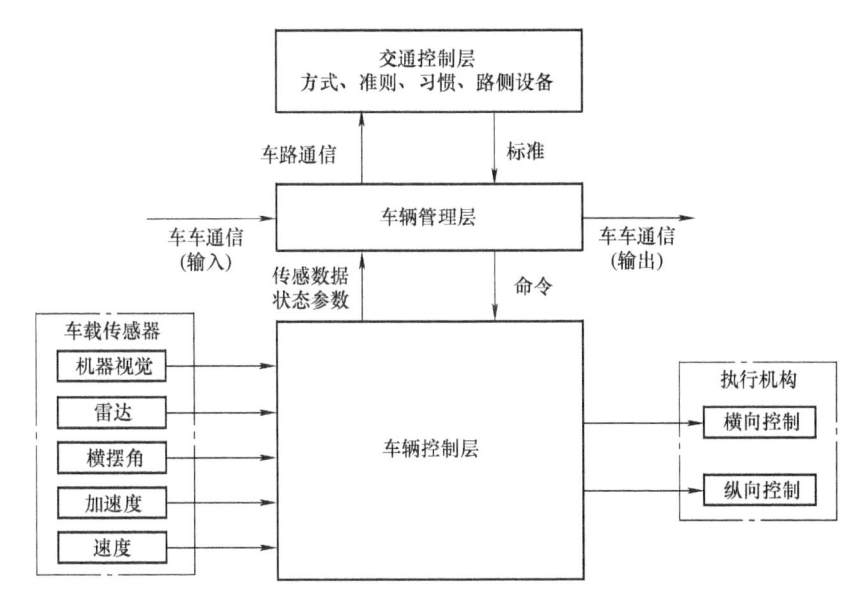

图 1-16　智能网联汽车控制系统结构图

此后，Hallé 等人基于津川（Tsugawa）的研究基础，建立了一种新的车辆队列协同系统结构模型，主要针对管理层和控制层的内容进行了调整，对其进行具体的模块化设计，并针对车队协同驾驶过程中的数据采集与处理、车队协同控制、车队通信、策略决策等做了详细的说明[24]。

2008年由日本新能源产业技术综合开发机构（The New Energy and Industrial Technology Development Organization，NEDO）发起的"能源ITS推进"项目正式启动，项目为期5年。该项目包括了货车编队行驶控制方法和能耗评估方法的研究。项目中对货车的控制单元进行改造，加装了车车通信设备（V2V），RTK-GPS接收器等设备，实现卡车状态的自主决策。2013年实现了4辆货车（3辆重型，1辆轻型）以时速80km/h、间距4m状态的编队行驶（见图1-17）。

图1-17　日本NEDO的货车编队行驶控制[25]

2019年5月，东风商用车有限公司与大唐移动通信设备有限公司联合发布了"智能网联车辆编队应用"。在中国汽车技术研究中心有限公司组织下，两家公司在天津市西青区道路上进行了智能网联车辆编队演示应用。基于大唐移动V2X智能网关提供的低时延、高可靠的车车通信条件，东风商用车编队车辆行驶期间控制信息调度传递稳定，车辆完成由静止加速至60km/h，车车间距可稳定保持在20m左右；车队在规定区间内执行换道操作，换道过程车车横向距离偏移量均小于0.5m；车队完成制动至车辆停止过程中，列队中车辆减速平稳、间距均匀，整体业务应用体验良好。这是我国首次大规模商用车编队测试，是智能网联汽车走向商用化的重要阶段[26]。

以上介绍的国际上的车辆队列多层系统结构设计模型，在车辆队列协同控制的系统结构设计上具有很高的可操作性和实用性，相关的研究成果也具有很大的参考价值。有关车辆队列的研究同时也引起了我国研究人员的关注。

在国外车辆队列研究成果的基础上，我国也针对车辆队列协同控制开展了各项研究。2009年，上海交通大学王锋辉等首先针对车辆跟随距离的标准建立了模型；然后针对智能车辆队列的协作模型进行了扩展研究，并分析了跟随控制的车队局部稳定性和全局稳定性；最终建立了在保证车队稳定性前提下，保证最小车距的智能车辆队列跟车时距计算模型[27]，如图1-18所示。

2012年，武汉理工大学马育林、严新平对纵向一维车队的控制建模进行了研究：基于分散滑模变结构方法建立了一维车队直路行驶的车速控制模型和车距控制模型；基于李雅普诺夫稳定性理论分析了首车及跟随车辆的行驶稳定性，采用MATLAB软件

图1-18　国内车辆编队演示系统

进行了仿真对跟车控制器的可行性和稳定性进行了验证[28]。

2006年，清华大学高峰、李克强针对车辆纵向运动的多模型分层切换控制进行了应用性研究：首先，基于鲁棒性控制理论改进了车辆多模型分层切换控制，并对控制系统的稳定性和抗扰动能力进行了软件仿真验证；然后，在汽车纵向动力学模型存在不确定性的前提下，改进了车辆纵向控制系统的速度和加速度控制器设计方法，能够对车辆的速度和加速度进行快速准确的控制。此研究成果提高了车辆纵向运动控制系统的实用性，并且解决了实际中很多具有不确定性对象的控制问题[29]。

在数学模型的研究方面，我国一些研究机构也进行车辆队列模型的设计并测试了模型的可行性。2010年，上海交通大学彭新荣、杨明在智能小车多车协作硬件仿真平台的基础上，对分布式多车协作算法进行了研究：首先，对于基本车辆行驶提出协作决策模型；然后，为解决车队中超车的路径规划问题设计了基于最优控制的跟车算法，超车的同时保证车辆队列行驶的安全性和高效性；最后，设计了基于冲突表的多车协作算法用于解决交叉口避撞问题，并通过多车协作硬件仿真系统验证了算法的实用性[30]。

2012年，武汉理工大学马育林将跟踪误差转化到滑模函数，作为车辆队列控制目标，通过设计使滑模面趋于零的模糊规则，建立了车辆队列模糊跟随控制方法。这种方法相对于常用的滑模跟随控制方法来说更简单，且计算量较小易于实现。并且，利用半实物仿真验证平台对于车辆队列模糊控制跟随方法进行了验证。

2010年，北京航空航天大学牵头建立车路协同与安全控制北京市重点实验室，进行综合交通系统规划与需求管理方法、车路信息获取与交互技术、车路信息综合集成与服务技术、车路协同控制技术相关技术的研究，并在北京、上海、武汉、重庆等共16处地点设立无人车实验场，用以进行车车通信、车路协同、车辆编队等技术的实验[31]。

基于以上综述可知，现有的车辆队列控制模型大多是基于车辆状态信息来建立，通过计算目标车速来达到保持最小车距行驶的目的，并通过控制系统鲁棒性和稳定性分析来保证车辆队列的安全行驶，并实现了系统稳定且快速响应的控制效果。但是以上所有的模型均是在理想的无线通信的环境中成立，在模型建立前期既没有判断车辆所处的无线通信环境是否存在安全隐患，也没有对模型成立的前提条件进行判断，特别是当车辆队列中存在无通信状态或车辆通信失效的情况下，对于如何协同控制队列缺乏理论研究。针对以上不足，本书就要解决建立车辆队列控制模型时，如果判断当前环境不满足车辆行驶的安全性条件和队列稳定性条件，控制系统如何通过自身调整参数来保证安全行驶。

参 考 文 献

[1] 车语者屠龙刀. 2017年，中国道路交通事故死亡人数到底是多少？[EB/OL]. (2018-02-25) [2022-05-24]. http://blog.sina.com.cn/s/blog_5fecf7100102x6h7.html.

[2] 交通违章查询网. 道路交通事故分类及特点 [EB/OL]. (2018-02-28) [2022-05-24]. http://www.chajiao-tong.com/yewubanli/85327.html.

[3] LEE J D, MCGEHEE D V, BROWN T L, et al. Collision warning timing, driver distraction, and driver response to imminent rear-end collisions in a high-fidelity driving simulator [J]. Human Factors: The Journal of the Human Factors and Ergonomics Society, 2002, 44 (2): 314-334.

[4] 罗亮红. 基于ZigBee的车路协同关键技术研究 [D]. 广州：华南理工大学，2010.

[5] 陈超，吕植勇，付姗姗，等. 国内外车路协同系统发展现状综述 [J]. 交通信息与安全, 2011, 29 (1): 102-105.

［6］邹枫. 智能交通车路协同系统数据交互方式设计与验证［D］. 北京：北京交通大学，2014.

［7］智慧交通. 借东风，简要回顾我国车路协同技术发展历程［EB/OL］.（2018-09-19）［2022-05-24］. https：//www. sohu. com/a/254866018_649849.

［8］牛谷月. 全球首个开源车路协同数据集发布 促进学界业界跨界融合［N/OL］. 央广网，2022-02-24 ［2022-05-24］. http：//tech. cnr. cn/techph/20220224/t20220022 4_525749808. shtml.

［9］智慧交通. 浅论车路协同的商业模式与路侧综合设备市场［EB/OL］.（2018-11-08）［2022-05-24］. http：//www. sohu. com/a/274121243_649849.

［10］国汽智联. 《车路云一体化融合控制系统白皮书》正式发布［EB/OL］.（2020-09-28）［2022-05-24］. http：//www. china-icv. cn/newsDetail？id=126.

［11］高鸿股份. 车联网 LTE-V［EB/OL］. http：//www. gohigh. com. cn/layout. aspx？id=95.

［12］互联网数据资讯网. TrendForce：2025 年全球联网汽车数量将接近 7,400 万台渗透率达 80%［EB/OL］. （2020-08-02）［2022-10-24］. http：//www. 199it. com/archives/1094869. html.

［13］中商情报网. 2022 年中国智能网联汽车市场现状及发展趋势预测分析［EB/OL］.（2022-3-31）［2022-05-24］. https：//baijiahao. baidu. com/s？id=1728744802828837087&wfr=spider&for=pc.

［14］齐鲁壹点. 日韩后年开始无人驾驶运营，青岛智能网联汽车大发展［EB/OL］.（2018-06-22）［2022-05-24］. http：//k. sina. com. cn/article_5328858693_13d9fee45020007ra1. html.

［15］殷媛媛. 国内外智能网联汽车发展趋势研究［J］. 竞争情报，2017，13（5）：51-58.

［16］金龙新闻. 全球首款 L4 级量产自动驾驶巴士 金龙阿波龙第 100 辆下线［EB/OL］.（2018-07-05） ［2022-6-08］. https：//www. king-long. com. cn/Mobile/ Dynamic/Info/14525/Index. html.

［17］杨雅茹. 车企、科技公司等纷纷加速布局智能网联汽车［EB/OL］.（2018-04-27）［2022-05-24］. https：//ww. ijiou. com/intelligence/insight71088. html.

［18］诺亚. 李彦宏亮相世界智能网联汽车大会！呼吁车路协同，剑指智能城市［EB/OL］.（2018-10-21） ［2022-05-24］. http：//zhidz. com/p/134639. html.

［19］GE J I，OROSZ G. Dynamics of connected vehicle systems with delayed acceleration feedback［J］. Transportation Research Part C：Emerging Technologies，2014，46：46-64.

［20］陈建中. 自治汽车列队控制仿真软件设计与实现［D］. 武汉：武汉理工大学，2012.

［21］任殿波. 自动化公路系统车辆纵横向控制［D］. 成都：西南交通大学，2008.

［22］KATO S，TSUGAWA S，TOKUDA K，et al. Vehicle control algorithms for cooperative driving with automated vehicles and intervehicle communications［J］. IEEE Transactions on Intelligent Transportation Systems，2002，3 （3）：155-161.

［23］TSUGAWA S，KATO S，MATSUI T，et al. An architecture for cooperative driving of automated vehicles［C］// 2000 IEEE Intelligent Transportation Systems（ITSC2000），October 1-3，2000，Dearborn. New York：IEEE， c2000：422-427.

［24］HALLÉ S，CHAIB-DRAA B. A collaborative driving system based on multiagent modelling and simulations［J］. Transportation Research Part C：Emerging Technologies，2005，13（4）：320-345.

［25］TSUGAWA S. An overview on an automated truck platoon within the energy ITS project［J］. Ifac Proceedings Volumes，2013，46（21）：41-46.

［26］飞象网. 大唐移动与东风商用车联合发布"智能网联车辆编队应用"［EB/OL］.（2019-5-14）［2022-6-08］. https：//ishare. ifeng. com/c/s/7mfBuBG2vp0.

［27］王锋辉. 面向区域智能运输的多智能车辆协作研究［D］. 上海：上海交通大学，2009.

［28］马育林. 车队协同驾驶分散变结构建模、仿真与控制研究［D］. 武汉：武汉理工大学，2012.

［29］高锋. 汽车纵向运动多模型分层切换控制［D］. 北京：清华大学，2006.

［30］彭新荣. 基于智能小车平台的多车协作研究［D］. 上海：上海交通大学，2010.

［31］王庞伟，余贵珍，王云鹏，等. 基于滑模控制的车车协同主动避撞算法［J］. 北京航空航天大学学报， 2014，40（2）：268-273.

第 2 章

面向智能网联汽车的车路协同系统

欲使智能网联汽车充分发挥其高效性能，就需要先进的车路协同系统加以配合。车路协同技术是以能够实现交通智能化管理、动态交通信息服务等智能交通系统职能为目的，以车内网、车际网和车载互联网为基础，遵循一定通信协议与交互标准，在相互独立交通元素个体之间进行通信与数据传输的大系统网络技术，是传统物联网与传感网络技术在交通领域的延伸[1]。

车路协同概念自出现起，就成了交通领域的研究热点。作为未来智能交通系统中的核心组成部分，它具有高效数据传输和近场自组网能力，不仅会对未来交通出行模式产生深远影响，其所生成的海量实时数据更是为解决传统交通规划、管理与控制问题提供了新的思路[2]。

本章从车路协同技术特征研究入手，以利用先进技术手段解决传统交通管控与出行服务问题为目的，给出了面向高实时性车路通信的交互系统设计方案，并开发了配套软件系统，以验证方案的可行性。

2.1 车路协同技术特征分析

车路协同技术虽然在短时间内就成了重要研究领域，但其成果迁移到智能交通领域的过程是相对缓慢的：一方面出于对系统安全的考虑，相关软硬件设备的标准与测试工作需要一定的时间去检验完善；另一方面，要想将车联网成果真正有效地用于改善现有交通环境、缓解当前交通难题，还需要研究人员在充分了解车联网技术特征的前提下，结合具体问题进行长时间的思考和研究[3]。

图 2-1 给出了车联网场景中的五大要素，其通过先进通信网络将人、车、路三个基本交通要素绑在一起，定制化开发各要素上的终端软硬件，实现对要素数据与指令的交互。这衍生出以下各类通信模式：

V2V（Vehicle to Vehicle），车辆互联通信。
V2I（Vehicle to Infrastructure），车辆与智能交通设备/物联网设施间通信。
V2C（Vehicle to Cloud），车辆与移动互联网生态通信。
V2A（Vehicle to Appliance），车辆与人类生活相关的智能设备间通信。

借助上述丰富的通信模式和配套应用服务最终构建成多个系统应用平台，可全面提升智能网联汽车行驶效率。

车路协同技术非常丰富，是多个学科共同进步孕育而生的新成果。其最终的服务水平也取决于各项技术的发展进度。车联网能够发展成为如此庞大的一个产业，正是因为它推动了多项技术的发展[4]。因此，车联网的快速成长也将惠及多个领域的发展。作为物联网在交通领域的延伸，在思考如何使车联网技术解决传统交通问题的过程中，有必要事先考虑它的实现将为传统交通带来哪些变革（即这种通信网络的特性）[5]：

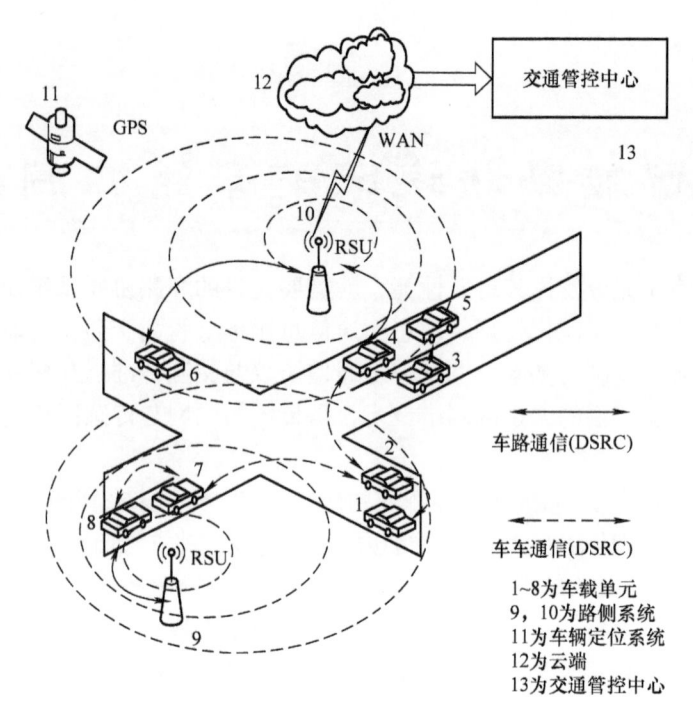

图 2-1 车路协同系统组成

（1）近场自组织通信

车联网通信手段支持各节点在通信范围内自动组网，使得各终端的数据得以在整个网络内实时共享。当选定路侧终端为主节点时，驶入其通信范围的车辆能够第一时间感应到其组网信息和相关指令；在驶离后，能迅速断开，便于在交叉口场景进行数据采集交互[6]。

（2）高实时性稳定传输

以低延迟、低丢包率为代表的各类车联网通信协议具有较传统移动网络更稳定的数据传输功能，从而确保数据可靠性，便于主节点在区域内进行统一协同管理或编队控制。

（3）多源异构节点交互

车联网通信将各类终端连接在一起而不对其数据结构做出限定，使其构成一个复杂的多源异构通信网络，处于网络中的各智能设备或终端能够自由发送具有自身特征的数据包，而接收方也可以选择性地解析与其相关的内容。

考虑到未来智能车载与路侧终端普及后，路网的海量实时交通数据将形成。这些数据与通过检测器等设备间接获取的数据相比，具有更为直接、准确的特点。例如，车辆总线中的车载诊断（On Board Diagnostics，OBD）数据可以非常直观地反映车辆实时与历史状态，有利于为更复杂的数据分析系统提供更多样的数据支持，以数据驱动的交通分析与管控模式将愈发重要。

2.2 面向智能网联汽车的车路协同系统设计

2.2.1 系统设计目的

如果能精确检测到实时的交通状况和突发事件从而引导交通流，路网的运行效率就能获得提升。但是，目前很多基于交通检测数据的交通疏导应用研究都没有取得预期的效果。其主要原因有两点：一是受技术条件和成本所限，这种以外部检测器作为数据源的方案能提供的数据种类较单一，受检测器精度影响大，难以还原复杂的原始交通状态；二是很多借助交通仿真软件下取得的研究成果考虑的场景过于简单，与实际交通状况不符。可见，寻找一种更可靠的还原度更高的交通数据检测和交通状态评价方法是十分必要的[7,8]。

与此同时，随着车联网技术的深入发展，路网上的车辆和智能设备将通过无线网络彼此分享信息、协同运行，越来越多的交通数据将被挖掘出来以提高交通运行效率[9]。事实上，车辆本身就装有大量的传感器，各类数据被用于检测车辆状态，保障行车安全或进行智能辅助驾驶，而这些检测数据中很大一部分可以通过OBD提供的接口获得。经过计算后，这些数据可以转化为交通评价中的一些统计量，如停车次数、旅行时间等。其数据精度和实时性与现有检测手段相比都有大幅提高。如果能把路段上一定时间内的车辆数据汇总在一起进行评价分析，将大大提高交通评价方法的精度[10]。

2.2.2 车路信息交互场景

本系统基于车路协同系统模式，主要包含两部分——车载终端（On Board Unit，OBU）和路侧终端（Road Side Unit，RSU），能协同完成车辆运行数据的采集、处理、转发和评价工作。其结构如图 2-2 所示。

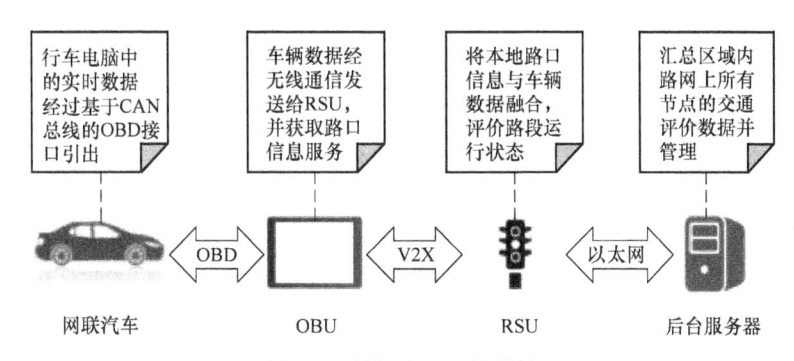

图 2-2 数据交互系统结构

系统核心功能主要包含以下两个：

（1）智能网联汽车信息交互

智能车载终端，一直被看作是车联网功能的理想接入口，不仅承担着车辆的基本咨询、娱乐、导航功能，在车联网环境下更多的信息传递和辅助驾驶功能将通过它与驾驶人进行交互。因此，本系统中的车载终端将成为整个车辆的数据交互中心，在基本功能的基础上，通过采集车辆OBD数据完成车辆状态诊断、驾驶行为报告等辅助功能，并通过多种网络通信渠道将更多有价值的交通信息传递给驾驶人，如智能停车场的车位数据、前方路口的信号灯状态数据等。

（2）基于车辆数据的实时交通状态感知

车载设备与路侧终端在通信范围内将建立起稳定的车路通信。部分车辆数据将在路侧终端的指令下进行处理和上传。路侧终端将根据对单位时间内的所有有效数据进行处理和计算，最终得出该时段内的交通状态，并支持将该状态上传至远程服务器中。

交通评价系统通过车载终端与路侧终端协同工作，车载终端持续向与其建立连接的路侧终端主机发送车辆定位数据，路侧终端根据车辆位置向车载终端下达数据记录、处理与发送的命令，并校验上传数据的可靠性。图 2-3 所示也包括了该系统进行交通评价时的工作场景。

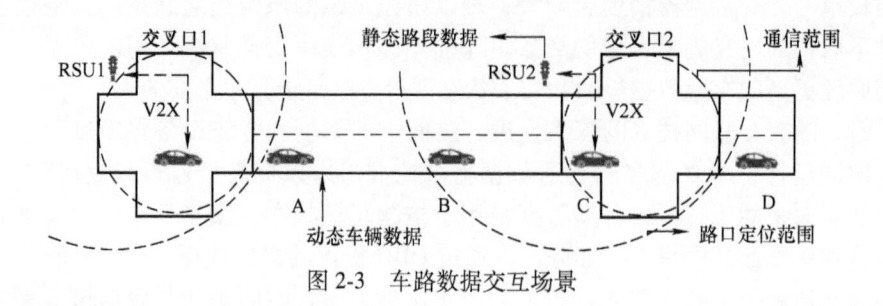

图 2-3　车路数据交互场景

2.2.3　车路数据实时交互方法

当车辆离开上一个交叉口（点 A）时，系统开始记录所需行车数据，在离开下一个交叉口（点 D）时将在路段上生成的数据发送给 RSU2。从点 A 到点 D 间的时间间隔即为车辆在路段上的通过时间；当车辆进入 RSU2 的通信范围（点 B）时，双方将建立稳定的 V2X 通信。

此后车载终端发送当前车辆的基本信息，并在 RSU2 请求 OBD 数据之前连续发送定位信息。当车辆进入交叉口 2（点 C）时，由于车载终端中记载了上一次通信的主机 RSU1 信息，所以 RSU2 可以确定本次通信的数据来源于入口道（1→2）。根据该原理，路侧终端将根据一定时间段内的实时车辆数据更新多个方向的路段评价结果。图 2-4 所示为评价系统的数据交互流程图。

与传统浮动车数据采集系统相比，该方案具有如下优势：

1）丰富的原始车辆数据。

2）根据主机通信历史确定数据归属，不需根据定位信息匹配。

3）数据在车载终端中自动统计计算，在开阔路口通信，减少通信过程中产生的错误数据和误差。

4）人、车、路信息交互共享，前方路口状态可以提供给驾驶人。

图 2-4　评价系统的数据交互流程图

2.3　车路数据交互软件系统

2.3.1　车路数据交互软件系统总体目标

系统还涉及软硬件多个方面的开发，开发过程中的主要内容包含以下两个方面：

(1) 基于安卓（Android）系统的深度开发

方案中车载终端采用了 Android 系统作为开发平台，主要是考虑该系统开源免费的优势和丰富的应用资源。但这也带来了开发上的新问题，终端需求的如 CAN 总线和串行接口等相关通信功能由于对移动端设备来说并不常用，所以 Android 系统的开发套件对这些并不支持[12]。这就导致要实现相关功能需要对原系统进行深度开发，将相关的驱动程序写入到底层的 Linux 系统来完成数据的交互功能，再以程序接口的形式向 Android 系统上层应用提供通信使能和数据收发的功能，在一定程度上增加了开发的难度。

(2) 高实时性的数据采集与通信功能设计

车载终端不仅需要实时采集车辆总线、GPS 和移动网络数据，还需要对这些数据按照需求进行处理，并在合适的时间和地点与路侧终端进行交互，并反馈信息给驾驶人[13]。这对终端系统的软硬件设计提出了较高的要求：一方面硬件设计上要保证多种通信模块的正常工作不受干扰，尤其是在环境复杂的车辆上其可以稳定工作；另一方面在软件设计中要合理安排多个线程协同工作，并尽可能地降低对内存的占用，从而在数据交互过程中不影响软件系统其他功能的使用。

目前，交通评价的数据主要来源于固定式的检测器或移动式的浮动车，受技术条件所限，在实际应用中有诸多不便。本章介绍的设计总结了其不足，并结合智能网联汽车技术特点，提出了基于车路协同的车辆数据采集和交通评价方法，具有如下创新点：

(1) 采用智能网联汽车行驶数据代替传统检测器数据

就交通状态的检测与评价方法而言，像地磁、线圈、微波等传统固定式检测器的安装和维护成本高，提供的数据种类较少且精度不高，只能用于基本的道路状态与违章检测，且一整套设备只能服务于一个路口[14]。智能网联汽车可实现 OBD 行驶数据共享，基于 OBD 数据不仅可以提供海量的高精度车辆行驶数据，同时借助路侧终端和无线通信，评价所需的车辆数据还可被有效收集；与此同时，车载终端也能将这些原始车辆数据提供给智能网联汽车诊断和辅助驾驶功能[15]。

(2) 面向智能网联汽车建立车路信息交互机制

浮动车也是目前应用较为广泛的交通数据采集技术之一，属于移动式的检测手段，与固定式的检测器相比能提供更多的数据细节和更大的检测范围。但其所提供的数据并非来源于车辆本身，而是安装在车辆上的 GPS，其信息包含车辆 ID、经纬度、方向和速度。在 GPS 和移动信号较弱的地方，数据会有较大波动。数据上传后还需要根据定位信息对数据的归属路段进行匹配，容易产生误差[16]。而这里设计的系统中的路侧终端均安装在空旷的交叉口旁，环境干扰小；通过近场无线网络来传输指令和数据；路侧终端根据车载终端的定位信息来下达数据打包和发送的指令，车辆数据的归属路段可以直接确定。因而，这种车路协同系统在数据采集和处理过程中提高了数据精度并降低了处理难度。更重要的是，它提供了一个双向信息交互的渠道，不止车辆数据可以上传并汇总，路口的信息也可以发送给车载终端，在发生突发事件时也可以及时通知道路上的车辆[17]。

2.3.2 车路数据交互软件系统方案论证

(1) 检测数据方案

选取何种数据作为数据源，是交通评价系统首先要考虑的问题。目前主流的交通数据检测方案和其能提供的数据种类都无法令人满意，因此本软件系统提出了基于车路协同模式的

OBD无线传输数据作为评价交通状态的数据源,并与传统方法从多个方面进行了比较[18],对比结果如表2-1所示。

表2-1 检测数据方案对比

检测数据	固定式检测器	浮动车系统	OBD无线传输
系统成本	高	较低	中等
实时性	较高	中等	较高
检测精度	较高	中等	较高
环境干扰	有影响	有影响	影响较低
数据种类	单一	较少	较多

从上述对比可以看出,本章提出的软件系统设计方案具有较多的优点,弥补了传统方法的不足,因此选用该方案。

(2) 协同通信方案

在车路协同模式中,位于车载终端内的OBD数据需要传输到路口节点的路侧终端中,这就需要借助无线通信网络[19]。因此,本设计选取了几种适合的协同通信无线方案进行了对比,如表2-2所示。

表2-2 协同通信无线方案对比

通信方式	LTE-V	大功率ZigBee	大功率蓝牙
设备成本	高	低	低
通信延迟	低	较低	较高
通信距离	中等	较远	较近
通信带宽	高	较高	低
通信稳定性	稳定	较稳定	较不稳定
支持节点数	较多	多	少
数据安全	安全	较安全	较不安全
使用限制	较多	较少	较少
开发难度	高	较低	较低

从表2-2所示可以看出,应选用LTE-V模块作为目前智能网联汽车专用通信单元,这样基于LTE-V通信可按实际信息交互机制实现车路协同系统。

(3) 车载终端系统方案

车载终端不仅要承担OBD数据采集、处理和无线转发的功能,在产品定位中它还是车辆的智能辅助中心,需要将各类信息反馈给驾驶人,并提供基本的车载资讯、娱乐、导航功能,因此需要嵌入式系统的支持[20]。表2-3给出的车载终端系统方案,选取的是几种目前主流的嵌入式系统方案。

表2-3 车载终端系统方案对比

终端系统	Win CE	Linux	Android
系统成本	付费	部分开源	开源
稳定性	高	较高	中等
应用资源	较少	中等	丰富
集成开发难度	较低	较低	高

(续)

终端系统	Win CE	Linux	Android
硬件支持	较多	较多	较少
安全性	较安全	中等	中等
UI 设计	传统	传统	美观
芯片供应	断货	充足	充足
系统升级频率	停止更新	低	高

从表 2-3 所示可以看出，Win CE 和 Linux 系统作为传统嵌入式系统具有成熟、稳定、安全的特点，但成本较高、芯片供应有断货可能、系统更新慢，与很多新技术功能的兼容性不够高；Android 系统作为高速发展的移动端系统，具有非常丰富的应用资源，便于产品的后续升级和优化，因此选择它作为最终的车载终端系统。

2.3.3 车载终端软件系统实现

车载终端程序按照开发内容分为系统层、驱动层、应用层三个层次，如图 2-5 所示。三个层次之间相互支持，下面介绍具体软件结构。

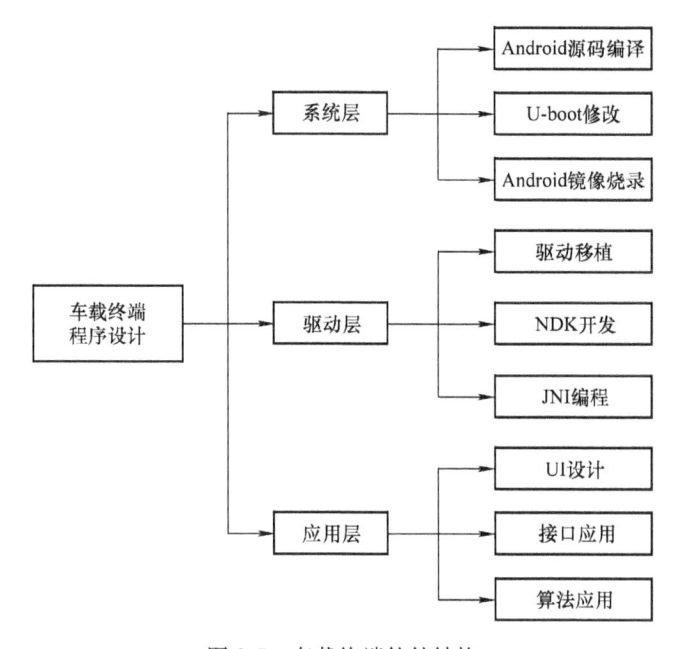

图 2-5 车载终端软件结构

（1）系统层

这一层主要涉及在 Linux 系统下完成 Android 源码的编译和烧录，确保 Android 系统可以在核心板上正常工作，并参照芯片官方手册修改 U-boot 配置以使各模块正常使用，同时根据 debug 日志查找潜在错误信息，为后续开发工作排查问题。

（2）驱动层

这一层主要涉及 Android 系统中间件的程序开发，架起底层芯片和应用程序接口的数据通道。对于 Android SDK 所支持的底层驱动，基本芯片官方已经提供了对应的 Linux C 代码，只需要参照 C 程序的输入、输出和 Android SDK 写好对应的 JNI 代码即可。而对应 CAN 这一类

Android 底层不支持的驱动，则需要查找在 Linux 系统内核下支持的驱动程序，以 NDK 的形式加载到 Android 应用的工程中，再进行后续的驱动开发。这里所使用的是硬件配套的 Flex CAN 驱动。

（3）应用层

这一层主要涉及基于 Android Studio 工具的 Android App 开发，由于 Android 应用程序的逻辑功能和界面是分开的，因此也要分开设计。前期以使用 XML 语言的 UI 设计为主，并为本系统开发了 Android App 软件界面。在界面定型后，依次进行接口程序和算法应用程序的开发，前者主要涉及通过驱动程序接口与各类传感器、通信模块进行交互，传递数据；后者则根据协议或算法对数据进行处理，如对 OBD 数据的解析和评价数据的计算。

2.3.4 路侧终端软件系统实现

路侧终端没有操作系统，主要按照程序执行流程进行划分，分为初始化程序、主循环程序和中断程序，如图 2-6 所示。

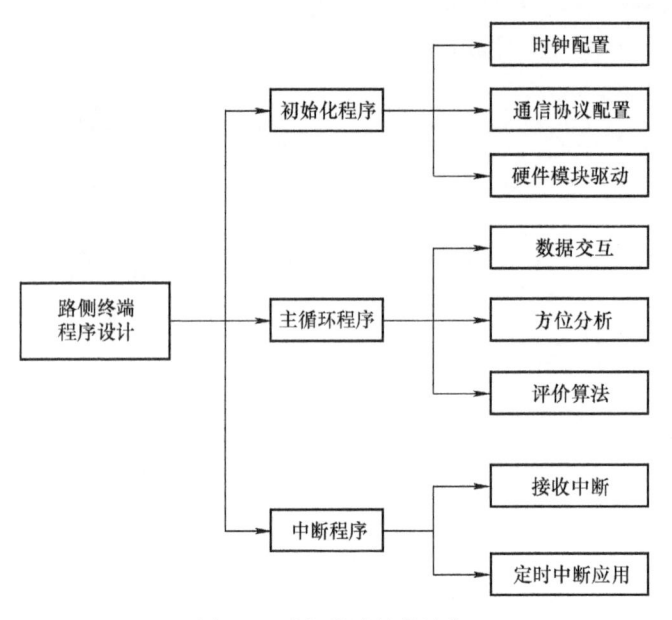

图 2-6 路侧终端软件结构

（1）初始化程序

初始化程序包含对芯片时钟、引脚的配置和串口、SPI 总线的通信参数设置，保证各模块的正常使用。

（2）主循环程序

通过信号机与建立起无线通信的车载终端进行数据交互；根据车载终端的经纬度信息计算车辆与路口的间距，从而下达对应的指令；在收到评价数据后进行数据校验，并根据评价算法计算一定时间内的道路运行状态。

（3）中断程序

中断程序分为接受中断和定时中断两部分。前者负责第一时间接收车载终端的实时信息；后者用于控制程序周期和时序，保证评价算法的精度，并进行数据上传与备份等操作。

参 考 文 献

[1] 李刚, 杨屏, 张红. 车联网在"智慧城市"中的应用 [J]. 办公自动化, 2015 (2): 58-60.
[2] 成卫, 张东明, 肖海承. 路网可靠性动态交通仿真及评价系统研究 [J]. 系统仿真学报, 2013, 25 (12): 2986-2992.
[3] 李竺皓. 交通诱导策略自动生成及辅助决策系统研究 [D]. 北京: 北京交通大学, 2014.
[4] 王建强, 吴辰文, 李晓军. 车联网架构与关键技术研究 [J]. 微计算机信息, 2011, 27 (4): 156-158.
[5] 刘小洋, 伍民友. 车联网: 物联网在城市交通网络中的应用 [J]. 计算机应用, 2012, 32 (4): 900-904.
[6] 陈前斌, 柴蓉, 岑明. 车联网何去何从 [J]. 中兴通讯技术, 2015, 21 (1): 47-51.
[7] WILLKE T L, TIENTRAKOOL P, MAXEMCHUK N F. A survey of inter-vehicle communication protocols and their applications [J]. IEEE Communications Surveys & Tutorials, 2009, 11 (2): 3-20.
[8] TOOR Y, MUHLETHALER P, LAOUITI A. Vehicle Ad Hoc networks: applications and related technical issues [J]. Communications Surveys & Tutorials IEEE, 2008, 10 (3): 74-88.
[9] 张家同, 王志强, 曹绪龙. 国内外车联网的发展 [J]. 数字通信世界, 2012 (2): 26-29.
[10] 吴玮. 美国车路协同系统和智能交通 [J]. 全球科技经济瞭望, 2012, 27 (11): 19-21.
[11] 印曦, 魏冬, 黄伟庆. 日本车联网信息安全发展现状与分析 [J]. 中国信息安全, 2017 (1): 98-101.
[12] 王泉. 国外车联网智能交通发展状况 [J]. 中国科技投资, 2014 (34): 32-39.
[13] LEE K C, LEE U, GERLA M. Geo-opportunistic routing for vehicular networks [J]. Communications Magazine IEEE, 2010, 48 (5): 164-170.
[14] 程刚, 郭达. 车联网现状与发展研究 [J]. 移动通信, 2011, 35 (17): 23-26.
[15] 饶毓, 戴翠琴, 黄琼. 车联网关键技术及联通性研究 [J]. 数字通信, 2010, 5 (10): 36-40.
[16] 许勇. 车联网通信协议研究和系统开发 [J]. 桂林电子科技大学学报, 2010, 30 (5): 457-461.
[17] 张国锋. 面向车联网的车载信息服务系统设计 [D]. 杭州: 浙江大学, 2013.
[18] 屠雨, 张凤登, 单冰华. 基于汽车 OBD 车联网的设计与实现 [J]. 电子测量技术, 2016, 39 (8): 32-36.
[19] WANG Q, YU Y, TANG Z M. Architecture design for intelligent vehicle computing platform based on internet of vehicles [J]. Applied Mechanics & Materials, 2013, 253-255: 1423-1426.
[20] XU J, ZHENG Z, LYU M R. CGA-based deadlock solving strategies towards vehicle sensing systems [J]. Eurasip Journal on Wireless Communications & Networking, 2014 (1): 214-224.

第 3 章

基于车路信息融合的交通状态感知与预测技术

随着信息技术的广泛应用，汽车正在由单纯的交通运输工具向智能化移动终端转变，并与道路基础设施日益融合。智能网联汽车成为科技创新引领、产业转型升级的重要载体和战略方向。智能网联汽车应用当前最新的车载传感装置、控制系统及执行系统等，结合当前的通信技术及车路协同技术，在行驶过程中可以实现与路侧设施的信息交互，并通过通信技术使得这些数据得到共享，以此来增强汽车行驶的安全性。

本章根据智能网联汽车的优势，针对城市交叉口场景，提出了一种基于车路信息融合的交通状态感知与预测的方法。交通状态通常指交通环境中交通流各个车辆的运行状况，具有动态性、周期性、随机性等特性。随着车用无线通信 V2X 技术的发展，融合多源交通传感器感知交通状态的数据，可通过实时 V2X 通信模块反馈给交通管理系统或智能交通系统的其他子系统，以此建立较完整的城市交叉口状态立体感知数据集。传统的交通检测器，如环路检测器、微波检测器和视频检测器，只能获得检测器所在点位的车流量、车速和占有率信息，即进行横截面检测。然而，在某一横截面收集的这些参数不足以描述整个路段或交叉口的交通状态。此外，部分参数需要定周期统计才可使用，这导致检测结果实时性不高、检测范围较小。针对上述问题，本章根据图 3-1 所示的总体框架，提出了基于 V2X 通信的多源信息融合交通状态感知与预测方法。

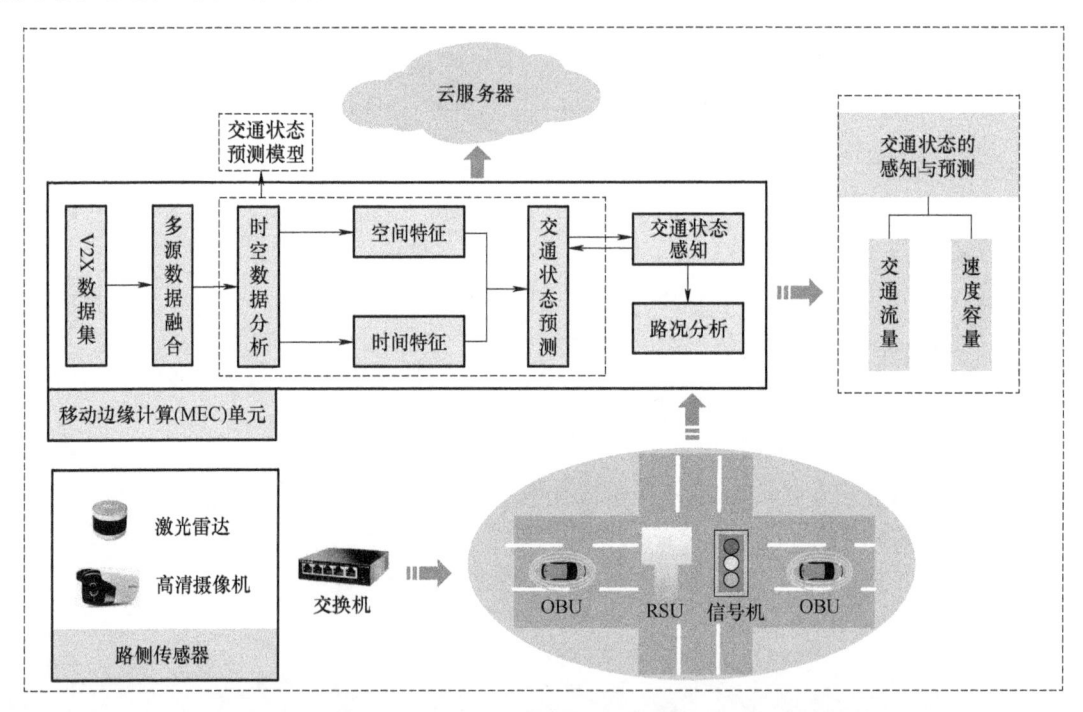

图 3-1 基于 V2X 通信的多源信息融合交通状态感知与预测方法总体框架

如图 3-1 所示，首先，对交叉口中所有车辆的状态和路侧环境状态的信息进行实时感知；然后，发送信息至部署于路侧的智能路侧单元（RSU），通过实时 V2X 通信技术将数据发送至移动边缘计算（Mobile Edge Computing，MEC）单元进行多源信息融合；最后，得到包含实时交通状态数据的结果，再对下个时间步的交通状态进行预测。

3.1 交通状态感知与预测的现状分析

随着 V2X 通信技术不断发展，基于多传感器信息融合技术来解决城市道路交叉口通信效率低、机动车辆通行缓慢等问题逐渐成为研究热点。各项研究成果表明[1]，在 V2X 通信环境中，交通管理方基于多种交通传感器建立交通数据集，可以实时感知当前道路的交通状态；同时，基于多源融合数据实时预测交通运行状况，可以大幅提高交叉口的通行效率，提高道路安全性。

V2X 通信技术是实现自动驾驶的必要手段。目前，城市道路交叉口应用，主要是通过 V2V 与 V2I 技术实时获取交通感知数据判断交叉口所发生的交通事件和交通拥堵问题[1]，以提高道路通行效率及通行安全。Qiu 等[2]提出了一种基于 V2X 通信和图像的交通流和密度实时预测模型，使用拓扑图卷积神经网络和序列到序列框架来提取交通流拓扑特征和时间相关性，实现实时预测城市地区的交通流量和密度。Zheng 等[3]提出了一种基于隐马尔可夫模型（Hidden Markov Model，HMM）的方法，通过评估独立间隔中的转向角来分析区域中的道路交通风险，通过 V2X 通信技术实现量化时变道路交通风险，确保预测的实时性和准确性。Arregui 等[4]提出了一种基于随机森林回归的数据驱动实时预测算法，基于 V2X 通信技术为交通数据的动态管理提供有效支持，该算法可以对区域内车辆时空聚集数据和交通状态进行实时预测。Julio 等[5]提出了一种基于智能车载单元（OBU）和 RSU 的交通状态预测方法，它结合 V2I 和 V2V 的通信技术来预测交通密度，通过 RSU 接收的平均信标数量、邻近数量和交叉口比率来计算每平方公里的车辆数量。Mallah 等[6]提出了一种基于 V2X 通信技术的城市路网多源异构的实时分布式拥堵分类模型，基于 V2I 通信技术收集智能网联汽车数据来预测超过行程时间阈值时的交通拥堵状态。传统的交通状态预测手段主要是基于交通流模型及统计学模型，如自适应回归综合移动平均模型[7]、卡尔曼滤波模型[8]及其各种变种模型等[9-11]。此类模型通常依赖固定的假设，不能实时预测交通流数据的动态变化。与传统方法相比，综合多个机器学习的混合交通预测模型仅需一定数量的交通流原始数据，就可自行提取并学习其时空特征，从而对交通状态进行实时预测。Tak 等[12]提出了变种 K 最邻近（K-Nearest Neighbors，KNN）算法。该算法考虑交通的时空相关性，并对道路进行分段计算，同时考虑了多源交通传感器的缺失数据类型，对其路段的交通状态进行预测。Wu 等[13]提出了一种基于张量分解的模型来使用路段邻域信息作为图嵌入的方法，从而对交通状态进行预测。然而，基于张量分解模型通常会使交通状态数据变成多阶的张量，这些多阶张量的计算需要很高的存储和计算能力。在交通预测中，将神经网络推广到图结构是一个新兴的研究方向。Bronstein 等[14]将卷积神经网络推广到对频谱上的任意图并以空间视角进行了建模。Grover 等[15]则通过图嵌入方法学习图结构的节点特征，并将其映射到低维空间，该映射最大化地保留了节点的网络邻域间的相关性，由此可以延伸到学习交通路网之间的空间特征。Wei 等[16]提出了一种根据相邻路段的信息来预测道路交通状态的预测模型。该模型首先基于图嵌入实现路网表示，然后再根据生成式对抗神经网络实时产生交通信息预测交通状态。该方法大幅提高了预测精度。Xie 等[17]使用了图神经网络（Graph Neural Network，GNN）将路段连通性建模为一个图，将输入和输出都表示为图序列，对城市区域路网道路中的交通流的平均车速进行估计。Xu 等[18]根据城市道路网中悉尼自适应交通控制系统（Sydney Coordinated Adaptive Traffic System，SCATS）下的交通流数据时空特性，将交通路网表示为图，以交叉口为路网节点，基于图嵌入网络学习此系统下路网的时空特征，从而实时预测区域路网的整体交通状态。综上所示，现有的理论方法在相关领域已取得阶段性应用成果，但是仍存在以下问题：一方面，在当前车路协同系统发展的初级阶段，基于 V2X 通信的交通状态感知方法从车载端获取的交通流数据集规模较小；另一方面，交通状态预测的研究大多采用历史交通数据对交通状态进行预测，但历史交通数据存在一定的滞后和冗余，导致预测结果实时性差、预测精度不高。

综上，本章自主设计并搭建的智能路侧实时感知与边缘计算平台可以实时感知城市交叉口的交通状态。同时，本章还提出了一种基于图嵌入长短期记忆神经网络模型。该模型首先使用深度游走（DeepWalk）算法学习网络节点之间的相互作用来捕捉交通流的空间特征，然后通过长短期记忆神经网络学习交通流数据的动态变化实现时间特征的动态捕捉，最终实现对城市交叉口交通状态的实时动态预测。

3.2　基于 V2X 通信的多源车路信息融合系统

V2X 通信技术，可支持车辆协同驾驶、半自动驾驶、远程驾驶等多种场景，是当前智能交通系统和汽车行业最重要的技术之一。V2X 通信技术主要包含专用短程通信（DSRC）技术和基于移动蜂窝网络的车联网（Cellular V2X，C-V2X）技术。当前，C-V2X 技术主要通过第三代合作伙伴计划（3rd Generation Partnership Project，3GPP）组织所提出的第四代移动通信技术长期演进（4th Generation Mobile Communication Technology-LTE，4G-LTE）连接或第五代移动通信技术新空口（5th Generation Mobile Communication Technology-NR，5G-NR）连接来传输和接收信号，因此 C-V2X 技术也主要包含 LTE-V2X 和 NR-V2X 两种通信技术。

作为比 DSRC 技术后发的车联网通信技术，C-V2X 尽量继续沿用蜂窝网络已有的上层协议，将研究重点聚焦于接入层的物理层和媒体接入层技术，从而提供端到端的车联网通信解决方案。V2X 通信协议参考模型如图 3-2 所示[19-22]。

在 V2X 通信协议参考模型中，DSRC 和 C-V2X 技术主要体现在接入技术的不同上。网络层可以支持 IP 协议栈，同时考虑 IP 协议栈的开销及低时延传输要求，也可以采用非 IP 传输支持上层应用。消息层或设施层主要包括应用支持、消息支持及进程/通信支持。应用层可支持各类车联网应用。另外，安全平面和管理平面还需要提供跨越各层的支撑功能。其中，安全平面可提供硬件安全、防火墙和入侵管理、鉴权授权和用户信息管理，以及安全相关基本信息管理（标识、密钥、证书等）等功能；管理平面可提供监督管理、跨层管理、站点管理和应用管理等功能[19-22]。随着 C-V2X 技术的演进和部署，人为失误或路况造成的致命事故，以及特殊场合或事故造成的大规模交通拥堵，将会得到有效改善。

在本章的研究中，主要考虑基于 LET-V2X 通信的多源信息车路融合。基于 V2X 通信的多源车路信息融合系统结构如图 3-3 所示，主要包括以下四个方面：

1）交通感知层，主要负责数据的感知。数据来源主要包括 RSU 的路侧传感器数据和 OBU 的车辆行驶状态数据。

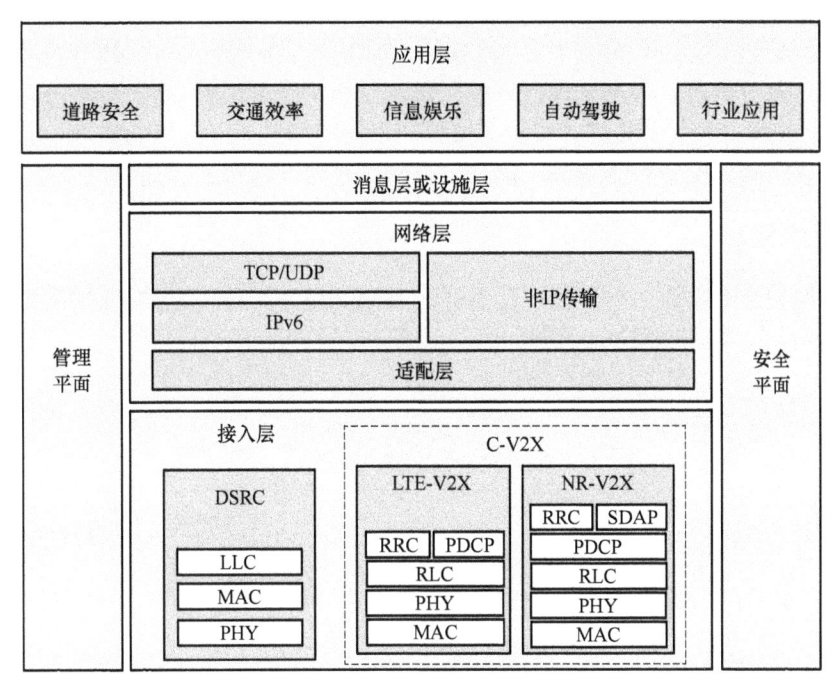

图 3-2　V2X 通信协议参考模型

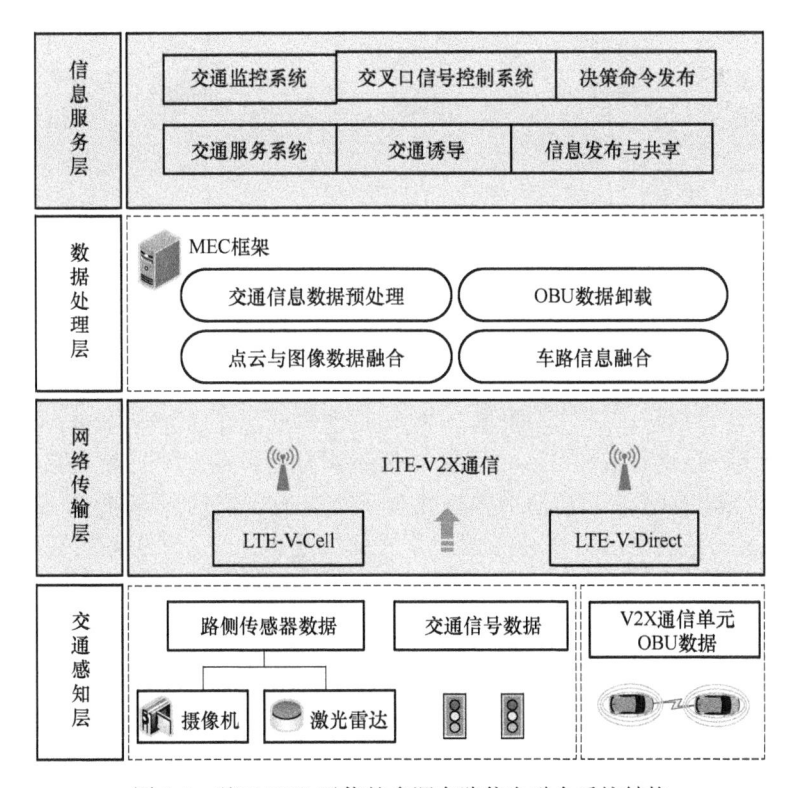

图 3-3　基于 V2X 通信的多源车路信息融合系统结构

2）网络传输层，主要通过 LTE-V2X 通信为车载端、路侧端及云端之间提供支持，完成数据实时传输。

3) 数据处理层，主要以 MEC 单元为数据处理框架，基于各类数据融合算法对多源车路信息的数据进行融合处理，为系统提供算法支持，是整个系统的核心部分。

4) 信息服务层，主要是通过底层的交通控制系统对信号交叉口进行控制，同时基于实时的交通数据实现道路的交通行为诱导、信息发布与共享等车联网的交通信息服务。

3.2.1 交通感知层

交通感知层旨在对实时的交通路况信息进行采集和监控。该系统的感知层框架主要包括车载端、路侧端及云服务器端（见图3-4）。

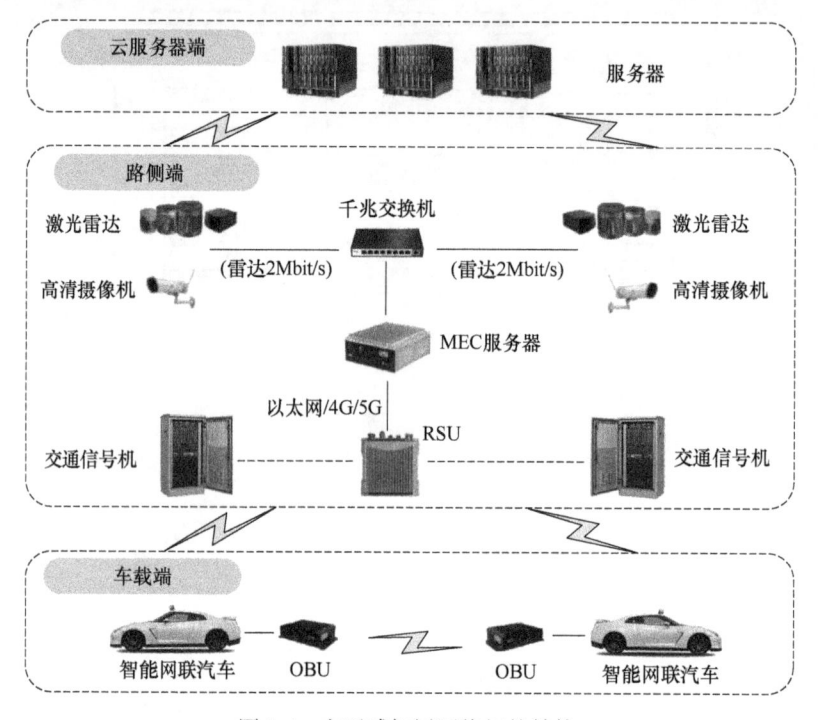

图 3-4 交通感知层网络拓扑结构

如图 3-4 所示，车载端的主体是装载 OBU 的智能网联汽车（Intelligent Cooperate Vehicle, ICV），可以通过任务卸载策略将自己的消息上传到 MEC 服务器。RSU 是系统中基础设施的感知部分，其中激光雷达传感器和高清摄像机通过千兆交换机连接到 MEC 服务器。同时，ICV 也可通过具有 V2X 通信功能的 RSU 与交通信号控制器进行连接。云服务器端可以存储来自路边传感器的历史交通数据，并提供云计算服务。具体来说，在 MEC 架构中，ICV 可以通过 PC5 接口接收面向应用的信息并上传消息到 MEC 服务器。

车辆的实时状态信息（如工作状态、运行参数、告警信息、行驶意图）要通过 V2X 通信网络传输到路侧，并经过脱敏、抽象等处理后传送给云控中心。同样，道路基础设施的信息（如电子标牌、信号灯状态、地图），路侧感知到的交通参与者信息，以及交通事件（如拥堵、遗洒、施工）、交通管理部门的管控指令（如限速、禁行、交通管制）也要通过车路通信网络传输到车侧，供车辆驾驶行为决策使用。车辆的实时状态信息和道路基础设施信息统称为交通状态信息。

交通状态感知为车路协同管理提供了重要的数据来源，是 V2X 应用的基础。在 V2X 通信环境中，交通信息获取的实时性和准确性也是车路协同管理能否有效发挥整体性能的决定性因素。本系统的交通感知层主要通过路侧传感器设备和车载端设备实现对城市道路交通运行状态的感知。

多源信息融合的目的是将来自路侧传感器数据、交通信号机的控制数据及来自 V2X 通信 OBU 的数据进行特征级数据融合，以构建一个立体、精准的交叉口状态感知数据集合。相比现有的交通信息感知系统，基于 V2X 通信的多源传感器融合感知技术通过对单个车辆行驶状态和路侧交通环境信息的感知，可以完成人、车、路之间多元的信息共享与交互。交通感知层中各数据的类型及来源如表 3-1 所示。

表 3-1 交通感知层各数据类型及来源

数据来源	数据类型
路侧传感器	车辆信息：车牌号、经纬度、速度、水平距离、航向角
	交通状态信息：平均车速、车流量、平均排队长度、停车线位置等
V2X 通信单元	速度、加速度、车牌号、车轮转速、转向角、制动状况等
交通信号机	信号周期、信号灯相位配时、信号灯色、当前相位剩余时间

3.2.2 网络传输层

在网络传输层中，数据的传输主要通过 LTE-V2X 通信进行网络传输。LTE-V2X 通信是基于 LTE 蜂窝网络的车与外界信息交互技术，是对现有蜂窝网络技术的延伸，借助无线网络带宽优势，可实现高可靠性、低延时、大容量的车辆通信。目前，LTE-V2X 通信主要有两种通信方式（见图 3-5），分别是广域蜂窝式（即 LTE-V-Cell）和短程直通式（即 LTE-V-Direct）。其中，LTE-V-Direct 可以实现车辆直接与周边环境节点低时延、高可靠的直接通信；LTE-V-Cell 可借助已有的蜂窝网络，支持大带宽、大覆盖通信。

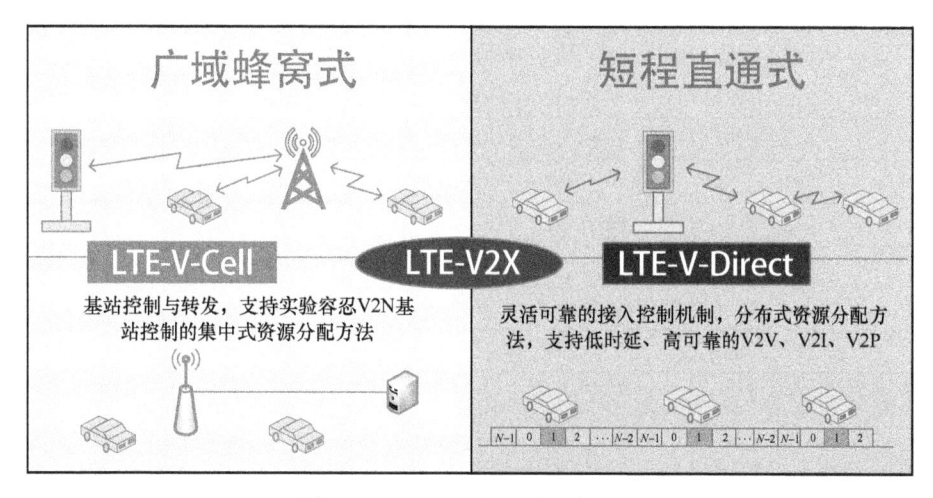

图 3-5 LTE-V2X 的两种通信方式

与两种通信方式相对应的是两种互补的网络通信接口（见图 3-6）。其中一种是 PC5（ProSe 直接通信）接口方式。基于 PC5 接口的通信方式可实现车辆、路侧基础设施和道路行人之间的直接通信。在这种模式下，V2X 独立于蜂窝网络工作。另一种是终端与蜂窝网络（Utran-Ue，Uu）接口方式。该模式是基于移动蜂窝网络通信的。其中 V2X 通信采用传统的移动网络，使车辆能够接收有关该地区道路和交通状况的信息。V2X 通信在实际场景中传递信息时，通常会将 PC5 接口和 Uu 接口同时结合使用，通过灵活有效的方式采集和广播各类交通信息，从而为解决各类交通问题提供有力数据支持。

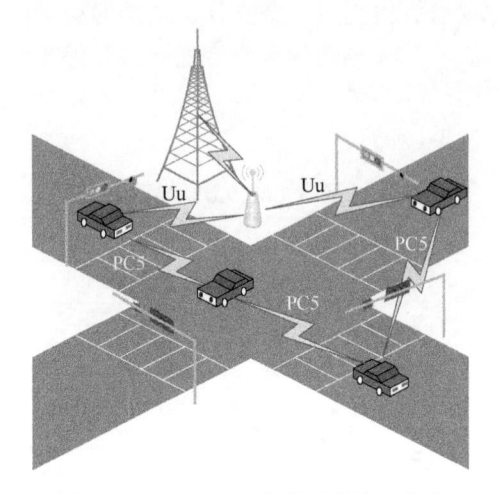

图 3-6　LTE-V2X 通信的两种接口方式

表 3-2 所示为基于 LTE-V2X 通信的频段及适用接口情况。

表 3-2　基于 LTE-V2X 通信的频段及适用接口情况

通信频段	上行链路/MHz	下行链路/MHz	接口	最大通信带宽/MHz
3	1710~1785	1805~1880	Uu	20
5	824~849	869~894	Uu	20
7	2500~2570	2620~2690	Uu	20
8	880~915	925~960	Uu	10
20	833~862	791~821	Uu	20
28	703~748	758~803	Uu	20
34	2010~2025		Uu	15
39	1880~1920		Uu	20
41	2496~2690		Uu	20
47	5855~5925		PC5	30①
71	663~689	617~652	Uu	20

① 使用载波聚合格式（10+20）MHz 或（10+10+10）MHz。

3.2.3　数据处理层

根据欧洲电信标准组织（European Telecommunications Standards Institute，ETSI）提出的白皮书，MEC 可以将云计算服务扩展到网络边缘。在本系统中，提出了基于 MEC 框架的数据处理层结构，MEC 为从移动车辆卸载到 MEC 服务器的任务提供了高带宽和低延迟的服务环境。

第 3 章　基于车路信息融合的交通状态感知与预测技术

在本系统的数据处理层中,所提供的路侧计算资源可以满足实时的计算需求,主要包括点云与图像的数据融合和 V2X 车路信息的数据融合过程。

1. 点云与图像数据的融合处理过程

由于单一的路侧传感器获取交通信息的范围有限,且实时性难以满足复杂交通网络的要求,因此本章提出了基于路侧多源交通传感器融合技术,来解决上述问题。当前路侧传感器融合主要包括两种组合:基于激光雷达与摄像机的融合;基于摄像机与毫米波雷达的融合。目前主流的研究方向大多偏向于激光雷达与摄像机的融合,因此本系统的多源传感器融合方案为激光雷达与高清摄像机的融合。

激光雷达点云数据融合以目标检测任务为主,首先通过激光雷达的点云数据获取目标形状、位置、运动参数等信息,然后通过点云聚类分割技术获取目标感兴趣区域(Region of Interest,ROI),并进一步根据视觉传感器获取车辆图像特征信息,最后对目标进行确认。激光雷达与摄像机的融合处理流程图如图 3-7 所示。

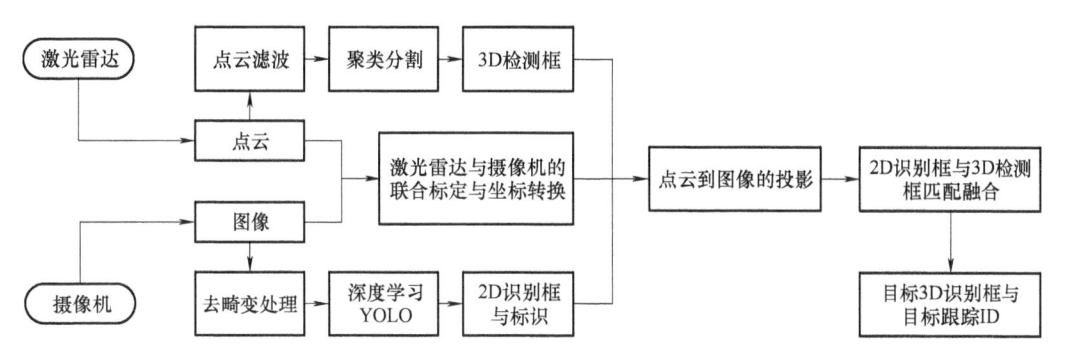

图 3-7　激光雷达与摄像机的融合处理流程图

首先,对激光雷达点云数据进行预处理,对点云数据中 ROI 进行提取并滤波,如图 3-8 所示。其次,对图像的原始数据进行去畸变处理,再将点云与图像数据联合标定并进行坐标转换,确定两者之间刚体变换、投影透视及平移变换的联系。最后,对两类识别框进行匹配融合计算,然后就可以获取图像中的机动车检测框尺寸、像素中心点坐标、速度、相对距离等信息,如图 3-9 所示。

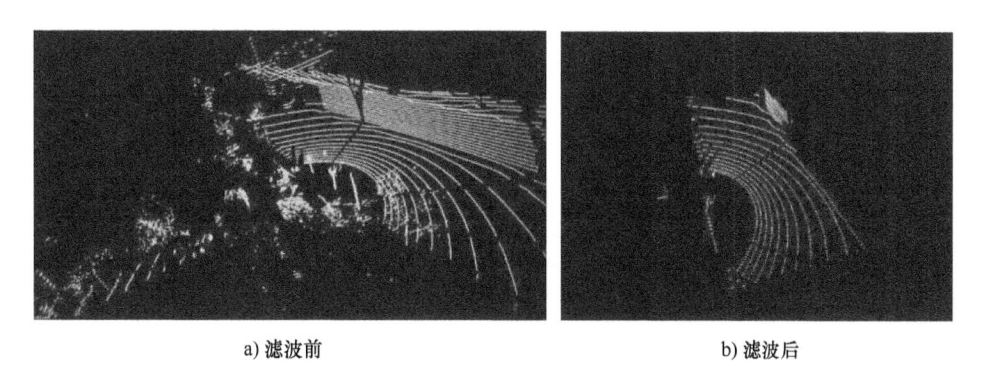

a) 滤波前　　　　b) 滤波后

图 3-8　点云的感兴趣区域提取与滤波处理

多源传感器在数据采集过程中分别有着独立的坐标系和采集频率,因此需要将多源传感器的坐标系变换到同一坐标系下进行配准,才能实现多源传感器的融合。对于激光雷达和摄像机而言，整个标定过程就是寻找两者之间的坐标变换关系，也就是要同时标定出点云和图像数据中所对应的目标像素点。其坐标变换流程如图 3-10 所示。

图 3-9　基于点云数据前后帧匹配后计算车辆速度　　图 3-10　激光雷达与摄像机坐标之间的坐标变换流程

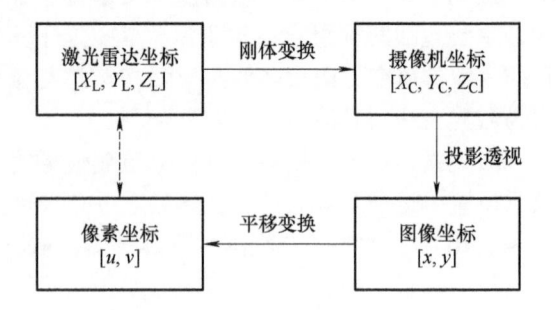

激光雷达与摄像机的坐标变换，大致可以分为以下三个步骤：
1）首先，将激光雷达坐标变换为摄像机坐标，可表示为

$$\begin{pmatrix} X_C \\ Y_C \\ Z_C \\ 1 \end{pmatrix} = \begin{pmatrix} R & T \\ 0^T & 1 \end{pmatrix} \begin{pmatrix} X_L \\ Y_L \\ Z_L \\ 1 \end{pmatrix} \tag{3-1}$$

式中，R 为 3×3 的旋转矩阵，表示空间坐标旋转；T 为 3×1 的平移矩阵，表示空间坐标平移。

2）然后，将摄像机坐标变换为图像坐标，此过程为三角形的相似定理，是三维到二维的转换过程，可以表示为

$$Z_C \begin{pmatrix} x \\ y \\ 1 \end{pmatrix} = \begin{pmatrix} f & 0 & 0 & 0 \\ 0 & f & 0 & 0 \\ 0 & 0 & 1 & 0 \end{pmatrix} \begin{pmatrix} X_C \\ Y_C \\ Z_C \\ 1 \end{pmatrix} \tag{3-2}$$

式中，f 为摄像机的焦距。

3）最后，将图像坐标变换为像素坐标，此过程主要为伸缩变换和平移变换，可表示为

$$\begin{pmatrix} u \\ v \\ 1 \end{pmatrix} = \begin{pmatrix} \dfrac{1}{dx} & 0 & u_0 \\ 0 & \dfrac{1}{dy} & v_0 \\ 0 & 0 & 1 \end{pmatrix} \begin{pmatrix} x \\ y \\ 1 \end{pmatrix} \tag{3-3}$$

最终激光雷达的点云数据可以映射至图像中，就完成了激光雷达与摄像机的空间联合标定。对于激光雷达和摄像机的时间配准问题，由于摄像机的采样频率要高于激光雷达，同时点云数据与图像数据有同步的时间戳，因此可以利用时间最近邻匹配的方法找到与每一帧点云数据时间间隔最小的图像数据进行处理，从而实现激光雷达与摄像机的时间匹配。

通过点云与图像数据进行融合，可以获得车辆实时信息，包括位置、速度、航向角、相对距离与相对角度等具体参数，基于此来对整体的交通环境进行感知。

2. 基于 V2X 通信的车路信息融合处理过程

在 V2X 通信场景中，除了路侧传感器的融合，还有一种情况是车路信息的融合。基于 V2X 通信的车路信息融合可以实现车辆自身与路侧交通信息的全面感知，通过多传感器和定位等技术，车辆可以实时感知自身车况和当前位置、周围车辆和道路环境等信息，实时获取车辆自身属性及车辆外在环境（如道路、人、车等）的静态和动态信息。

激光雷达点云数据与摄像机的图像数据融合，为路侧多源信息融合。在 V2X 通信环境中，路侧多传感器设备之间通过对同一感知目标在相同时间、不同空间环境中的感知结果进行融合处理，是为了实现对实际道路中交通流进行全面、精确描述，并给出符合智能网联汽车当时所需的环境感知处理结果，以辅助其进行决策。然而，仅有路侧传感器数据的融合远不能满足各类复杂的交通需求。通过车路信息的融合可以将路侧设备和车载终端的信息进行异构整合，能够更加高效地解决路侧感知和车载终端感知数据之间的交互、互认和共享问题。

基于 V2X 通信的车路信息融合架构如图 3-11 所示。可以将收集到的信息分为车辆信息数据和道路信息数据。其中，车辆信息数据包括车辆编号、类型、速度、加速度、车辆所在经纬度、航向角等；道路信息数据包括路口编号、车道宽度、车道数、限制速度、摩擦系数、非机动车位置速度等。

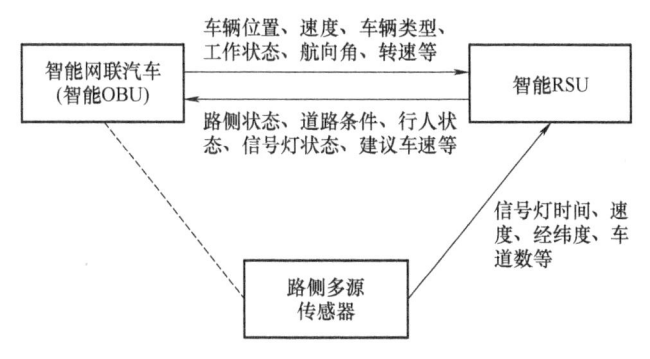

图 3-11　基于 V2X 通信的车路信息融合架构

车路信息融合架构主要包括智能网联汽车（即智能 OBU）、智能 RSU 及路侧多源传感器。当智能网联汽车进入 RSU 的感知范围内时，会主动将车辆的行驶状态数据发送至 RSU，同时还能对 RSU 广播的数据进行主动接收；其次，RSU 具有数据处理功能，能根据实时融合数据处理结果，引导智能网联汽车的行为，如为车辆提供建议车速、判断前方路口出现拥堵的概率等。

3.2.4　信息服务层

在 V2X 通信技术的支持下，除了可以继续利用图像处理技术进行交通事件识别，还可以利用激光雷达、车载 V2X 通信单元等先进的技术手段进行交通参与者的目标识别与跟踪。基于 V2X 通信的多源信息融合系统应用框架如图 3-12 所示。

如图 3-12 所示，首先，构建了基于 V2X 通信的多源信息融合的交通立体感知场景，该场景中的传感器主要包括高清摄像机、激光雷达及车载 V2X 通信单元；然后，对采集数据进行数据预处理，再分别对路侧的点云图像数据、基于 V2X 通信的车路信息进行融合处理；最后，

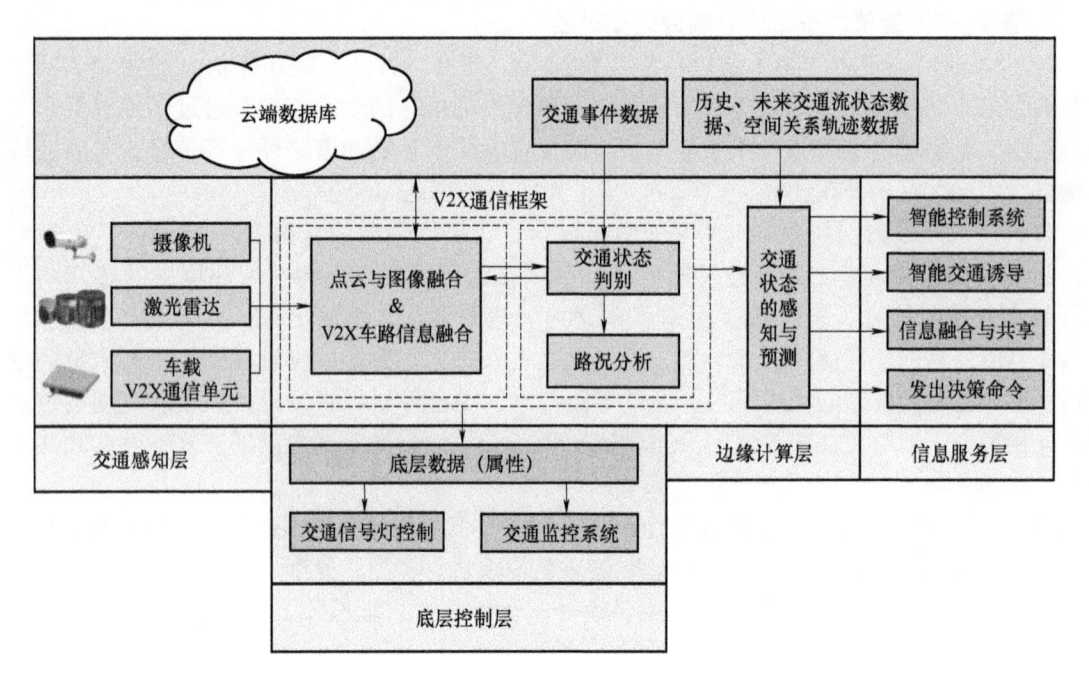

图 3-12 基于 V2X 通信的多源信息融合系统应用框架

结合交通事件数据对实时交通状态进行初步判别和路况分析。此外，基于 V2X 通信多源信息融合数据，可以构建出多源异构的交通立体场景数据库，可以作为底层数据实现交通信号灯的控制和交通监控系统的应用。基于云端数据库的历史交通流数据和空间关系轨迹数据，可以用来对当前道路交通的运行状态进行实时预测。同时，预测交通流数据与当前交通状态进一步的融合，可以为智能交通控制、车辆的行为诱导、信息融合与贡献、发布决策命令等功能提供数据支持。

在基于 V2X 通信的车路信息融合的框架下，本章还提出一种基于 V2X 通信的实时交通流量感知模型。利用该模型对车流信息进行统计可表示为

$$C_i = L_i^1 + L_i^2 + L_i^3 + L_i^4 \tag{3-4}$$

式中，C_i 为车道 i 上所有行驶的车辆数；L_i^1 为车道 i 上微型车的数量；L_i^2、L_i^3、L_i^4 分别为小型、中型和大型车的数量。

道路交叉口的车流量 I 可以表示为

$$I = \sum_{i=1}^{n} C_i \tag{3-5}$$

式中，n 为交叉口的总车道数，则交通区域路网的车流量可以表示为 mI，其中 m 为路网中交叉口的数量。

在图 3-12 所示的应用框架下，底层的交通信号交叉口的控制系统中通过信号灯可以实现对交通流的控制。图 3-13 所示为交通信号控制系统流程图。该流程通过统计车辆数据计算当前总车流量，并将车流量与交通路口的通行能力 M 做比较。如果总流量没有超过该交通路口的通行能力，则设置绿灯并建议行驶速度；如果总流量超过该交通路口的通行能力，则要进一步通过博弈论模型求出最适合的通行相位和通行数量，依据计算出的结果设置绿灯时间。

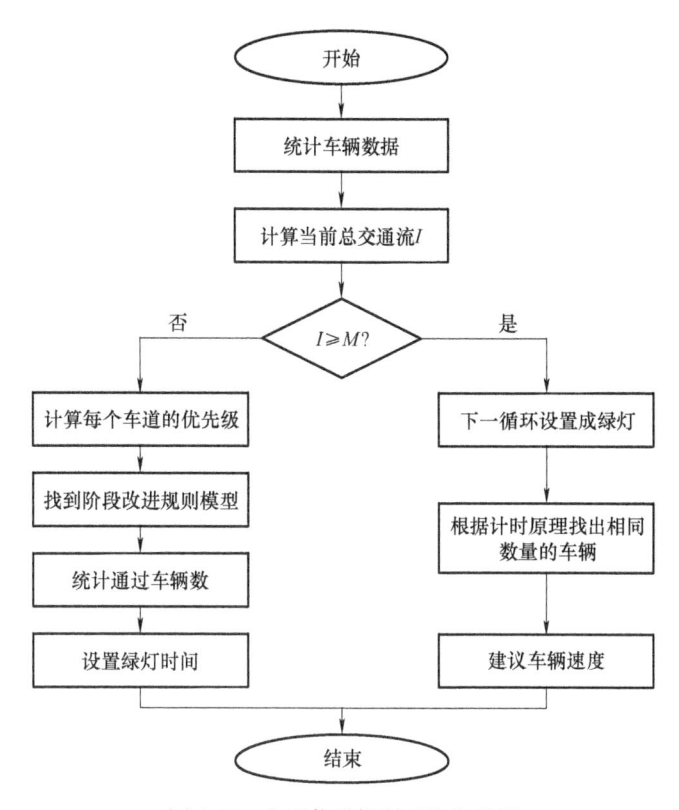

图 3-13　交通信号控制系统流程图

对于驾驶人来说，智能网联汽车通过在行驶过程中对周围道路环境进行感知，应用智能辅助驾驶技术可以确保驾驶途中与其他障碍物或车辆保持安全距离；一旦距离缩短，汽车会及时启动报警装置，从而主动避险，保障行驶的安全性。对于交通管理方及道路执法方来说，利用 LTE-V2X 通信的低时延性、高可靠性的特点，以城市道路中的车路信息融合数据作为数据支持，然后对城市的交通运行状况和道路条件进行感知，实现不同的交通场景下的道路实时监控，为交通决策和车流的行为诱导提供有力支撑。

3.3　基于 V2X 通信的交通状态感知场景

本节主要介绍基于 V2X 通信技术的城市道路单交叉口的交通状态感知场景及基于该单交叉口构建的图模型，以便进一步对交叉口的运行状态进行分析和预测。

3.3.1　基于 V2X 通信的城市单交叉口场景

城市道路的交通状态信息不仅可以给出行者提供实时的道路信息，同时也可作为管理方进行交通控制和交通指挥与救援的基本前提；同时，从长远来说，交通状态对路网规划起着关键作用。本章利用 V2X 通信技术低延时性、高可靠性和高安全性的优势，设计了基于 V2X 通信的城市单交叉口感知场景（见图 3-14）。本系统的智能设施主要包括激光雷达、高清摄像机、智能 RSU、千兆交换机、交通信号机，以及具有 V2X 通信功能的智能 OBU 及 MEC 单元。

图 3-14 基于 V2X 通信的城市单交叉口感知场景

①激光雷达 ②高清摄像机 ③千兆交换机 ④交通信号机 ⑤交通信号灯 ⑥智能RSU ⑦行人 ⑧智能OBU ⑨MEC单元 ⑩宏基站

在该场景下，主要研究目的是实现 OBU、RSU 及路侧传感器数据之间的接收与转发。V2X 通信单元框架如图 3-15 所示，首先路侧传感器通过千兆交换机将数据通过以太网发送至 MEC 单元，OBU 和交通信号会根据信息的重要程度对其进行分类处理，并将数据打包，采用 TCP/IP 或 UDP 的通信方式将其发送至 RSU；然后，根据提前定义的解析协议对数据包进行解析，此时 MEC 单元会主动调用 RSU 提供的数据接口，完成对数据的运算处理；最后，根据移动客户端或 PC 发送过来的数据指令，将数据的处理结果转发给 OBU 或云服务器。

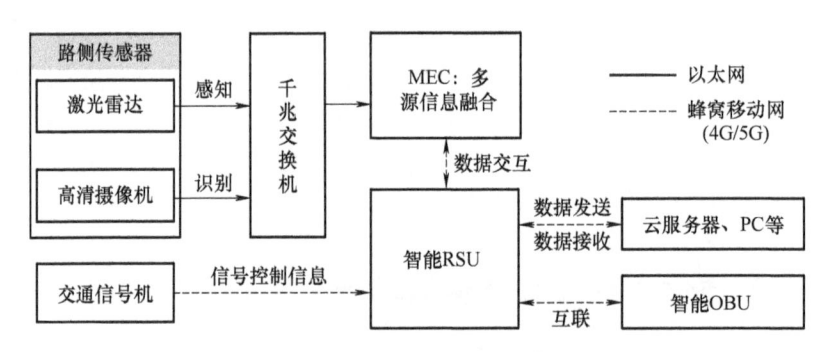

图 3-15 V2X 通信单元框架

3.3.2 城市单交叉口图模型

在城市交叉口路网图中，节点通常可以承载一系列交通特征，这些特征通常包括车辆的速度、加速度、经纬度位置等信息。根据真实的测试场景的选择，对交叉口道路网络进行建模（见图3-16）。图3-16所示的带底纹区域为基于V2X通信路侧传感器感知的范围。将其表示为加权有向图，描述为

$$\boldsymbol{G} = (V, E, X) \tag{3-6}$$

式中，V 为路段网络上的节点的集合，$V = \{v_1, v_2, \cdots, v_n\}$，其中 n 为节点的个数；E 为各个顶

点 v_i 和 v_j 之间相互连通的一组边，$E=\{e_{ij}\}$；X 为基于 V2X 通信的路侧感知范围内的交通状态。

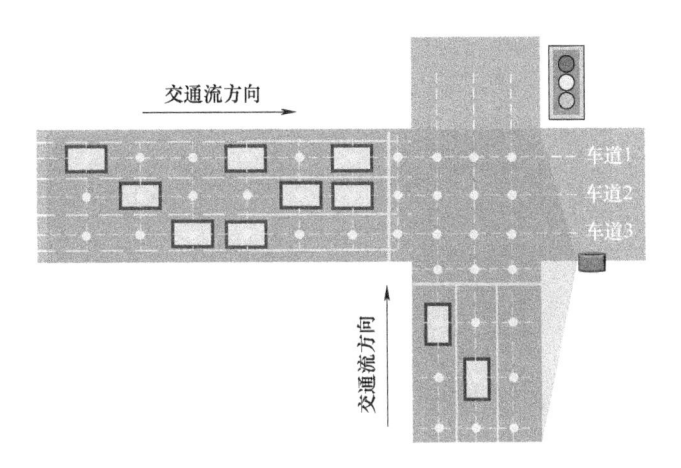

图 3-16　城市交叉口路网图

在时间 t，用图信号 $X_t \in R^{nc}$ 来表示图 G 的交通状态。其中，c 表示交通状态特征的数量（如交通流量、交通密度及交通速度等）。在给定的 p 个历史时间步长中，图 G 中 n 个节点的交通状态观测值表示为 X，$X=(x_{t_1},x_{t_2},\cdots,x_{t_p}) \in R^{pnc}$。对于所有节点的下 q 个时间步长的交通状态预测值表示为 Y，$Y=(Y_{t_{p+1}},Y_{t_{p+2}},\cdots,Y_{t_{p+q}}) \in R^{qnc}$。本章将交叉口的平均速度容量 M_v 和实时交通流量 Q_t 作为描述交通状态的特征值，其中平均速度容量也可以用来评价交叉口的通行效率情况。对于平均速度容量的定义如下：

时间段 k 中，交叉口处的平均交通流车速为

$$\overline{V} = \frac{\sum_{t=1}^{k}\overline{v}_t}{k} \tag{3-7}$$

式中，$\overline{v}_t$ 为 t 时刻路侧传感器感知范围内交通流的瞬时平均车速。

则时间 k 内交叉口的平均速度容量表示为

$$M_v = \frac{\overline{V}}{v_{\max}} \tag{3-8}$$

式中，$v_{\max}$ 为交叉口处的最大通行车速。

3.4　V2X 通信环境下的交通状态预测模型

交通状态预测不仅依赖交叉口的空间特性，而且也会随着时间维度的变化而实时改变，因此对道路的时空相关性进行分析可以提高预测的精度。本章提出了图嵌入-长短期记忆（Graph Embedding-Long Short Term，GE-LSTM）神经网络预测模型的算法流程（见图 3-17）。该 GE-LSTM 模型，首先利用 DeepWalk 算法从交叉口道路网络获得特征函数来提取交叉口的空间特征；然后，提取车路信息融合数据 E_t，将数据的时间特征与空间特征进行融合，构造输入 X_t，并将其输入至 LSTM 单元预测下一个时间步长 t 的交通状态，输出的结果为 Y_t。

37

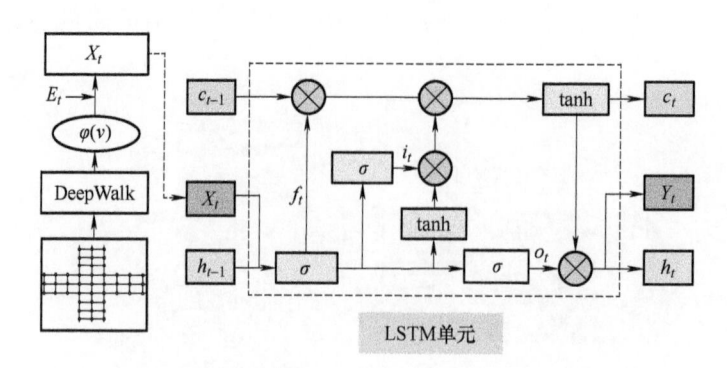

图 3-17　GE-LSTM 神经网络预测模型算法流程

3.4.1　基于图嵌入提取道路空间特征

在 V2X 通信环境下的实际城市单交叉口（见图 3-16）模型中，由于交通流具有一定的方向性，且下游的交通流速度受到上游交通流的影响，因此采用图嵌入 DeepWalk 算法来学习节点之间的相互作用以提取空间特征。其原理图如图 3-18 所示。

DeepWalk 算法在对学习网络的空间表示时，首先会从中心节点开始，通过随机游走（RandomWalk）算法而生成一系列的随机游走序列，其次利用 Skip-Gram 算法对产生的节点序列进行空间表征学习，最后将每个节点序列嵌入到 d 维向量（$d<n$）表示中。

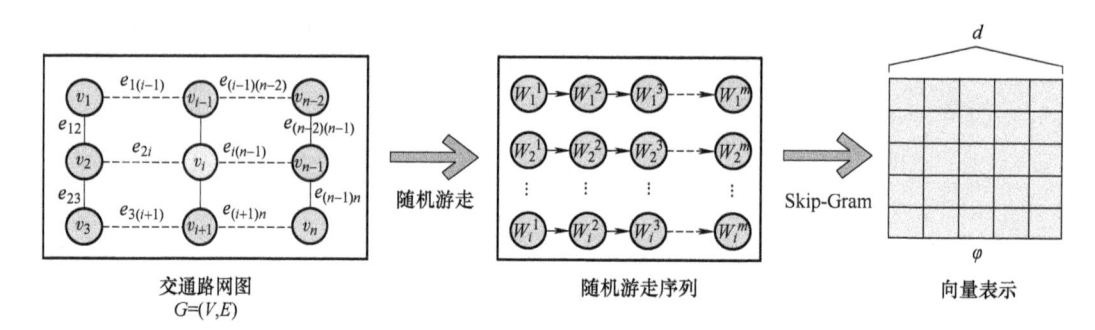

图 3-18　DeepWalk 算法原理图

首先，DeepWalk 算法在路网的邻接矩阵上产生短小的随机游走进行采样，并将其作为相似度度量（similarity measure）。W_i 为从节点 v_i 开始的随机游走序列，有 $\{W_i^1, W_i^2, \cdots, W_i^k, \cdots, W_i^m\}$。其中，$W_i^k$ 为从节点 v_i 到节点 v_k（$k<m$）的随机游走，W_i^{k+1} 为从节点 v_k 到其邻近节点的随机游走。基于节点 v_i 产生的随机游走序列 $W_i = \{W_i^1, W_i^2, \cdots, W_i^m\}$，可以捕获中心节点下游交通流的空间相关性。

其次，在完成对网络中的每个节点的随机游走后，采用 Skip-Gram 算法来更新这些表示，引入映射函数 $\varphi: V \to R^d$（其中 d 是嵌入空间的维数，且 $d \leqslant n$）。目的是找出与节点 v_i 相关性最大的节点，对于随机游走序列 W，该优化问题可以表示为

$$\begin{cases} \min_{\varphi}(-\log P(W \mid \varphi(W_i^k))) \\ W = \{W_i^{k-l}, \cdots, W_i^{k-1}, W_i^{k+1}, \cdots, W_i^{k+l}\} \end{cases} \quad (3-9)$$

式中，$P(W \mid \varphi(W_i^k))$ 为在一个随机游走序列 W 中，当给定一个节点的 W_i^k 时，在长度为 l 的窗

口范围内下一个节点出现的概率。由于交通流的方向是单向的,因此只考虑右侧窗口内的节点,则优化问题表示为

$$\min_{\varphi}(-\log(PW_i^{k+1},\cdots,W_i^{k+l}|\varphi(W_i^k))) \tag{3-10}$$

然后,根据独立假设可以对式(3-5)中的条件概率进行因式分解:

$$P(\{W_i^{k+1},\cdots,W_i^{k+l}\}|f(W_i^k)) = \prod_{1\leqslant j\leqslant l} P(W_i^{k+j}|f(W_i^k)) \tag{3-11}$$

因此,这样就表示每个节点 v_i 将映射到其当前的特征函数 φ 中。利用 softmax 函数来近似概率分布,以减少计算资源的消耗,可得到概率 $P(W_i^{k+j}|f(W_i^k))$ 为

$$P(W_i^{k+j}|\varphi(W_i^k)) = \frac{\exp(\varphi(W_i^{k+j})\varphi(W_i^k))}{\sum_{u\in m}\exp(\varphi(W_i^u)\varphi(W_i^k))} \tag{3-12}$$

3.4.2 基于神经网络捕获时间特征

原始的多源车路信息融合数据经过 DeepWalk 算法的空间特征提取,得到了一个具有更高阶特征的网络嵌入,之后将其作为 LSTM 神经网络模型的输入,可以实现动态预测下一个 m 个时间步长的交通状态 $\{y_{t+1},y_{t+2},\cdots,y_{t+m}\}$。在路网图 G 中,指定的滑动窗口 l 内其交通状态表示为 $X_t=\{x_{t-l+1},x_{t-l+2},\cdots,x_t\}c_t$。令 X_t 作为 LSTM 神经网络模型的输入,其维度为 d。

在图 3-17 所示的 LSTM 单元中,对于 3 个输入来说,分别设有输入门、遗忘门和输出门作为约束控制来对这些输入进行选择性处理。

在时间 t,LSTM 单元有 3 个输入:当前交通状态 X_t,前一隐含层输出值 h_{t-1} 及输出状态 c_{t-1};同时,包含 3 个输出分别是此时隐藏层输出值 h_t 及输出状态 c_t,产生的预测结果为 Y_t。3 个门的状态分别为 i_t、f_t、o_t,为 0 到 1 之间的数值。其中,在此网络单元中,c_t 和 h_t 会传递到下一个网络,其运算过程如下:

$$i_t = \sigma(\boldsymbol{W}_{xi}X_t + \boldsymbol{W}_{hi}h_{t-1} + \boldsymbol{W}_{ci}c_{t-1} + \boldsymbol{b}_i) \tag{3-13}$$

$$f_t = \sigma(\boldsymbol{W}_{xf}X_t + \boldsymbol{W}_{hf}h_{t-1} + \boldsymbol{W}_{cf}c_{t-1} + \boldsymbol{b}_f) \tag{3-14}$$

$$o_t = \sigma(\boldsymbol{W}_{xo}X_t + \boldsymbol{W}_{ho}h_{t-1} + \boldsymbol{W}_{co}c_{t-1} + \boldsymbol{b}_o) \tag{3-15}$$

$$c_t = f_t c_{t-1} + \tanh(\boldsymbol{W}_{xc}X_t + \boldsymbol{W}_{hc}h_{t-1} + \boldsymbol{b}_c) \tag{3-16}$$

$$h_t = o_t \tanh c_t \tag{3-17}$$

式中,$\boldsymbol{W}_{xc}$、$\boldsymbol{W}_{xi}$、$\boldsymbol{W}_{xf}$、$\boldsymbol{W}_{xo}$ 分别为交通状态的输入 X_t 的权重矩阵;$\boldsymbol{W}_{hc}$、$\boldsymbol{W}_{hi}$、$\boldsymbol{W}_{hf}$、$\boldsymbol{W}_{ho}$ 分别为隐藏层 h_t 的权重矩阵;$\boldsymbol{W}_{ci}$、$\boldsymbol{W}_{cf}$、$\boldsymbol{W}_{co}$ 分别为输出状态 c_t 的权重矩阵;$\boldsymbol{b}_i$、$\boldsymbol{b}_c$、$\boldsymbol{b}_f$、$\boldsymbol{b}_o$ 分别为偏置向量。其中,激活函数 tanh 能够把变量一一映射在 [0,1] 的范围内。$\sigma(x)$ 表示在等式中定义的 sigmoid 函数,如式(3-18)所示;tanh(x) 表示等式中定义的双曲正切函数,如式(3-19)所示。

$$\sigma(x) = \frac{1}{1-\mathrm{e}^{-x}} \tag{3-18}$$

$$\tanh(x) = \frac{2}{1+\mathrm{e}^{-x}} - 1 \tag{3-19}$$

通过上述 LSTM 计算,得到了 c_t 和 h_t。然后,网络预测输出可以计算为

$$Y_t = \boldsymbol{W}_y \cdot h_t + \boldsymbol{b}_y \tag{3-20}$$

式中,$\boldsymbol{W}_y$ 为交通预测值隐藏层 h_t 的权重矩阵;$\boldsymbol{b}_y$ 为预测值的偏置向量。

3.5 实验测试与分析

本实验选取了北京市石景山区阜石路一处典型交叉口作为实验路段,该交叉口为由东向西的单向行驶 4 车道,其中最右侧车道为专用的右转车道且不受信号灯控制。本实验利用在实际交叉口场景中采集的交通状态数据,对本章所提出的交通状态预测模型的有效性进行了验证。

3.5.1 基于多源车路信息融合的智能边缘计算平台

本系统采用自主搭建的可移动的智能路侧边缘计算平台(见图 3-19),可以用于多场景测试,进行感知算法的研究与开发。该路侧平台由路侧激光雷达、路侧高清摄像机、千兆交换机、RSU 及 MEC 单元组成。

本实验所使用的路侧激光雷达为 32 线束,最高采样频率为 30Hz。路侧高清摄像机的分辨率为 1080p,采样频率为 10Hz。机械激光雷达可以通过调节激光器的转速获得不同的采样频率,为了确保数据尽可能同步,采样频率被设置为 10Hz。采集数据时,交叉路口环境复杂,激光雷达测程可达 300m,测量精度精确至 ±2cm,同时拥有 120° 水平视场角,测点速率高达每秒钟 42.6 万次。图 3-20 和图 3-21 所示为路侧高清摄像机与激光雷达路侧实时感知效果。

图 3-19 基于多源车路信息融合的智能边缘计算平台

图 3-20 路侧高清摄像机路侧感知效果

图 3-21 激光雷达路侧感知效果

该平台中激光雷达与路侧高清摄像机首先通过千兆交换机与 MEC 单元连接,然后通过 MEC 算法进行多源传感器的数据融合处理。装载有智能 OBU 的智能网联汽车通过 V2I 通信将车载数据发送至路侧平台,在路侧平台的实时监控屏幕中,可以监控到的信息主要包括 OBU 的任务卸载过程、V2X 通信状态、道路的实时交通状态及 MEC 任务处理状态等。最终可以生成交叉口场景下实时的立体交通状态感知数据集。

3.5.2 模型参数设置

本实验使用了两种常用的预测评价指标方均根误差（Root Mean Squared Error，RMSE）和平均绝对误差（Mean Absolute Error，MAE）分析所提出的模型和对比模型的性能[23]。RMSE 和 MAE 能反映真实观测值和预测值之间差异，其取值在 [0，+∞] 之间。评价结果与预测效果呈负相关，当数值越大，说明模型的预测效果越远离真实情况，反之则说明越接近真实情况。

$$\text{RMSE} = \sqrt{\frac{\sum_{t=1}^{n}(y_t - \hat{y}_t)^2}{n}} \quad (3\text{-}21)$$

$$\text{MAE} = \frac{\sum_{t=1}^{n}|y_t - \hat{y}_t|}{n} \quad (3\text{-}22)$$

式中，y_t 为真实观测值；$\hat{y}_t$ 为预测值。

本实验根据时间序列把实验数据集分成了两组：第一组分为 70% 作为训练数据（train data）组，用于模型的训练；第二组分为 30% 作为测试数据（test data）组，用于模型的测试。手动调整和设置模型的最优参数，如表 3-3 所示。

表 3-3 手动调整和设置模型的最优参数

网络模型	模型参数	值	网络模型	模型参数	值
GE-LSTM	嵌入维度 d	100	LSTM	隐藏层单元数	64
	滑动窗口大小 l	5		训练批次大小	64
	随机游走长度	40		训练周期	500
	随机游走次数	10		学习率	0.005

3.5.3 测试结果分析

本实验基于路侧感知平台采集的实时交通状态数据，通过 GE-LSTM 预测模型对城市交叉口的平均交通流量及平均速度容量分别进行分时段预测，主要包含 10min、15min 和 30min 的交通预测。各预测对象的误差值如表 3-4 所示。下面进行具体分析。

表 3-4 各预测对象的误差值

预测对象	预测时长/min	RMSE	MAE
平均交通流量	10	1.0332	0.8432
	15	1.1039	0.8789
	30	1.0457	0.8312
平均速度容量	10	0.1475	0.1194
	15	0.1281	0.1018
	30	0.1296	0.1019

如图 3-22 所示，平均交通流量的数据集按 7∶3 的比例得到训练集和测试集，通过预测模型得到训练结果。图 3-22a、b 和 c 所示结果分别为预测 3 个时段的平均交通流量，上图为真

实观测值与预测值的拟合效果，下图为预测值与真实观测值之间的误差值。

如图 3-22 所示，模型的预测结果能够准确地反映并预测出平均交通流量随交叉口信号灯进行周期性变化的趋势。同时，依据表 3-4 所示可知，在平均交通流量的 10min、15min 和 30min 预测中，其预测的 RMSE 和 MAE 的数值上下浮动不超过 0.1，证明其预测效果良好。

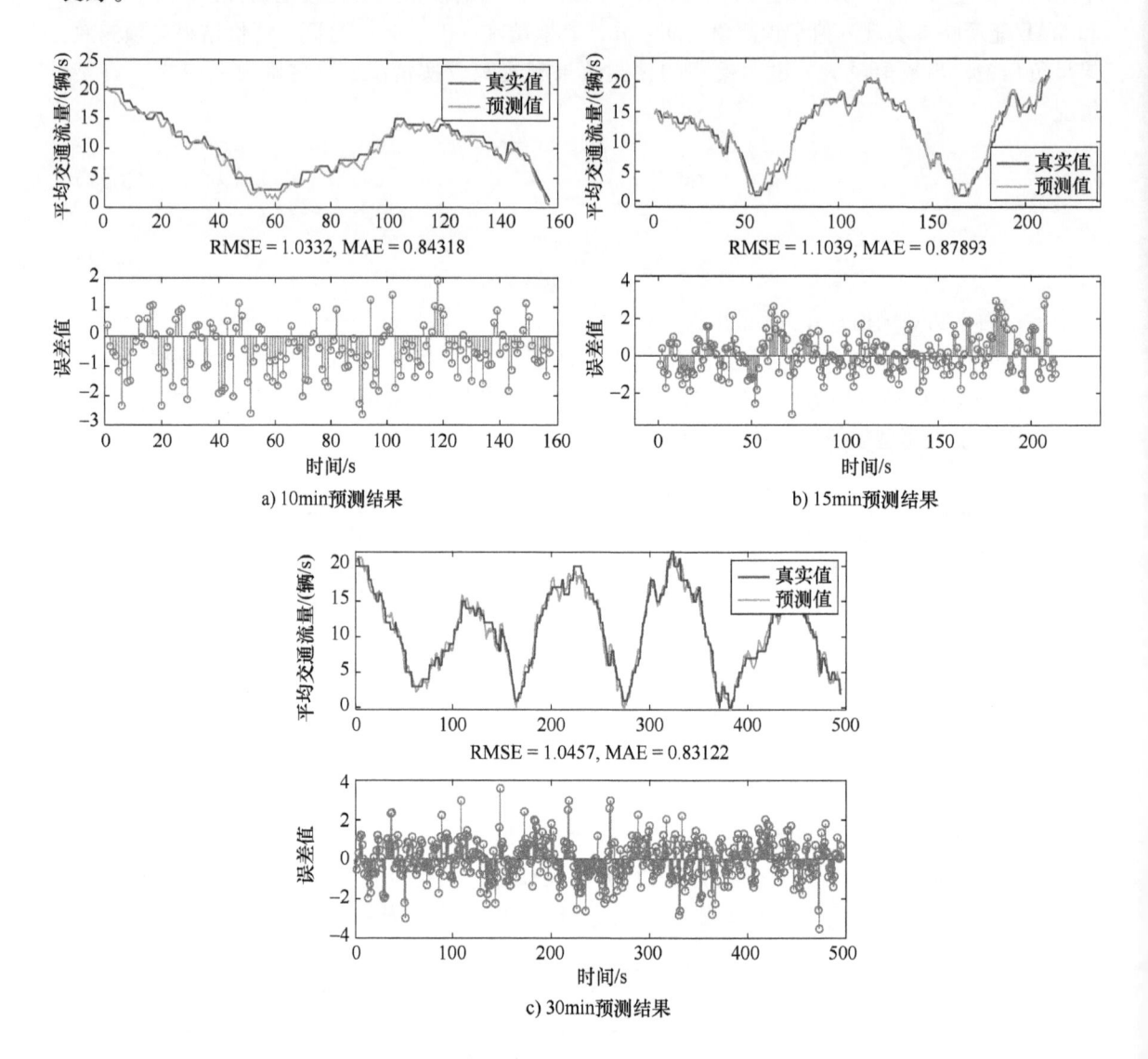

a) 10min预测结果

b) 15min预测结果

c) 30min预测结果

图 3-22 平均交通流量 10min、15min、30min 的预测结果

如图 3-23 所示，将平均速度容量的数据集按 7∶3 的比例得到训练集和测试集，通过预测模型得到训练结果。图 3-23a、b、c 所示结果分别为预测 3 个时段的平均速度容量，上图为真实观测值与预测值的拟合效果，下图为预测值与真实观测值之间的误差值。

平均速度容量 M_v 通常被用来评价和分析道路交通状态的表现情况，M_v 越大，则说明当前交叉口的表现良好；反之，则说明当前交叉口的交通状态表现越差，发生交通事故的概率会大幅增加。本实验根据通过交叉口的最大行程时间[24]将 M_v 的阈值设置为 0.6，即 M_v 大于 0.6

则说明交通状态表现良好。如图 3-23 所示，在平均速度容量超过阈值 0.6 所对应的时间点，由此可实时感知并判断交叉口的交通运行状况，也为交通管理者对交叉口进行交通实时诱导及疏解交叉口排队压力提供了数据支持。

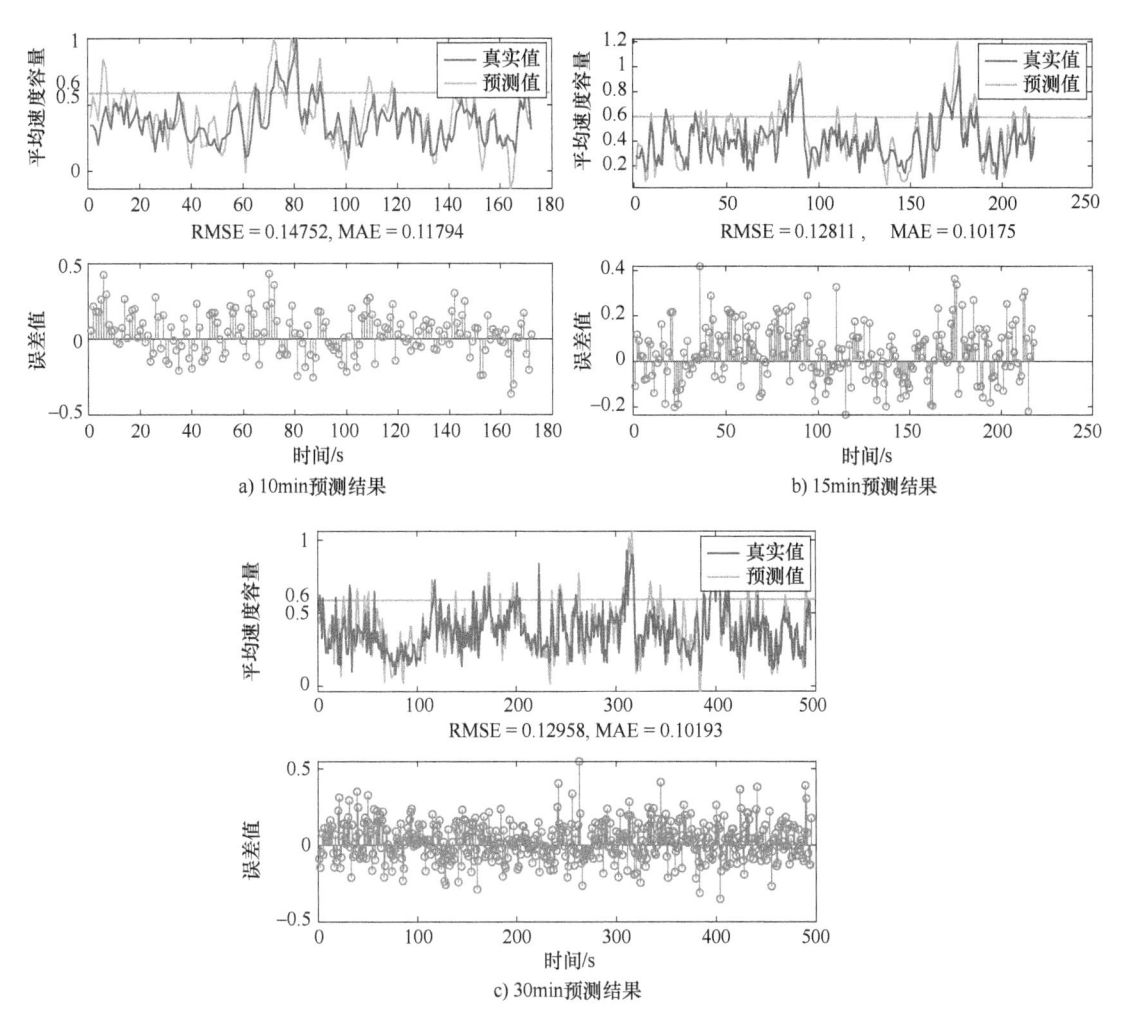

图 3-23　平均速度容量 10min、15min、30min 的预测结果

3.5.4　对比实验结果分析

为了更直观地体现本章所提预测模型（即 GE-LSTM）的准确性，在对比实验引入其他基于深度学习的神经网络预测模型进行对比[16-18]，主要包括 SVM、LSTM、KNN、CNN 和 RNN 模型。参数设置方面，上述模型与所提预测模型具有相同的隐藏单元的数量、训练批次大小、训练周期及学习率。在对比实验中，将上述模型分别对平均交通流量和平均速度容量进行分时段预测，最终各模型对比结果如图 3-24 和图 3-25 所示。

如图 3-24 和图 3-25 所示，在 10min、15min 和 30min 的平均交通流量和平均速度容量预测中，各模型预测的 RMSE 和 MAE 值随预测时间的增大而减小。相比其他 5 类模型，GE-LSTM 模型 RMSE 和 MAE 值最小，其中平均交通流量的预测 RMSE 和 MAE 值分别减少了 74.6%、71.7%，平均速度容量分别减少了 86.5%、87.4%。

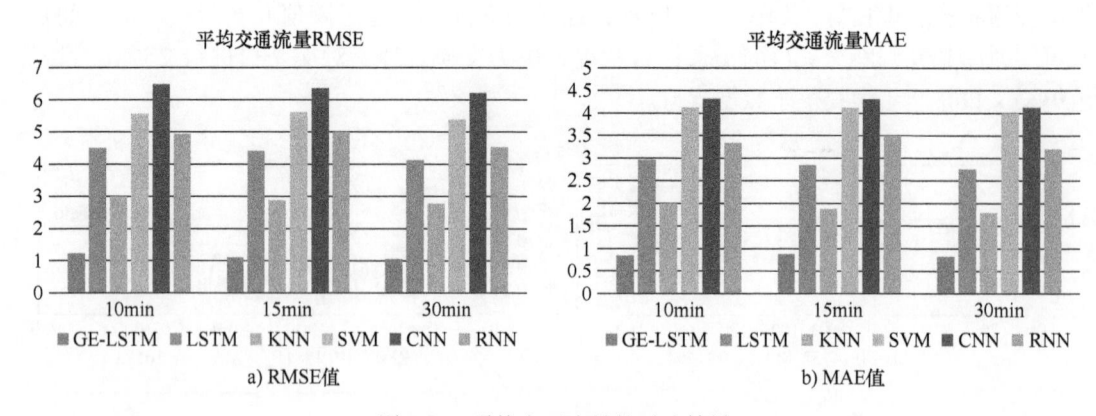

图 3-24 平均交通流量的对比结果

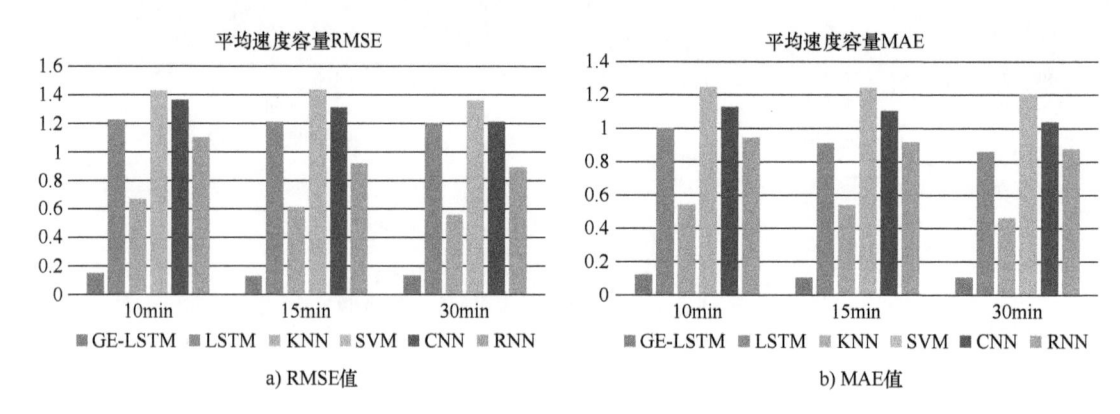

图 3-25 平均速度容量的对比结果

此外，根据 GE-LSTM 与 LSTM 模型对比可知，GE-LSTM 模型的预测误差值最小，证明在交通状态预测的过程中，通过引入图嵌入（GE）模型学习道路交通网络中的空间特征，对于基于 LSTM 进行时间上的动态预测有促进作用，进一步证明了 GE-LSTM 模型预测的准确性。

3.5.5 实验结果总结

1）本章基于 V2X 实时通信，融合智能 OBU 与路侧交通传感器的实时信息，实现交叉口场景下对交通环境和车辆等目标的精准感知。通过分析交通状态数据的时空特征，实现对城市交叉口交通状态实时感知与预测。

2）本章以实际场景中实时采集的多源融合数据作为模型的输入，并引入其他神经网络预测模型作对比实验，实验结果表明本章所提模型的预测误差值最小，其误差值最大可以减少87.4%，证明了模型预测的准确性。

3）本章提出方法的优势在于构建的交叉口路网图模型除了考虑到路网节点中所有车辆的空间依赖关系；同时，也考虑到实际交通流的行驶方向，并通过设置模型合理的约束条件来有效地从图中提取节点特征，以提高预测的精度。

4）在后续研究中，可通过将本章所研究的单交叉口场景感知扩展至城市区域网内实现对其的交通感知，本技术应用后可为车路协同环境下全息路网感知和交通资源组织高效分配提供数据支持和实施方案。

参 考 文 献

[1] 鹿应荣,许晓彤,丁川,等. 车联网环境下信号交叉口车速控制策略[J]. 交通运输系统工程与信息, 2018, 18 (1): 50-58, 95.

[2] QIU H, ZHENG Q, MSAHLI M, et al. Topological graph convolutional network-based urban traffic flow and density prediction [J]. IEEE Transactions on Intelligent Transportation Systems, 2021, 22 (7): 4560-4569.

[3] ZHENG X, ZHANG D, GAO H, et al. A novel framework for road traffic risk assessment with HMM-based prediction model [J]. Sensors, 2018, 18 (12): 4313.

[4] ARREGUI H, MUJIKA A, LOYO E, et al. Short-term vehicle traffic prediction for terahertz line-of-sight estimation and optimization in small cells [J]. IEEE Access, 2019, 7: 144408-144424.

[5] JULIO A S, JAVIER B, MANUEL F, et al. Sensing traffic density combining V2V and V2I wireless communications [J]. Sensors, 2015, 15 (12): 31794-31810.

[6] MALLAH R A, QUINTERO A, FAROOQ B. Distributed classification of urban congestion using VANET [J]. IEEE Transactions on Intelligent Transportation Systems, 2017, 18 (9): 2435-2442.

[7] BIERNACKI A. Improving quality of adaptive video by traffic prediction with (F) ARIMA models [J]. Journal of Communications and Networks, 2017, 19 (5): 521-530.

[8] GUO J, WILLIAMS B. Real-time short-term traffic speed level forecasting and uncertainty quantification using Layered Kalman Filters [J]. Transportation Research Record: Journal of the Transportation Research Board, 2010, 2175 (1): 28-37.

[9] 许岩岩,翟希,孔庆杰,等. 高速路交通流短时预测方法[J]. 交通运输工程学报, 2013, 13 (2): 114-119.

[10] GUO X, LI Y, YANG J. Proactive traffic responsive control based on state-space neural network and extended Kalman Filter [J]. Journal of Southeast University (English Edition), 2010, 26 (3): 466-470.

[11] 张矢宇,杨宇昊,陈尘,等. 基于回归卡尔曼滤波组合模型的航道整治区域船舶交通流时空预测[J]. 大连海事大学学报, 2021, 47 (1): 37-44.

[12] TAK S, WOO S, YEO H. Data-driven imputation method for traffic data in sectional units of road links [J]. IEEE Transactions on Intelligent Transportation Systems, 2016, 17 (6): 1762-1771.

[13] WU Y, TAN H, LI Y, et al. A fused CP factorization method for incomplete tensors [J]. IEEE Transactions on Neural Networks and Learning Systems, 2019, 30 (3): 751-764.

[14] BRONSTEIN M M, BRUNA J, YANN L, et al. Geometric deep learning: going beyond Euclidean data [J]. IEEE Signal Processing Magazine, 2017, 34 (4): 18-42.

[15] GROVER A, LESKOVEC J. node2vec: Scalable feature learning for networks [C] //KDD'16: Proceedings of the 22nd ACM SIGKDD International Conference on Knowledge Discovery and Data Mining, August 13-17, 2016, San Francisco. New York: Association for Computing Machinery, c2016: 855-864.

[16] XU D, WEI C, PENG P, et al. GE-GAN: A novel deep learning framework for road traffic state prediction [J]. Transportation Research Part C: Emerging Technologies, 2020, 117: 102635.

[17] XIE Z, LV W, HUANG S, et al. Sequential graph neural network for urban road traffic speed prediction [J]. IEEE Access, 2020, 8: 63349-63358.

[18] XU D, DAI H, WANG Y, et al. Road traffic state prediction based on a graph embedding recurrent neural network under the SCATS [J]. Chaos, 2019, 29 (10): 103125.

[19] TANG F, KAWAMOTO Y, KATO N, et al. Future intelligent and secure vehicular network toward 6G: machine-learning approaches [J]. Proceedings of the IEEE, 2020, 108 (2): 292-307.

[20] ZADOBRISCHI E, DIMIAN M. Vehicular communications utility in road safety applications: a step toward self-aware intelligent traffic systems [J]. Symmetry, 2021, 13 (3): 438.

[21] LI Y, WANG H, WANG W, et al. Evaluation of the impacts of cooperative adaptive cruise control on reducing rear-end collision risks on freeways [J]. Accident Analysis & Prevention, 2017, 98: 87-95.

[22] RIOS-TORRES J, MALIKOPOULOS A A. A survey on the coordination of connected and automated vehicles at intersections and merging at highway on-ramps [J]. IEEE Transactions on Intelligent Transportation Systems, 2017, 18 (5): 1066-1077.

[23] 赵阳阳, 夏亮, 江欣国. 基于经验模态分解与长短时记忆神经网络的短时地铁客流预测模型 [J]. 交通运输工程学报, 2020, 20 (4): 194-204.

[24] MINH Q T, KAMIOKA E. Traffic state estimation with mobile phones based on the "3R" philosophy [J]. IEICE Transactions on communication, 2011, 94 (12): 3447-3458.

第4章

基于车路信息融合的交通运行状态评价方法

　　智能网联汽车,为传统交通管控部门提供了大量实时交通数据,而不必依赖检测器等间接数据获取方式,为进一步提高对宏观车流或微观车辆精细化管理程度提供了可能。但对于如此庞大的数据集,也需要相应的数据处理手段以使数据价值被充分挖掘,由此引入了信息融合的方法[1]。

　　本章首先对信息融合技术进行了简单介绍,说明其在交通数据评价场景中的优势和必要性;然后以对城市道路路段运行状态评价为目的,本书第2章介绍的通信系统和数据交互流程,选择以平均通过时间、平均停车次数和平均停息时间作为一级评价指标,在多级模糊综合理论的基础上建立了基于可变隶属度函数的交通评价模型,并通过层次分析法对指标权重进行了科学划分;最后还设计实验对评价方法进行了验证。

4.1 车路信息融合技术分析

　　通过关联或综合多个数据源的原始数据,车路信息融合对目标状态进行估计,从而对其重要程度进行及时评估和评价处理[2]。该过程是对多源数据的一个持续精练过程,同时也是数据处理中自我修正的过程,最终改善原有结果。按照对数据抽象处理的不同级别,融合过程可分为三级[3]:

　　1)像素级融合,是在原始数据上进行的融合,属于最低一层的融合手段,即不对各种传感器的原始信息进行预处理,便开始综合分析[4]。

　　2)特征级融合,位于中间层。它首先提取原始信息特征,然后根据这些信息进行综合处理,处理过程中包括数据校准、参数实现和状态估计等环节。最终通过大量处理将原始信息的特征向量拆分成各类有意义的组合[5]。

　　3)决策级融合,是最高层次的。其直接将原始数据拟合成决策信息,为上层决策提供依据。因此,它要求模型从具体问题需求出发,充分利用融合过程中提取到的对象特征信息,数据特征利用率将直接影响决策水平和预处理代价[6]。

　　对多源信息融合相关技术的需求,主要来源于各类系统的不断复杂化和应用场景对系统性能的更高要求,通过依靠不同数据源间的信息互补,充分利用各类数据在特定方面的优势,而弥补其不足之处,最终形成最为准确的结果[7]。对于交通状态这种主观性因素较大的不确定性问题,选取适当的融合方法也势在必行。

4.2 基于信息融合的交通运行状态模糊评价方法研究

4.2.1 目前常用的交通评价方法

　　将智能网联汽车动态行驶数据和静态路段数据相融合来掌握路段整体的运行状态,本质上是一个交通评价问题。由于交通状态是一种相对主观的评价对象，不仅需要根据原始交通检测数据去评估运行状况[8]，而且为了便于与其他路段或历史同期数据进行对比，往往还需要利用综合评价方法将定性评价转为定量评价。这就需要利用决策层的综合评价方法[9]。目前主流的评价算法方案对比如表4-1所示。

表4-1 目前主流的评价算法方案对比

评价算法	主成分分析	模糊综合	数据包络分析
操作	将原始评价指标中筛选出几个主成分来代替原始指标，再通过适当形式进行综合	通过隶属度函数计算各指标对不同评语等级的隶属程度，再通过权值向量与模糊评判矩阵综合评价	对比输出和输入的加权和来判断系统的投入与产出，从而产生系统间的相对评价
局限	只能处理线性问题；分析结果精度受指标相关性影响	评价多个指标时两两比较困难；受主观经验影响大	结果可能不切实际；运算量较大

三种评价算法得到了广泛应用，但都有各自的局限性。考虑实际交通场景，同样的评价指标值在不同道路上的评价结果应当是有所不同的。评价算法应当可以根据实际情况进行动态调整，因此这里选取了模糊综合评价法。该方法根据隶属度函数把定性评价问题转化为定量评价问题。其综合结果具有清晰直观、整体系统结构完善的特点，在面对模糊与不确定性问题时有良好的效果[10]。但由于不同道路的差异非常大，一套隶属度函数无法满足实际需求，而又难以单独为每条道路都计算出一个合理的隶属度函数值[11]。因此，本章制定了一套根据静态道路参数来动态调整的可变隶属度函数，只需要将道路等级、长度、信号灯等参数输入，即可生成一套相匹配的隶属度函数，从而保证了设备和评价方法的适用性。

4.2.2 多级模糊综合方法结构设计

本章建立的实时交通状态评价模型，是基于多级模糊综合评价法实现的。该方法首先根据模糊数学的隶属度理论把交通状态定性评价转化为具有强对比性的定量评价，对受到动静态交通因素制约的对象得出当前交通状态的评价结果，用于解决交通状态评价中非确定性问题[12,13]。模型以车路协同环境下动态车辆数据和静态路段数据为输入，考虑实际交通场景特性建立变隶属度函数规则，并引入算子对构建二级评价模型，最终得到实时路段交通状态评分，如图4-1所示。

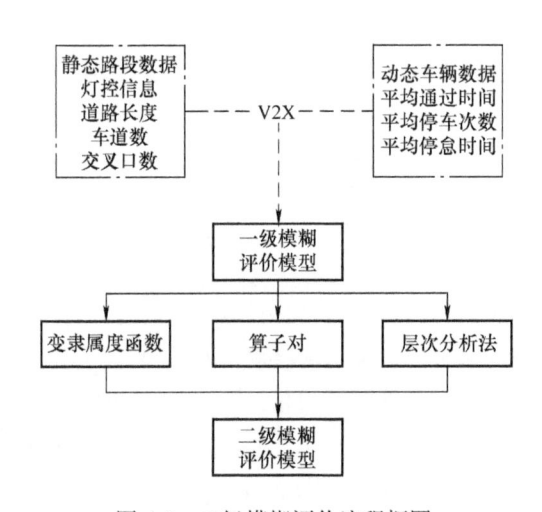

图4-1 二级模糊评价流程框图

车辆选择最优行驶路线时，通常选择平均通过时间为主要指标。但在城市道路环境下，行程时间会受到多种微观因素影响，如交通信号周期、车辆变道、进出交叉口等[14]。为弥补这一不足，引入通过时间、停车次数、停怠时间指标，建立综合实时交通状态评价指标体系。这三项指标也被国内外学者证明可用于城市环境交叉口状态评价[15]。

4.2.3 一级模糊评价空间

定义一个有限集合 Q：$Q=\{q_1,q_2,\cdots,q_n\}$。元素 $q_i(i=1,2,\cdots,n)$ 表示被评价对象，即实验测试中不同时间段内所产生的车辆行驶数据。定义一个有限集合 P：$P=\{p_1,p_2,\cdots,p_m\}$。元素 $p_i(i=1,2,\cdots,m)$ 表示用以评价 Q 中数据的评价指标，这里选取平均通过时间（Average Travel Time，ATT）、平均停车次数（Average Number of Stops，ANS）、平均停怠时间（Average Stop Time，AST）三项，并根据 OBD 数据间接计算得到的评价指标作为模糊评价集合，即

$$P=\{p_1,p_2,p_3\}=\{ATT,ANS,AST\} \tag{4-1}$$

令 u_j 为第 j 个评价指标 $p_j \in P$ 的隶属度函数，即 $u_j=u(p_j)$，$u_j \in [0,1]$，得到 U 为一个有限模糊子集，即 $U=\{u_1,u_2,\cdots,u_m\}$。于是可以得到一个评价矩阵 R，构成模糊关系 R：$Q \times U$，即

$$R=\begin{bmatrix} R_1 \\ R_2 \\ \vdots \\ R_n \end{bmatrix} = \begin{bmatrix} r_{11} & r_{12} & \cdots & r_{1m} \\ r_{21} & r_{22} & \cdots & r_{2m} \\ \vdots & \vdots & & \vdots \\ r_{n1} & r_{n2} & \cdots & r_{nm} \end{bmatrix}_{n \times m} \tag{4-2}$$

式中，r_{ij} 为第 i 个被评价对象关于第 j 个评价指标的隶属度，$r_{ij}=R(q_i,u_j) \in [0,1]$。

定义评价结果集为一个有限集合，表示划分后的四个交通运行状态等级 $V=\{v_1,v_2,v_3,v_4\}=\{$拥堵,轻度拥堵,基本畅通,畅通$\}$。集合中的每一个元素对应隶属度函数的一个可能性分布区间：

$$u_j \in [0.25(i-1),0.25i],\ v=v_i(i=1,2,3,4) \tag{4-3}$$

考虑到评价指标对评价结果的负相关特性，选取降半柯西型的隶属度函数：

$$u_i = \mu(p_j) = \begin{cases} 1 & \text{当 } p_j \leqslant c_j \\ \dfrac{1}{1+[a_j(p_j-c_j)]^{b_j}} & \text{当 } p_j > c_j \end{cases} \tag{4-4}$$

对于 $\forall a_j,b_j,c_j>0$，有 $p_j \to +\infty$ 时 $u_j \to 0$，$p_j \leqslant c_j$ 时 $u_j=0$。综合式（4-3）和式（4-4）可知，在 p_j-u_j 坐标系每一个隶属度函数分布区间界限 $0.25i$ 必定存在一个对应的临界值 p_{ij}。根据同一隶属度函数下的一组临界值，可通过回归分析的方法求出隶属度函数的待定系数 a_j，b_j，c_j。针对所求得的隶属度区间 u_i，进一步变换为对应指标的隶属度 r_{ij}。采用梯形隶属度模型，取隶属度函数分布区间界限 $0.25i$ 为两个相邻评语的中间隶属度 $r_{ij}=0.5$，浮动区间为 $0.25i \pm 0.1$，对应的隶属度关系如图 4-2 所示。

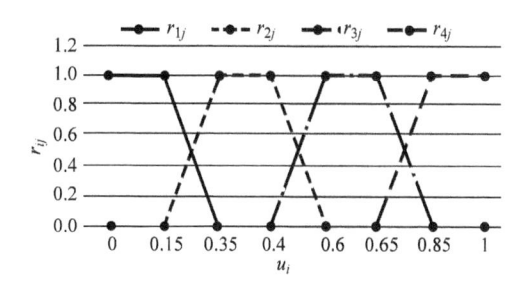

图 4-2 二级模糊评价结构

定义 $S=(Q,U,R)$ 为本方法中的第一级交通评价空间，从而给定一个模糊向量 W：

$$W=(w_1,w_2,\cdots,w_m)^T \tag{4-5}$$

式中，w_j 为各评价指标对于第一级交通状态评价结果的重要性，则有第一级交通评价模型：

$$D=R \otimes W \tag{4-6}$$

式中，符号 $\otimes$ 表示模糊算子对。

实时交通数据在一级模型间的流向如图 4-3 所示，OBD 系统为车载终端提供原始的车辆数据，如停车次数和停息时间。车载终端通过与路侧终端的通信判断所处数据交互的阶段，在一个数据流程结束时根据所用时间计算评价指标集 P 中的三项平均指标。之后，建立评价指标对应于评语集的隶属度函数，可用实验数据为评价对象集 Q，结合权重集输入到隶属度函数中计算第一级评价空间 D。

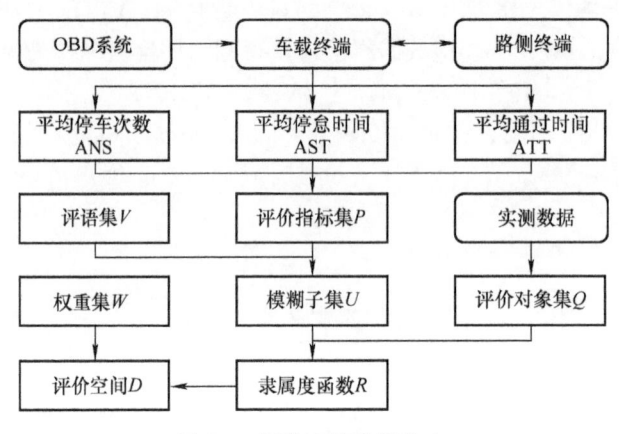

图 4-3 评价系统数据流向

在本系统中，隶属度关系的临界值分为典型临界值 $\hat{p}_{ij}$ 和动态临界值 p_{ij}，以典型临界值 $\hat{p}_{ij}$ 作为一个标准值，在此基础上根据实际道路的长度、车道数、道路交叉口数、灯控信号等因素的不同而计算适合每一条道路的动态临界值 p_{ij}。考虑实际道路差异性，不同道路隶属度函数对应的临界值需要根据实际情况进行修正。

为了保证评价结果的客观性，在确定评价指标与评语间的隶属度关系时，临界值 p_{ij} 采用动态取值策略：

$$p_{ij} = \frac{(1-\xi_j)\hat{p}_{ij}L\omega_{mj}}{\hat{L}\alpha_{nj}} + \xi_j \hat{p}_{ij} \quad i=2 \tag{4-7}$$

式中，$\hat{p}_{ij}$ 为指定道路等级下单方向道路长度的典型临界值；$\hat{L}$ 为标准道路长度；L 为实际道路长度；ξ_j 为受信号控制影响的比例因子，由绿信比和信号周期等动态因素决定，交叉口不存在灯控信号时取零；α_{nj} 为第 n 条车道对第 j 个评价指标的影响系数；ω_{mj} 为第 m 个道路交叉口对第 j 个评价指标的影响系数。

为计算出上述准确的典型值 $\hat{p}_{ij}$ 和影响系数（α_{nj}, ω_{mj}），本系统采用实际测试与仿真相结合的方式进行研究。其中，典型值 $\hat{p}_{ij}$ 通过车载终端在典型道路上采集的实验数据确定，而后根据所选取的典型道路参数信息在仿真软件中建立对应模型，基于控制变量法对道路参数进行修改，根据不同参数的仿真结果来计算影响系数。计算的具体过程如下：

首先，参考部分城市发布的城市道路交通运行评价指标体系将平均路段车辆行驶速度 V_s 与评语对应，以次干路为例，如表 4-2 所示。

表 4-2 交通运行状态等级划分

状态划分	畅通	基本畅通	轻度拥堵	拥堵
次干路平均行驶速度/(km/h)	$V_s > 25$	$19 < V_s \leq 25$	$14 < V_s \leq 19$	$V_s \leq 14$

为了得到交通运行状态与本系统评价指标间的对应关系，选择北京市八角北路与古城东街和杨庄东街两个交叉口之间西向东方向的路段作为典型道路。该路段为单车道，道路长度505m，具有两阶段信号控制和两个交叉口，高峰平峰间运行状态差异明显，便于确定各级运行状态下的隶属度临界值，其路段静态参数如表4-3所示。

表4-3 选取典型道路的路段静态参数

道路参数	数据值
道路等级	次干路
道路类型	单方向单车道
道路长度	505m
交叉口数	2
灯控信号	两阶段

在实验过程中，网联汽车通过某交叉口，依靠车载终端独立记录每次行驶过程中的三项评价指标数据和路段平均行驶速度，每日8、12、15、18、21时记录行驶数据，一周总计210条数据；以表4-2所示的平均行驶速度分界点划分评语集中四个评语等级，将数据散点拟合为式（4-4）形式的隶属度函数，取$V_s=35$km/h作为$\mu(p_j)=1$的临界速度，即式中c_j点，对应关系如图4-4~图4-6所示，以此作为本系统的典型参考值。

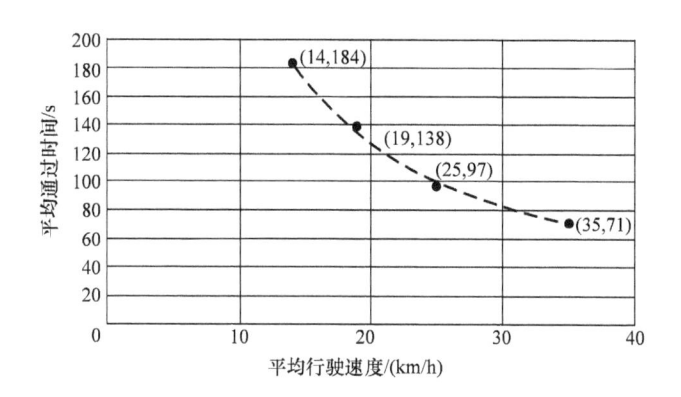

图4-4 平均行驶速度与平均通过时间的对应关系

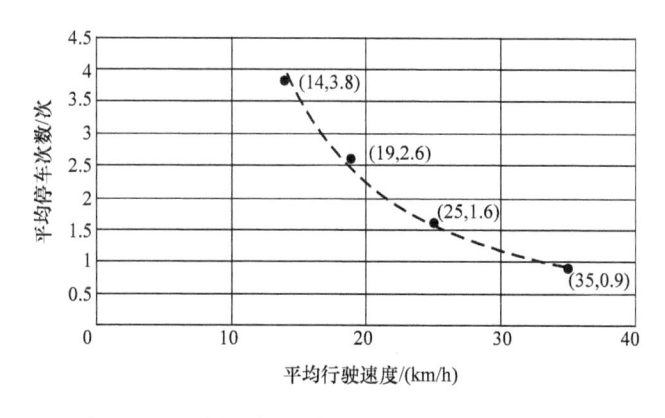

图4-5 平均行驶速度与平均停车次数的对应关系

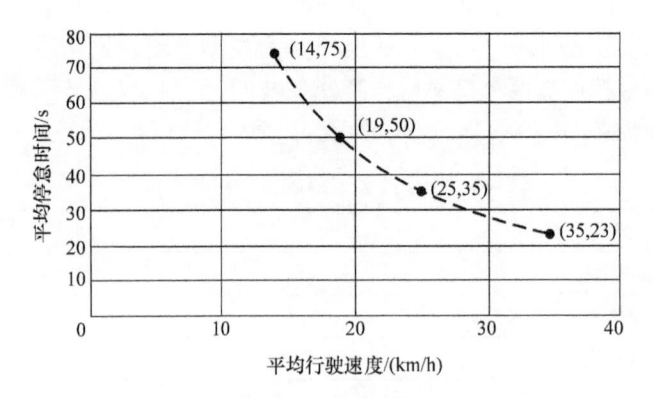

图 4-6 平均行驶速度与平均停怠时间的对应关系

为找到最合适的影响系数（α_{nj}，ω_{mj}），需要确定各影响因子独立作用的效果。受限于实际交通场景静态参数（交叉口数、车道数等）无法任意改变，通过在 VISSIM 仿真软件中修改这些参数来对比计算其对结果的影响程度。考虑到仿真数据与实际道路采集数据存在差异，定义评价指标的变化率为影响系数。

在 VISSIM 软件中以表 4-3 所示数据为标准建立路段模型，交叉口驶入驶出率取值为 10%，根据控制变量法分别修改道路交叉口数（Number of Forks，NF）和车道数（Number of Lanes，NL），按实验顺序依次增大入口流量，统计影响系数变化率如图 4-7 和图 4-8 所示。

从图 4-7 和图 4-8 所示可以看出，道路饱和度越高，影响程度越大，取中等饱和度流量（每小时 700 辆）的影响系数作为标准值，得到次干路等级的路段在两阶段信号控制下的影响系数，变化规律如表 4-4 所示。

表 4-4 车道数与交叉口数影响系数的关系

U	$\omega_{mj}=0$	$\omega_{mj}=1$	$\omega_{mj}=2$	$\alpha_{nj}=1$	$\alpha_{nj}=2$	$\alpha_{nj}=3$
u_1	0.90	0.96	1	1	1.05	1.09
u_2	0.85	0.92	1	1	1.10	1.17
u_3	0.89	0.95	1	1	1.03	1.05

由于灯控信号原因，评价指标的隶属度边界与道路长度之间不构成正比例关系，为此式（4-7）中引入了比例因数 ξ_j。它反映了第 j 项指标数据受信号控制影响所占的比重，此部分数值可看作不随道路长度而改变。为了研究该因数如何取值，在 VISSIM 中做了如下实验：

考虑交通信号因素（绿信比、信号周期等）对评价指标的影响，下面以两阶段交通信号控制方式为例，信号控制参数和路段参数以上述典型道路为原型，更改道路长度为原数值的 0.6、0.8、1、1.2、1.4 倍，其他变量控制不变，分别测试中等饱和流量下，三项评价指标的动态边界值 Δp_i 的变化率，结果如表 4-5 所示。

表 4-5 道路长度与动态边界值变化率的关系

ΔL	0.6	0.8	1	1.2	1.4
Δp_1	0.705	0.871	1	1.138	1.295
Δp_2	0.644	0.810	1	1.191	1.376
Δp_3	0.940	0.977	1	1.027	1.062

a) 对平均通过时间影响系数变化

b) 对平均停车次数影响系数变化

c) 对平均停急时间影响系数变化

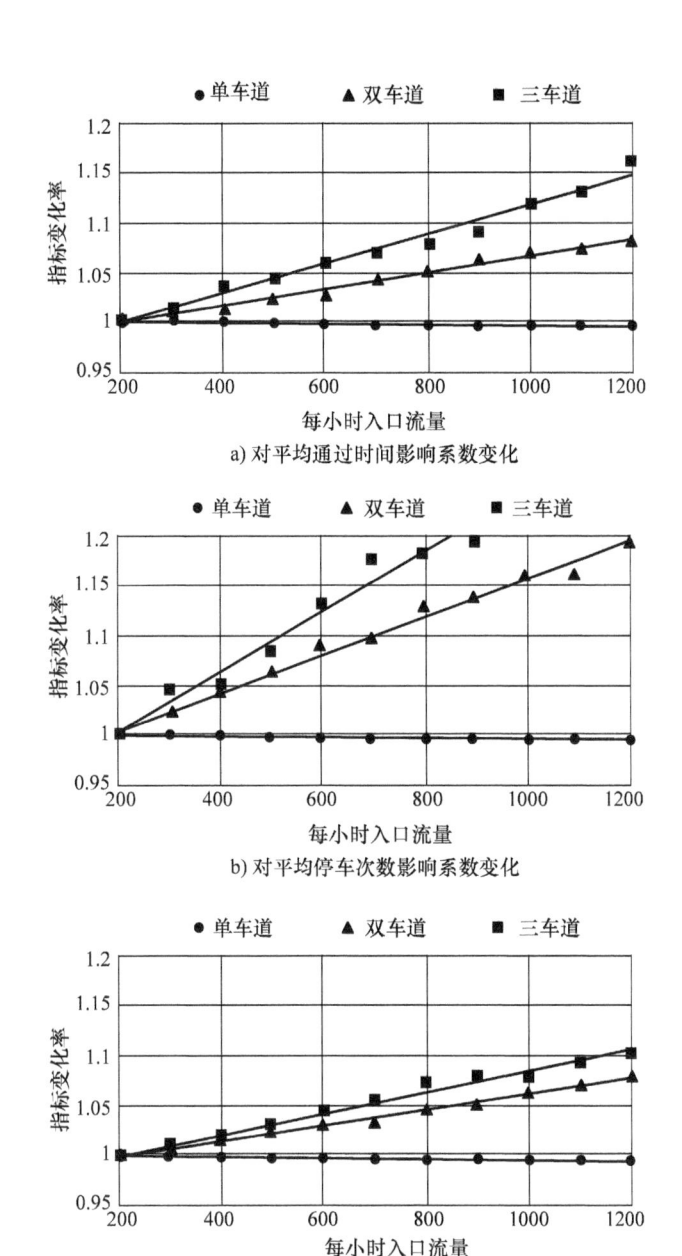

图 4-7 车道数与评价指标影响系数的关系

根据式（4-7），有 $\xi_j = (\Delta p - 1)/(\Delta L - 1)$，计算得到比例因数 $\xi_j \approx (0.3, 0.05, 0.85)$，$j = 1$，2，3。根据表 4-4 和表 4-5 所示，可以得到次干路等级两阶段信号控制道路类型的全部影响系数。

4.2.4 基于样本数据的层次分析法

为了对评价指标的权重进行科学配比，这里使用层次分析法进行划分，将与决策有关的因素分解成多个层次，从而进行定性、定量分析[16]。为增强评价方法的客观性，从样本数据

a) 对平均通过时间影响系数变化

b) 对平均停车次数影响系数变化

c) 对平均停怠时间影响系数变化

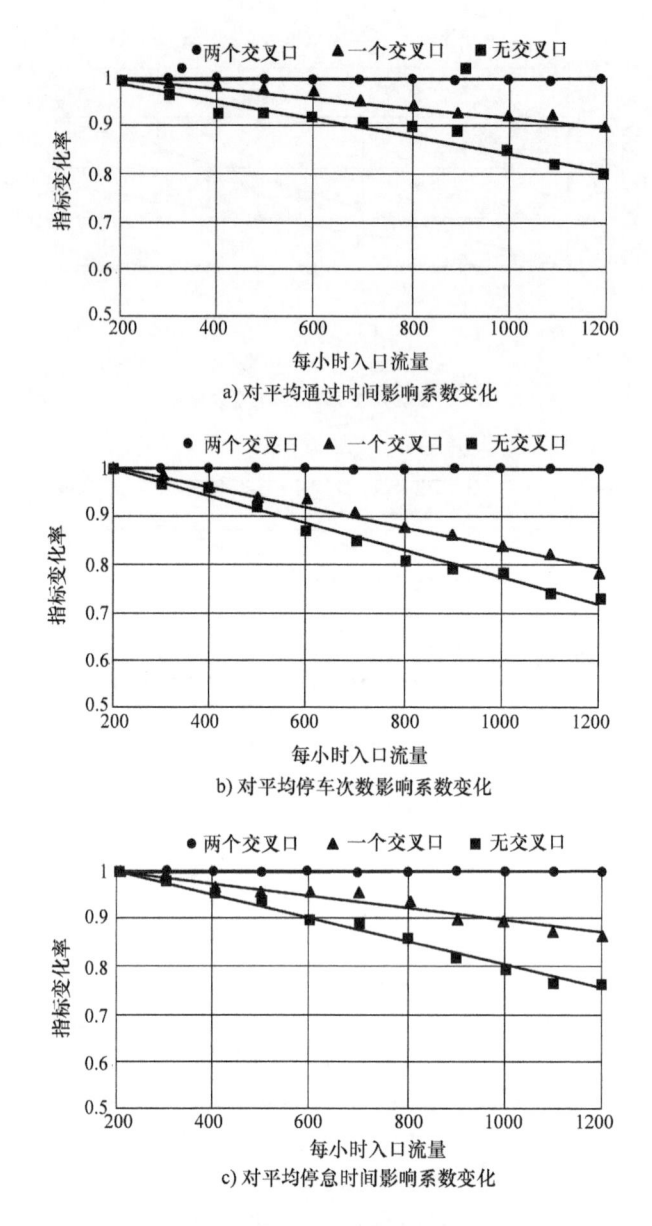

图 4-8　交叉口数量与评价指标影响系数的关系

中挖掘三个评价指标的相互强弱关系：分别计算 210 条实验数据中，单方面考虑某一个评价指标计算出的评价结果与实际交通运行情况的对照情况；取贴合度最高（最接近隶属区间中值）的一项指标作为该条数据的权威指标；统计不同交通运行状态下的各评价指标中权威指标的占比，如图 4-9 所示。

从图 4-9 所示可以看出，各评价指标中权威指标的占比在不同交通运行状态下存在差异。一周之中 210 条数据中，共有 116 条以平均通过时间作为权威指标，余下两项指标分别为 55 条和 39 条，比例约为 6∶2∶3，以此评估指标间的强弱关系，将平均通过时间、平均停车次数、平均停怠时间分别为 1、2、3 号指标，则有表 4-6 所示判断参数。表中数值表示行元素与列元素的比例关系，即重要性程度。

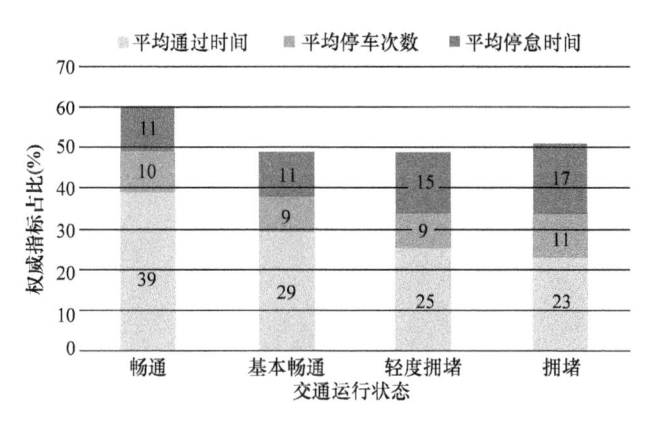

图 4-9　各评价指标中权威指标的占比

表 4-6　判断参数

	a_1	a_2	a_3
a_1	1	3	2
a_2	$\frac{1}{3}$	1	$\frac{2}{3}$
a_3	$\frac{1}{2}$	$\frac{3}{2}$	1

分析法计算步骤如下。

步骤 1　由表 4-6 所示的对应关系得到判断矩阵 A：

$$A = \begin{bmatrix} a_1 \\ a_2 \\ \vdots \\ a_n \end{bmatrix} = \begin{bmatrix} a_{11} & a_{12} & \cdots & a_{1m} \\ a_{21} & a_{22} & \cdots & a_{2m} \\ \vdots & \vdots & & \vdots \\ a_{n1} & a_{n2} & \cdots & a_{nm} \end{bmatrix}_{n \times m} \tag{4-8}$$

式中，a_{nm} 为第 n 个评价指标与第 m 个评价指标的重要性程度之比。

步骤 2　对判断矩阵 A 的列进行归一化处理：

$$\overline{a}_{ij} = \frac{a_{ij}}{\sum_{k=1}^{n} a_{kj}} (i, j = 1, 2, \cdots, n) \tag{4-9}$$

步骤 3　计算矩阵 A 各行之和 $\overline{w}_i$：

$$\overline{w}_i = \sum_{j=1}^{n} \overline{a}_{ij} (i = 1, 2, \cdots, n) \tag{4-10}$$

步骤 4　此前两步操作已经将矩阵中行列信息进行了整合，这里对 $\overline{w}_i$ 归一化得到 w_i，根据 $AW = \lambda_{\max} W$ 求出最大特征根以及特征向量。各特征向量构成了最终的权重矩阵。权重为

$$w_i = \frac{\overline{w}_i}{\sum_{i=1}^{n} \overline{w}_i} (i = 1, 2, \cdots, n) \tag{4-11}$$

用表 4-2 所示数据计算出第一级模糊向量权重矩阵 $\boldsymbol{W}=(0.52,0.22,0.26)^{\mathrm{T}}$，表示三个指标的重要性程度比重。因为已经进行了归一化处理，这里以占总和百分比的形式给出。

步骤 5　计算一致性指标 C.I：

$$\mathrm{C.I}=\frac{\lambda_{\max}-n}{n-1} \tag{4-12}$$

步骤 6　计算一致性比例 C.R，平均随机一致性指标 R.I 可根据评价指标的个数查表得到。一致性比例 C.R：

$$\mathrm{C.R}=\frac{\mathrm{C.I}}{\mathrm{R.I}} \tag{4-13}$$

进行一致性验证的目的，是为了排除部分特殊情况下存在三个评价指标互相比对方重要的情形。所求得的一致性指标 C.I 越趋近 0，证明计算结果一致性越好。当通过计算得到一致性比例 C.R<0.1 时，根据判定条件接受检验，认定权重结果合理，本系统计算得到的 C.R 值满足要求。

4.2.5　二级模糊评价空间

在本方法中，每一个被评价对象根据算子对均可得到一个新的模糊子集：

$$U'=\{D_1,D_2,\cdots,D_p\},\ U'\in[0,1] \tag{4-14}$$

式中，p 为采用的模糊算子对的个数。

多个算子对有助于从多个方面权衡评价指标对被评价对象的影响。这里共选取了三个算子对：$(\wedge,\vee)$，$(\cdot,\vee)$，$(\wedge,\oplus)$。其中，$\wedge$ 表示取小，$\vee$ 表示取大，$\cdot$ 表示相乘，$\oplus$ 表示相加。

这三个算子对分别侧重于考虑单个评价指标和综合多个评价指标的贡献，其中 $\sum_{j=1}^{p}w_j\neq 1$。

由 Q 和 U' 可以得到一个新的模糊关系，即 $\boldsymbol{R}':Q\times U'\rightarrow[0,1]$，这里有

$$\boldsymbol{R}'=\begin{bmatrix}\boldsymbol{R}'_1\\ \boldsymbol{R}'_2\\ \vdots\\ \boldsymbol{R}'_n\end{bmatrix}=\begin{bmatrix}d_{11}&d_{12}&\cdots&d_{1p}\\ d_{21}&d_{22}&\cdots&d_{2p}\\ \vdots&\vdots&&\vdots\\ d_{n1}&d_{n2}&\cdots&d_{np}\end{bmatrix}_{n\times p} \tag{4-15}$$

式中，d_{np} 为采用第 p 个算子对时用式（4-6）算出来的第 n 个被评价对象的第一级评价值。

为了降低确定元素 $w_j\in\boldsymbol{W}$ 时的主观性，在 S' 中引入第二级评价，从而给定一个模糊向量 $\boldsymbol{W}'$：

$$\boldsymbol{W}'=(w'_1,w'_2,\cdots,w'_p) \tag{4-16}$$

式中，$\boldsymbol{W}'$ 的元素 w'_j 为第 j 个模糊算子对相对于第二级评价的权重，且 $\sum_{j=1}^{p}w'_j\neq 1$，$w'_j\in[0,1]$。

按照层次分析法计算第二级模糊向量权重，$(\wedge,\vee)$、$(\cdot,\vee)$、$(\wedge,\oplus)$ 分别为 1、2、3 号算子对，有第二级模糊向量权重矩阵 $\boldsymbol{W}'=(0.17,0.28,0.55)$，且该结果通过了一致性校验。

由算子对得到第二级交通评价空间 $S'=(Q,U',\boldsymbol{R}')$，则有二级交通评价模型，其最终结

果为一个评价指数的集合 B：

$$B = \bm{W}'\bm{R}'^{\mathrm{T}} = \{b_1, b_2, \cdots, b_p\} \tag{4-17}$$

式中，b_i 为第 i 个被评价对象对于评价结果集 V 的评价指数，且 $b_i = \sum_{j=1}^{p} w'_j d_{np}$。

为使原有评语集 B 中的结果更丰富，同时增加结论的可参考性，按照加权平均原则对原有评价结果 B 进行综合。首先对 B 中的元素进行归一化处理得到 $\widetilde{b}_i$，之后通过下式进行综合得到最后的道路评价得分 C：

$$C = 100 - \sum_{i=1}^{m} \frac{100}{3}(i-1)\widetilde{b}_i \tag{4-18}$$

可见 $C \in (0, 100]$，并且 C 的值越大，路况评价分值越高。综合后的评价结果可以进行定量分析，便于针对不同路段之间或相同路段不同时刻之间的评价结果进行对比，提高了评价精度。

4.3 交通状态评价方法实验验证

4.3.1 实验设计

开发基于车路协同场景的多源交通数据采集及评价系统，是为了验证评价方法可靠性。其核心组成为车载的 OBU 和路侧的 RSU 智能终端，由 LTE-V 短程自组网模块实现两者间的 V2X 自组网功能，相关指令和数据由此传输。该测试系统结构如图 4-10 所示。

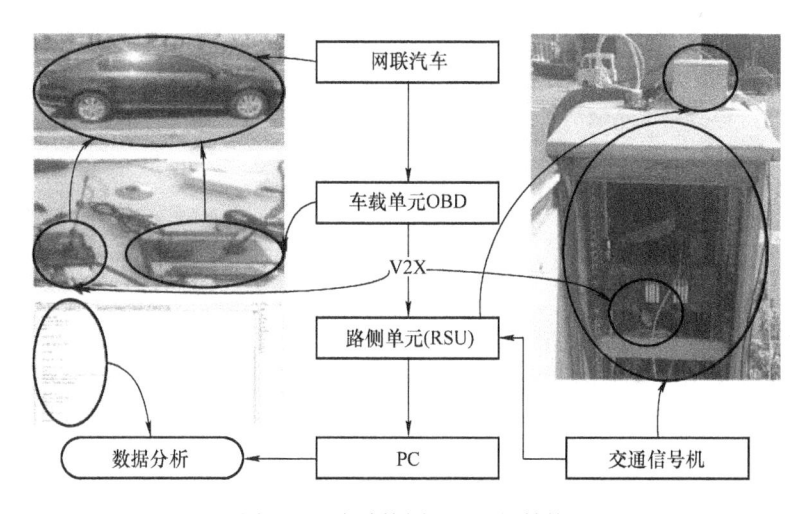

图 4-10 车路协同测试系统结构

4.3.2 实验流程

为了验证变隶属度函数的可靠性，选取北京市石景山区苹果园南路部分路段作为测试环境进行实验。该实验道路静态参数如表 4-7 所示，符合次主干道路等级和两阶段信号控制条件。将典型值和影响系数代入式（4-7），计算得到动态临界值 p_{ij}，再通过 MATLAB 软件中数值拟合的方法求得待定系数 a_j，b_j，c_j，结果如表 4-8 和图 4-11 所示。

表 4-7 实验道路静态参数

道路参数	数据值
道路等级	次干路
道路类型	双方向四车道
道路长度	698m
交叉口数	1
灯控信号	两阶段

表 4-8 隶属度函数参数表

U	$\hat{p}_{ij}$	ξ_j	ω_{mj}	α_{nj}	p_{ij}	a_j	b_j	c_j
u_1	184, 138, 97, 71	0.3	0.96	1.05	219, 165, 117, 86	0.0007	1.66	86
u_2	3.8, 2.6, 1.6, 0.9	0.05	0.92	1.10	5.5, 3.8, 2.3, 1.2	0.164	1.82	1.2
u_3	75, 50, 35, 23	0.85	0.95	1.03	80, 54, 37, 26	0.165	1.29	28

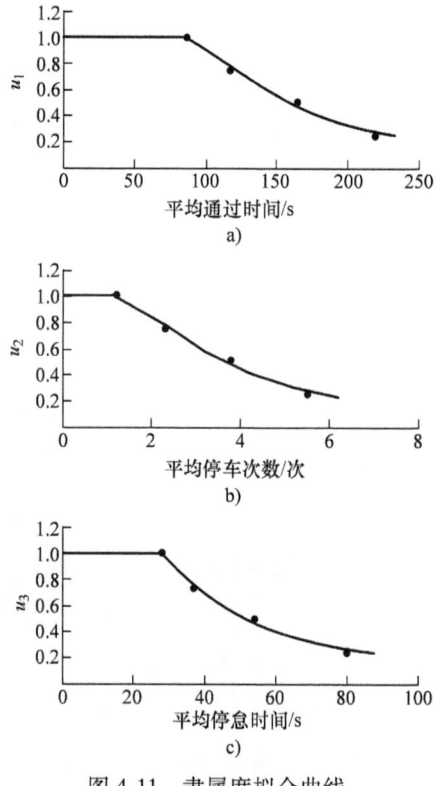

图 4-11 隶属度拟合曲线

在实验过程中,两辆装有 OBU 设备的实验车在该路段的双方向上行驶,路侧单元通过 V2X 实时采集网联汽车数据。实验数据分为两组:一组为单工作日早 5 点 30 分至晚 8 点 30 分的时段平均数据;另一组为连续 10 个工作日的高峰/平峰时段平均数据。为了保证评价精度,实验中保证在车流量高峰/平峰时间在每条路段上至少每小时有 10/16 组数据。

正常情况下,一定时间尺度内的交通状态呈连续变化,交通宏观状态受车辆个体影响较小,覆盖率范围内的车辆样本数据可以看作是该时间段内的一个典型值。考虑实际实验成本,验证环节选择的设备覆盖率与常规浮动车轨迹覆盖率相近。

4.3.3 实验结果与分析

在第一组实验中，共 407 个数据包被实验设备采集到。其中 377 条数据有效，有效比例为 92.6%。以小时间隔对全部有效数据进行整理，如图 4-12～图 4-14 所示，横坐标表示数据源的实验时刻，纵坐标表示指标数值。

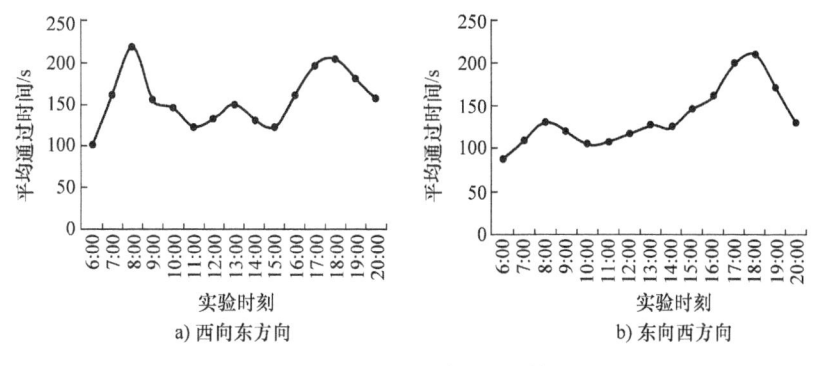

a) 西向东方向　　　　　　　　b) 东向西方向

图 4-12　平均通过时间测试结果

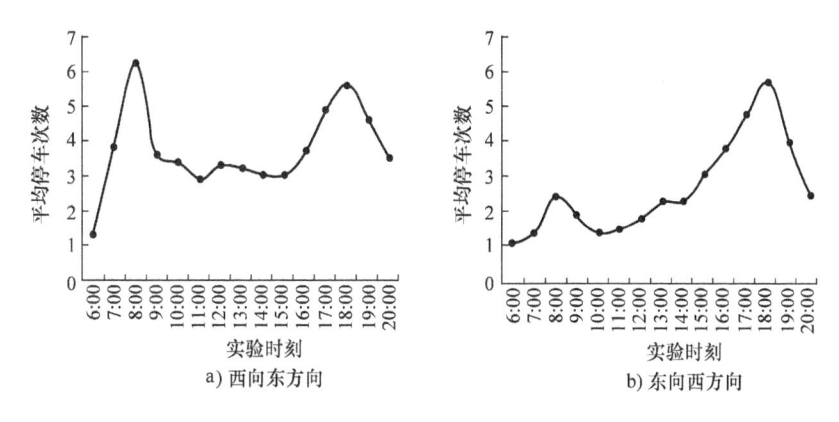

a) 西向东方向　　　　　　　　b) 东向西方向

图 4-13　平均停车次数测试结果

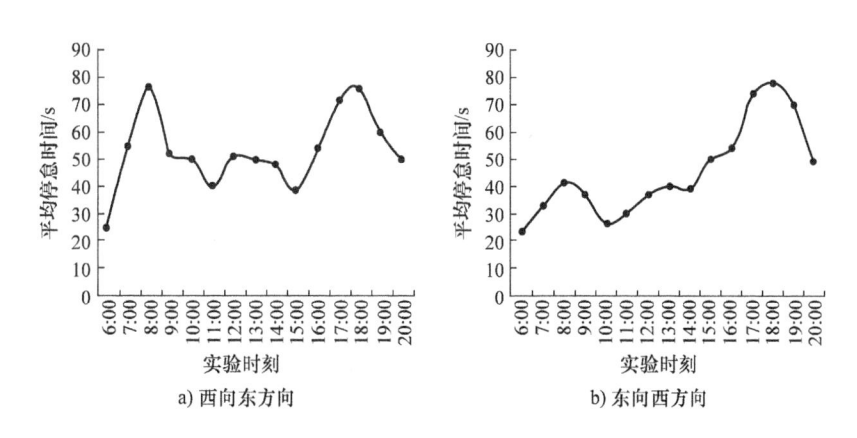

a) 西向东方向　　　　　　　　b) 东向西方向

图 4-14　平均停息时间测试结果

将以上三个评价指标的数据进行模型计算，计算得到了最终的综合评估结果C，如图 4-15 所示的柱状图。图 4-15 所示曲线为当天的道路流量数据，实线和虚线分别表示道路的两个方向。图中，当天的峰值流量时刻对应了最低的评估得分，交通高峰和平峰时间上的差异也体现在评价得分的波峰和波谷上了，交通评价得分的动态趋势与实际交通情况基本一致。

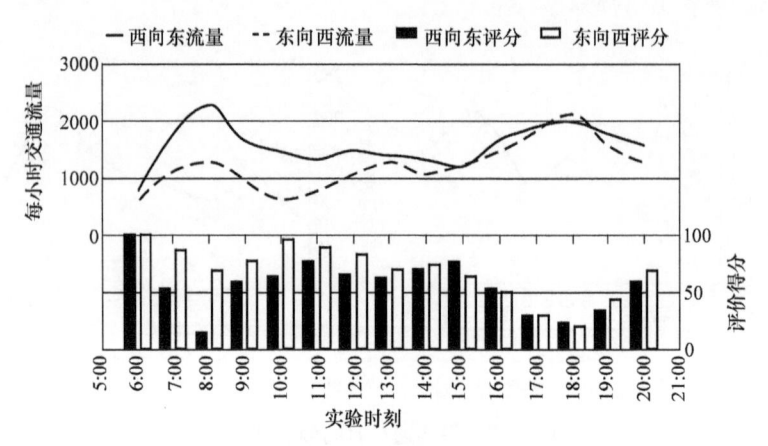

图 4-15 评价得分与交通流量的对比关系

为了更综合表示评价得分与交通流量的关系，将所有评价数据按照流量升序排列，如图 4-16 所示。图 4-16 所示实线代表评价得分的拟合曲线，虚线代表该型道路在不同车流量下的典型延误时间的拟合曲线，可以看到评估分数与原始交通流量数据间的负相关特性，证明了评价结果的可靠性。

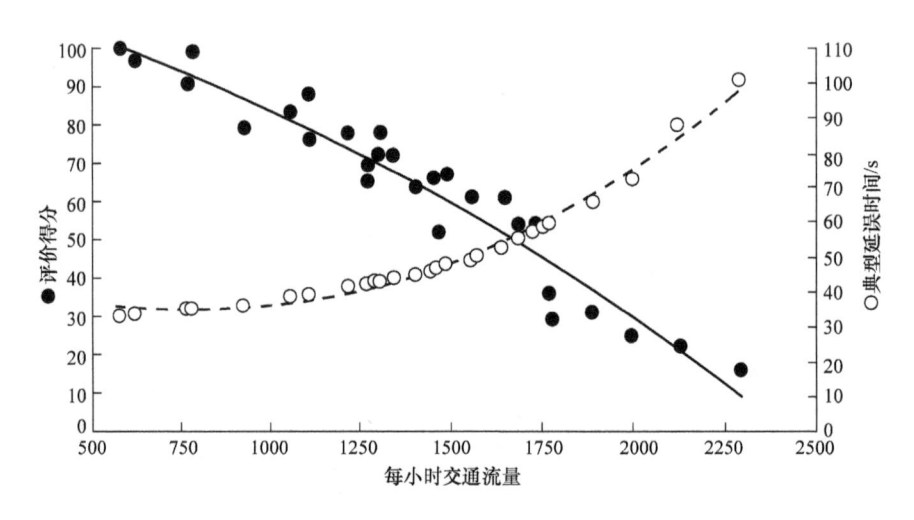

图 4-16 评价得分与典型延误时间的对比关系

在第二组实验中，共 287 个数据包被实验设备采集到。其中 281 条数据有效，有效比例为 97.9%。将所有对照组的有效数据整理后如图 4-17 所示，横坐标表示实验组号，第 1~5、6~10 组数据分别为第 1 周的周一到周五、第 2 周的周一到周五的实验结果；纵坐标表示评价得分；实线和虚线分别代表高峰和平峰时段的数据。

a) 西向东方向

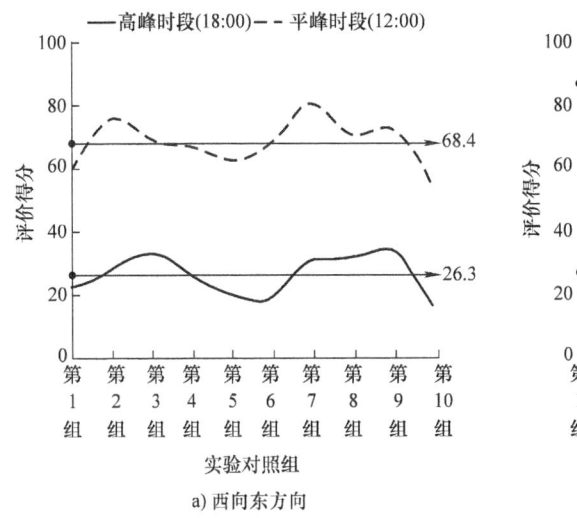

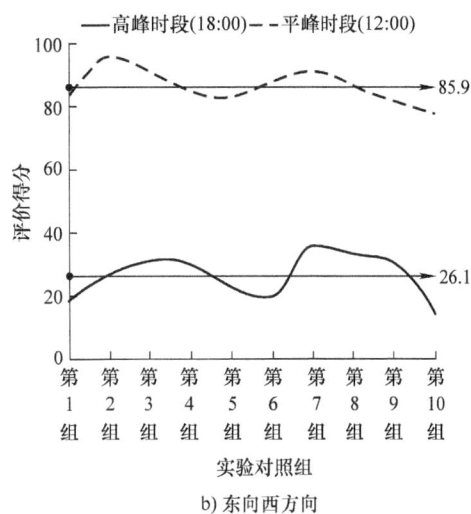

b) 东向西方向

图 4-17 第二组测试评价得分对比

图 4-17 所示的测试结果表明，纵向对比来看多个工作日在同一时刻的评价得分在一定范围内浮动，得分具有较为明显的周期特征，周一和周五的交通状态较差。通过图 4-17a、b 横向对比可以看到在平峰时段实验路段东向西方向比西向东方向的运行要好，高峰时段则相似。相关结论与实验过程中观察到的实际交通状态一致，发挥了分值评价方法在交通状态对比与分析过程中的作用。同时，当评价得分与历史同期数据有较大差异时，系统可及时判断是否存在交通异常事件。这为城市车路协同环境下交通状态判断与事件检测提供了依据。

上述模型计算与验证过程以次干路为例实现，模型建立时已考虑了不同道路等级下的差异性。由于模糊综合法的通识性与变隶属度的灵活性，模型结构不需要根据道路等级做调整。对于其他道路等级路段，通过依据相应交通状态等级设置模型参数，即可得到准确的评价结果。

参 考 文 献

[1] 姚红云，王骥，陈瑶，等. 普通公路路段交通运行状态评价方法 [J]. 公路交通科技，2015，32（8）：133-137.

[2] 张绍阳，焦红红，赵文义，等. 面向出行者的城市出租汽车服务水平评价体系及指标计算 [J]. 中国公路学报，2013，26（5）：148-157.

[3] 刘新民，李之鹏，丁黎黎，等. 城市道路交通抗拥堵能力模糊评价模型 [J]. 交通运输系统工程与信息，2013，13（4）：114-119.

[4] 高雅隽，许伦辉. 基于云模型的交通状态评价系统及其应用 [J]. 公路交通科技，2013，30（11）：124-130.

[5] LIAO X Y, CHEN Q Y, SUN D H, et al. Fuzzy evaluation of traffic flow stability based on the discreteness of traffic parameters [C]//Control and Decision Conference, May 28-30, 2017, Chongqing. Piscataway：IEEE，c2017：3613-3618.

[6] XU L H, GAO Y J, KUANG X Y. Design and application of urban traffic state evaluation system [C]//Intelligent Control and Automation, June 29-July 4, 2014, Shenyang. Piscataway：IEEE，c2014：4642-4646.

[7] 赵娜乐，于雷，耿彦斌，等. 基于 SVM 的数据层多源 ITS 数据融合方法初探 [J]. 交通运输系统工程与信

息，2007，7（2）：32-38.

［8］孙晓亮. 城市道路交通状态评价和预测方法及应用研究［D］. 北京：北京交通大学，2013.

［9］何兆成，周亚强，余志. 基于数据可视化的区域交通状态特征评价方法［J］. 交通运输工程学报，2016，16（1）：133-140.

［10］SUN X，JI J，ZHANG J，et al. Research on traffic state evaluation method for urban road［C］//International Conference on Intelligent Transportation, Big Data and Smart City, December 19-20, 2015, Halong Bay. Washington DC：IEEE Computer Society，c2015：687-691.

［11］SU F，DONG H，JIA L，et al. On urban road traffic state evaluation index system and method［J］. Modern Physics Letters B，2017，31（1）：1-25.

［12］高昌和，田晶晶，李世武，等. 基于事故树分析的车辆安全状态模糊综合评价模型［J］. 吉林大学学报（工学版），2011（s1）：95-100.

［13］李世武，田晶晶，沙学锋，等. 基于模糊综合评价和BP神经网络的车辆危险状态辨识［J］. 吉林大学学报（工学版），2011，41（6）：1609-1613.

［14］ZHANG K，TAYLOR M A P. Effective arterial road incident detection：a bayesian network based algorithm［J］. Transportation Research Part C Emerging Technologies，2006，14（6）：403-417.

［15］OTSUKI S，MIWA H. Contents delivery method using route prediction in traffic offloading by V2X［C］//Intelligent Networking and Collaborative Systems（INCOS 2015），September 2-4, 2015, Taipei. Piscataway：IEEE，c2015：451-456.

［16］CHEN S，HU J，SHI Y，et al. LTE-V：A TD-LTE-based V2X solution for future vehicular network［J］. IEEE Internet of Things Journal，2017，3（6）：997-1005.

第 5 章

智能网联汽车实时路径决策方法

车路协同技术,是通过智能网联汽车与路侧智能设备之间的通信交互实现多源数据直接获取的,弥补了传统方法无法获取或只能间接计算得到一些数据源的缺点。车路协同技术的数据实时性高,为需要大量数据支持的动态路径规划引入了新的思路。

为解决车辆行驶数据缺失和滞后造成路径规划系统不稳定的问题,本章建立了基于车路协同系统的新型区域路径实时决策方法:首先通过获取智能网联汽车的实时行驶数据,结合交通信号配时和路径转向信息,并考虑车辆在途经交叉口时可能遇到的异常情况,动态计算当前路段路阻值;其次根据当前时刻各路段的路阻统计数据及路网拓扑结构,实时预测各备选路线的行程时间,最终选择行程时间最少的路线作为车辆最优行驶路径;最后,选取北京市望京地区的典型区域路网数据进行验证,在 150 组实验过程中,计算得出的最优路线用时平均比优化前路线的用时短 65.9s,证明了本方法的有效性。

5.1 路径规划算法分析

随着国内汽车保有量的逐年增加,原有城市规划区域公共道路设计环节暴露出了诸多短板,热点区域有限的道路资源无法承载过饱和的车流量,进而导致交通拥堵状况的发生。对于城市道路交通系统,虽然原有道路规划布局难以更改,但通过合理的交通秩序管理与出行车辆诱导将能够有效降低交通拥堵程度、提升出行体验,这就推动了城市交通诱导系统(Traffic Guidance System,TGS)的发展。TGS 是城市交通管理与控制工作中的关键环节,它为驾驶人发布实时交通信息和路线诱导,达到实现路网交通流的合理分配和整体延误降低的目的。其中,路径规划算法起极其重要的作用。

路径规划问题主要是根据出行者的需求,在给定的数字道路地图中根据交通起止点(Origin Destination,OD)信息规划出一条最优路径,从而实现节省驾驶人旅行费用。优化的标准包含行车距离最短、旅行时间最短、通行费用最低等[1]。近几年国内外研究人员在该领域已取得多项显著成果,并推动了新型智能交通技术应用[2]。

国内方面,向冬梅等通过管理空间数据与拓扑网络,研究最优寻路策略,提出了面向动态路径规划优化新方法[3]。李露蓉等基于优化蚁群算法构建了面向动态路径规划的模型,达到了控制网络中车流量合理分配的目的,特别在大规模动态交通网络应用中的效果更为显著[4]。刘微等建立了基于卡尔曼滤波理论的行程时间多步预测模型,综合利用实时数据、行程时间多步预测数据及历史数据优化实时路径导航算法,与传统方法对比实现了更优的规划效果[5]。周明秀等在传统蚁群算法的基础上提出了改进距离启发因数以增加目标节点对下一节点的影响,从而提高全局搜索能力,避免陷于局部最优解的同时提高收敛了速度[6]。周申培等基于路阻函数建立了道路状况的数学模型,利用传统媒体交通广播电台路况信息收集渠道,获取实时道路交通状况,采用定量分析法将道路信息车流量代入路阻函数计算得到当前状态下道路实际通行时间，提供更优质的路径规划功能[7]。

　　国际方面，Sen 等针对传统路径规划方法缺乏考虑出行者对行程时间变化的容忍性的因素，建立了一个基于旅行时间均值和方差的多目标规划模型，为出行者提供如旅行时间变化可能最小的路线，以满足更多实际需求[8]。Wu 等基于随机优势理论提出了一种基于冒险行为建模的统一路径选择方法，根据出行者的实际需求和偏好，分别计算适合它们的保守或激进路线，从而最大化地满足各方需求[9]。Xing 等提出了一种基于抽样的方法，以多天的旅行时间观测值动态构建代理目标函数，使用次梯度算法减少最优性间隙来迭代地提高规划路线质量[10]。Chen 等同样研究了路径规划系统中预测行程时间的可靠性，使用多标准最短路径方法确定起点和终点之间可靠的最短路径，确保所提供的路线可靠性较高[11]。Backfrieder 等面向网联汽车系统设计了一个运输网络中智能线路动态规划方法，以预测拥塞最小算法为基础向驾驶人提供路线建议，并通过动态微观交通仿真证明了其在真实场景中的有效性[12]。

　　从上述介绍中可以看出，先进的路径规划系统需依靠海量实时交通数据实现[13]。但目前相关研究成果中所用的数据主要是通过车辆行驶轨迹、手机信令和检测器等来源间接获取的，与真实场景存在一定的差异，从而导致计算精度和实时性上的不足[14]；同时，传统路径规划系统在计算路段路阻权值时，通常不考虑车辆在灯控信号影响下转向所花的时间。在实际城市道路环境中，受交通信号控制影响，路阻存在明显差异性[15]。

　　随着先进车路协同技术的应用，新型路径规划系统可获取更丰富的车辆行驶数据[16]。因此，本章从传统路径规划问题出发，面向车路协同系统提出了一种考虑交通信号控制影响的网联车辆通过城市交叉口行程时间计算方法，并基于此方法提出了分阶段的区域最优路径决策方法，为车路协同系统中路径规划问题提供了技术支持和理论依据。

　　本章所研究的实时路径规划方法是基于车路协同系统实现的，远程服务端用于汇总区域内的实时路网信息并提供最优路径规划服务，网联车辆上安装的智能车载信息终端与路侧终端之间建立 V2X 网络通信。车载终端根据车辆总线和传感器信息向路侧终端上报所要求的统计数据，同时向远程服务端发送路径规划请求。路侧终端根据同时段内上报数据来计算各车道的行程时间，并上报远程服务端，并根据行程时间和所采集的信号机控制信息实时向车载终端返回所需信息和指令。在该场景下，每一个交叉口的路侧设备都承担着该路网节点与相邻节点间的数据汇总与分析功能，与传统的后台数据处理方法相比具有更强的灵活性和实时性。

　　动态路径规划问题是由早期的在路网中寻找静态最短路径演变而来的，以行程时间为路阻权值来寻找行程时间最短的路线方案。由于交通运行状态的时变性，路阻权值的浮动性很大，传统方法多采用一定时间内的平均值当作短时预测量来表示路阻权值。但过大的时间采样间隔将导致规划的实时性降低，而过小的采样间隔又无法保证规划精度。尤其对于城市道路来说，由于存在交通信号灯控制，车辆的行程时间不随交通波的移动而连续变化，很可能因为相位切换而导致行程时间突增，这种周期性的变化规律使得平均值的算法存在一定误差。因此，就需要在保证精度的情况下，将采样时间间隔降低至一个周期内，甚至精准预测每一辆车的行程时间和抵达停止线时将遇到的灯控信号，车路协同技术则为这一想法的实现提供了可能。

　　本章所述的车路协同环境下路径规划方法是在传统方法预测行程时间的基础上进一步预测可能在交叉口处的灯控事件，如图 5-1 所示。即，车辆根据与路侧智能设备间的数据和指令交互，来计算其行驶至停止线所需的时间，并判断抵达停止线前将遇到的信号灯颜色，由此计算该相位因为交通信号控制所产生的时间路阻值，从而得到整条道路上每一辆车的精确路阻预测值。

综上可以看出，车路协同环境下的路径规划方法与传统方法相比具有如下特点：
1）考虑所处相位可能遇到的信号灯控事件。
2）考虑灯控信号影响下不同转向行程的时间差异。
3）微观视角下的行程时间预测，实时性高。

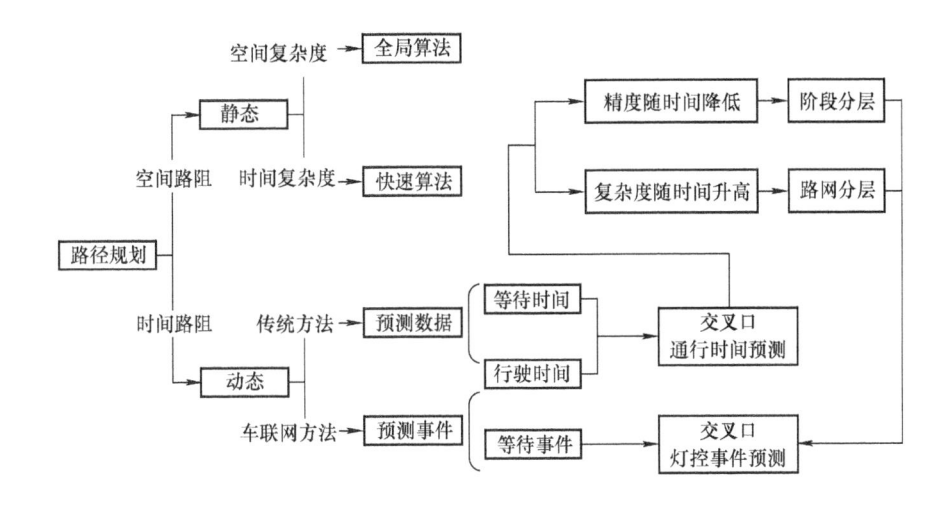

图 5-1 车路协同环境下路径规划特征

5.2 智能网联汽车实时路径规划系统设计

5.2.1 车路协同场景描述及路径规划系统设计目的

系统的设计目的是在车路协同环境下，提出了一种计算车辆在灯控信号影响下的路段和交叉口行程时间计算方法，并以此为传统路径方法提供了一个分阶段的区域最优路径优化方法，为解决车路协同系统中路径问题提供技术支持和理论依据。

本章所研究的实时路径规划系统是基于车路协同环境实现的，如图 5-2 所示。远程服务端用于汇总区域内的实时路网信息并提供路径规划服务。车辆上安装的智能车载信息终端与路侧终端之间建立 V2X 网络通信。车载终端根据车辆总线和传感器信息向路侧终端上报所要求的统计数据，在需要的时候向远程服务发送路径规划请求。路侧终端则根据同时间段内相同去向的所有上报数据来计算各车道的行程时间，上报远程服务端，并根据行程时间和所采集的信号机控制信息实时向车载终端返回所需信息和指令。在该场景下，每一个交叉口的路侧设备都承担着该路网节点与相邻节点间的数据汇总与分析功能，相较于传统的后台统一数据处理具有更高的灵活性和实时性。

5.2.2 智能网联汽车路径规划策略

针对每一辆车的行程时间与事件预测可以提高规划精度，但这种微观的预测方法本身鲁

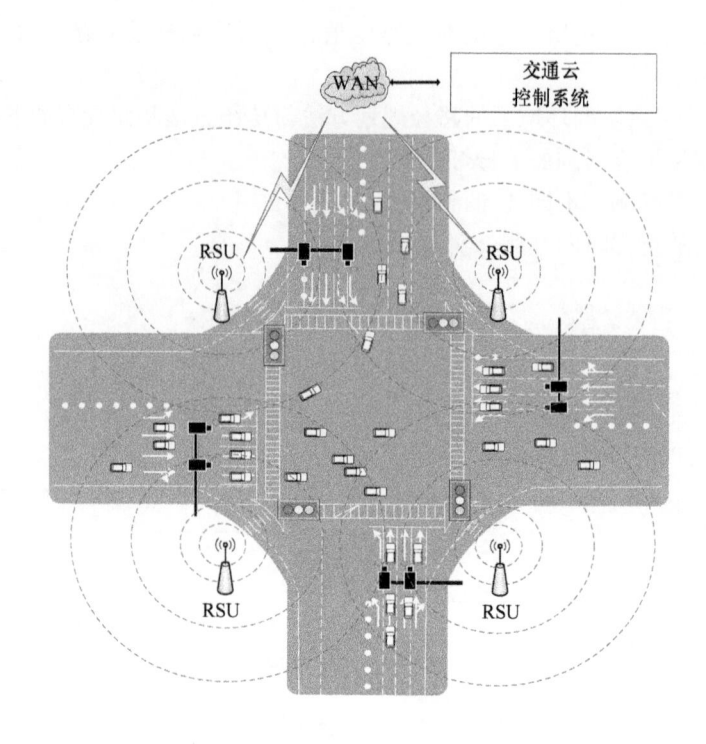

图 5-2 基于车路协同的行车路径规划系统

棒性较差。当某一个交叉口的事件预测出现差值时，将导致后续事件预测结果均无法成立，因此该方法很难适用于途径交叉口数目过多的长路线。即使是在一个小区域内进行规划，该方法也会因为计算复杂度过高而不适用。由此参考图 5-1 所示传统方法中为降低运算复杂度、提高可靠度而提出的路网分层分级思路，确定了基本分阶段的区域路网最优规划方法，如图 5-3 所示。该规划策略主要步骤如下：

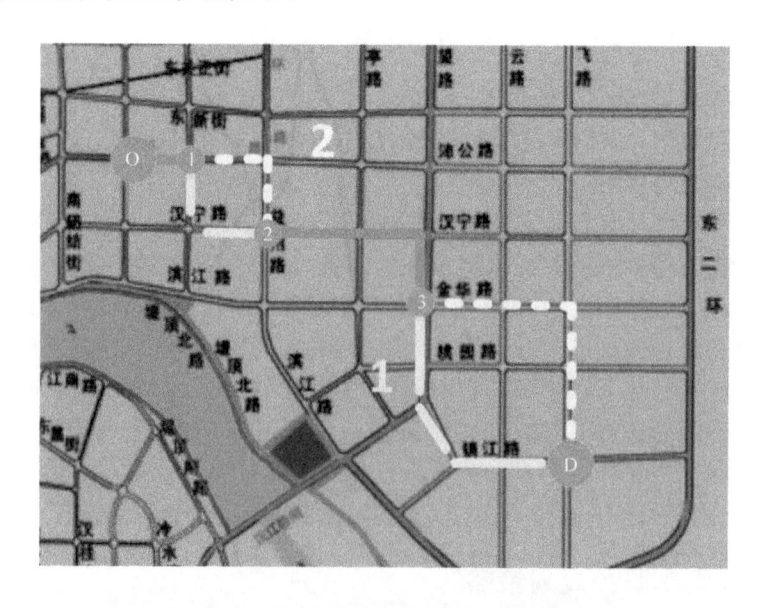

图 5-3 车路协同环境下路径规划策略

(1) 车载终端首先向远程服务端发送路径规划请求和 OD 信息，如图 5-3 所示的点 O、D。

(2) 远程服务端根据 OD 信息和路网状态计算全局最优路径，选取行程时间最小的两条路线作为备选，如图 5-3 所示的浅色短划虚线和深色长划虚线。

(3) 寻找两条路线中重合的路段（或节点），记为公众路段，如图 5-3 所示的深色实线，由此得到节点 1 与节点 2、节点 3 与讫点 D 之间两个待选路段（两个阶段）。

(4) 将规划路线发送给车载终端，由车载终端按照指定路线行驶，直至车载终端根据 GPS 数据和 V2X 交互信息判断车辆在下一个路口将进入待选路段（节点 1 到节点 2）。

(5) 车载终端向远程服务端发送区域最优路线规划指令，远程服务端根据路侧终端实时数据分别计算两条待选路线在考虑转向和灯控信息影响下的行程时间，选择两者中行程时间最小的一条路线提供给车载终端。

(6) 车辆驶离节点 2 后，以节点 2 为起点重新计算到点 D 的最优路径，并重复（2）→（6）的过程，直至车辆到达讫点 D。

该策略的核心思想是，利用车路协同技术提供的路侧信号设备控制数据和 V2X 网络通信手段，对全局算法所提供的多条行程时间相近的路线进行考虑灯控信号的精细对比，并逐步得到全程的最优行驶路线。

5.3 基于车路协同的路径规划优化方法研究

5.3.1 车路信息交互过程

为了确定各转向车道各自的路阻值，需要确保用于计算行程时间的动态车辆数据源根据车辆实际驶出方向进行区分，为此划定了路段与交叉口分界线，以停止线前禁止换道实线开始处为分界点，如图 5-4 所示，根据该划分方法，车辆在进入交叉口区域后，其转向方向也同时确定，最终统计的车辆行驶数据将经由 V2X 网络上传至路侧终端，并记录于指定转向的数据集中。

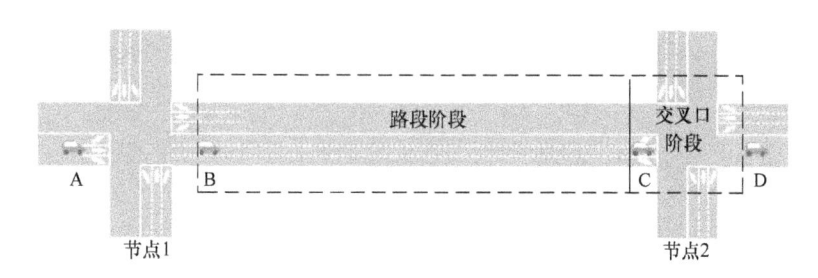

图 5-4 道路两阶段划分流程示意

位于节点附近的路侧终端会与附近行驶中的网联汽车建立 V2X 通信，并广播交叉口区域的定位范围。网联汽车根据自身 GPS 数据判断驶入/驶离交叉口区域，从而根据约定在指定时刻上传所需数据。车辆在每一条道路的行驶过程中，有图 5-4 所示的 A、B、C、D 四个关键位置节点：

(1) 点 A 表示车辆尚未驶入本条道路，此时车辆中记录的行车数据仍归属于上游路段。

(2) 点 B 表示车辆刚刚驶离上游节点的交叉口区域，已完成与上一路侧终端的数据交互流程，开始重新记录行驶数据。

（3）点 C 表示车辆从路段区域驶入交叉口区域，此时车辆通知路侧终端准备接收车辆数据，路侧终端记录车辆 ID 并记录在数据库中。

（4）点 D 表示车辆驶离交叉口区域，将向路侧终端发送点 B 至点 D 间的车辆行驶数据，用于路侧终端计算实时路阻值，并开始记录统计下一条道路的车辆数据。

在该车路协同系统中，路侧终端固定于交叉口附近，在路阻计算之前，其主要功能有以下三项：

（1）数据汇总，有线连接信号机读取信号控制数据，并通过 V2X 网络汇总驶过交叉口的车辆行驶数据。

（2）数据分拣，根据车辆驶入（图 5-4 所示点 C）和驶离（图 5-4 所示点 D）交叉口区域时的位置向量判断车辆转向，从而确定数据归属。

（3）数据清洗，根据静态道路特征和动态车辆数据过滤异常数据，如车辆行驶距离远大于道路长度等。

车载终端根据路侧终端的指令读取行驶数据并按照要求计算后上传。这些数据是用于路阻值计算的，每个转向对应的路段会对应记录一组数据，最终路侧终端汇总的车路数据如表 5-1 所示。

表 5-1 路侧终端汇总的车路数据

数据类型	数据含义
平均行驶速度 v	一定时间内该路段上所有车辆的平均行驶速度
平均排队车辆数 N	一定时间内该路段上每个周期平均排队车辆数
信号控制周期 C	该交叉口对应信号控制周期
相位绿灯起始时间 P_s	在信号周期中该路段所处相位绿灯起亮时间
相位绿灯持续时间 P_d	在信号周期中该路段所处相位绿灯持续时间
当前所处时间 c	目前已处于信号控制的第几秒
道路里程 L	该条路段总长度，常量

其中，道路里程为常量调查数据，信号控制相关信息由路侧终端连接信号机获取，速度与排队数信息由路侧终端根据上报的车辆数据计算得到，根据实际需求和客观条件可调整计算间隔。

5.3.2 路阻计算方法

本系统中的路阻值是一个微观变量，特指对于任意一辆即将进入路段的车辆（见图 5-4），预测其驶离（图 5-4 所示的点 D）前方交叉口时所需的行程时间。因此，对于自由驶入的车流中的每一辆车，其路阻值均是独立的。

图 5-5 所示的车辆路阻是一组 6 辆网联汽车驶入某一路段的情况。图中，横轴为时间，长度为下游交叉口的一个信号控制周期；纵轴表示该条路段的长度 L，粗实线表示匀速行驶过程，粗虚线表示加减速行驶过程，细点划线表示停车过程。可以看出，6 辆车的行驶速度相近，由于信号控制和排队的影响，路阻值有较大差异。

记红灯起亮时间为第 0 秒，任意一个相位红灯持续时间为 T_R^X，绿灯时间持续为 T_G^X，上角标 X＝L、S、R 表示左、直、右三种转向情况。根据式（5-1），当右转不受控时，有 $T_R^R = 0$；

对于两相位控制交叉口，有 $T_R^L = T_R^S$，$T_G^L = T_G^S$。为了提高方法的容错率，将信号控制中黄灯时间一律计入红灯时间，则有

$$C = T_R^X + T_G^X \quad X \in (L, S, R) \quad (5\text{-}1)$$

记车辆在 c_i^X 时刻进入路段，以路段平均行驶速度 v 到达路口时，信号控制周期所处的时刻为 c_o^X，有

$$c_o^X = c_i^X + \frac{L}{v} \quad (5\text{-}2)$$

则当 $c_o^X < T_R^X$ 时，车辆必然遇上红灯停车；当 $c_o^X > T_R^X$ 时，因为有排队车辆消散过程，则按图 5-5 所示可分为三种情形——有停车情形（1、2、3 号车）、无停车有减速情形（4 号车）和匀速行驶情形（5、6 号车），分别记为情形 1、2、3。

暂不考虑二次排队的情形，记排队消散时间为 T_1^X，排队消散后仍对后车存在影响的时间为 T_2^X，排队消散后对后车不存在影响的时间为 T_3^X，则有

$$T_1^X + T_2^X + T_3^X = T_G^X \quad (5\text{-}3)$$

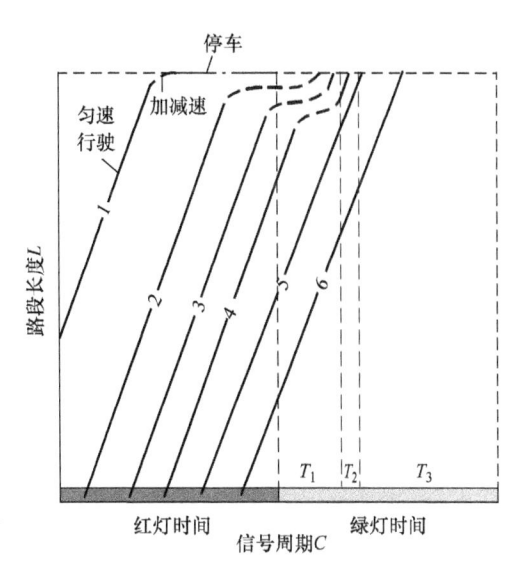

图 5-5 不同车辆路阻计算示意

由此，有计算路阻值的三种分类讨论情况：

$$\begin{cases} c_o^X \leqslant T_R^X + T_1^X & \text{情形 1} \\ T_R^X + T_1^X < c_o^X \leqslant T_R^X + T_1^X + T_2^X & \text{情形 2} \\ T_R^X + T_1^X + T_2^X \leqslant c_o^X & \text{情形 3} \end{cases} \quad (5\text{-}4)$$

为了确定 T_1^X 和 T_2^X 的值，需要判断路口车辆排队数。考虑无突发情形下交通运行状态的连续性，该值在本系统中由路侧终端根据上两个信号控制周期的平均排队车辆数计算得到，记为 N。

在 T_1^X 持续时间内，排队车辆经过排队和驶离交叉口两个过程，记所需要的时间分别为 T_x^X 和 T_p^X，有

$$T_1^X = T_x^X + T_p^X \quad (5\text{-}5)$$

取车辆加速度为 a，记车辆排队时车距为 d_p，跟驰时车距为 d_g，车辆长度为 d_l，则最大排队车辆数为 N 的队列，根据运动学公式有排队消散时间 T_x^X 的值计算如下：

$$T_x^X = N\sqrt{\frac{2(d_g - d_p)}{a}} \quad (5\text{-}6)$$

经过此时间后，最后一辆排队车辆开始加速直至达到路段平均行驶速度 v。根据实际排队长度可能有两种情况：当 $(N-1)(d_p + d_l) \leqslant \frac{v^2}{2a}$ 时，车辆加速通过交叉口，通过交叉口所需时间 T_p^X 为

$$T_p^X = \sqrt{\frac{2(N-1)(d_p + d_l)}{a}} \quad (5\text{-}7)$$

当$(N-1)(d_p+d_1)>\dfrac{v^2}{2a}$时，车辆先加速后匀速通过交叉口，通过交叉口所需时间T_p^X为

$$T_p^X = \dfrac{(N-1)(d_p+d_1)-v^2/2a}{v} + \sqrt{\dfrac{2(N-1)(d_p+d_1)}{a}} \tag{5-8}$$

由此根据实际情况可算出在当前预测排队长度下的T_1^X值。

在T_2^X阶段，车辆不会在路段中停车，但由于前方车辆仍处于未启动或缓慢加速过程中需要减速。例如，某一车辆为该条车道的第$N+1$辆车，临界情况下将减速趋于0，而后再加速行驶，则T_2^X的持续时间可看作为该车辆因减速行为而导致的时间延误。考虑加减速过程为匀变速运动，则有变速过程中平均速度为$\dfrac{v}{2}$，最大延误时间T_2^X为

$$T_2^X = \dfrac{v^2/2a-(v/2)^2/2a}{v} = \dfrac{3v}{4a} \tag{5-9}$$

由此可通过式（5-4）根据T_1^X、T_2^X的值，来判断对于任意时刻c_i^X进入路段的车辆将遇到的情形。

当前方路口行驶方向不为右转时，路口可能存在排队情况，记排队长度为S，则有

$$S = N(d_p+d_1) \tag{5-10}$$

记c_{i1}^X、c_{i2}^X、c_{i3}^X分别为，车辆到达路口时信号灯所处时间$c_o^X = T_R^X+T_1^X$、$c_o^X = T_R^X+T_1^X+T_2^X$和$c_o^X = T_R^X+T_1^X+T_2^X+T_3^X$的驶入时间分界点。考虑车辆在行驶过程中的匀速和减速过程，有

$$L-S-\dfrac{v^2}{2a} = v\left(T_R^X+T_1^X-c_{i1}^X-\dfrac{v}{a}\right) \tag{5-11}$$

$$c_{i2}^X = c_{i1}^X + \dfrac{T_2^X}{2} \tag{5-12}$$

$$c_{i3}^X = C - \dfrac{L}{v} \tag{5-13}$$

也就是说，对于一个完整的信号控制周期C而言，当在上游路口驶入时间c_i^X在c_{i1}^X、c_{i2}^X之间时，车辆在路口将遇到情形2；在c_{i2}^X、c_{i3}^X之间时，车辆在路口将遇到情形3；其他时间段内将遇到情形1。

下面分别计算对于三种情形下进入路段的车辆的具体驶出时间c_{o1}^X、c_{o2}^X、c_{o3}^X。对于没有排队和减速过程的情形3而言，式（5-2）代表了该情形下的计算方法。对于另两种情况，需要计算出情形2下的具体减速过程和情形1下的具体排队次序n（排队时的序号），分别以车辆驶入时间c_i^X占该情形下的总持续时间的比重来预测减速时间和排队次序n，则有

$$\begin{cases} n = \dfrac{c_i^X + C - c_{i3}^X}{C-(c_{i3}^X - c_{i1}^X)}N & \text{当 } 0 \leq c_i^X \leq c_{i1}^X \\ n = \dfrac{c_i^X - c_{i3}^X}{C-(c_{i3}^X - c_{i1}^X)}N & \text{当 } c_{i3}^X \leq c_i^X \leq C \end{cases} \tag{5-14}$$

$$\begin{cases} c_{o1}^X = T_x^X + T_p^X & \text{当 } N = n \\ c_{o2}^X = \dfrac{c_{i2}^X - c_i^X}{c_{i2}^X - c_{i1}^X}T_2^X + T_1^X + T_R^X & \text{当 } c_{i1}^X \leq c_i^X \leq c_{i2}^X \\ c_{o3}^X = c_i^X + \dfrac{L}{v} & \text{当 } c_{i2}^X \leq c_i^X \leq c_{i3}^X \end{cases} \tag{5-15}$$

由此可根据车辆在上游驶入时间 c_i^X 计算车辆驶出时间 c_o^X，对于有多个交叉口的一整条路线，可通过将上一个路段的算结果 c_o^X 作为输入迭代进下一个路段的求解过程中，从而计算得到完整线路的路阻值，实现最终的优化目的。

5.3.3 路径选择策略

在本系统中，路网结构以拓扑图的形式存储于远程服务器中，如图 5-6 所示，每一个节点均记载了区域内各路侧终端所记录汇总的数据。

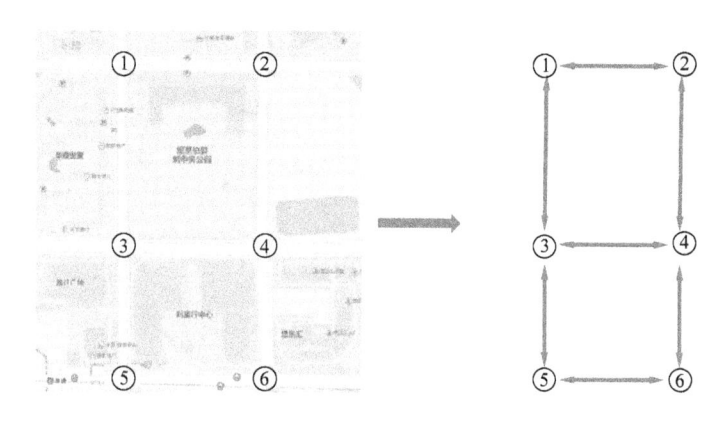

图 5-6 路网拓扑示意

路侧终端记载着相邻节点间的信息。其中，除了具备由路网自身特性决定的静态常量信息外，还包括由 V2X 网络数据计算后得到的动态信息。以节点 3 为例，其所记载的信息如表 5-2 所示。

表 5-2 路侧终端动态信息记录

去向节点	数据类型	左转相位	直行相位	右转相位
1	v（km/h）	25	28	30
	N	11	8	0
4	v（km/h）	33	38	40
	N	10	7	0
5	v（km/h）	27	31	35
	N	12	11	0

当路线规划完毕后，得到图 5-7 所示的重合路段细化路线方案。图中，两个路线方案用实线、虚线表示，OD 信息相同，约定对于任意一条路段的表示方式为 $O \xrightarrow{X} D$，则有方案描述如下：

方案 1（实线）：$O \xrightarrow{S} 1 \xrightarrow{R} 2 \xrightarrow{S} 4 \xrightarrow{L} 6 \xrightarrow{S} D$

方案 2（虚线）：$O \xrightarrow{R} 1 \xrightarrow{S} 3 \xrightarrow{L} 5 \xrightarrow{S} 6 \xrightarrow{S} D$

图 5-8 所示的行程时间计算是区域路径优化方法的典型流程。对于 OD 信息相同、里程与绿信比近似的两条路径，方案 2 的平均行驶速度较低。若只考虑路阻条件，则传统路径规划方法将推荐方案 1。但是，实际情况下由于方案 2 所选路径在当前时刻下排队时间较短，最终实际时间将优于方案 1。这体现了该微观优化方法的优势。

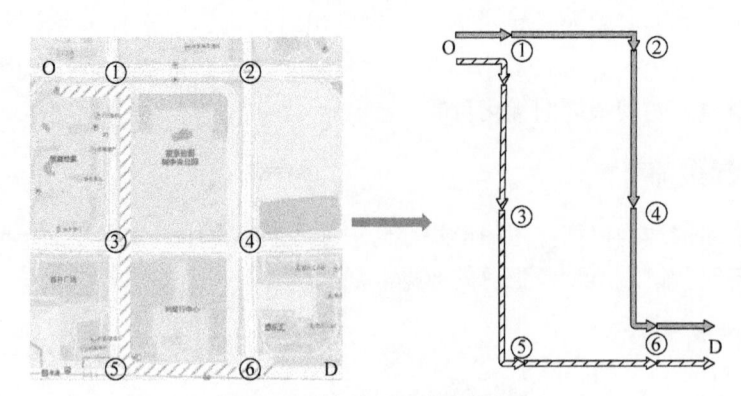

图 5-7 重合路段细化路线方案

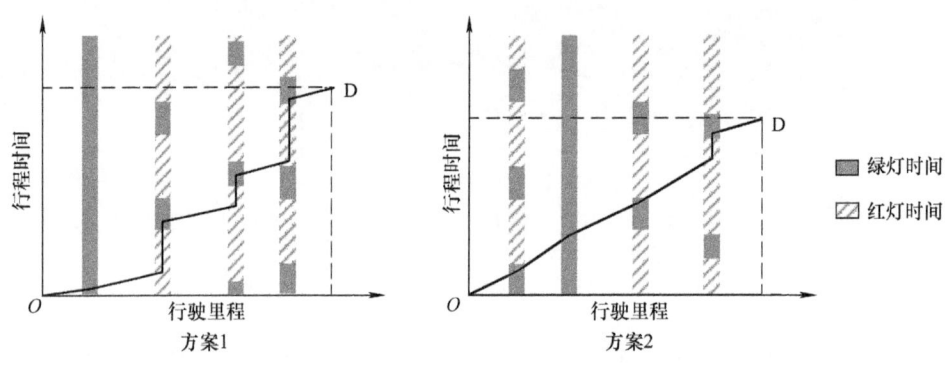

图 5-8 阶段路径行程时间计算示意

5.4 优化方法实验验证

5.4.1 实验设计

为了验证方法的有效性，选取北京市望京地区的典型路网区域进行验证，选择 OD 信息为望京地铁站 B 口至利泽西街与望京西路交叉口西方向出口。本章实验分为 6:00—8:00、8:00—10:00、10:00—12:00 三个时段进行，分别由二次开发后的导航系统得到了三次路径规划结果，三次结果均生成了相同的三条路线（见图 5-9），实验路线参数如表 5-3 所示。

表 5-3 实验路线参数

参数		方案 1	方案 2	方案 3
途径灯控路口		5 个	5 个	5 个
行驶里程/km		2.0	2.1	2.2
预计行程时间/min	6:00—8:00	9	10	10
	8:00—10:00	7	9	9
	10:00—12:00	6	7	7
路线		$O \xrightarrow{S} 1 \xrightarrow{S} 4 \xrightarrow{L} 7$ $\xrightarrow{S} 8 \xrightarrow{S} D$	$O \xrightarrow{L} 1 \xrightarrow{S} 2 \xrightarrow{R} 3$ $\xrightarrow{S} 6 \xrightarrow{L} D$	$O \xrightarrow{S} 1 \xrightarrow{L} 4 \xrightarrow{S} 5$ $\xrightarrow{R} 6 \xrightarrow{L} D$

图 5-9 实验路线方案图

此时常规导航系统默认推荐路线 1 为最优方案，为了对比本方法应用后的验证效果，在不同时段下的同一时刻采用浮动车实时记录路线中涉及的所有交叉口交通流状态，将收集到的数据进行对比分析，如表 5-4 所示。

表 5-4 路侧终端数据

路段	平均行驶速度 v/(km/h)			平均排队车辆 N/辆			路段里程 L/m	信号周期 C/s	绿灯起止时间 P_s—P_d/s
	6:00—8:00	8:00—10:00	10:00—12:00	6:00—8:00	8:00—10:00	10:00—12:00			
$0 \xrightarrow{S} 1$	24	28	38	15	14	12	431	150	0—42
$1 \xrightarrow{S} 4$	26	32	43	9	8	6	374	150	0—88
$4 \xrightarrow{L} 7$	22	30	38	7	6	5	415	150	52—76
$7 \xrightarrow{S} 8$	20	28	34	6	5	4	368	60	28—54
$8 \xrightarrow{S} D$	21	33	37	9	8	7	443	90	48—84
$0 \xrightarrow{L} 1$	20	26	33	9	8	6	431	150	49—69
$1 \xrightarrow{S} 2$	15	19	24	8	7	6	418	70	0—38
$2 \xrightarrow{R} 3$	14	20	25	0	0	0	422	70	0—70
$3 \xrightarrow{S} 6$	16	22	27	7	6	5	387	70	0—36
$6 \xrightarrow{L} D$	12	15	22	9	8	7	430	90	0—32
$0 \xrightarrow{S} 1$	24	28	38	15	14	12	431	150	0—42
$1 \xrightarrow{L} 4$	18	25	31	11	10	7	374	150	0—88
$4 \xrightarrow{S} 5$	12	15	19	10	9	8	381	80	0—39
$5 \xrightarrow{R} 6$	13	18	21	0	0	0	502	70	0—70
$6 \xrightarrow{L} D$	12	15	22	9	8	7	430	90	0—32

将表 5-4 所示的数据作为不同时段下实验中 3 条路线环境参数，根据平均排队车辆数与红灯时间长度的对比关系，设计实验为假定 150 辆以固定 8s 车头时距从点 O 驶入，根据 5.3 节的路阻计算方法分别计算每辆车选择 1、2、3 号路线时到达点 D 的预测行程时间及预测排队次数并以此为评价指标。路阻计算参数如表 5-5 所示。

表 5-5 路阻计算参数

参数	典型值
a	$3m/s^2$
d_1	4.3m
d_p	0.5m
d_g	6m

5.4.2 实验结果与分析

针对不同时段下的车辆行驶，最终计算结果如图 5-10～图 5-12 所示。其中，图 a 所示均为预测行程时间计算结果，图 b 所示均为预测排队次数计算结果，图 c 所示均为本方法计算所得最优路线与导航软件推荐最优路线的行程时间偏差结果。

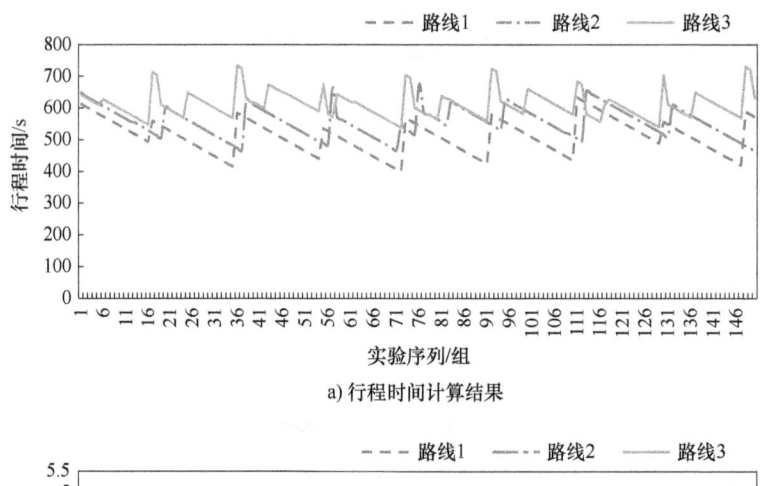

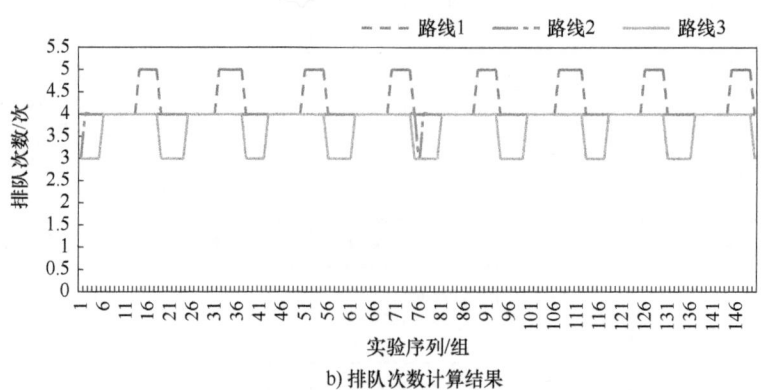

a) 行程时间计算结果

b) 排队次数计算结果

图 5-10　6:00—8:00 实验结果

c) 最大优化时间计算结果

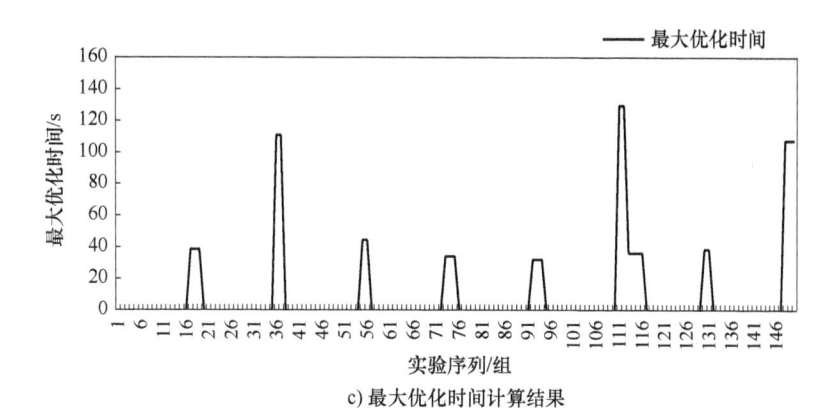

图 5-10　6:00—8:00 实验结果（续）

a) 行程时间计算结果

b) 排队次数计算结果

c) 最大优化时间计算结果

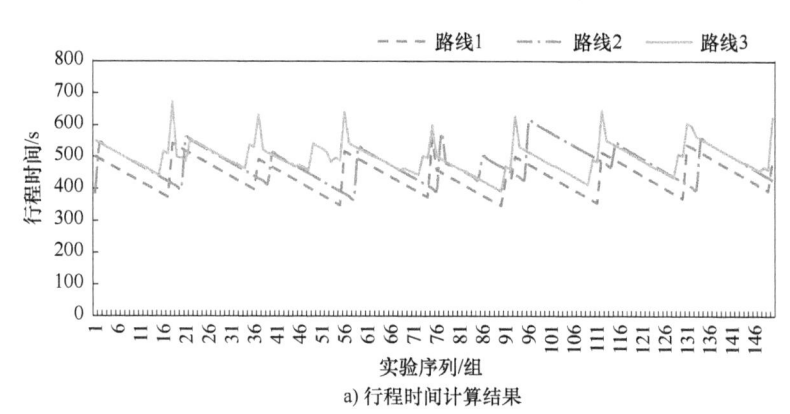

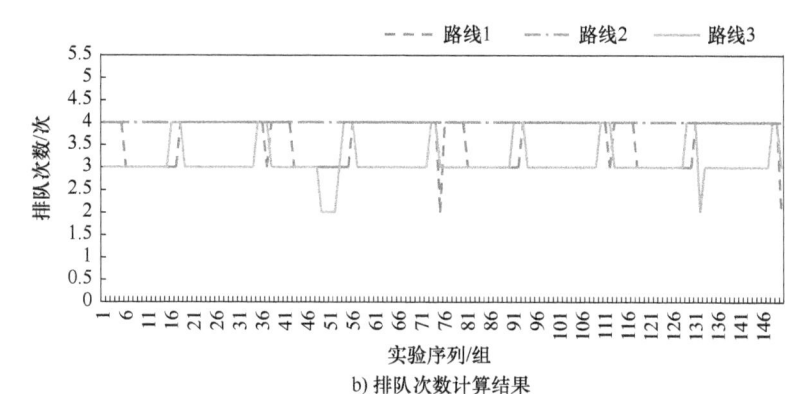

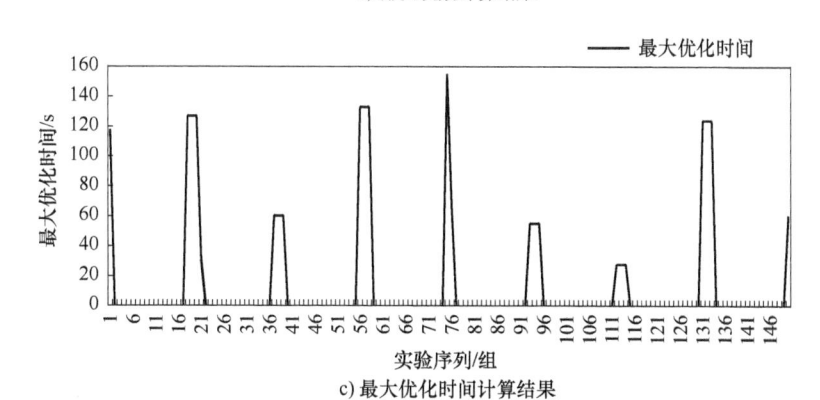

图 5-11　8:00—10:00 实验结果

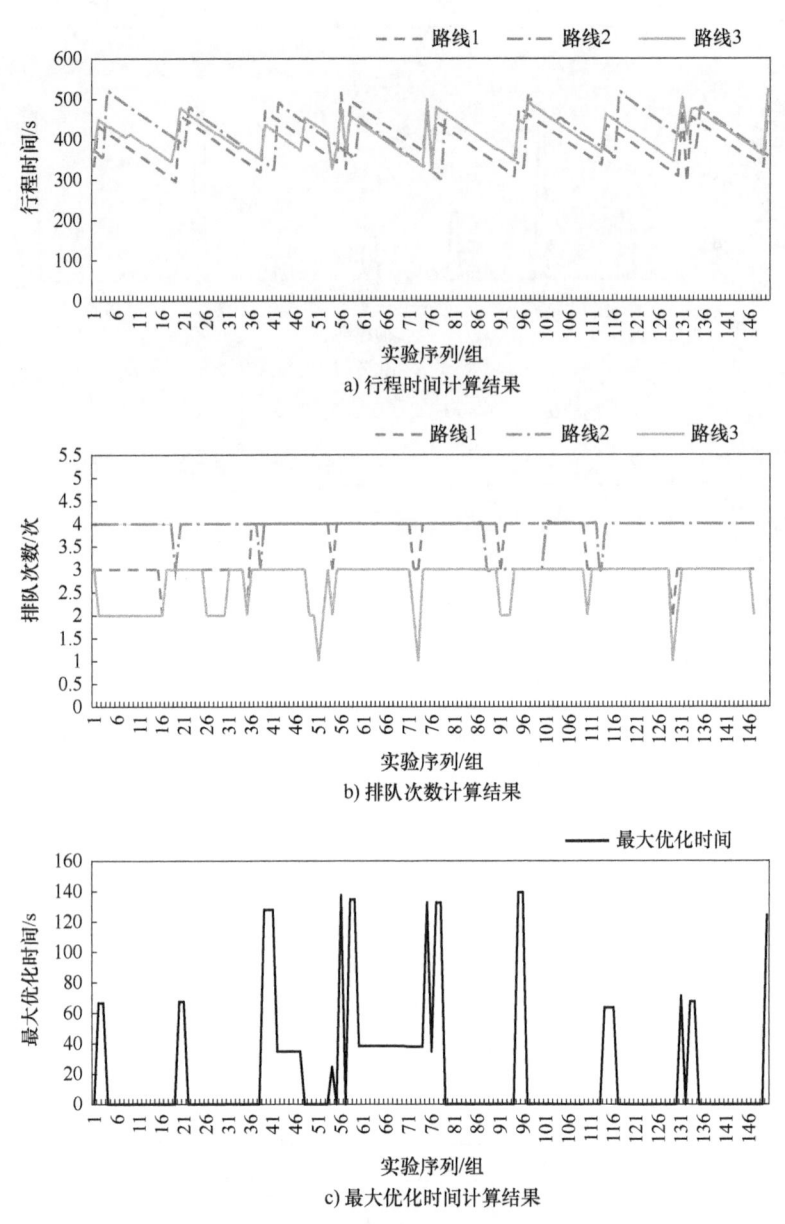

图 5-12 10:00—12:00 实验结果

可以看到，虽然车辆顺序驶入点 O，但由于交叉口信号控制的影响，即使是序号相邻的车辆的行程时间也可能有较大差异，这也就导致了最优路线选择上的差异，纵向对比三条路线的预测行程时间可以看到，常规导航系统默认推荐的路线 1 并不总是预测时间最少的路线。

将上述计算结果进一步整理得到对比结果，如表 5-6 所示。可以看出，平峰阶段效果优于高峰阶段；不同时段下，虽然路线 1 的平均预测指标较其他两条路线更优，但有总数分别为 24 次、23 次及 45 次情况下路线 1 并不是最佳选择，即 16%、15% 及 30% 的情况下如果按照本方法进行路线选择可进一步优化行程时间。通过进一步计算，在 150 组实验过程中，不同时段下按本方法计算所得最优路线的用时平均比常规导航系统推荐最优路线的用时分别短 9.52s、13.39s 及 20.65s，证明了路径决策方法的有效性。

表5-6 路线结果对比

对比项	6:00—8:00 的结果对比			8:00—10:00 的结果对比			10:00—12:00 的结果对比		
	路线1	路线2	路线3	路线1	路线2	路线3	路线1	路线2	路线3
平均预测行程时间/s	510.54	556.37	611.48	440.84	478.31	497.64	392.62	416.05	411.66
平均预测排队次数/次	4.28	3.99	3.69	3.63	4	3.11	3.45	3.89	2.74
平均预测排队时间/s	306.61	261.19	298.61	236.91	183.13	184.77	188.69	120.87	98.79
最优路线次数/次	126	20	4	127	22	1	105	23	22

参 考 文 献

[1] 葛艳, 王健, 孟友新, 等. 车辆导航动态路径规划的研究进展 [J]. 公路交通科技, 2010, 27 (11): 113-117.

[2] 孙海鹏, 翟传润, 战兴群, 等. 基于实时交通信息的动态路径规划技术 [J]. 微计算机信息, 2007, 23 (24): 177-178.

[3] 向冬梅, 陈树辉. 基于动态交通的最短时间路径规划方法研究 [J]. 微计算机信息, 2012, 28 (9): 317-319.

[4] 李露蓉, 王蕾, 高应波, 等. 基于优化蚁群算法的动态路径规划问题研究 [J]. 广西大学学报（自然科学版）, 2013, 38 (2): 359-367.

[5] 刘微, 朱征宇, 刘琳, 等. 基于行程时间多步预测的实时路径导航算法 [J]. 计算机应用研究, 2013, 30 (2): 346-349.

[6] 周明秀, 程科, 汪正霞. 动态路径规划中的改进蚁群算法 [J]. 计算机科学, 2013, 40 (1): 314-316.

[7] 周申培, 朱泽雨, 吴涛. 基于Android平台的实时路径规划应用开发 [J]. 信息通信, 2016 (5): 110-112.

[8] SEN S, PILLAI R, JOSHI S, et al. A mean-variance model for route guidance in advanced traveler information systems [J]. Transportation Science, 2001, 35 (1): 37-49.

[9] WU X, NIE Y. Modeling heterogeneous risk-taking behavior in route choice: a stochastic dominance approach [J]. Transportation Research Part A Policy & Practice, 2011, 45 (9): 896-915.

[10] XING T, ZHOU X. Finding the most reliable path with and without link travel time correlation: a Lagrangian substitution based approach [J]. Transportation Research Part B Methodological, 2011, 45 (10): 1660-1679.

[11] CHEN B Y, LAM W H K, Sumalee A, et al. Finding reliable shortest paths in road networks under uncertainty [J]. Networks & Spatial Economics, 2013, 13 (2): 123-148.

[12] BACKFRIEDER C, OSTERMAYER G, Mecklenbräuker C F. Increased traffic flow through node-based bottleneck prediction and V2X communication [J]. IEEE Transactions on Intelligent Transportation Systems, 2017, 18 (2): 349-363.

[13] LIU J, WAN J, WANG Q, et al. A survey on position-based routing for vehicular ad hoc networks [J]. Telecommunication Systems, 2016, 62 (1): 15-30.

[14] ZHU T, WU D, WU D, et al. A novel freeway traffic speed estimation model with massive cellular signaling data [J]. International Journal of Web Services Research, 2016, 13 (1): 69-87.

[15] QIN Q, FENG M, SUN J, et al. Prediction of road resistance based on historical/real-time information and road quality [C]//International Conference on Fuzzy Systems and Knowledge Discovery, August 15-17, 2015, Zhangjiajie. Piscataway: IEEE, c2015: 1073-1077.

[16] WANG Z, CHEN Y, CHEN N, et al. The research on control strategy of urban expressway under CVIS [J]. International Journal of Simulation-Systems, Science & Techno, 2016, 16 (1): 30-34.

第 6 章

智能网联汽车速度引导方法

由于传统交通传感器精度有限及车辆状态信息获取的滞后性,城市干线信号控制很难根据实时车流量动态优化配时方案,达到预期效果。随着车路协同,智能网联汽车技术的广泛应用,车速引导技术为以上问题提出了新的解决方案。车速引导技术可以使车辆行驶保持理想车距和车速,优化城市干线车流行驶状态,为缓解城市干线拥堵和提高道路通行能力提供了新的技术手段和解决方案。本章提出了一种面向城市干线的网联汽车车速引导方法,包括干线路段头车车速引导、干线路段跟随车车速引导及自适应配时优化方法。本章在内容上,首先,面向城市干线系统特点,分析了车路协同系统中智能网联汽车的行驶状态;其次,根据车辆行驶状态及交通信号配时信息提出了多车车速引导模型,并通过网联车辆实时行驶信息动态优化交叉口的绿信比,提高了交叉口整体通行能力;最后,根据实际场景进行了仿真实验。仿真结果表明,利用本章给出的方法可使干线交叉口整体延误降低14%,干线车流的停车时间减少56%,停车次数减少48%。该方法显著减少了城市干线车流的停车时间及次数,提高了交叉口整体通行效率,为智能网联汽车技术实际应用提供了理论依据。

6.1 基于车路协同的交通控制系统概述

目前,国内外学者在车速引导领域已取得了一定的成果。Guler 提出了在城市干线系统中,利用固定配时和感应配时两种配时方案,提高交叉口通行效率的动态跟车模型[1];Yang 根据智能程度对车辆进行等级划分,并提出了不同渗透率下车速优化及跟驰算法,通过仿真验证城市干线的通行能力得到了改善[2];Au 和 Stone 提出了智能网联汽车运行动态规划方法,验证了以"匀速-匀变速-匀速"的行驶模式通过信号交叉口,可以大幅提高道路通行能力[3];张存保等提出了一种基于车路协同的单点信号控制优化算法及模型,能通过车速引导与信号优化动态结合提高交叉口通行能力[4];盖彦荣和陈阳舟等基于智能网联汽车减速信息,提出了一种可提高车辆行驶稳定性的安全车距自适应调节方法,能通过增加固定规模队列的车辆数间接提高交叉口通行能力[5]。

车路协同环境下城市干线控制方面,也有一些有代表性的研究成果。Abu-Lebdeh 提出了在车路协同系统中基于绿信比、车速、相位差的动态车速控制模型[6];荆彬彬等,在传统双周期干道绿波控制模型的基础上,结合车路协同控制方法,对行驶车辆车速引导进而减少延误及停车次数[7];吴伟和马万经等,将车辆的运动状态与干线相位差优化相结合,提出了车路协同系统中相位差动态优化算法,从而提高干线交叉口的通行效率[8]。

综上所述,目前的研究主要是以车速引导为基础,来解决单点信号交叉口通行能力问题,而面向城市干线多交叉口环境,如何充分发挥智能网联汽车群体智能优势,提高道路通行能力的方法研究成果较少。本章的研究主要面向城市干线交通系统,利用车路协同及智能网联汽车技术来实现对多车车速引导，实现车流动态优化；同时，根据车辆队列长度及车辆运行状态，来优化干线交叉口的信号配时方案，从而提高干线交叉口的通行能力。

本章讨论的方法是基于车路协同的交通信号控制系统实现的。该系统主要包括智能路侧单元、交通信号控制单元、车路通信单元，以及车路信息融合处理中心。智能网联汽车在行驶过程中通过车路通信网络实时上传速度、加速度、车距、高精度定位信息。智能路侧单元实时采集并上传当前交通信号配时信息、交通流量等信息。车路信息融合处理中心将车辆及路侧实时数据融合处理，计算出当前路段车辆最优行驶车速、车队规模和配时优化信息，并下发至智能路侧单元进行信息共享，如图 6-1 所示。

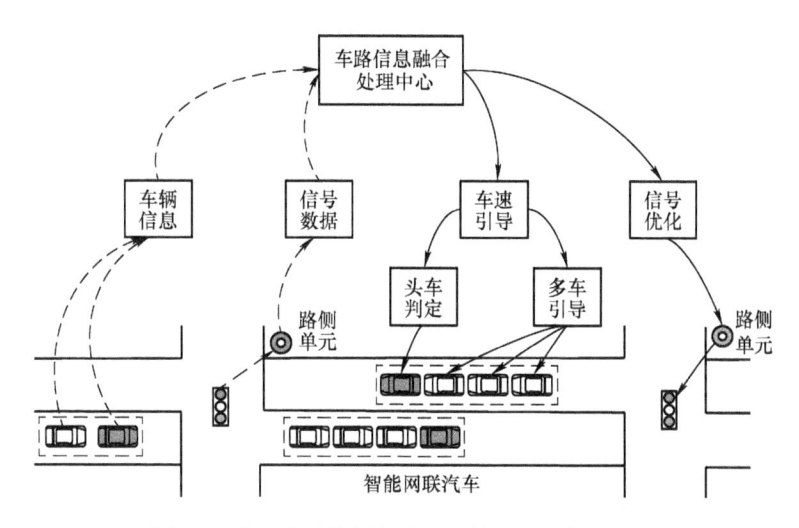

图 6-1 基于车路协同的城市干线交通系统示意图

首先，将城市干线路段划分为缓冲区和引导区。缓冲区内车辆完成车路组网，并根据 OD 信息决定直行或换道。进入引导区后，车辆根据当前交叉口交通信号配时信息及车辆状态计算最优行驶车速。按照车辆进入引导区的顺序，系统分别对其进行车速引导，如图 6-2 所示。

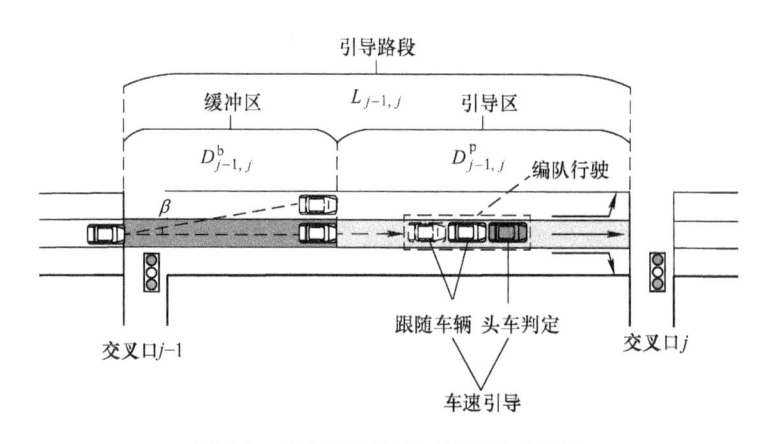

图 6-2 城市干线路段区域划分示意图

图 6-2 中，$j-1$ 和 j 为交叉口编号；$L_{j-1,j}$ 为路段长度；$D_{j-1,j}^{b}$ 和 $D_{j-1,j}^{p}$ 分别为车辆由西向东行驶

路段的缓冲区长度和引导区长度。规定车辆通过停止线后，非直行车辆立刻开始换道行为。参考本章参考文献［9］对车辆换道时间的研究成果来确定最大换道时间，并根据车辆行驶轨迹计算缓冲区和引导区长度。

$$\begin{cases} D_{j-1,j}^{b} = v^{\max} t^{c} \cos\beta \\ D_{j-1,j}^{p} = L_{j-1,j} - D_{j-1,j}^{b} \end{cases} \quad (6\text{-}1)$$

式中，$v^{\max}$ 为路段允许行驶最大车速；t^c 为车辆最大换道时间；β 为车辆最小换道偏转角度。以此确保缓冲区长度能满足所有非直行车辆的换道需求。

6.2 车路协同环境下车速引导方法

在确定控制方法前，首先车辆编号为 n（$n=1$，2，…），按照车辆进入引导区的顺序依次确定。当确定当前信号周期最后一辆车进入引导区后，以该区域所有车辆停车时间最小为目标，确定车速引导方法，其流程图如图 6-3 所示。

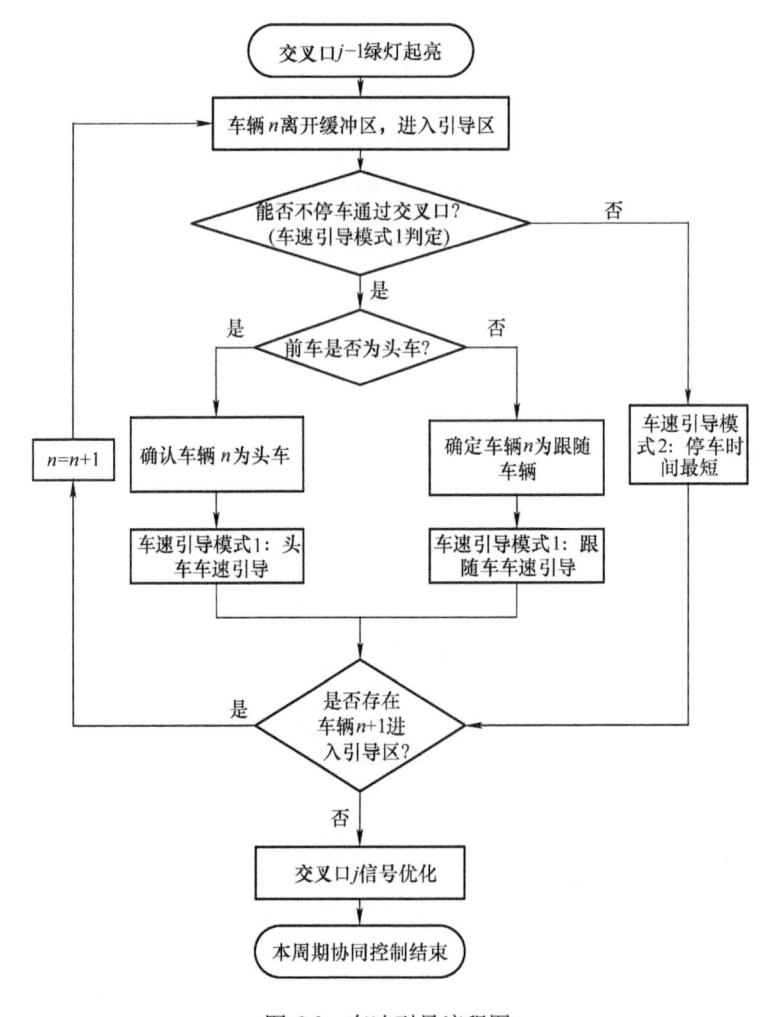

图 6-3 车速引导流程图

6.2.1 车路协同环境下的单车车速引导模型

由于车辆初始状态不同,需要实现的车速引导方法分为两种模式:不停车通过交叉口(模式1);停车时间最短(模式2)。

1. 车速引导模式1

以交叉口 $j-1$ 与交叉口 j 之间的路段为例。车辆驶入缓冲区后,根据本章参考文献[3]提出的智能车辆最优行驶模式,规定所有引导区车辆仅能匀速或匀变速行驶。在引导区行驶过程中,车辆速度与位移随时间变化曲线如图6-4所示。按照其行驶状态将其分为四个阶段。

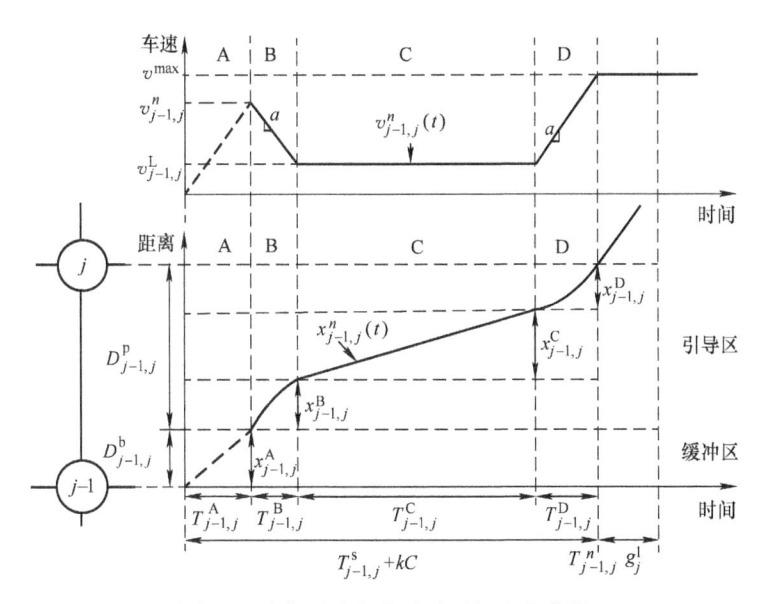

图 6-4 车辆速度与位移随时间变化曲线

(1) 无引导阶段(图6-4所示区域A)

如图6-4所示,交叉口 $j-1$ 绿灯起亮后,车辆驶入缓冲区。非直行车辆会在该阶段换道,直行车辆则正常行驶,为其在引导区进行车速引导提供数据。当车辆驶出缓冲区进入引导区时,该阶段结束。此时确定车辆进入引导区的序号 n。图6-4中,$v_{j-1,j}^n$ 为进入引导区时的速度;$T_{j-1,j}^A$ 为该阶段所需时间;$x_{j-1,j}^A$ 为该阶段车辆行驶距离。

(2) 车速调整阶段1(图6-4所示区域B)

n 号车驶入引导区后,进入车速调整阶段1。在该阶段,车辆将把当前车速调整至引导车速 $v_{j-1,j}^L$。

$$T_{j-1,j}^B = \frac{v_{j-1,j}^L - v_{j-1,j}^n}{a} \tag{6-2}$$

$$x_{j-1,j}^B = \frac{(v_{j-1,j}^L)^2 - (v_{j-1,j}^n)^2}{2a} \tag{6-3}$$

式中,$v_{j-1,j}^n$ 为车辆进入引导区时的瞬时车速;a 为车辆加速度;$T_{j-1,j}^B$ 为车速调整时间,同时也是该阶段时长;$x_{j-1,j}^B$ 为车辆在该阶段所行驶的距离。当车辆的速度达到引导车速时,该阶段结束,车辆将进入匀速行驶阶段。

(3) 匀速行驶阶段（图 6-4 所示区域 C）

车速调整阶段 1 结束后，车辆以引导车速 $v_{j-1,j}^L$ 匀速行驶一段时间。在综合考虑车辆运行状态及交叉口信号运行状态后，确定引导车速及行驶时间。

$$x_{j-1,j}^C = T_{j-1,j}^C v_{j-1,j}^L \tag{6-4}$$

式中，$T_{j-1,j}^C$ 和 $x_{j-1,j}^C$ 分别为该阶段车辆行驶的时间及距离。

(4) 车速调整阶段 2（图 6-4 所示区域 D）

车辆 n 匀速行驶一段时间后，进入第二个车速调整阶段。在该阶段，车辆会将自身车速由引导车速调整至最大车速，并在交叉口 j 绿灯亮起后通过停止线。第二次车速调整的意义在于提高车辆通过停止线的速度，从而提高干线相位车流的通行效率。该阶段车辆进行匀变速运动。

$$T_{j-1,j}^D = \frac{v^{\max} - v_{j-1,j}^L}{a} \tag{6-5}$$

$$x_{j-1,j}^D = \frac{(v^{\max})^2 - (v_{j-1,j}^L)^2}{2a} \tag{6-6}$$

式中，$v^{\max}$ 为路段允许的最大车速；$T_{j-1,j}^D$ 为车速调整时间；$x_{j-1,j}^D$ 为车辆该阶段行驶距离。

(5) 最优车速模型 1（车速引导模式 1）

在完成对各个阶段的分析后，建立车速引导模式 1 模型。确定车辆速度变化函数 $v_{j-1,j}^n(t)$ 和运行轨迹函数 $x_{j-1,j}^n(t)$。

目标函数：当车辆在当前路段行驶时间最短时，在实现车辆在交叉口行驶延误最小，因此以车辆 n 行驶时间最短为目标函数建立模型。

$$\min Z = T_{j-1,j}^n \tag{6-7}$$

约束条件如下：

1) 行驶距离条件　在引导过程中，车辆行驶的总位移应与路段长度相同。根据车辆 n 行驶距离建立等式为

$$x_{j-1,j}^A + x_{j-1,j}^B + x_{j-1,j}^C + x_{j-1,j}^D = D_{j-1,j}^b + D_{j-1,j}^p \tag{6-8}$$

2) 行驶时间条件　根据车辆 n 行驶时间建立等式为

$$T_{j-1,j}^A + T_{j-1,j}^B + T_{j-1,j}^C + T_{j-1,j}^D = T_{j-1,j}^n \tag{6-9}$$

式中，$T_{j-1,j}^n$ 为车辆 n 通过交叉口 j 停止线的时刻。若该车前方无车辆行驶，则 $n=1$，车辆行驶时间应当满足式（6-10a），其通过交叉口 j 停止线的时间应大于绿灯起亮时间。若在本路段中，该车前方有车辆行驶，则 $n>1$，车辆 n 的行驶时间应满足式（6-10b），其通过停止线的时间应大于前车通过停止线的时间。

$$\begin{cases} T_{j-1,j}^s + kC \leq T_{j-1,j}^x \leq T_{j-1,j}^s + kC + g_j^1 \end{cases} \tag{6-10a}$$

$$\begin{cases} T_{j-1,j}^{n-1} + \frac{S_{\text{safe}}}{v^{\max}} \leq T_{j-1,j}^x \leq T_{j-1,j}^s + kC + g_j^1 \end{cases} \tag{6-10b}$$

式中，$T_{j-1,j}^s$ 为交叉口 $j-1$ 相对于交叉口 j 的相位差；C 为公共周期时长；g_j^i 为初始配时方案相位 i 绿灯时长，规定 $i=1$ 表示干线相位；S_{safe} 为安全车距；k 为车辆在引导区行驶的信号周期数。

在行驶过程中，可能出现车辆即使以最快速度行驶但在相位差时长内仍无法到达下游交叉口的情况。针对该种情况需调整引导策略，可使其在其他信号周期通过交叉口。

3) 行驶速度条件　基于对车辆行驶安全的考虑，车辆 n 的引导车速应符合路段对车速最大限制速度 $v^{\max}$。同时，若车辆 n 以很低的速度通过交叉口会对交通流产生较大影响，因此其引导车速应当大于最低车速 $v^{\min}$，即

$$v^{\min} \leq v^{\mathrm{L}}_{j-1,j} \leq v^{\max} \tag{6-11}$$

把式（6-2）和式（6-5）代入式（6-9），式（6-3）、式（6-4）和式（6-6）代入式（6-8），建立模型为

$$\min Z = T^n_{j-1,j}$$

约束条件为

$$\begin{cases} T^{\mathrm{A}}_{j-1,j} + \dfrac{v^{\mathrm{L}}_{j-1,j} - v^n_{j-1,j}}{a} + T^{\mathrm{C}}_{j-1,j} + \dfrac{v^{\max} - v^{\mathrm{L}}_{j-1,j}}{a} = T^n_{j-1,j} \\ x^{\mathrm{A}}_{j-1,j} + \dfrac{(v^{\mathrm{L}}_{j-1,j})^2 - (v^n_{j-1,j})^2}{2a} + T^{\mathrm{C}}_{j-1,j}v^{\mathrm{L}}_{j-1,j} + \dfrac{(v^{\max})^2 - (v^{\mathrm{L}}_{j-1,j})^2}{2a} = D^{\mathrm{b}}_{j-1,j} + D^{\mathrm{p}}_{j-1,j} \\ T^{\mathrm{s}}_{j-1,j} + kC \leq T^n_{j-1,j} \leq T^{\mathrm{s}}_{j-1,j} + g^1_j + kC \quad n=1,\ k=0,1,2,\cdots \\ T^{n-1}_{j-1,j} + \dfrac{S_{\mathrm{safe}}}{v^{\max}} \leq T^n_{j-1,j} \leq T^{\mathrm{s}}_{j-1,j} + g^1_j + kC \quad n>1,\ k=0,1,2,\cdots \\ v^{\min} \leq v^{\mathrm{L}}_{j-1,j} \leq v^{\max} \end{cases} \tag{6-12}$$

在式（6-12）的求解过程中，可先假设 k 的值求出对应的 $T^{\mathrm{C}}_{j-1,j}$ 和 $v^{\mathrm{L}}_{j-1,j}$。由于 $v^{\mathrm{L}}_{j-1,j} \in [v^{\min}, v^{\max}]$，在有限次运算后可求出所有可行的解，求解 $v^{\mathrm{L}}_{j-1,j}$、$T^{\mathrm{C}}_{j-1,j}$、$T^n_{j-1,j}$ 和 k。随后可确定车辆 n 的速度变化函数 $v^n_{j-1,j}(t)$。对其积分可求得运行轨迹函数 $x^n_{j-1,j}(t)$。

$$v^n_{j-1,j}(t) = \begin{cases} v^n_{j-1,j} + (t - T^{\mathrm{A}}_{j-1,j})a & \text{当 } t \in [T^{\mathrm{A}}_{j-1,j},\ T^{\mathrm{A}}_{j-1,j} + T^{\mathrm{B}}_{j-1,j}] \\ v^{\mathrm{L}}_{j-1,j} & \text{当 } t \in (T^{\mathrm{A}}_{j-1,j} + T^{\mathrm{B}}_{j-1,j},\ T^{\mathrm{A}}_{j-1,j} + T^{\mathrm{B}}_{j-1,j} + T^{\mathrm{C}}_{j-1,j}] \\ v^{\mathrm{L}}_{j-1,j} + (t - T^{\mathrm{A}}_{j-1,j} - T^{\mathrm{B}}_{j-1,j} - T^{\mathrm{C}}_{j-1,j})a & \text{当 } t \in (T^{\mathrm{A}}_{j-1,j} + T^{\mathrm{B}}_{j-1,j} + T^{\mathrm{C}}_{j-1,j},\ T^n_{j-1,j}] \end{cases}$$

$$\tag{6-13}$$

$$x^n_{j-1,j}(t) = \int_{T^{\mathrm{A}}_{j-1,j}}^{T^n_{j-1,j}} v^n_{j-1,j}(t)\,\mathrm{d}t \tag{6-14}$$

若无可行解，说明车辆在当前周期无法不停车通过，则按照流程图执行车速引导模式 2。

2. 车速引导模式 2

由于车辆 n 无法不停车通过交叉口，因此执行车速引导模式 2，以停车时间最少为目标进行车速引导。其速度与位移随时间变化曲线如图 6-5 所示。

车辆 n 在 $t^n_{j-1,j}$ 进入引导区，行驶一段时间后在 $T^{\mathrm{p}}_{j-1,j}$ 时刻开始减速，并在 $T^{\mathrm{r}}_{j-1,j}$ 时刻停止运动。在 $T^n_{j-1,j}$ 时刻交叉口 j 绿灯亮，车辆通过停止线。综上所述，建立以停车时间最短的最优车速模型 2。

目标函数：以停车时间最短作为目标函数建立模型。

$$\min F = T^n_{j-1,j} - T^{\mathrm{r}}_{j-1,j} \tag{6-15}$$

约束条件如下：

1) 速度约束条件　如图 6-5 所示，车辆仅以匀速或匀变速的状态行驶，如式（6-16）所示。同时，在行驶过程中应当符合路段对车速的约束条件，如式（6-17）和式（6-18）。

$$v^n_{j-1,j}{}'(t) = a \text{ 或 } 0 \tag{6-16}$$

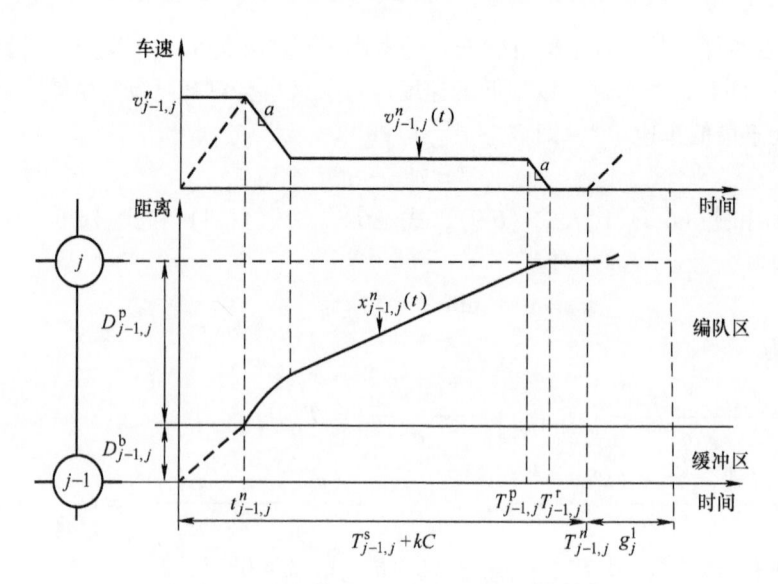

图 6-5 车辆速度与位移随时间变化曲线

$$v_{j-1,j}^n(t) \leqslant v^{\max}, t \in [t_{j-1,j}^n, T_{j-1,j}^r] \tag{6-17}$$

$$v_{j-1,j}^n(t) \geqslant v^{\min}, t \in [t_{j-1,j}^n, T_{j-1,j}^p] \tag{6-18}$$

2) 行驶距离条件 考虑车辆位置及速度位移关系建立约束条件，有

$$x_{j-1,j}^n(t_{j-1,j}^n) = D_{j-1,j}^b \tag{6-19}$$

$$x_{j-1,j}^n(T_{j-1,j}^r) = D_{j-1,j}^p + D_{j-1,j}^b \tag{6-20}$$

$$x_{j-1,j}^x(t) = \int_{t_{j-1,j}^n}^{T_{j-1,j}^r} v_{j-1,j}^n(t)\,\mathrm{d}t \tag{6-21}$$

最终，根据目标函数及约束条件建立以停车时间最短的最优车速模型 2 为

$$\min F = T_{j-1,j}^n - T_{j-1,j}^r$$

约束条件为

$$\begin{cases} v_{j-1,j}^n{'}(t) = a \text{ 或 } 0 \\ v_{j-1,j}^n(t) \leqslant v^{\max} & \text{当 } t \in [t_{j-1,j}^n, T_{j-1,j}^r] \\ v_{j-1,j}^n(t) \geqslant v^{\min} & \text{当 } t \in [t_{j-1,j}^n, T_{j-1,j}^p] \\ x_{j-1,j}^n(t_{j-1,j}^n) = D_{j-1,j}^b \\ x_{j-1,j}^n(T_{j-1,j}^r) = D_{j-1,j}^p + D_{j-1,j}^b \\ x_{j-1,j}^n(t) = \int_{t_{j-1,j}^n}^{T_{j-1,j}^r} v_{j-1,j}^n(t)\,\mathrm{d}t \\ T_{j-1,j}^n = T_{j-1,j}^s + kC \end{cases} \tag{6-22}$$

对模型求解，确定车辆 n 速度变化函数 $v_{j-1,j}^n(t)$ 及运行轨迹函数 $x_{j-1,j}^n(t)$。

6.2.2 车路协同环境下多车车速引导模型

若车辆处于车速引导模式 1，且引导区存在前车，则判定其能进行车速引导。在多车车速引导过程中，车辆 n 和 $n+1$ 的速度与位移随时间变化曲线如图 6-6 所示。车辆 n 进入引导区的时刻为 $t_{j-1,j}^n$。

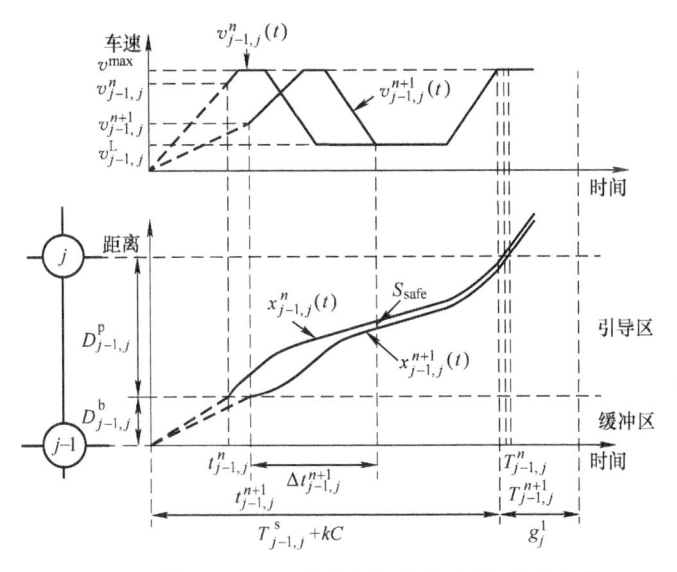

图 6-6 车辆 n 和 $n+1$ 的速度与位移随时间变化曲线

图 6-6 中，车辆 n 在 $t_{j-1,j}^n$ 时刻进入引导区行驶，随后车辆 $n+1$ 在 $t_{j-1,j}^{n+1}$ 时刻驶入引导区，并经过 $\Delta t_{j-1,j}^{n+1}$ 时间后与车辆 n 保持统一的车距和车速，分别于 $T_{j-1,j}^n$ 和 $T_{j-1,j}^{n+1}$ 时刻驶出交叉口。基于以上分析建立多车车速引导模型。

目标函数：多车车速引导的目的在于占用较少的道路交通资源，实现交叉口通行能力最大，所以单个车辆需要在最短的时间内加入队列。因此，以车辆 $n+1$ 与 n 组成车队的时间 $\Delta t_{j-1,j}^{n+1}$ 最短为目标函数建立模型。

$$\min F = \Delta t_{j-1,j}^{n+1} \tag{6-23}$$

约束条件如下：

1) 车距条件　在多车车速引导过程中，车辆 n 与 $n+1$ 的车距应大于安全车距，即

$$x_{j-1,j}^n(t) \geq x_{j-1,j}^{n+1}(t) + S_{\text{safe}} \quad 当\ t \in [t_{j-1,j}^{n+1}, t_{j-1,j}^{n+1} + \Delta t_{j-1,j}^{n+1}] \tag{6-24}$$

式中，$x_{j-1,j}^n(t)$ 及 $x_{j-1,j}^{n+1}(t)$ 分别为车辆 n 和 $n+1$ 的运行轨迹函数。

2) 一致性条件　车辆 n 与 $n+1$ 在 $t_{j-1,j}^{n+1} + \Delta t_{j-1,j}^{n+1}$ 时刻组成车队时两车车距为安全车距 S_{safe}，有

$$x_{j-1,j}^n(t_{j-1,j}^{n+1} + \Delta t_{j-1,j}^{n+1}) = x_{j-1,j}^{n+1}(t_{j-1,j}^{n+1} + \Delta t_{j-1,j}^{n+1}) + S_{\text{safe}} \tag{6-25}$$

同时两车速度保持一致，即

$$v_{j-1,j}^n(t_{j-1,j}^{n+1} + \Delta t_{j-1,j}^{n+1}) = v_{j-1,j}^{n+1}(t_{j-1,j}^{n+1} + \Delta t_{j-1,j}^{n+1}) \tag{6-26}$$

式中，$v_{j-1,j}^n(t)$ 及 $v_{j-1,j}^{n+1}(t)$ 分别为车辆 n 和 $n+1$ 的速度变化函数。

3) 车速约束条件　车辆在引导过程中仅能进行匀变速运动或匀速运动，即

$$v_{j-1,j}^{n+1}{}'(t) = a\ 或\ 0 \quad 当\ t \in [t_{j-1,j}^{n+1}, t_{j-1,j}^{n+1} + \Delta t_{j-1,j}^{n+1}] \tag{6-27}$$

行驶过程中应当符合路段对车速的限制，有

$$v^{\max} \geq v_{j-1,j}^{n+1}(t) \geq v^{\min} \quad 当\ t \in [t_{j-1,j}^{n+1}, t_{j-1,j}^{n+1} + \Delta t_{j-1,j}^{n+1}] \tag{6-28}$$

综上所述，建立多车车速引导模型，为

$$\min F = \Delta t_{j-1,j}^{n+1}$$

约束条件为

$$\begin{cases} x_{j-1,j}^n(t_{j-1,j}^{n+1}+\Delta t_{j-1,j}^{n+1}) = x_{j-1,j}^{n+1}(t_{j-1,j}^{n+1}+\Delta t_{j-1,j}^{n+1}) + S_{safe} \\ v_{j-1,j}^n(t_{j-1,j}^{n+1}+\Delta t_{j-1,j}^{n+1}) = v_{j-1,j}^{n+1}(t_{j-1,j}^{n+1}+\Delta t_{j-1,j}^{n+1}) \\ v_{j-1,j}^{n+1}{'}(t) = a \text{ 或 } 0 \\ x_{j-1,j}^n(t) \geqslant x_{j-1,j}^{n+1}(t) + S_{safe} \\ v^{max} \geqslant v_{j-1,j}^{n+1}(t) \geqslant v^{min} \\ t_{j-1,j}^{n+1} + \Delta t_{j-1,j}^{n+1} \geqslant t \geqslant t_{j-1,j}^{n+1} \end{cases} \quad (6\text{-}29)$$

综上所述，确定每一网联车辆速度变化函数 $v_{j-1,j}^n(t)$ 和运行轨迹函数 $x_{j-1,j}^n(t)$。

6.2.3 面向智能网联汽车的干线信号优化模型

由于干线相位车流的独特性和规律性，结合智能网联汽车的特点，可对信号交叉口以特定的相序进行放行。干线车流共有三部分，如图 6-7 所示。

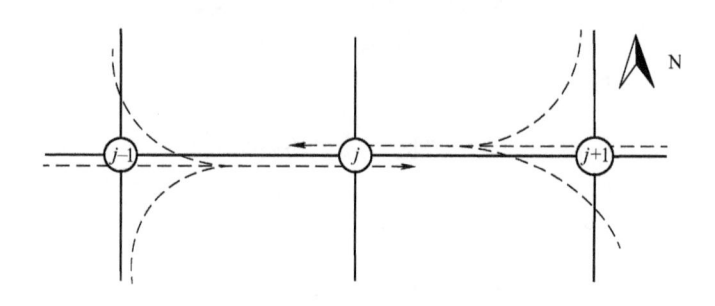

图 6-7 干线车流构成示意图

设交叉口 j 东西向直行相位为干线相位，则干线相位放行车流的主要来源为交叉口 $j-1$ 的西向东直行车流，南右转车流以及北左转车流；交叉口 $j+1$ 的东向西直行车流，南左转车流，北右转车流。为了将更多的智能网联汽车纳入车速引导范围，需同时对交叉口的相序进行调整。

如果智能网联汽车由交叉口 $j-1$ 驶向交叉口 j，则交叉口 $j-1$ 的东西直行相位和南北左转相位应当以相邻的次序放行，如图 6-8 所示，先放行东西直行车流，随后放行南北左转车流，最后其余相位依次放行。按照此相序规律放行，在交叉口 j 东西直行相位放行前，南向左转的车流可以正常速度行驶通过交叉口。若未按相邻的次序放行，可能会导致南左转车流由于车速限制无法通过交叉口 j，而造成排队。导致排队的同时还会影响后续车流的车速引导效果。

在满足干线车流需求的基础上，为了最大限度地提高绿灯利用率，本节根据车流的长度对交叉口配时进行优化。下面以交叉口 j 为例进行讨论。通过车路协同系统，可获取由交叉口 $j-1$ 出发末尾被引导车辆的编号和位置信息。假设最后一辆离开交叉口的时刻为 $T_{j-1,j}^{last}$，如图 6-9 所示。

由交叉口 $j-1$ 干线相位出发的所有车辆，其通过交叉口 j 所需要的绿灯时长为

$$g_{j-1,j} = T_{j-1,j}^{last} - (t_{j-1,j}^{offset} + kC) \quad (6\text{-}30)$$

同理，由交叉口 $j+1$ 出发的车辆全部通过交叉口所需时间为

$$g_{j+1,j} = T_{j+1,j}^{last} - (t_{j+1,j}^{offset} + kC) \quad (6\text{-}31)$$

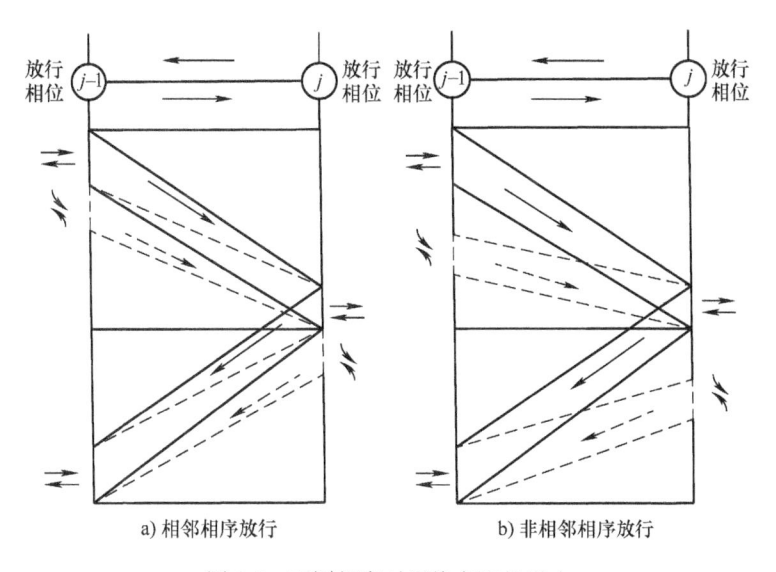

a) 相邻相序放行　　　　　　　　b) 非相邻相序放行

图 6-8　不同相序对干线车流的影响

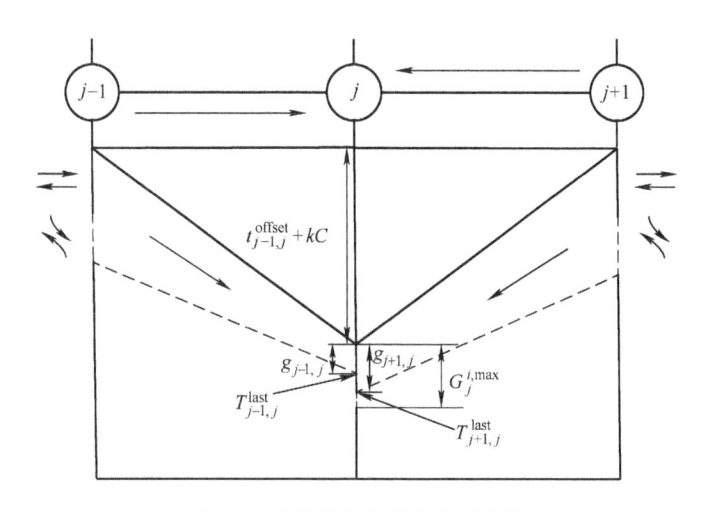

图 6-9　干线相位时长优化示意图

交叉口 j 的干线相位绿灯时间应当同时满足两个方向车流的通行需求，因此在 $g_{j-1,j}$ 和 $g_{j+1,j}$ 中取最大值，为了避免绿灯时间无限制延长，干线相位绿灯时间应当设置上限，由此可得干线相位绿灯时间表达式为

$$G_j^i = \min(\max(g_{j-1,j}, g_{j+1,j}), G_j^{i,\max}), i=1 \tag{6-32}$$

式中，G_j^i 为优化后交叉口 j 相位 i 的绿灯时长。在确定干线相位绿灯时间后，根据各个相位交通量分配剩余绿灯时间，进而可得非干线相位的绿灯时长表达式为

$$G_j^i = (C - G_j^1 - Y)\frac{Q_j^i}{\sum_{i=1}^n Q_j^i} \quad i=2,3,\cdots,n \tag{6-33}$$

式中，Q_j^i 为交叉口 j 相位 i 中最大的单车道交通量；n 为信号相位数；Y 为周期总损失时间。根据式（6-33），可求解出车路协同系统中所有交叉口的信号配时。

6.3 基于 VISSIM/MATALB 的车速引导仿真验证

6.3.1 交通仿真验证场景

实验验证选取位于北京市昌平区以南环路—南环东路为干线的五个相邻交叉口作为场景进行验证，实际位置和放行相位如图 6-10 和图 6-11 所示。

a) 实际交通场景

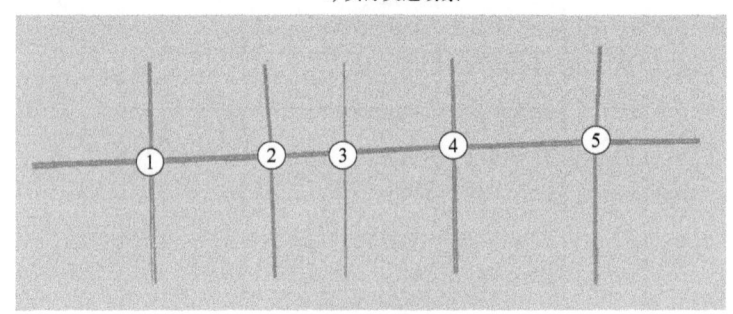

b) 仿真工程中的交通场景

图 6-10　仿真实验区域建模与仿真

图 6-11　实验区域交叉口相位

本节通过对 VISSIM 进行二次开发，来模拟车路协同系统，并进行仿真验证实验。仿真实验于第 600s 开始，第 4200s 结束，仿真时长 3600s。表 6-1 所示为选取的交叉口路段参数，车道宽度为 3.75m。表 6-2 所示为干线交叉口各进口道的流量，东西向直行相位为干线相位，仿真环境中行驶车辆均为智能网联汽车。表 6-3 所示为车辆基础参数，交叉口的原始配时方案由经典的 Maxband 绿波优化模型计算后多次调试得到。交叉口初始信号配时方案如表 6-4 所示，其中相位差为绝对相位差。

表 6-1 选取的交叉口路段参数

交通流方向	缓冲区长度/m	引导区长度/m	路段长度/m
交叉口1→交叉口2	65	515	580
交叉口2→交叉口3	65	291	356
交叉口3→交叉口4	65	497	562
交叉口4→交叉口5	65	550	615
交叉口2→交叉口1	65	515	580
交叉口3→交叉口2	65	291	356
交叉口4→交叉口3	65	497	562
交叉口5→交叉口4	65	550	615

表 6-2 干线交叉口各进口道的流量

交叉口编号	进口道		车道数	每小时交通流量	每小时饱和流量	每小时交通流量合计	说明
交叉口1	西	左转	1	330	1500	1660	
		直行	1	1000	1500		
		右转		330	1500		
	南	左转	1	100	600	500	东西向左转、直行、右转各有专用车道，南北向共用一条车道
		直行		300	600		
		右转		100	600		
	北	左转	1	100	600	500	
		直行		300	600		
		右转		100	600		
交叉口2	南	左转	1	100	600	500	南北方向左转、直行、右转共用一条车道
		直行		300	600		
		右转		100	600		
	北	左转	1	100	600	500	
		直行		300	600		
		右转		100	600		
交叉口3	南	左转	1	100	600	500	南北方向左转、直行、右转共用一条车道
		直行		300	600		
		右转		100	600		
	北	左转	1	100	600	500	
		直行		300	600		
		右转		100	600		
交叉口4	南	左转	1	100	600	500	南北方向左转、直行、右转共用一条车道
		直行		300	600		
		右转		100	600		
	北	左转	1	100	600	500	
		直行		300	600		
		右转		100	600		

(续)

交叉口编号	进口道		车道数	每小时交通流量	每小时饱和流量	每小时交通流量合计	说明
交叉口5	东	左转	1	330	1500	1660	东西向左转、直行、右转各有专用车道，南北向共用一条车道
		直行		1000	1500		
		右转		330	1500		
	南	左转	1	100	600	500	
		直行		300	600		
		右转		100	600		
	北	左转	1	100	600	500	
		直行		300	600		
		右转		100	600		

表 6-3 车辆基础参数

参数名称	值
加速度范围/(m/s^2)	±2
最大制动减速度/(m/s^2)	−5
最大横向加速度/(m/s^2)	±1
安全车距/m	5
自由流车速/(km/h)	40
最大速度/(km/h)	60
最小速度/(km/h)	20

表 6-4 交叉口初始信号配时方案

名称	数值				
交叉口编号	1	2	3	4	5
相位1/s	48	43	43	44	48
相位2/s	14	11	10	13	14
相位3/s	19	27	25	24	19
黄灯时间/s	2				
全红时间/s	2				
公共周期/s	93				
相位差/s	0	46	0	46	0

车辆自由行驶模式下仿真效果如图 6-12 所示。车速引导及信号优化后仿真效果如图 6-13 所示。

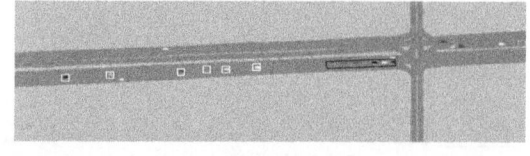

a) 红灯时间　　　　　　　　　　　　b) 绿灯时间

图 6-12 车辆自由行驶模式下仿真效果图

a) 红灯时间

b) 绿灯时间

图 6-13　车速引导及信号优化后仿真效果

如图 6-12 和图 6-13 所示，可以看到在不同信号灯色状态下实验路段优化前后的仿真效果。对比可知，在自由行驶模式下，部分智能网联汽车可能会因为速度不一致发生排队现象（见图 6-12），同时在停止线停车，造成交叉口通行效率降低。车流进行车速引导后，智能网联汽车的车速、车距可保持一致通过停止线（见图 6-13），大幅度提升交叉口通行效率。

6.3.2　仿真数据分析

分别记录实验路段仿真场景优化前后部分智能网联汽车行驶状态，实验路段为交叉口 2 和交叉口 3 之间西向东的直行路段，实验得到的仿真曲线如图 6-14 和图 6-15 所示。

a) 车速曲线

b) 位移曲线

图 6-14　自由行驶模式下车辆行驶状态仿真曲线

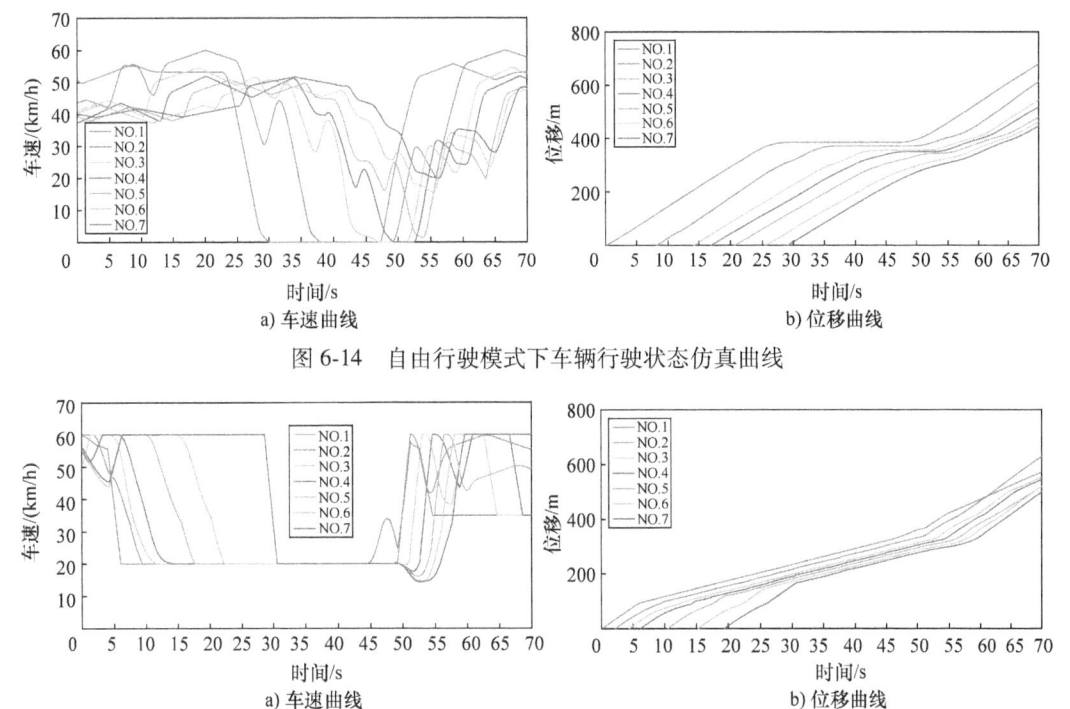

a) 车速曲线

b) 位移曲线

图 6-15　车速引导及信号优化后车辆行驶状态仿真曲线

图 6-14a、b 所示分别为自由行驶模式下车辆的车速和位移曲线。如图 6-14a 所示，1 号车在第 30s 就已经到达停止线并进行等待，随后其余车辆相继进入排队状态。图 6-15a 中，进入实验路段的车辆接收到车速引导信息，1 号车在第 5s 时已经将车速降至 20km/h，随后以该速度不停车通过交叉口。如图 6-15b 所示，后续车辆与 1 号车在行驶过程中速度保持一致，同样可以不停车通过交叉口。在通过当前交叉口后，在下一路段继续对网联汽车进行车速引导（1 号车在第 55s 将车速调整至 35km/h），所有车辆再次调整至相同车速及车距通过下一个交叉口。

通过以上仿真结果，基于车路协同系统获取实时交通和智能网联汽车行驶数据，选取交叉口2~4的数据进行评价分析。

下面对每个信号周期内的仿真评价数据进行对比分析。如图6-16所示，智能网联汽车进行车速引导及信号优化后，交叉口2~4的干线车流的优化效果显著，在单个信号周期内其延误明显减少，干线相位通行效率和绿灯使用率都得到了提高。如图6-17和图6-18所示，干线车流优化后，其停车时间及停车次数均有明显改善。表6-5所示为仿真评价结果，通过数据分析对比可知，交叉口整体延误时间减少了14.20%，平均停车时间减少18.89%，平均停车次数减少19.67%；干线车流平均延误时间减少了25.00%，平均停车时间减少了56.17%，平均停车次数减少了48.28%，道路通行效率大幅度提高。

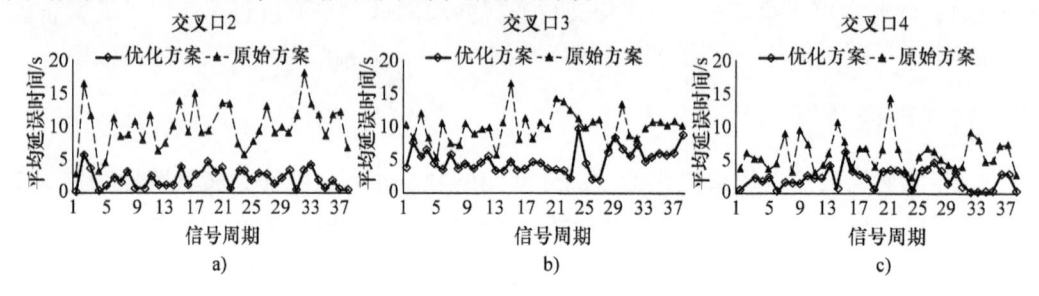

图6-16 干线相位平均延误时间

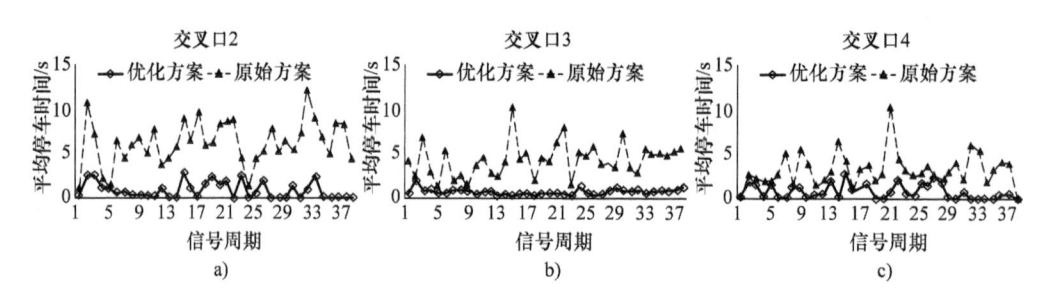

图6-17 干线相位平均停车时间

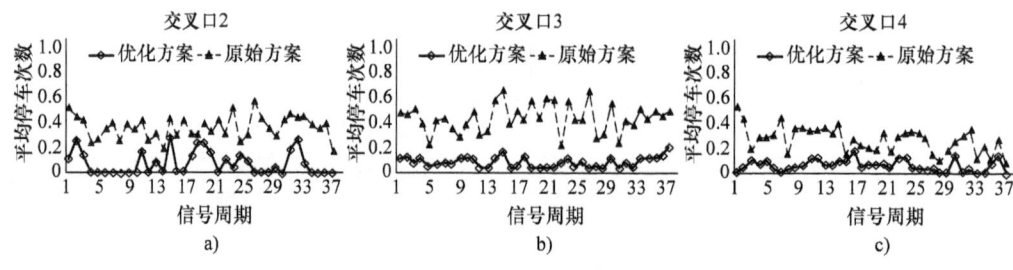

图6-18 干线相位平均停车次数

表6-5 仿真评价结果

评价结果		交叉口2			交叉口3			交叉口4			合计		
		优化后	优化前	幅度	优化后	优化前	幅度	优化后	优化前	幅度	优化后	优化前	幅度
交叉口整体	平均延误时间	21.83s	23.33s	6.43%	22.89s	32.20s	28.91%	20.40s	20.75s	1.69%	21.82s	25.43s	14.20%
	平均停车时间	18.31s	20.80s	11.97%	16.44s	25.70s	36.03%	15.50s	15.75s	1.59%	16.83s	20.75s	18.89%
	停车次数	0.47次	0.59次	20.34%	0.42次	0.67次	37.31%	0.52次	0.57次	8.77%	0.49次	0.61次	19.67%

（续）

评价结果		交叉口2			交叉口3			交叉口4			合计		
		优化后	优化前	幅度	优化后	优化前	幅度	优化后	优化前	幅度	优化后	优化前	幅度
干线相位	平均延误时间	2.30s	6.60s	65.15%	8.50s	9.60s	11.46%	2.08s	5.40s	61.48%	5.40s	7.20s	25.00%
	平均停车时间	1.10s	4.50s	75.56%	1.21s	4.50s	73.11%	0.96s	2.90s	66.90%	1.74s	3.97s	56.17%
	停车次数	0.07次	0.17次	58.82%	0.21次	0.44次	52.27%	0.17次	0.27次	37.04%	0.15次	0.29次	48.28%
非干线相位	平均延误时间	27.50s	30.50s	9.84%	41.00s	47.20s	13.14%	33.00s	36.10s	8.59%	34.87s	37.93s	8.07%
	平均停车时间	22.10s	24.30s	9.05%	32.20s	39.70s	18.89%	25.50s	28.60s	10.84%	27.63s	30.87s	10.50%
	停车次数	0.67次	0.77次	12.99%	0.76次	0.82次	7.32%	0.82次	0.88次	6.82%	0.77次	0.82次	6.10%

综合以上数据分析可知，车路协同系统对智能网联汽车进行车速引导后，车辆启动及启动波所导致的延误会大幅减少，实验路段优化后的延误时间，停车时间及停车次数与优化前相比均得到有效改善，尤其是停车时间和停车次数的优化效果更为明显。实验结果表明，通过车速引导和信号优化两者结合可有效减少干线车流的停车次数，进而减少交叉口延误时间，提高道路通行能力。

参 考 文 献

[1] GULER S I, MENENDEZ M, MEIER L. Using connected vehicle technology to improve the efficiency of intersections [J]. Transportation Research Part C: Emerging Technologies, 2014, 46: 121-131.

[2] YANG K, GULER S I, MENENDEZ M. Isolated intersection control for various levels of vehicle technology: Conventional, connected, and automated vehicles [J]. Transportation Research Part C: Emerging Technologies, 2016, 72: 109-129.

[3] AU T C, STONE P. Motion planning algorithms for autonomous intersection management [C]//AAAI. Proceedings of the 1st AAAI Conference on Bridging the Gap Between Task and Motion Planning, January 11, 2010, Atlanta. Palo Alto: AAAI Press, c2010: 2-9.

[4] 张存保, 陈超, 严新平. 基于车路协同的单点信号控制优化方法和模型 [J]. 武汉理工大学学报, 2012, 34 (10): 74-79.

[5] 盖彦荣, 陈阳舟, 辛丰强. 提高安全性和交通流稳定性的车间距策略 [J]. 北京理工大学学报（自然科学版）, 2012 (S1): 11-15.

[6] ABU-LEBDEH G. Integrated adaptive-signal dynamic-speed control of signalized arterials [J]. Journal of Transportation Engineering, 2002, 128 (5): 447-451.

[7] 荆彬彬, 卢凯, 鄢小文, 等. 车路协同下基于速度引导的双周期干道绿波协调控制方法 [J]. 华南理工大学学报（自然科学版）, 2016, 44 (8): 147-154.

[8] 吴伟, 马万经, 杨晓光. 车路协同系统中基于动态车速的相位差优化模型 [J]. 控制理论与应用, 2014, 31 (4): 519-524.

[9] LI X G, JIA B, JIANG R. The Effect of Lane-Changing Time on the Dynamics of Traffic Flow [C]//1st International Conference on Complex Sciences: Theory and Applications, Complex 2009, February 23-25, 2009, Shanghai. Berlin: Springer, c2009: 589-598.

第 7 章

面向城市道路的智能网联汽车时空轨迹优化方法

面向城市道路的智能网联汽车多车道时空轨迹优化方法指的是，对于即将驶入信号交叉口的交通流，在多车道路段内以较高通行效率和稳定通行状态驶入交叉口。然而，传统车辆由于缺少信息感知与整体协调能力，通常会出现急加速、急减速的情况，导致道路安全性、经济性都有较大的提升空间。

因此，在实时路径决策方法和车速引导方法的基础上，为进一步缓解城市拥堵，提高道路通行能力，本章面向智能网联汽车多车道时空轨迹优化方法（Multilane Spatiotemporal Trajectory Optimization Method，MSTTOM）开展了研究。该方法综合考虑了车辆安全性、通行能力、燃油效率和驾驶人舒适性等因素，充分发挥了车联网技术的潜力。首先，建立了一种基于车辆信息耦合的智能网联汽车状态向量计算方法；然后，基于庞特里亚金（Pontryagin）极大值原理和强化学习，对轨迹问题的求解方法进行了优化；最后，通过仿真软件对典型的单向四车道交叉口进行了仿真实验，并采集了 24 小时的数据进行了分析。结果表明，与先进的滑翔式应用（Glide Path Prototype Application，GPPA）方法相比，该方法可使车辆燃油效率提高 32%，污染物排放减少 17%。

7.1 时空轨迹优化算法现状分析

过去十年，大量研究集中在网联自动驾驶车辆（Connected and Automated Vehicle，CAV）轨迹优化的数学模型和经验实验上。CAV 轨迹优化问题通常是设定符合需求的目标函数，使车辆在当前可控范围内达到目标函数最优值，进而推导最优轨迹[1]。在之前的研究中，学者们已经制定了不同类型的目标，如提高安全性能[2]、提高交叉口效率[3]、降低燃油消耗[4]等。在上述研究中，车辆轨迹预测方法用于识别不同车辆之间的潜在碰撞。如果没有其他车辆同时（或在规定的时间内）穿过同一空间，车辆可以自由穿过交叉口而不存在任何碰撞风险，否则，应采取措施防止碰撞。最广泛使用的轨迹预测方法之一是基于离散保留的方法[5-8]。交叉点空间被划分为 $n×n$ 的单元网格，其中 n 是所提出控制策略的粒度。如果车辆预测轨迹上的任何单元已被其他车辆占用或保留，控制中心将拒绝车辆的请求；否则，车辆可以在没有任何冲突的情况下通过交叉口。其他一些研究通过添加时间维度构建三维模型，进一步制定了车辆轨迹预测[9,10]。这种方法通过考虑缓冲时间，允许车辆在不同的时间段保留相同的空间，提供比基于离散保留的方法更优化的跨点资源利用率。

1. 基于信号交叉口的时空轨迹方面

随着智能交通系统（ITS）技术的发展，基于时空轨迹的速度诱导具有高效、安全、稳定等优点[11,12]。美国交通部 2010 年发布的 ITS 战略规划（ITS Strategic Plan，ITSSP）指出，基于时空轨迹的动态速度协调是路网交通流优化的重要方法之一[13]。2012 年，Grumert 等[14]建立了基于交通量和占用率的可变限速算法（Variable Speed Limit，VSL）。研究结果表明，该方法使车辆速度离散差减小了 21%，临界占用率提高了 27%。在相同的占用率下，VSL 可以增加 16% 的交通流量。Jo 等[15]从道路安全的角度出发，改进了一种多站点车辆检测的 VSL 算法，解决了诱导延迟问题。随着车路协同系统（CVIS）和网联车辆（Connected Vehicle，CV）的发展，采用连续动态速度控制方法可以解决不连续动态限速问题[16]。2014 年，Zhu 等[17]提出了一种在随机交通条件下，通过强化学习实现动态限速控制的方法。该方法在 CV 环境下建立了基于链路的动态网络负载模型。研究表明，与传统的限速控制方法相比，该方法的总行程时间可减少 18%。2016 年，Aldana-Muñoz 等[18]提出了一种环境驱动与速度导引相结合的连续线性时空轨迹优化方法。实验数据表明，线性时空轨迹优化能够稳定交通流扰动的变化。Wang 等[19]提出了一种基于模型预测控制（Model Predictive Control，MPC）的速度导引模型。通过该模型的策略，可以预先构造时空轨迹进而提升通行效率。2017 年，Wei 等[20]建立了多车协同时空轨迹优化方法。该方法利用简化的 Newell 线性车辆跟驰模型进行协同控制，为多车协同优化提供了一种新的思路。2018 年，De Mello 和 Chiodi[21]提出了时空轨迹的模糊逻辑控制模型，使决策过程在不同的道路环境和天气条件下更加有效。同时，模糊逻辑控制模型还可以降低系统的复杂度，保证系统的实时性。2019 年，Liang 等[22]提出了一种自动驾驶车辆和人工驾驶车辆协同时空轨迹优化方法。随着自主车辆比例的提高，平均延误时间减少 25%，平均停车时间减少 47%。Wang 等[23]设计了一种基于多辆 CV 的联合控制模型，允许车辆以临时队列的形式通过信号交叉口。实验结果表明，该联合控制模型可使停车时间缩短 54%，提高车辆在信号交叉口的通行效率。Mirhli 等[24]提出了一种适用于无信号交叉口的基于时空轨迹的分布式协同控制逻辑。在该研究中，采用此逻辑应用方案的车辆可以以最佳速度通过无信号交叉口而不发生碰撞。2020 年，Wang 等[25]提出了一种多相位交会时空轨迹协同优化方法。该方法基于动态负载网络的下界估计，可提高车辆动态网络的鲁棒性和稳定性。

2. 车辆换道时空轨迹优化方面

上述研究主要以城市道路或高速公路为研究对象，多车道的时空轨迹优化研究还比较缺乏。多车道时空轨迹车辆的主要挑战在于如何解决其复杂的换道问题[26]。此外，由于变道行为导致的事故场景占用了多条车道，使得道路拥堵更加严重[27]。2018 年，Hongil 和 Jae-II[28]提出了一种定向包围盒（Oriented Bounding Box，OBB）方法，以降低车辆与车辆（V2V）通信延迟导致的变道风险。在该研究中，通过定义横向和纵向坡度控制器实现了 OBB 功能。2020 年，Li 等[29]提出了一种新的基于网联汽车的车道变换模型。该模型基于安全势场理论，对换道过程中的临界车距进行了评估，动态地给出了不同速度和加速度条件下的车辆运动状态，最后通过时空轨迹的选择来确定换道路线。该研究为基于时空轨迹的多车协同换道提供了思路和理论支持。然而，常见的多车道路段交通效率问题并没有得到有效的解决，也不能通过叠加多条单车道优化方法直接改善[30-32]。同时，多车道时空轨迹优化问题仍具有数据计算量大、多智能体难以协同控制等问题。

针对上述问题，本章建立基于 V2X 通信技术的多车道路段场景，并以此为基础设计了智能网联汽车多车道时空轨迹优化方法。该方法结合了车辆当前的状态信息、车辆附近的环境信息及路段下游的信号配时信息等，生成基于 V2X 通信的智能网联汽车时空轨迹,并通过强化学习进行优化。此外,本章设计了基于 V2X 通信的在线车辆协同时空轨迹优化方法以减少智能网联汽车换道过程对时空轨迹的影响。该方法规定了智能网联汽车在线协同优化的换道规则、换道安全查验规则、协同换道时空轨迹更新方法,可以有效解决多车道多车辆的协同换道问题,为解决信号交叉口拥堵问题提供了路段内的车辆时空轨迹优化方法。

7.2 智能网联汽车时空轨迹优化的典型城市多车道场景

在城市道路中,信号交叉口及相关路段是城市路网的重要组成单元。当信号交叉口多车道路段内的车辆能够以较高通行效率和稳定通行状态驶入交叉口时,能够有效提高道路安全性和经济性。因此本节在面向智能网联汽车多车道时空轨迹优化方法中选择以交叉口及其上游的多车道路段作为研究场景,并基于此场景为基础设定了优化流程及系统框架。

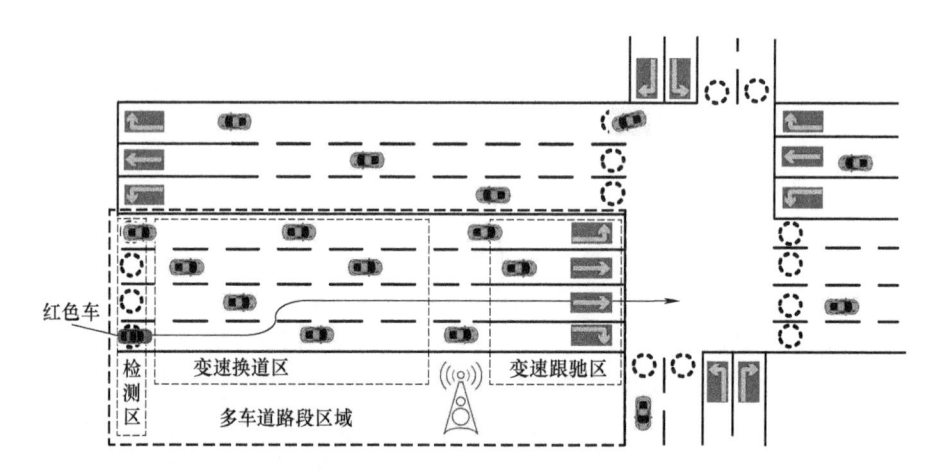

7.2.1 基于 V2X 通信的多车道路段场景

基于 V2X 通信的多车道路段场景以路段上游作为该路段的场景入口,以驶入该路段的车辆及其车辆状态信息作为系统输入;以路段下游作为该路段的场景出口,以驶入信号交叉口的车辆及其车辆状态信息作为系统输出;以长期演进-V2X(Long Term Evolution-V2X,LTE-V2X)作为通信方式建立模块化的多车道路段区域。该区域包含检测区、变速换道区、变速跟驰区。基于 V2X 通信的多车道路段场景如图 7-1 所示。

图 7-1 基于 V2X 通信的多车道路段场景

对于连续交叉口场景下多车道时空轨迹优化方法,其场景如图 7-2 所示,有三个连续的单信号交叉口,目标车辆(红色车)由场景入口驶入,基于本章的轨迹优化算法完成多次变道,最终通过三个连续的交叉口驶出场景。整个实验场景都处于车联网通信的覆盖范围内,且道路中行驶车辆均为智能网联汽车。

7.2.2 智能网联汽车时空轨迹优化系统架构

基于 V2X 通信的多车道时空轨迹优化方法主要包括两部分:离线轨迹生成;在线轨迹优

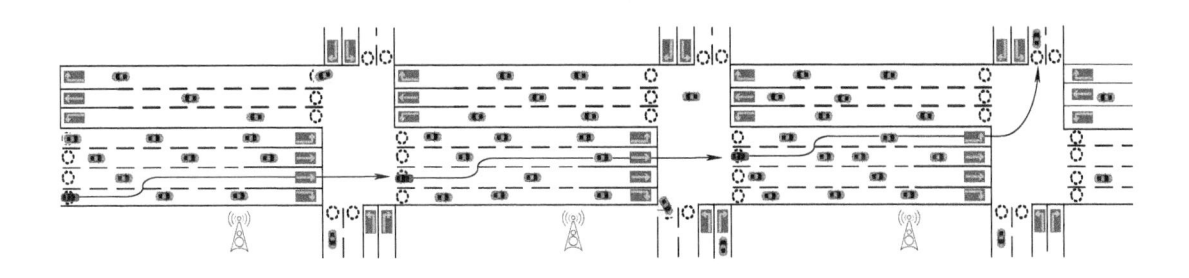

图 7-2　基于 V2X 通信的连续信号交叉口及多车道路段场景

化。离线时空轨迹生成方法，主要是通过系统预处理资源动态分配得到的车辆驶出路段时的目标车道和时段，规划出通过路段的最优行驶轨迹；进而通过在线协同优化更新多智能体的系统最优解，以提升路段交通流通行效率及减少交通流平均停车等待时间。图 7-3 所示的优化示意图给出了优化后的时空轨迹与原自由行驶时空轨迹。

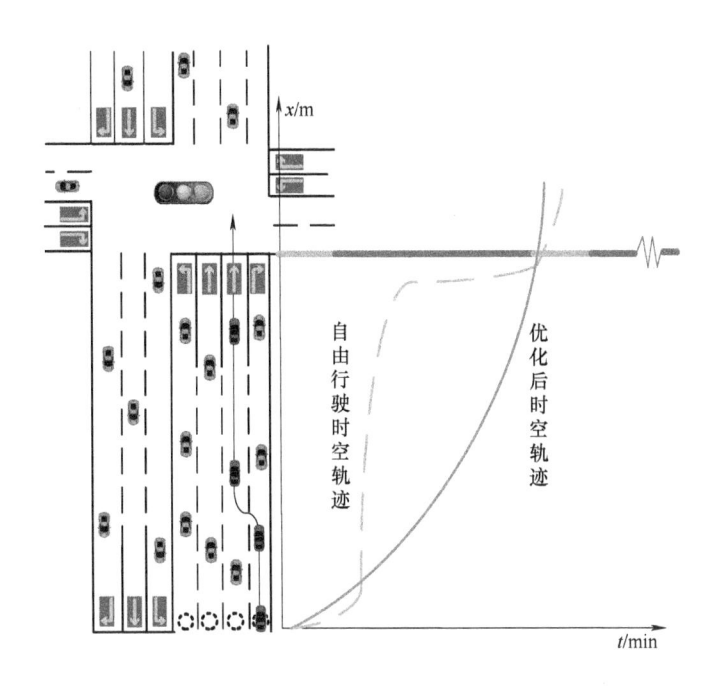

图 7-3　多车道时空轨迹优化示意图

首先，将路侧设备和车载设备收集到的交通环境和车辆状态信息，通过系统预处理得到驶出路段的目标车道及时段；然后，以此为基础通过各类车辆状态约束生成离线时空轨迹，在此过程中车辆的换道过程将通过在线车辆协同时空轨迹优化保障各车辆的通行效率；最后，基于车辆实时传感器数据查验车辆换道环境后进行换道操作，完成基于 V2X 通信的网联车辆多车道时空轨迹优化。基于 V2X 通信的智能网联汽车多车道时空轨迹优化系统流程图如图 7-4 所示。

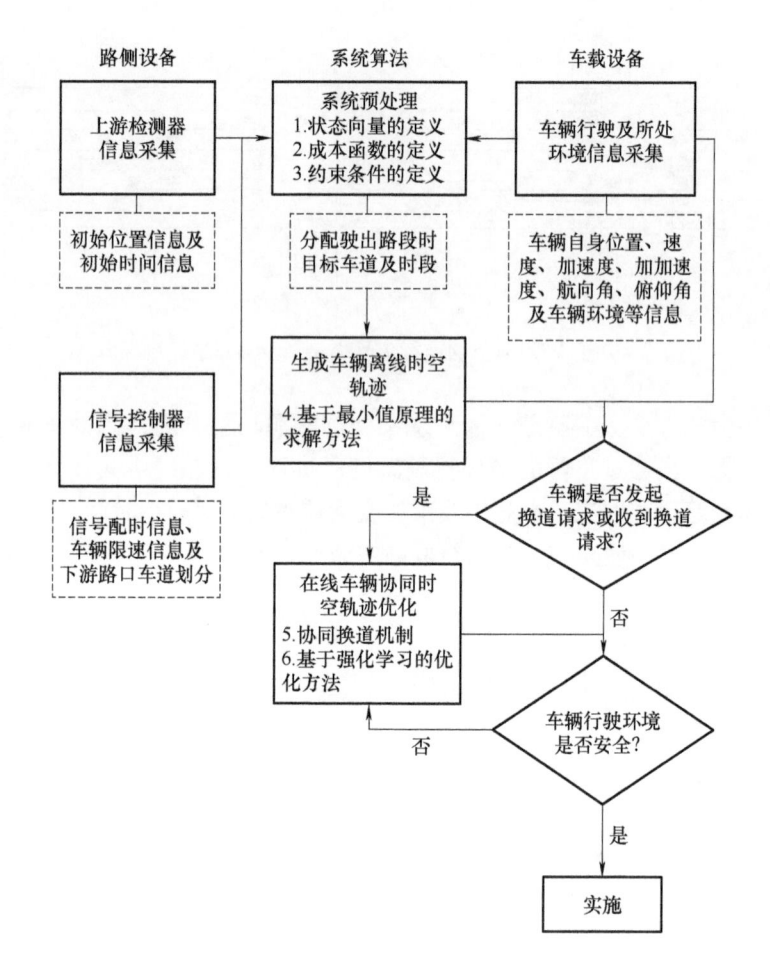

图 7-4　基于 V2X 通信的智能网联汽车多车道时空轨迹优化系统流程图

7.3　面向智能网联汽车的多车道时空轨迹生成方法

面向智能网联汽车的多车道时空轨迹优化方法首先重新定义了网联汽车的状态向量。网联汽车的状态向量，不仅包括了常规的位置、速度和加速度等车辆自身的状态信息，而且包括了目标车道信号配时、相邻车道车流密度和平均车流速度等交通状态信息。随后，基于该环境及流程详细介绍了网联汽车的状态向量定义，并通过公式推导定义车辆轨迹的成本函数及约束条件。最后，基于最大值原理对车辆轨迹进行动态求解并通过强化学习对轨迹进行优化。

7.3.1　智能网联汽车的状态向量

为了使智能网联汽车在 V2X 通信系统中有对应的映射关系，将驶入路段的车辆编号定义为 C_{mn}。其中，m 代表车辆行驶方向路段从外向内的第 m 车道，n 代表从上游至下游的第 n 辆车。定义编号为 C_{mn} 的智能网联汽车状态向量 $\boldsymbol{x}_{mn}(t)$ 为

$$\boldsymbol{x}_{mn}(t) = [x_{mn}(t), y_{mn}(t), v_{mn}(t), v_{mn}'(t)]^{\mathrm{T}} \tag{7-1}$$

式中，$x_{mn}(t)$、$y_{mn}(t)$ 为车辆 C_{mn} 在 t 时刻所在的位置（m）；$v_{mn}(t)$ 为车辆 C_{mn} 在 t 时刻的车辆当前行驶速度（m/s）；$v'_{mn}(t)$ 为车辆 C_{mn} 在 t 时刻的车辆当前横向速度（m/s）。

系统优化输入为当前车辆方向加速度 $\boldsymbol{u}_{mn}(t)$：

$$\boldsymbol{u}_{mn}(t) = [u_{mn}(t), u'_{mn}(t)]^{\mathrm{T}} \tag{7-2}$$

式中，$u_{mn}(t)$ 为车辆 C_{mn} 在 t 时刻的车辆当前纵向加速度（m/s²），坐标正方向为车流行驶方向；$u'_{mn}(t)$ 为车辆 C_{mn} 在 t 时刻的车辆当前横向加速度（m/s²）。

为了更好地定义智能网联汽车在车路协同环境下轨迹的优化策略，车辆目标车道信号配时信息 $\boldsymbol{\varphi}_{mn}(t)$ 及相邻车道 $m+1$ 和 $m-1$ 交通流信息 $\boldsymbol{I}_{m+1}(t)$ 和 $\boldsymbol{I}_{m-1}(t)$ 为

$$\boldsymbol{\varphi}_{mn}(t) = [\varphi_{mn}(t) \quad t_{\varphi_{mn}(t)} \quad R_m \quad G_m] \tag{7-3}$$

$$\boldsymbol{I}_{m+1}(t) = [\bar{v}_{m+1}(t) \quad k_{m+1}(t)] \tag{7-4}$$

$$\boldsymbol{I}_{m-1}(t) = [\bar{v}_{m-1}(t) \quad k_{m-1}(t)] \tag{7-5}$$

式中，$\varphi_{mn}(t)$ 为车辆 C_{mn} 的当前时刻目标相位；$t_{\varphi_{mn}(t)}$ 为 $\varphi_{mn}(t)$ 相位剩余时间；R_m 为车道 m 的红灯时长；G_m 为车道 m 的绿灯时长；$\bar{v}_{m+1}(t)$ 和 $\bar{v}_{m-1}(t)$ 为内侧车道 $m+1$ 和外侧车道 $m-1$ 的平均交通流速度；$k_{m+1}(t)$ 和 $k_{m-1}(t)$ 为内侧车道 $m+1$ 和外侧车道 $m-1$ 的平均交通流密度。平均交通流速度 $\bar{v}_m(t)$ 和平均交通流密度 $k_m(t)$ 为

$$\bar{v}_m(t) = \frac{\sum_{N=N_m^{\min}}^{N_m^{\max}} v_{mN}}{N_m^{\max} - N_m^{\min} + 1} \tag{7-6}$$

$$k_m(t) = \frac{N_m^{\max} - N_m^{\min} + 1}{L} \tag{7-7}$$

式中，N 为车辆编号；$N_m^{\max}$ 为车道 m 内车辆编号中最大编号；$N_m^{\min}$ 为车道 m 内车辆编号中最小编号；L 是路段长度。

系统状态方程为

$$\dot{x}_{mn}(t) = f(x_{mn}(t), u_{mn}(t), \varphi_{mn}(t), I_{m+1}(t), I_{m-1}(t)) \tag{7-8}$$

7.3.2 系统成本函数的定义

为了保证车辆可以准确地沿着系统设计的轨迹行驶，考虑到车辆从上游行驶至下游的过程中包含了固定成本和可变成本两部分，定义成本函数为

$$J = g(\boldsymbol{x}_{mn}(t_{mn}^{\mathrm{out}})) + \int_{t_{mn}^{0}}^{t_{mn}^{\mathrm{out}}} h(\boldsymbol{x}_{mn}(t), \boldsymbol{u}_{mn}(t)) \mathrm{d}t \tag{7-9}$$

式中，t_{mn}^{out} 为车辆 C_{mn} 驶出路段的时刻；t_{mn}^{0} 为车辆 C_{mn} 驶入路段的时刻；$g(\boldsymbol{x}_{mn}(t_{mn}^{\mathrm{out}}))$ 为该过程得固定成本；$\int_{t_{mn}^{0}}^{t_{mn}^{\mathrm{out}}} h(\boldsymbol{x}_{mn}(t), \boldsymbol{u}_{mn}(t)) \mathrm{d}t$ 为该过程的可变成本。固定成本包括行驶距离为路段长度，以及驶出路段下游出口为期望速度和路段行驶时间与期望目标时刻相符合等固定项的成本，其函数为

$$g(\boldsymbol{x}_{mn}(t_{mn}^{\mathrm{out}})) = w_1(t_{mn}^{\mathrm{out}} - \bar{t}_{mn}^{\mathrm{out}})^2 + w_2(x_{mn}(t_{mn}^{\mathrm{out}}) - L)^2 + w_3(v_{mn}(t_{mn}^{\mathrm{out}}) - \bar{v}_{mn}^{\mathrm{out}})^2$$
$$+ w_4\left(y_{mn}(t_{mn}^{\mathrm{out}}) - d\left(\bar{m} - \frac{1}{2}\right)\right)^2 \tag{7-10}$$

式中，$\bar{t}_{mn}^{\text{out}}$ 为车辆 C_{mn} 驶出路段的目标时刻；$\bar{v}_{mn}^{\text{out}}$ 为车辆 C_{mn} 驶出路段的期望速度；$\bar{m}$ 为该车辆目标车道；d 为车道宽度；w_1 为路段行驶时间的权重系数；w_2 为路段行驶长度的权重系数；w_3 为驶出路段下游出口时期望速度的权重系数；w_4 为从目标车道驶出的权重系数。其中，w_1，w_2，w_3，$w_4 \in \mathrm{R}^+$。

可变成本包括车辆行驶过程中纵向的加减速和横向的加减速等变化的成本，其函数为

$$h(\boldsymbol{x}_{mn}(t),\boldsymbol{u}_{mn}(t)) = w_5(u_{mn}(t)^2 + 2u_{mn}(t)v_{mn}(t))\chi(u_{mn}(t)) \\ + w_6(u_{mn}'(t)^2 + 2u_{mn}'(t)v_{mn}'(t)) \tag{7-11}$$

式中，w_5 为车辆纵向加速度导致的能量变化的权重系数，$w_5 \in \mathrm{R}^+$；w_6 为车辆横向加速度导致的能量变化的权重系数，$w_6 \in \mathrm{R}^+$；$\chi(u_{mn}(t))$ 为智能网联汽车纵向加速度的赫维赛德（Heaviside）函数，可以以此分离纵向减速过程中加速度对可变成本造成的成本，可由下式得出：

$$\chi(u_{mn}(t)) = \begin{cases} 0, u_{mn}(t) \leq 0 \\ 1, u_{mn}(t) > 0 \end{cases} \tag{7-12}$$

车辆在低密度车流状态下快速通过路口的时间，即车辆 C_{mn} 无限制自由驶出路段的时间 $\bar{t}_{mn}^{\text{free}}$，可由下式得出：

$$\bar{t}_{mn}^{\text{free}} = t_{mn}^0 + \frac{L - (((v_0^{\lim})^2 - v_{mn}(t_{mn}^0)^2)/2u_{mn}^{+\max}) - (((v_0^{\lim})^2 - (v_m^{\lim})^2)/2u_m^{-\max})}{v_0^{\lim}} + \\ \frac{v_0^{\lim} - v_{mn}(t_{mn}^0)}{u_{mn}^{+\max}} + \frac{v_0^{\lim} - v_m^{\lim}}{u_m^{-\max}} \tag{7-13}$$

式中，$v_0^{\lim}$ 为车辆在该路段自由行驶区域限速；$v_m^{\lim}$ 为车辆在 m 车道下游出口处限速；$u_{mn}^{+\max}$ 为车辆 C_{mn} 最大加速度；$u_m^{-\max}$ 为车辆 C_{mn} 最大减速度。

为了提高网联汽车在交叉口的通行率，网联汽车 C_{mn} 驶出路段的目标时刻 $\bar{t}_{mn}^{\text{out}}$ 控制在可通行的绿灯信号内，可由下式得出：

$$\bar{t}_{mn}^{\text{out}} = \begin{cases} \bar{t}_{mn}^{\text{temp}}, \bar{t}_{mn}^{\text{temp}} \in \xi_m \\ \text{floor}\left(\dfrac{\bar{t}_{mn}^{\text{temp}}}{R_m + G_m}\right)(R_m + G_m) + R_m, \bar{t}_{mn}^{\text{temp}} \notin \xi_m \end{cases} \tag{7-14}$$

式中，$\bar{t}_{mn}^{\text{temp}}$ 为车辆 C_{mn} 驶出路段的候选时刻；ξ_m 为车道 m 的绿灯时段集合；$\text{floor}(t)$ 为向下取整函数。

车辆 C_{mn} 驶出路段的候选时刻 $\bar{t}_{mn}^{\text{temp}}$，可由下式得出：

$$\bar{t}_{mn}^{\text{temp}} = \max(\bar{t}_{m(n-1)}^{\text{out}} + t_m^{\text{h2h}}, \bar{t}_{mn}^{\text{free}}) \tag{7-15}$$

式中，t_m^{h2h} 为路段下游出口处车道 m 相邻两车最小车头时距。

为了保证车辆通行的最大效率，定义车辆驶出的期望速度为驶出下游出口处限速，有

$$\bar{v}_{mn}^{\text{out}} = v_m^{\lim} \tag{7-16}$$

综上所述，可以推导得到成本函数：

$$J = w_1(t_{mn}^{out} - \bar{t}_{mn}^{out})^2 + w_2(x_{mn}(t_{mn}^{out}) - L)^2 +$$

$$w_3(v_{mn}(t_{mn}^{out}) - v_m^{lim})^2 + w_4\left(y_{mn}(t_{mn}^{out}) - d\left(\overline{m} - \frac{1}{2}\right)\right)^2 +$$

$$\int_{t_{mn}^0}^{t_{mn}^{out}} (w_5(u_{mn}(t)^2 + 2u_{mn}(t)v_{mn}(t))\chi(u_{mn}(t)) + w_6(u_{mn}'(t)^2 + 2u_{mn}'(t)v_{mn}'(t))) dt$$

(7-17)

$$\bar{t}_{mn}^{out} = \begin{cases} \max(\bar{t}_{m(n-1)}^{out} + t_m^{h2h}, \bar{t}_{mn}^{free}), & \max(\bar{t}_{m(n-1)}^{out} + t_m^{h2h}, \bar{t}_{mn}^{free}) \in \xi_m \\ \text{int}\left(\dfrac{\max(\bar{t}_{m(n-1)}^{out} + t_m^{h2h}, \bar{t}_{mn}^{free})}{R_m + G_m}\right)(R_m + G_m) + R_m, & \max(\bar{t}_{m(n-1)}^{out} + t_m^{h2h}, \bar{t}_{mn}^{free}) \notin \xi_m \end{cases}$$

7.3.3 智能网联汽车行驶约束条件

智能网联汽车在路段行驶轨迹优化上，除了要尽量缩小上述成本函数值，还需要满足以下7类影响车辆行驶状态的约束条件：初始车辆状态、车间距、车辆速度、车辆加速度、车辆加加速度、信号配时及无线通信。

（1）初始车辆状态

当智能网联汽车驶入目标路段时，通过该路段检测区的地磁线圈时，将该车辆定义为编号 C_{mn} 的车辆。若纵向编号 n 到达纵向编号最大值 n_{max}，则重新从1开始计数。纵向编号最大值 n_{max} 大于当前车道过饱和状态车辆数量的2倍，以保证车流编号的稳定。同时，定义编号为 C_{mn} 的车辆的初始状态为

$$\boldsymbol{x}_{mn}(t_{mn}^0) = [x_{mn}(t_{mn}^0) \quad y_{mn}(t_{mn}^0) \quad v_{mn}(t_{mn}^0) \quad v_{mn}'(t_{mn}^0)]^T = \left[0 \quad d\left(m - \frac{1}{2}\right) \quad v_{mn}^0 \quad v_{mn}^{0\prime}\right]^T$$

(7-18)

（2）车间距

智能网联汽车在行驶过程中会不可避免地处在跟随状态，因此对于 m 车道上的车辆 C_{mn} 都应与其前方车辆 $C_{m(n-1)}$ 保证一定量的空间位移和时间位移。其安全约束为

$$x_{mn}(t + \tau_{mn}) \leq x_{m(n-1)}(t) - d_{mn} \quad (7\text{-}19)$$

式中，τ_{mn} 为车辆 C_{mn} 与其前方车辆 $C_{m(n-1)}$ 的时间位移；d_{mn} 为车辆 C_{mn} 与其前方车辆 $C_{m(n-1)}$ 的空间位移。

（3）车辆速度

为了保证路段内车辆行驶过程的安全，对路段内车辆进行速度约束。对于纵向速度约束，即车流方向约束，其最大速度为路段内限速，最小速度为0。那么有

$$0 \leq v_{mn}(t) \leq v_0^{lim} \quad (7\text{-}20)$$

对于横向速度约束，主要是依据车辆动力学对车辆偏转角进行约束，有

$$\alpha_{-max} \leq \alpha(t) \leq \alpha_{max} \quad (7\text{-}21)$$

式中，α_{-max} 为车辆前轮能向左侧转向的最大角度；$\alpha(t)$ 为当前车辆前轮的转向角度；α_{max} 为车辆前轮能向右侧转向的最大角度。

因此，车辆的横向约束为

$$v_0^{lim}\alpha_{-max} \leq v_{mn}'(t) \leq v_0^{lim}\alpha_{max} \quad (7\text{-}22)$$

(4) 车辆加速度

为了保证车辆加速过程中发动机可以提供足够的动力或制动过程中可以具备足够的制动能力,因此对车辆的加速度进行限制,以保证车辆可以得到足够的动力支持且保障车辆有足够的制动能力避免发生交通事故。加速度约束为

$$\begin{cases} u_{-\max} \leqslant u_{mn}(t) \leqslant u_{\max} \\ u'_{-\max} \leqslant u'_{mn}(t) \leqslant u'_{\max} \end{cases} \tag{7-23}$$

式中,$u_{-\max}$ 为车辆最大纵向制动减速的加速度大小;$u_{\max}$ 为车辆最大纵向加速的加速度大小;$u'_{-\max}$ 为车辆向左侧横加的最大加速度;$u'_{\max}$ 为车辆向右侧横加的最大加速度。

(5) 车辆加加速度

车辆的加加速度约束为车辆加速度的变化率,又称为冲击约束或舒适度约束。对车辆加加速度进行约束的目的是为了消除加速度变化过快而对车辆行驶过程造成的负面影响。加加速度约束为

$$\begin{cases} j_{-\max} \leqslant \dfrac{\mathrm{d}u_{mn}(t)}{\partial t} \leqslant j_{\max} \\ j'_{-\max} \leqslant \dfrac{\mathrm{d}u'_{mn}(t)}{\partial t} \leqslant j'_{\max} \end{cases} \tag{7-24}$$

式中,$j_{-\max}$ 为车辆纵向向后最大加加速度大小;$j_{\max}$ 为车辆纵向向前最大加加速度大小;$j'_{-\max}$ 为车辆横向向左最大加加速度大小;$j'_{\max}$ 为车辆横向向右最大加加速度大小。

(6) 信号配时

车辆的信号配时约束可以保障车辆在通过交叉口时避免发生违反交通信号灯指示,即在红灯亮起禁止通行时越过停止线并继续行驶的行为,有

$$v_{mn}(t_{mn}^{\text{out}}) = 0, t_{mn}^{\text{out}} \notin \xi_m \tag{7-25}$$

(7) 无线通信

V2X 技术的本质是一种无线通信技术,而无线通信技术在实际应用中不可避免地出现通信时延和丢包等情况,从而可能影响智能网联汽车在系统中的稳定性和安全性。因此,对无线通信相关参数进行约束:

$$\tilde{\tau}_{mn}(t) < 0.1 \tag{7-26}$$

$$P_{\text{lp}|mn}(t) < 15\% \tag{7-27}$$

式中,$\tilde{\tau}_{mn}(t)$ 为车辆 C_{mn} 在 t 时刻的时延情况(s);$P_{\text{lp}|mn}(t)$ 为车辆 C_{mn} 在 t 时刻的丢包概率。

7.3.4 基于最大值原理的求解方法

基于 V2X 通信的智能网联汽车时空轨迹优化问题可通过最大值原理进行求解计算,并建立该问题的汉密尔顿函数:

$$H(\boldsymbol{x},\boldsymbol{u},\boldsymbol{\lambda},t) = \boldsymbol{\lambda}^{\mathrm{T}} \cdot f(\boldsymbol{x},\boldsymbol{u},t) + h(\boldsymbol{x},\boldsymbol{u},t) \tag{7-28}$$

式中,$\boldsymbol{\lambda}$ 为向量 $\boldsymbol{x}$ 的协状态向量,表示由向量 $\boldsymbol{x}$ 的微小变化 Δx 导致的 J 的变化的额外成本。

在容许集合 U 内,成本函数的最小值优化输入 $\boldsymbol{u}^*$ 必须满足其汉密尔顿函数在最小值状态,即

$$H(\pmb{x}^*,\pmb{u}^*,\pmb{\lambda}^*,t) \leqslant H(\pmb{x}^*,\pmb{u},\pmb{\lambda}^*,t), \forall \pmb{u} \in U, t \in [t_{mn}^0,t_{mn}^{out}] \tag{7-29}$$

其必要条件为

$$\begin{cases} \dfrac{\partial H_{mn}}{\partial \pmb{u}} = 0 \\ \dfrac{\partial H_{mn}}{\partial \pmb{x}} = -\dot{\pmb{\lambda}} \\ \dfrac{\partial H_{mn}}{\partial \pmb{\lambda}} = \dot{\pmb{x}} \end{cases} \tag{7-30}$$

因此，基于V2X通信的智能网联汽车时空轨迹优化问题的汉密尔顿函数为

$$H_{mn} = \lambda_1 v_{mn}(t) + \lambda_2 u_{mn}(t) + w_5(u_{mn}(t)^2 + 2u_{mn}(t)v_{mn}(t))\chi(u_{mn}(t)) \tag{7-31}$$

式中，智能网联汽车的横向移动轨迹对其汉密尔顿函数的变化值无差异变化，所以将在车辆协同换道过程中进行优化。

将式（7-31）带入式（7-30）可得出如下函数关系：

$$\begin{cases} \dfrac{\partial H_{mn}}{\partial u_{mn}} = \lambda_2 + 2w_5(u_{mn}(t)+v_{mn}(t)) = 0 \Rightarrow \lambda_2 = -2w_5(u_{mn}(t)+v_{mn}(t)) \\ \dot{\lambda}_1 = \dfrac{\partial H}{\partial x_{mn}} = 0 \Rightarrow \lambda_1 = C \\ \dot{\lambda}_2 = \dfrac{\partial H}{\partial v_{mn}} = \lambda_1 + 2w_5 u_{mn}(t) \end{cases} \tag{7-32}$$

式中，C 为待定常数。

求解过程状态向量 λ 同时，应满足固定成本 $g(\pmb{x}_{mn}(t_{mn}^{out}))$ 的条件：

$$\pmb{\lambda}(t_{mn}^{out}) = \dfrac{\partial g(\pmb{x}_{mn}(t_{mn}^{out}))}{\partial \pmb{x}_{mn}} \Rightarrow \begin{cases} \lambda_1(t_{mn}^{out}) = 2w_2(x_{mn}(t_{mn}^{out})-L) \\ \lambda_2(t_{mn}^{out}) = 2w_3(v_{mn}(t_{mn}^{out})-\bar{v}_{mn}^{out}) \end{cases} \tag{7-33}$$

7.4 基于先进先出算法的协同换道方法

为了准确描述车辆协同换道过程的相关信息，以发送换道信息的车辆为协同换道主视角，在路段内设置基于先进先出（First In First Out，FIFO）算法的协同换道方法，如图7-5所示。编号为 C_{mn} 的车辆是位于车道 m 正中的红色车辆，准备从当前车道 m 变换车道到目标车道 $m+1$。黄色车辆为车辆 C_{mn} 从 m 变换车道到目标车道 $m+1$ 的主威胁车辆；橙色车辆为车辆 C_{mn} 从 m 变换车道到目标车道 $m+1$ 的次威胁车辆；蓝色车辆为车辆 C_{mn} 从 m 变换车道到目标车道 $m+1$ 的无威胁车辆。

图7-5中，已知换道发起车辆 C_{mn} 的位置、速度等车辆相关信息，结合目标车道信息可分析 C_{mn} 的换道环境。若目标车道与当前车道不相邻，则分解为多次相邻车道的换道过程。定义 C_{mn} 的前方车辆、后方车辆及目标相邻车道的相关车辆为主威胁车辆，是车辆换道过程中优先考虑的目标；定义对当前行驶过程及潜在换道过程可能有影响的车辆为次威胁车辆；定义其他对本次换道过程无影响的车辆为无威胁车辆。

对离线轨迹地图加载在线交通环境，对潜在安全换道过程进行潜在换道冲突安全检验。换道冲突安全检验状态流程图如图7-6所示。

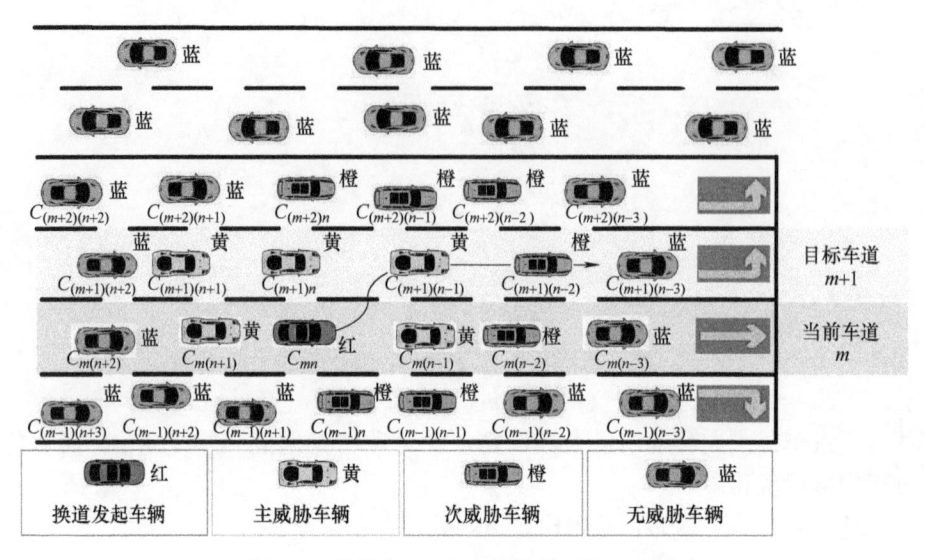

图 7-5　编号为 C_{mn} 的车辆换道环境示意图

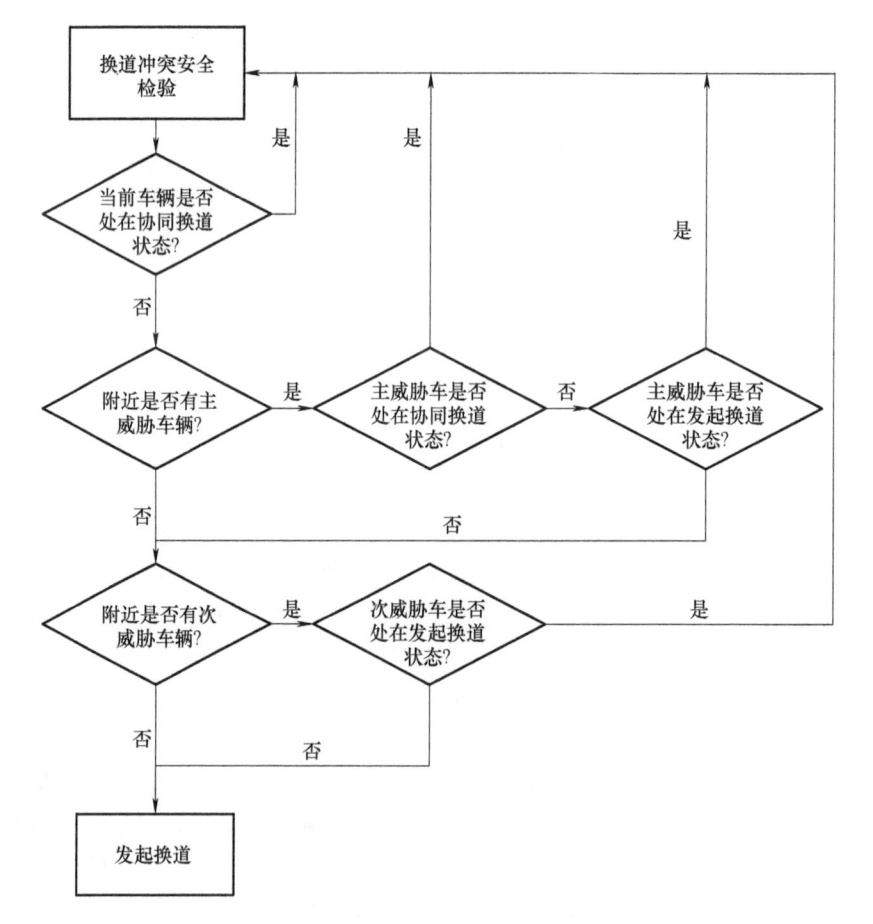

图 7-6　换道冲突安全检验状态流程图

通过换道冲突安全检验后可以正式对目标车道发起换道请求，若目标车道无主威胁车和次威胁车则可结合车载传感器收集的车辆交通环境信息直接换道；若目标车道存在主威胁车或次威胁车，则基于换道发起车的车辆交通环境信息确定换道间隙及目标协同车辆。

换道间隙及目标协同车辆的确定，主要是基于主车 C_{mn} 及目标车道（$m-1$）主威胁车辆 $C_{(m+1)n}$、$C_{(m+1)(n-1)}$ 和 $C_{(m+1)(n+1)}$ 的车辆速度进行判断，若目标车道车流速度大于主车速度，则选择水平位置的主威胁车辆 $C_{(m+1)n}$ 的后方间隙作为目标换道间隙，同时后车 $C_{(m+1)(n+1)}$ 作为目标协同车辆；若目标车道车流速度小于或等于主车速度，则选择水平位置的主威胁车辆 $C_{(m+1)n}$ 的前方间隙作为目标换道间隙，同时车辆 $C_{(m+1)n}$ 作为目标协同车辆；若无水平位置主威胁车辆，则选择水平位置后车作为目标协同车辆，其前方间隙作为目标间隙。在后续步骤的讨论中，将以目标车道车流速度等于主车速度为例，以主威胁车辆 $C_{(m+1)n}$ 为目标协同换道车辆，主威胁车辆 $C_{(m+1)n}$ 的前方间隙作为目标换道间隙。

通过确定换道间隙及目标协同车辆的操作，可以得到目标换道间隙和目标协同车辆。协同换道过程具有满足不同车流饱和度的包容性，因此本章以饱和度较高的车流情况为例进行讨论。协同换道过程如下：

1）主车 C_{mn} 向目标换道间隙后的目标协同换道车辆 $C_{(m+1)n}$ 发起换道请求。
2）目标协同换道车辆 $C_{(m+1)n}$ 及后车 $C_{(m+1)(n+1)}$ 等调整车速为发起换道请求的车辆 C_{mn} 提供安全换道间隙。
3）主车匀速或变速驶入目标车道，更新主车时空轨迹。
4）更新原主车车道后方车辆及目标车道换道间隙后方车辆的时空轨迹。

换道过程的各车道车辆时空轨迹如图7-7所示，可以看到发起换道申请的主车所在车道和目标车道上的车辆运动过程。

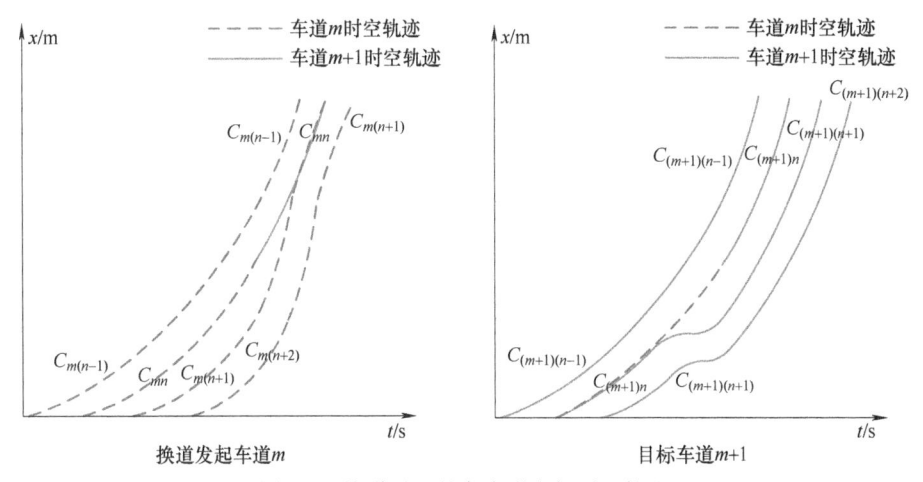

图7-7 换道过程的各车道车辆时空轨迹

7.5 基于强化学习的优化方法

为了提升智能网联汽车多车道时空轨迹优化的效率，本章设计了基于强化学习算法的时空轨迹优化算法可以快速匹配最优轨迹。该算法共包含计算两个不同输入的内容：时空轨迹的优化，以车辆当前位置、速度及目标驶出车道、时段为输入，车辆加速度的集合为输出；多车道协同换道的优化，以车辆当前位置、速度及目标车道威胁车位置、速度为输入，车辆加速度集合为输出。车辆发起换道请求后可通过强化学习匹配智能网联汽车协同换道过程的轨迹,换道完成后通过强化学习匹配此时刻的时空轨迹以达到多车道轨迹优化。

智能网联汽车多车道时空轨迹优化过程的状态向量满足马尔可夫性,即系统的下一状态 s_{t+1} 只与当前的状态 s_t 有关,与前序状态无直接关联,那么有

$$s_t = [\boldsymbol{x}_{mn}(t), \boldsymbol{u}_{mn}(t), \boldsymbol{\varphi}_{mn}(t), \boldsymbol{I}_{m+1}(t), \boldsymbol{I}_{m-1}(t)] \tag{7-34}$$

$$\boldsymbol{P}[s_{t+1}|s_t] = \boldsymbol{P}[s_{t+1}|s_1, s_2, s_3, \cdots, s_t] \tag{7-35}$$

式中,$\boldsymbol{P}$ 为各状态之间转移的概率矩阵。

定义五元组 (S, A, P, R, γ) 描述多车道时空轨迹优化过程。其中,S 为状态集合,即包含车辆当前状态及路段内交通流状态;A 为执行动作的集合,即车辆优化输出的横向纵向加速度的集合;P 为各状态转移矩阵;R 为该过程的奖励函数,与成本函数 J 呈负线性关系;γ 为计算值函数时 $v_\pi(s)$ 的折扣因子。对于一个固定的策略 π,状态值函数 $v_\pi(s)$ 可由下式计算:

$$v_\pi(s) = E_\pi \left[\sum_{k=0}^{\infty} \gamma^k R_{t+k+1} \mid S_t = s \right] \tag{7-36}$$

式中,E_π 为累计回报值的数学期望。

对于每个动作 a 的价值,定义 $q_\pi(s, a)$ 为动作值函数,可由下式计算:

$$q_\pi(s, a) = E_\pi \left[\sum_{k=0}^{\infty} \gamma^k R_{t+k+1} \mid S_t = s, A_t = a \right] \tag{7-37}$$

把式(7-35)的马尔可夫性带入式(7-36)与式(7-37)中,即可得到最优状态值函数 $v^*(s)$ 和最优动作值函数 $q^*(s, a)$ 的贝尔曼最优递归方程:

$$v^*(s) = \max_a R_s^a + \gamma \sum_{s' \in S} p_{ss'}^a v^*(s') \tag{7-38}$$

$$q_\pi^*(s, a) = R_s^a + \gamma \sum_{s' \in S} p_{ss'}^a \max_{a} q^*(s', a') \tag{7-39}$$

式中,s' 和 a' 分别为下一时刻的状态和动作。

通过上述函数,最大化 $q^*(s, a)$ 可得到最优策略:

$$\pi^*(a|s) = \begin{cases} 1, & \text{当 } a = \arg\max_{a \in A} q^*(s, a) \\ 0, & \text{其他} \end{cases} \tag{7-40}$$

式(7-40)可通过 Q-learning 算法计算得出(见表 7-1)。

表 7-1 Q-learning 算法

步骤	算法伪代码释意
1	初始化 $q(s, a)$
2	while ($\pi(s) = \arg\max_a q(s, a)$)
3	| 选择初始状态 s_0,参考 ε-greedy 策略在状态 s_0 处执行动作 a_0;
4	while($s_t = s_T$)
5	| (1) 参考 ε-greedy 策略在状态 s_t 处的执行动作 a_t,获取奖励 r_t 和下一时刻状态 s_{t+1};
6	(2) $q(s_t, a_t) \leftarrow q(s_t, a_t) + a(r_{t+1} + \gamma \max_a q(s_{t+1}, a) - q(s_t, a_t))$;
7	(3) $s_t = s_{t+1}$;| |
8	最优策略 $\pi(s) = \arg\max_a q(s, a)$

表 7-1 中,第 4 行 s_T 为终止状态;第 3 行和第 5 行所用的 ε-greedy 策略为了增强算法的多

样性探索能力，其具体计算如式（7-41）所示；第 6 行利用后继状态估计当前值函数对最优动作函数进行更新。

$$\pi(a|s) = \begin{cases} 1-\varepsilon+\dfrac{\varepsilon}{N(a)}, & \text{当 } a = \arg\max_{a} q(s,a) \\ \dfrac{\varepsilon}{N(a)}, & \text{其他} \end{cases} \quad (7\text{-}41)$$

式中，$N(a)$ 为动作的总共个数；ε 为随机动作选取概率，ε-greedy 以 $1-\varepsilon$ 的概率选取算法的最优动作，以 ε 的概率选取随机动作，以保证每个动作都有被选择的可能。

7.6 基于 MySQL 数据库的时空轨迹匹配方法

为了实现多车道时空轨迹的最优匹配，本章设计了基于 MySQL 数据库的时空轨迹匹配方法。首先，将历史数据离散化处理后存入 MySQL 数据库；之后，确定输入车辆驶入路段初始状态及使出路段状态；最后，将最优轨迹输出到车辆应用。

（1）离散化历史数据

时空轨迹数据主要可从两个维度离散为最优时空轨迹时间 t_{opt} 及最优时空轨迹距离 d_{opt}：

$$t_{opt} \in \left\{ t_{opt}^{min}, t_{opt}^{min}+\psi, t_{opt}^{min}+2\psi, \cdots, t_{opt}^{min}+i\psi, t_{opt}^{max} \right\} = T_{opt}$$
$$i = 1,2,3,\cdots,\dfrac{t_{opt}^{max}-t_{opt}^{min}}{\psi}-1 \quad (7\text{-}42)$$

$$d_{opt} \in \left\{ d_{opt}^{min}, d_{opt}^{min}+\theta, d_{opt}^{min}+2\theta, \cdots, d_{opt}^{min}+i\theta, d_{opt}^{max} \right\} = D_{opt}$$
$$i = 1,2,3,\cdots,\dfrac{d_{opt}^{max}-d_{opt}^{min}}{\theta}-1 \quad (7\text{-}43)$$

式中，t_{opt}^{min} 为最小行驶时间；t_{opt}^{max} 为最大行驶时间；Ψ 为时间离散步长；T_{opt} 为可行驶的时间集合；d_{opt}^{min} 为最小行驶距离；d_{opt}^{max} 为最大行驶距离；θ 为空间离散步长；D_{opt} 为可行驶的时间集合。

（2）输入车辆状态

车辆状态主要包括两类，车辆驶入路段的状态如下：

$$x_{mn}(t_{mn}^{0}) = 0 \quad (7\text{-}44)$$

$$y_{mn}(t_{mn}^{0}) = \left(m-\dfrac{1}{2}\right)d \quad (7\text{-}45)$$

$$x_{mn}(t_{mn}^{out}) = d_{opt} \quad (7\text{-}46)$$

$$y_{mn}(t_{mn}^{out}) = \left(\overline{m}-\dfrac{1}{2}\right)d \quad (7\text{-}47)$$

$$v_{mn}(t_{mn}^{0}) = v_{mn}^{0} \quad (7\text{-}48)$$

$$v_{mn}(t_{mn}^{out}) = v_{m}^{lim} \quad (7\text{-}49)$$

$$t_{mn}^{0} = 0 \quad (7\text{-}50)$$

$$t_{mn}^{out} = t_{opt} \quad (7\text{-}51)$$

式（7-44）和式（7-45）描述了驶入路段的位置；式（7-46）和式（7-47）描述了驶出路段的位置；式（7-48）和式（7-49）描述了车辆驶入和驶出的速度；式（7-50）和式（7-51）描述了车辆驶入和驶出的时间。

(3) 输出离线最优时空轨迹

车辆多车道最优时间和空间轨迹可通过 MySQL 数据库的数据集 V 完成匹配输出：

$$V = \{V(t_{opt}, d_{opt}) \mid t_{opt} \in T_{opt}, d_{opt} \in D_{opt}\} \tag{7-52}$$

式中，$V(t_{opt}, d_{opt})$ 为最优行驶时间 t_{opt} 和最优行驶距离 d_{opt} 对应的最优行驶时空轨迹。

7.7 基于双尾配对 T 检验算法的系统分析方法

为了使系统处于有效指标的衡量过程中，本章设定三种测量指标以判断系统的有效性，其计算方法基于实验输出的车辆位置、速度、加速度等求解得到。测量指标及相应的收益及算法如下：

$$B_{TP} = \frac{TP_e - TP_b}{TP_b} \times 100\% \tag{7-53}$$

$$B_{FE} = \frac{FE_e - FE_b}{FE_b} \times 100\% \tag{7-54}$$

$$B_{CE} = \frac{CE_e - CE_b}{CE_b} \times 100\% \tag{7-55}$$

式中，B_{TP} 为交叉口平均吞吐量收益；B_{FE} 为车辆燃油消耗收益；B_{CE} 为车辆二氧化碳排放量收益；TP_b 为基准场景中交叉口平均吞吐量（辆/h）；TP_e 为采用本章提出的优化方法 MSTTOM 下交叉口平均吞吐量（辆/h）；FE_b 为基准场景中车辆燃油消耗效率（km/L）；FE_e 为 MSTTOM 下车辆燃油消耗效率（km/L）；CE_b 为基准场景中车辆二氧化碳排放量（mg）；CE_e 为 MSTTOM 优化方法下车辆二氧化碳排放量（mg）。

为了更好地验证多种实验方案及实验因素对于系统的作用，本章基于统计学中显著性检验的方法，验证本章时空轨迹优化方法效果。考虑到实际道路情况最低速度限制、汽车饱和度指数及平均绿信比灯因素与本章提出的时空轨迹优化方法存在一定的相关性，通过双尾配对 T 检验算法中的皮尔逊相关系数（Pearson Correlation Coefficient，PCC）检验不同场景下系统的优化效果，具体计算方法如下：

$$p_{X,Y} = \frac{\text{cov}(X,Y)}{\delta_X \delta_Y} = \frac{E((X-u_X)(Y-u_Y))}{\delta_X \delta_Y} \tag{7-56}$$

$$p_{X,Y} = \frac{E(XY) - E(X)E(Y)}{\sqrt{E(X^2) - E(X)^2}\sqrt{E(Y^2) - E(Y)^2}} \tag{7-57}$$

$$p_{X,Y} = \frac{N_P \sum XY - \sum X \sum Y}{\sqrt{N_P \sum(X^2) - (\sum X)^2}\sqrt{N_P \sum(Y^2) - (\sum Y)^2}} \tag{7-58}$$

$$p_{X,Y} = \frac{\sum XY - \dfrac{\sum X \sum Y}{N_P}}{\sqrt{\sum(X^2) - \dfrac{(\sum X)^2}{N_P}}\sqrt{\sum(Y^2) - \dfrac{(\sum Y)^2}{N_P}}} \tag{7-59}$$

$$X = \{v_0^{\min}, P_{GR}, P_{CG}\} \tag{7-60}$$

$$Y = \{B_{TP}, B_{FE}, B_{CE}\} \tag{7-61}$$

式中，$p_{X,Y}$ 为皮尔逊相关系数；X、Y 为皮尔逊相关性检验的两项变量；N_P 为样本容量；cov( ) 为协方差；$\delta(\ )$为标准差；$v_0^{\min}$为最低速度限制；P_{GR}为信号控制绿信比；P_{CL}为道路拥堵程度。

皮尔逊相关系数$p_{X,Y}$相关性强弱范围划分如表7-2所示。

表7-2 皮尔逊相关系数$p_{X,Y}$相关性强弱范围划分

皮尔逊相关系数范围	相关关系
(0.8, 1.0]	极强相关
(0.6, 0.8]	强相关
(0.4, 0.6]	中等强度相关
(0.2, 0.4]	弱相关
[0.0, 0.2]	极弱相关或无相关

7.8 基于SUMO软件二次开发的模型仿真验证

为了验证上述优化系统方案的可行性和有效性，并保障信号交叉口的车辆处于最佳机动性水平，本章通过基于SUMO软件的测试平台对该优化系统进行仿真实验和评估。

7.8.1 基于SUMO软件的测试平台

SUMO软件是一种纯粹的微观交通模拟软件。在道路网络中的每辆车都将给定标识、出发时间和车辆类型[18]。SUMO软件的模拟是时间离散和空间连续的，并且在内部描述每个车辆的位置，即所在的车道和从起点开始的距离。当车辆移动时，使用跟车模型计算车速。在SUMO仿真软件中，车辆的模型是无碰撞的，所以模拟中不允许模型不完整造成的变异出现。V2X的通信仿真器可以通过SUMO软件实现。SUMO软件给不同交通需求的车辆通过Dijkstra算法分配适当路线，其主要任务是对交通参与者选择路线到目的地的过程建模。由于通过路线图边缘的时间很大程度上取决于使用此边缘的交通参与者数量，交通分配是实现大规模交通模拟的关键步骤。

SUMO软件地图构建架构如图7-8所示。

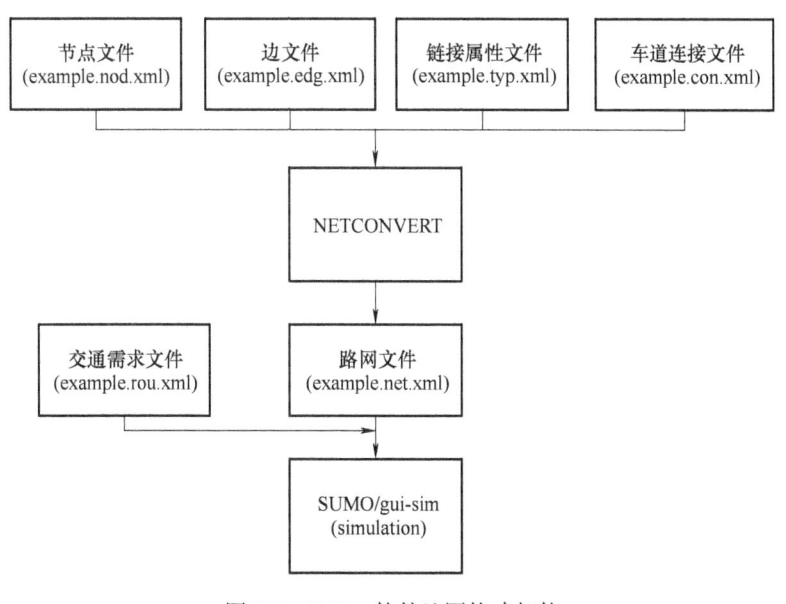

图7-8 SUMO软件地图构建架构

7.8.2　基于 SUMO 软件的测试方案

本章通过 SUMO 软件中的 NETEDITOR 搭载出了多车道路段实验场景。仿真场景示意图如图 7-9 所示。该交叉口为典型的十字路口，路口信号灯设置为典型的四相位信号灯设置。由于各路段具有相似的空间特征，因此实验研究路段选择交叉口西侧西向东方向进入交叉口的 4 车道路段。环形检测器位于路段上游距离信号灯 200m 处。

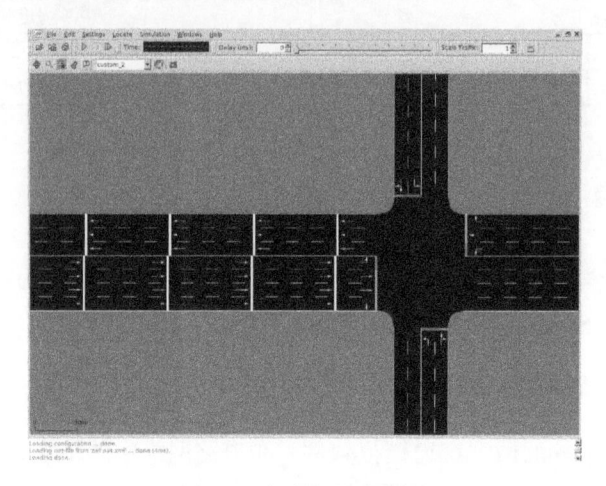

图 7-9　仿真场景示意图

仿真过程分别对软件原始的基准场景、GPPA 场景[19]及本章提出的 MSTTOM 场景对车辆饱和度为 0.6、0.8 及 1.0 的三种车流量情况进行仿真模拟测试。车辆仿真示意图如图 7-10 所示。

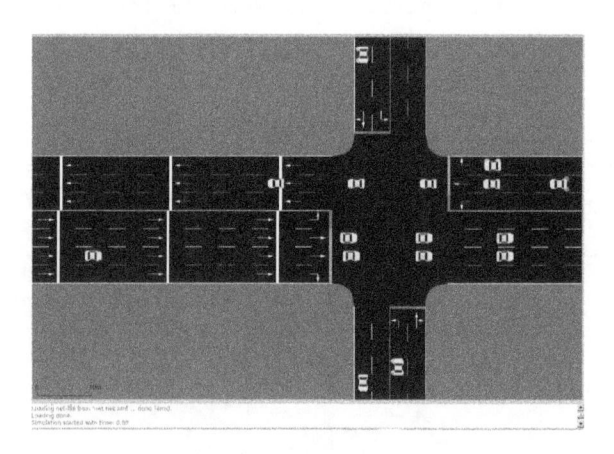

图 7-10　车辆仿真示意图

三种情况的定义如下所示：

1）基准场景。该场景中采用 SUMO 软件中传统人为驾驶的车辆模型，即该场景下无受控车辆、无网联通信状况。因此该场景可以模拟当前传统驾驶习惯下车辆的驾驶情况。

2）GPPA 测试场景。GPPA 驾驶优化系统由美国联邦公路局（Federal Highway Administration，FHWA）设计开发，并经过大量的仿真和验证，是现阶段很先进的环保驾驶优化系统之一。该场景下，交通流的全部车辆为网联智能车辆，都受 GPPA 的优化系统控制。

3) 本章提出的优化场景。该场景中所有车辆皆为智能网联汽车，所有车辆都将应用本章提出的时空轨迹生成算法及车辆协同换道算法。

以上三种场景均采用 KRAUSS 跟车模型模拟跟车情况[20]。仿真测试条件及参数如表 7-3 所示。

表 7-3 仿真测试条件及参数

参数	单位	设定值
检测器至交叉口距离	m	200
静止状态下最小车头时距	m	2
车辆长度	m	4.5
车辆宽度	m	1.8
车辆高度	m	1.5
车道宽度	m	3.5
信号周期时长	s	60
绿灯时长	s	12
红灯时长	s	45
黄灯时长	s	3
单车道饱和交通流率	辆/h	1800
最大速度	km/h	60
最小速度	km/h	0
最大加速度	m/s²	2.6
最大减速度	m/s²	-4
横向最大加速度	m/s²	2
横向最大减速度	m/s²	-2
最大冲击	m/s³	10
左向最大冲击	m/s³	10
右向最大冲击	m/s³	10
权重系数 w_1	—	100
权重系数 w_2	—	50
权重系数 w_3	—	10
权重系数 w_4	—	200
权重系数 w_5	—	1
权重系数 w_6	—	5

为了排除场景内非相关因素影响，对 SUMO 软件中仿真场景设置进行简化，包含以下条件：

1) 仿真环境内车辆均为相同的型号、尺寸及运动学特征。
2) 仿真环境内无特殊天气影响且道路附着系数保持恒等。
3) 仿真环境内道路均为平直道路，且无匝道、非机动车道或停车位等情况导致了车辆驶入或驶出。
4) 路段道路保持水平且无倾角变化，即车辆不会处在上坡或下坡的情况。

5) 仿真环境内车辆的到达概率具有随机性且符合泊松分布。

基于 SUMO 软件的部分仿真过程如图 7-11 所示。以西向东方向得红色车辆为主视角观察可得，该车从最外侧车道企图在该相位绿灯时间内直行通过交叉口。在此过程中，该红色车辆与内侧车道的车辆完成多车道协同换道。

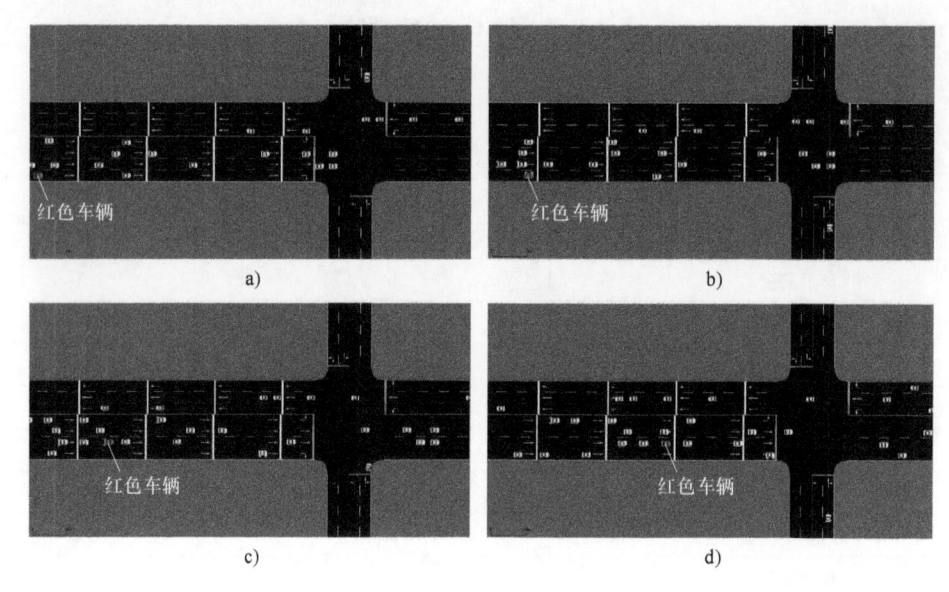

图 7-11 基于 SUMO 软件的部分仿真过程

7.8.3 测试结果分析

通过 SUMO 软件的仿真可以得到车辆的输出数据。图 7-12 所示为测试道路路段车道上的车辆时空轨迹，虚线为车辆在外侧车道上运行的时空轨迹，实线为车辆在内侧车道上运行的时空轨迹。通过观察发现，系统优化下换道车辆均能快速安全地完成换道运动。若换道车辆提出换道行为，目标车道网联自动驾驶车辆能够主动调整车辆位置，为发起换道车道上的换道车辆提供最优安全间隙并且与发起换道车辆共同调整速度，在短时间、短距离下并入目标车道。这证明车辆协同换道优化，在多车道信号交叉口环境下，能够有效达到车辆换道优先的预期优化目标。多车道信号交叉口环境下车辆使轨迹呈现平滑过渡的特征，车辆在驶近交叉口过程中未出现剧烈的速度变化，有助于降低系统整体的车辆燃油消耗与污染物排放。结果也验证了车辆协同换道速度优化问题中以车辆时轨迹最小化为目标函数的合理性。

下面对路网内交叉口停车线处的车头时距及损失时间进行分析（见图 7-13）。图中点画线为基准场景中的测试统计结果，虚线为 GPPA 场景中的测试统计结果，实线为 MSTTOM 场景中内侧车道的测试统计结果。图中，车头时距统计过程中已去掉红灯相位起始前最后一辆车与红灯相位结束后第一辆车之间的到达时间间隔。跃升部分为绿灯开始初期首车损失时间及其后部分车辆的车头时距的损失时间。通过观察可以发现，多车道系统优化的车辆损失时间显著低于基准场景中的车辆损失时间，且更快地达到饱和车头时距，增大了信号交叉口的有效绿灯时间。

通过观察可以发现，优化系统能有效减小车辆的车头时距，增大单位时间内通过交叉口停车线的车辆数，提升交叉口处的饱和流率。对于 GPPA 场景，在实验过程中，部分车辆受

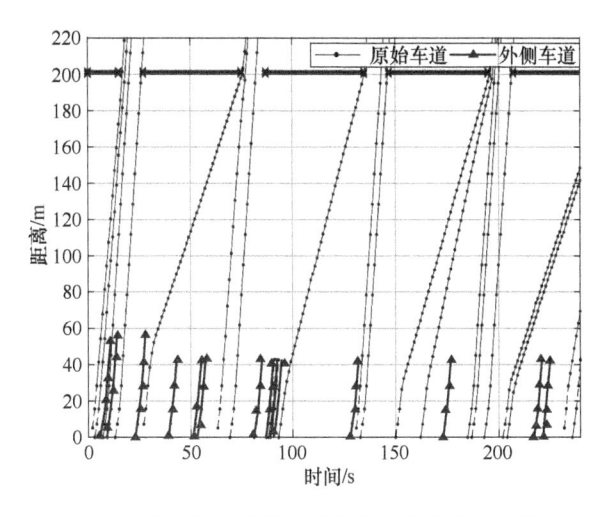

图 7-12 测试道路路段内侧车道上的车辆时空轨迹

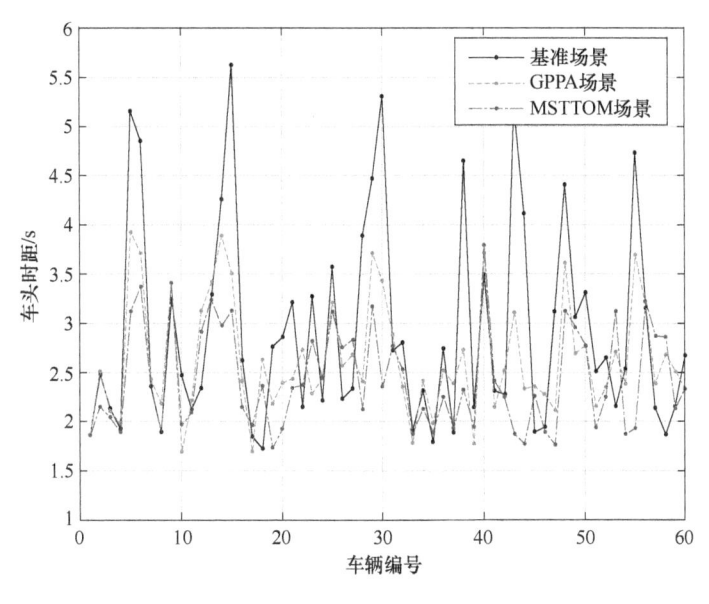

图 7-13 车头时距变化

到车辆换道的影响造成车头时距与绿灯损失时间大幅增加。MSTTOM 优化下，各交叉口车辆的车头时距均显著降低，增大交叉口处的饱和流率。根据信号交叉口道路交通控制特性可知，有效绿灯时间及饱和流率增大将直接提升绿灯相位内通过交叉口停车线的车辆数，即增大交叉口吞吐量。

对系统优化下系统整体的车辆燃油效率及相应收益进行分析（见图 7-14）。经 T 检验验证，MSTTOM 场景中车辆燃油效率数据与基准场景中车辆燃油效率数据间具有显著的统计学差异。通过观察可知，使用多车道优化系统能有效改善车辆燃油效率，降低车辆燃油消耗。

经过计算可以得出车辆燃油消耗收益（见图 7-15）。在不同车辆饱和度的情况下，GPPA 场景与本章的 MSTTOM 场景均有较大幅度燃油效率的收益。MSTTOM 场景与 GPPA 横向对比，可以发现该系统在改善交通机动性、提升车辆燃油效率和降低污染物排放量方面的优势。

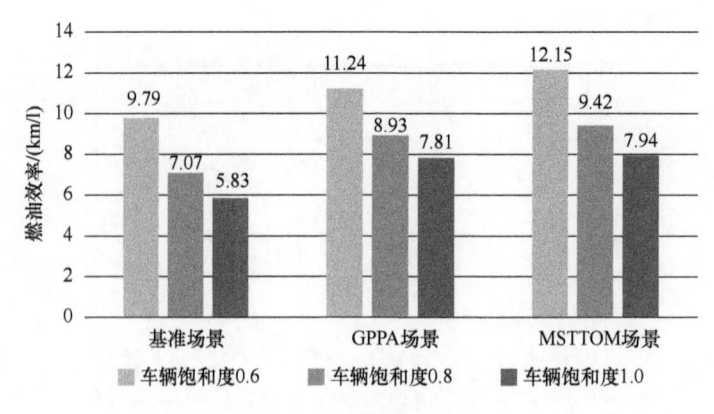

图 7-14 车辆燃油效率

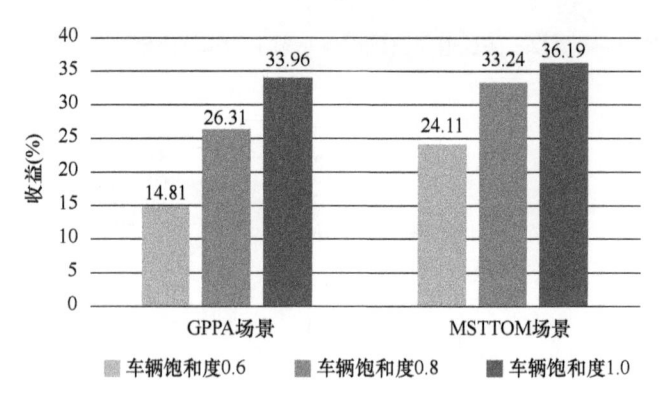

图 7-15 车辆燃油消耗收益

下面对本章的 MSTTOM 场景在不同迭代时间步长和优化时间跨度下的系统计算时间进行分析（见图 7-16）。系统计算时间与优化时间跨度的长短呈正比例关系，与迭代时间步长呈反比例关系，0.93s 的最大计算时间出现在优化时间跨度为 50s、迭代时间步长为 0.2s 的情况下。在仿真过程中，所有智能网联汽车的优化时间跨度均小于 50s，迭代时间步长均大于 0.2s，因此系统计算时间小于 1s，即系统时间有效性能满足实时优化的需求。

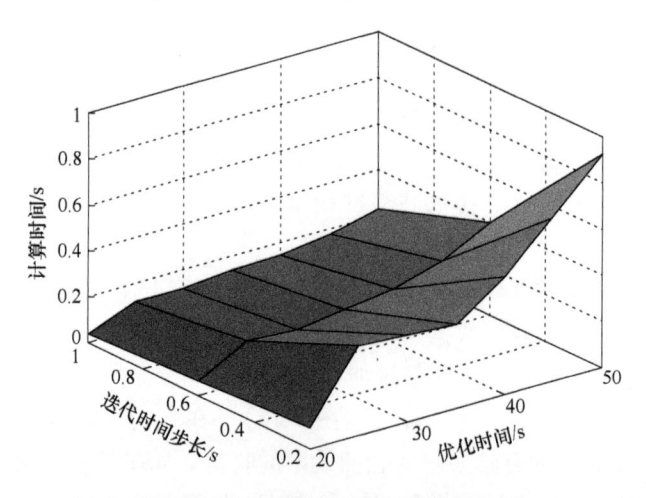

图 7-16 不同优化下的系统计算时间

7.8.4 实验结果总结

本章提出的多车道轨迹优化系统（即 MSTTOM 场景）能够在网联自动驾驶环境下保障信号交叉口车辆最优机动性、改善车辆燃油效率及降低污染物排放量，具体的实验结果总结如下：

1）该系统场景实现了随机车流状态下多车道协同换道的功能。

2）该系统场景相比于基准场景改善了路段范围内车辆的机动性，并提高了车辆燃油效率，降低了污染物的排放量。

3）该系统场景横向对比较为先进的 GPPA 场景在车辆燃油消耗方面仍提高了 32% 的收益，具有一定的先进性。

4）该系统场景能够平滑消除由于交叉口信号控制引发的交通波动，使路段内交通流通行更为合理。

5）该系统场景对于交通随机性具有良好的鲁棒性，对于随机车流的情况可以保持平稳的效果。

6）系统的计算时间均低于 1s，分布主要集中于 0.3~0.7s，满足实时优化的需求。

参 考 文 献

[1] 侯凯文. 基于虚拟轨道的自动驾驶车辆管控方法和系统研究[D]. 北京：北京交通大学，2020.

[2] KATRAKAZAS C, QUDDUS M, CHEN W, et al. Real-time motion planning methods for autonomous on-road driving: State-of-the-art and future research directions[J]. Transportation Research Part C: Emerging Technologies, 2015, 60: 416-442.

[3] CHEN D, AHN S, CHITTURI M, et al. Towards vehicle automation: Roadway capacity formulation for traffic mixed with regular and automated vehicles[J]. Transportation Research Part B: Methodological, 2017, 100: 196-221.

[4] JIANG H, HU J, AN S, et al. Eco approaching at an isolated signalized intersection under partially connected and automated vehicles environment[J]. Transportation Research Part C: Emerging Technologies, 2017, 79: 290-307.

[5] DRESNER K, STONE P. A multiagent approach to autonomous intersection management[J]. Journal of Artificial Intelligence Research, 2008, 31(1): 591-656.

[6] DRESNER K, STONE P. Multiagent traffic management: An improved intersection control mechanism[C]// AAMAS '05: Proceedings of the Fourth International Joint Conference on Autonomous Agents and Multiagent Systems, July 25-29, 2005, Utrecht. New York: Association for Computing Machinery, c2005: 471-477.

[7] DRESNER K, STONE P. Multiagent traffic management: A reservation-based intersection control mechanism [C]//AAMAS '04: Proceedings of the Third International Joint Conference on Autonomous Agents and Multiagent Systems, Autonomous Agents and Multiagent Systems, July 23, 2004, New York. Washington: IEEE Computer Society, c2004: 530-537.

[8] 金盛，沈莉潇，贺正冰. 基于多源数据融合的城市道路网络宏观基本图模型[J]. 交通运输系统工程与信息，2018，18(2): 108-115, 127.

[9] WANG P, WANG Y, DENG H, et al. Multilane spatiotemporal trajectory optimization method (MSTTOM) for connected vehicles[J]. Journal of Advanced Transportation, 2020, 2020: 8819911.

[10] ABDELHAMEED M, ABDELAZIZ M, HAMMAD S, et al. Development and evaluation of a multi-agent autonomous vehicles intersection control system[C]//2014 International Conference on Engineering and Technology

(ICET), April, 19-20, 2014, Cairo. New York: IEEE, c2014: 7016754.

[11] 赵祥模, 张心睿. 网联交叉口信号-车辆轨迹协同优化控制方法[J]. 汽车工程, 2021, 43 (11): 1577-1586.

[12] TAJALLI M, HAJBABAIE A. Distributed optimization and coordination algorithms for dynamic speed optimization of connected and autonomous vehicles in urban street networks[J]. Transportation Research Part C: Emerging Technologies, 2018, 95: 497-515.

[13] LOIS D, WANG Y, BOGGIO-MARZET A, et al. Multivariate analysis of fuel consumption related to eco-driving: Interaction of driving patterns and external factors[J]. Transportation Research Part D: Transport and Environment, 2019, 72: 232-242.

[14] GRUMERT E, TAPANI A. Impacts of a cooperative variable speed limit system[J]. Procedia-Social and Behavioral Sciences, 2012, 43: 595-606.

[15] JO Y, CHOI H, JEON S, et al. Variable speed limit to improve safety near traffic congestion on urban freeways[C]//2012 IEEE International Conference on Information Science and Technology, March 23-25, 2012, Wuhan. New York: IEEE, c2012: 43-50.

[16] FANG Y, GUO Z. Research on the method of dynamic speed limit on expressway under complex climate based on pavement skid-resistant performance[J]. Advanced Materials Research, 2013, 723: 189-195.

[17] ZHU F, UKKUSURI S. Accounting for dynamic speed limit control in a stochastic traffic environment: A reinforcement learning approach[J]. Transportation Research Part C: Emerging Technologies, 2014, 41: 30-47.

[18] ALDANA-MUÑOZ M, MAESO-GONZÁLEZ E, GARCÍA-RODRÍGUEZ A. Contributions of eco-driving on traffic safety[J]. Securitas Vialis, 2015, 7 (1-3): 21-26.

[19] WANG J, LI C, LV J, et al. Speed guidance model during the green phase based on a connected vehicle[J]. Simulation, 2016, 92 (10): 899-905.

[20] WEI Y, AVCI C, LIU J, et al. Dynamic programming-based multi-vehicle longitudinal trajectory optimization with simplified car following models[J]. Transportation Research Part B: Methodological, 2017, 106: 102-129.

[21] RENATO D M, RENATO D C. A safe speed guidance model for highways[J]. International Journal of Injury Control and Safety Promotion, 2018, 25 (4): 408-415.

[22] LIANG X, GULER S, GAYAH V. Joint optimization of signal phasing and timing and vehicle speed guidance in a connected and autonomous vehicle environment[J]. Transportation Research Record: Journal of the Transportation Research Board, 2019, 2673 (4): 70-83.

[23] WANG P, JIANG Y, XIAO L, et al. A joint control model for connected vehicle platoon and arterial signal coordination[J]. Journal of Intelligent Transportation Systems, 2020, 24 (1): 81-92.

[24] MIRHELI A, TAJALLI M, HAJIBABAI L, et al. A consensus-based distributed trajectory control in a signal-free intersection[J]. Transportation Research Part C: Emerging Technologies, 2019, 100: 161-176.

[25] WANG P, LI P, CHOWDHURY F, et al. A mixed integer programming formulation and scalable solution algorithms for traffic control coordination across multiple intersections based on vehicle space-time trajectories[J]. Transportation Research Part B: Methodological, 2020, 134: 266-304.

[26] 季学武, 费聪, 何祥坤, 等. 基于LSTM网络的驾驶意图识别及车辆轨迹预测[J]. 中国公路学报, 2019, 32 (6): 34-42.

[27] BENLOUCIF M A, POPIEUL J, SENTOUH C. Architecture for multi-level cooperation and dynamic authority management in an automated driving system-a case study on lane change cooperation[J]. IFAC-Papers OnLine, 2016, 49 (19): 615-620.

[28] AN H, JUNG J. Design of a cooperative lane change protocol for a connected and automated vehicle based on an estimation of the communication delay[J]. Sensors, 2018, 18 (10): 3499.

[29] LI L, GAN J, ZHOU K, et al. A novel lane-changing model of connected and automated vehicles：Using the safety potential field theory [J]. Physica A：Statistical Mechanics and its Applications，2020，559：125039.

[30] 王庞伟，余贵珍，王云鹏，等. 基于滑模控制的车车协同主动避撞算法 [J]. 北京航空航天大学学报，2014，40（2）：268-273.

[31] 周彬，王云鹏，余贵珍，等. 基于驾驶人视角的换道行为分析及换道模型搭建 [C]//中国汽车工程学会. 2016 中国汽车工程学会年会 论文集. 北京：中国汽车工程学会，2016：2049-2052.

[32] WANG P，JIANG C，DENG X，et al. A multi-mode cooperative adaptive cruise switching control model for connected vehicles considering abnormal communication [C]//2017 6th Data Driven Control and Learning Systems (DDCLS)，May 26-27，2017，Chongqing. New York：IEEE，c2017：739-744.

第 8 章

面向城市路网的智能网联汽车时空轨迹优化方法

为进一步提升城市道路内时空轨迹优化方法的效果，本章针对实际交通路网具有随机性、时变性的特点，以本书第 7 章所述信号交叉口场景下的多车道时空轨迹优化系统为基础，实现城市道路环境内多节点的时空轨迹路径决策与优化。首先，搭建城市路网场景，并完成系统架构改进；然后生成考虑信号交叉口的子节点拓扑图，并计算路网承载力；最后，针对时空轨迹优化方法，设计路网环境下的路径规划算法和求解方法，以实现路网环境下多车道时空轨迹优化方法，进而提高城市路网交叉口通行效率并改善环保性能。

8.1 最优路径相关算法的研究现状

在最优路径规划问题中，Dijkstra 算法作为路径规划方法的基础，可以通过搜索大量节点来精确计算路径[1-3]。然而，高复杂性和高难度阻碍了 Dijkstra 算法的推广应用[4]。Barzdins 等[5]提出了一种具有生物搜索特点的搜索算法，比标准 Dijkstra 算法快近三倍。Joshua E[6]对最优路径问题采用了最佳优先搜索（Best First Search，BFS）算法。BFS 算法作为一种贪婪算法，能够在简单的环境中以最快的速度找到目标路径。Ducho E 等[7]针对物流环境设计了基于 A* 算法的路线规划。A* 算法结合 Dijkstra 算法和 BFS 算法，可以保证最优路径问题的快速性和准确性。然而，对于物流问题，一个目标往往被一系列目标所取代，而配送顺序的增加将问题升级为一个不确定多项式（Non-Deterministic Polynomial，NP）问题。因此，人们提出了几种仿生优化算法来解决多任务问题。Chedjou 和 Kyamakya[8]提出了一种基于神经网络的动态最优路径算法。该研究建立了一个基于递归神经网络（Recurrent Neural Network，RNN）的模型，并用动态神经网络（Dynamic Neural Network，DNN）进行了求解，实验证明了该模型的有效性、鲁棒性和收敛性。Elhoseny 等[9]提出了一种基于遗传算法的动态环境中车辆路径规划方法，通过贝塞尔曲线证明了该路径的计算效率得到了提高。Dewang 等[10]基于车辆轨迹的随机性改进了可适应鸟群优化（Adaptive Particle Swarm Optimization，APSO）算法，并将其配置与车辆轨迹规划算法。在该研究中，配备 APSO 路径规划算法的车辆能够快速识别动态拥堵并到达目的地。

为了解决复杂路网环境下大数据量快速求解的需求，国内外学者对系统求解方式进行优化[11]。Bagloee 等[12]提出了一种基于用户均衡（User Equilibrium，UE）和系统最优（System Optimal，SO）原则分别为网联汽车与非网联汽车的路径选择进行建模。Zhang 等[13]在前者基础上定义了起讫（Origin Destination，OD）对，通过求解具有最大控制潜力的 OD 对，实现路网环境内最大的通行效率。Levin 等[14]在道路交通流速度-密度关系基础上，提出了一种递增容量函数，用于表征网联汽车对道路容量的提高能力，进一步使用广义成分函数分析网联汽车对道路通行效率的影响。Wang 等[15]基于交叉嵌套逻辑（Cross-Nested Logit，CNL）和

UE 模型开发了一种标记为 RSRS-MSRA 的新求解算法,有效平衡交通流量的分布,提高通行效率。

8.2 基于 V2X 通信的城市路网场景

本章以 3×3 的"九宫格"城市路网为例,改进城市路网多车道时空轨迹优化方法。基于 V2X 通信的城市道路多车道场景如图 8-1 所示,以 3 条横向主干道路和 3 条纵向主干道路及相交而成的 9 个十字信号交叉口组成,目标车辆(红色车)由场景入口驶入,基于本章提出的路径决策模型实现城市路网内路径的规划,进而形成连续的 5 个交叉口,通过本书第 7 章提出的连续信号交叉口完成多次变道,最终通过本章所设置的场景通过交叉口。整个实验场景都处于车联网通信的覆盖范围内,且道路中行驶车辆均为网联车辆。

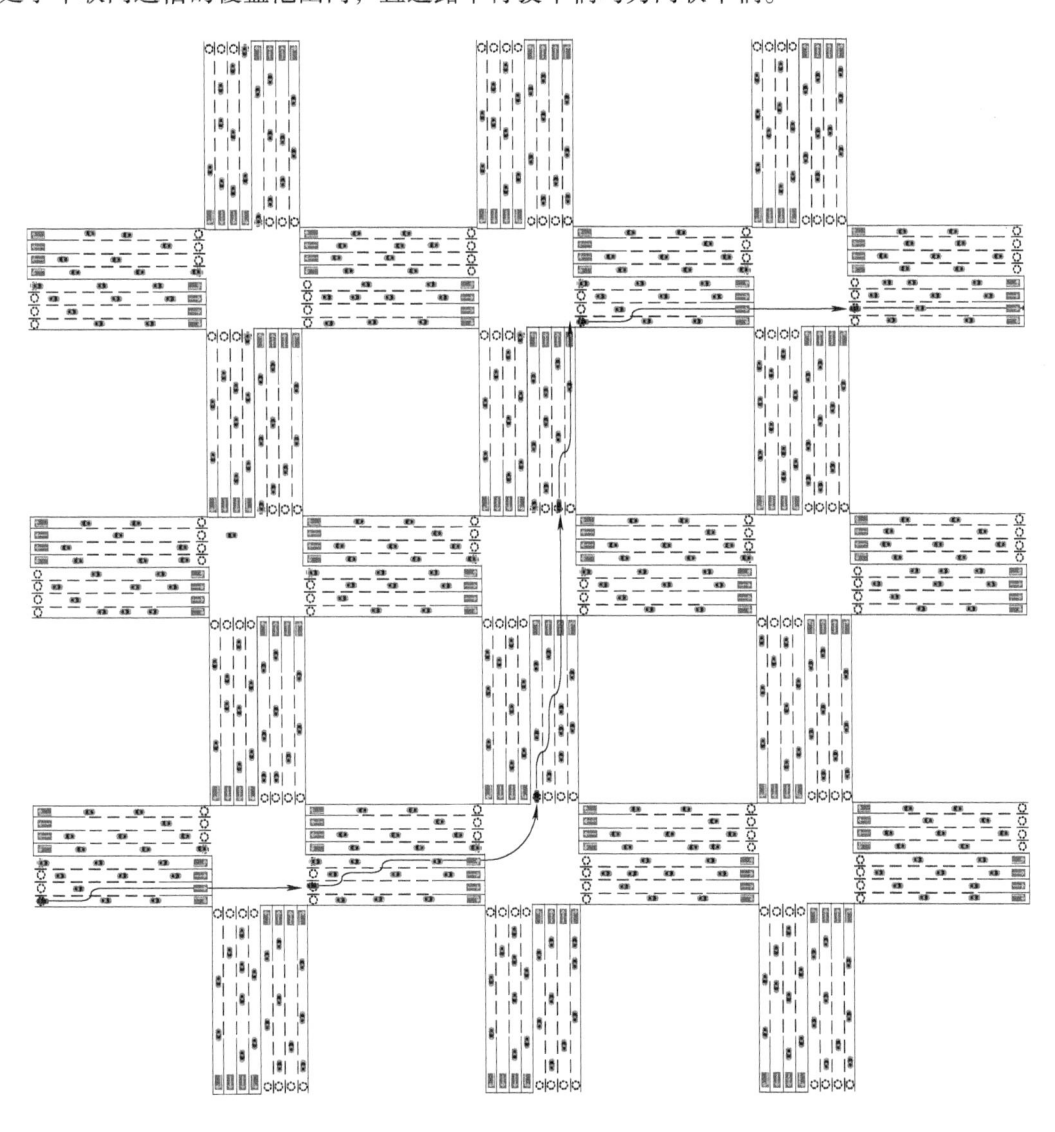

图 8-1 基于 V2X 通信的城市道路多车道场景

8.3 城市路网环境下的系统架构改进

本章基于图 8-1 所示的城市道路多车道交通场景改进了本书图 7-4 所示的系统结构。考虑城市路网内路径可选择性、时变性的特点，本章首先对实际路网进行了拓扑化处理，针对实际交叉口车流流向特点设计了基于有项加权图算法的多子节点拓扑图生成方法；然后，考虑了各信号交叉口、各路段饱和状态下将影响路径决策，设计了基于优劣解距法和重力模型法完成路网承载力的分析模型；最后，基于 D^* 算法实现了城市路网路径决策，进而形成连续的多信号交叉口路径可通过多车道时空轨迹优化方法提升实际路网交通效率。改进后的系统流程图如图 8-2 所示。

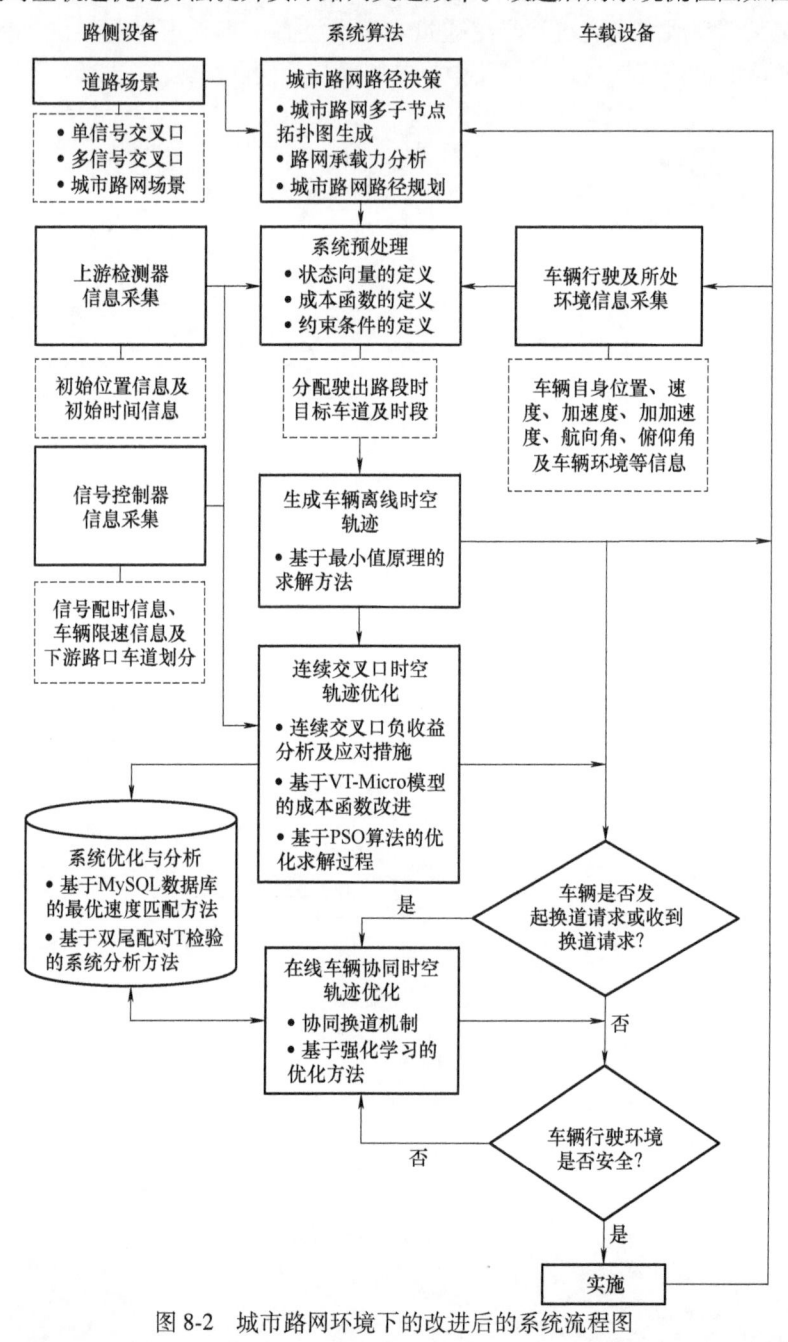

图 8-2 城市路网环境下的改进后的系统流程图

8.4 基于有向加权图方法的多子节点拓扑图生成

智能网联汽车通过各路段和信号交叉口实现空间的位移,使城市道路路网具有连通性的属性。因此,通过拓扑化的形式将真实道路环境转化为数字仿真环境中的图(Graph)。图通常可分为有向图和无向图。G 是顶点元素(Node)及顶点的有序对[即边(Edge)]的集合。G 的顶点和边将分别用 N 和 E 表示。有向图中的每个边都有特定的方向,边 $E=uv$ 不会连接顶点 u 和 v,但会连接 u 到 v,即 $uv \neq vu$。对于道路交通场景,有向图可以充分发挥城市道路方向性、连通性的特点。因此,以各信号交叉口作为有项加权图的节点,各城市道路作为有向加权图的边元素,建立路网模型如下:

$$G = \{N, E\} \tag{8-1}$$

式中,G 为路网模型的集合;N 为路网中节点的集合,如 N_{ij} 为坐标为 (i, j) 的路网节点;E 为路网中边的集合,如 $E_{ij\text{-}i*j*}$ 为节点 N_{ij} 到节点 N_{i*j*} 的边。

在路网模型 G 的投影坐标系,车辆从左下角路口到右上角的路口也可以定义为节点 N_{01} 在路网 G 中到 N_{43} 的过程。如图 8-3 所示,目标车辆在轨迹优化前,通过以有向加权图为基础的路径规划算法,得到路径为 $N_{01} \rightarrow N_{11} \rightarrow N_{21} \rightarrow N_{22} \rightarrow N_{23} \rightarrow N_{33} \rightarrow N_{43}$ 的过程,进而对每段城市道路轨迹优化,实现城市范围内时空轨迹优化。

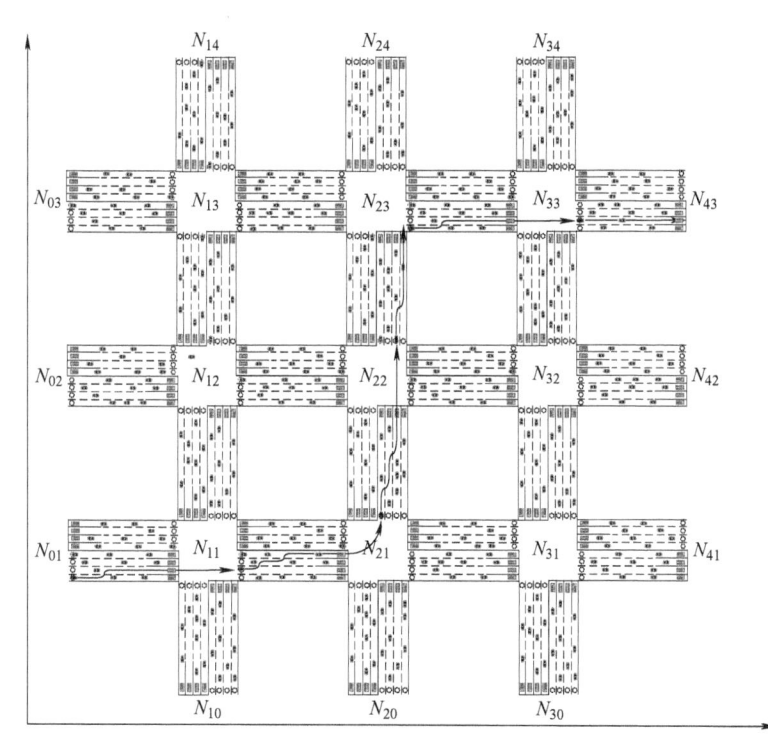

图 8-3 路网模型 G 的投影坐标系

为了进一步考虑实际道路转向对于路径规划的具体影响,本章设置了考虑子节点的有向图生成方法。由于每个边的驶出方向存在车辆左转、直行及右转三个状态,因此为每个节点 N 的四个驶出交叉口方向分别设立 1 个子节点,共 4 个子节点:N_{ij_0},N_{ij_1},N_{ij_2} 和 N_{ij_3}(以正北方向开始，顺时针依次定义）。边 $E_{ij\text{-}i^*j^*}$ 也跟随子节点有所更新（图8-4）。子节点关联关系如表8-1所示。

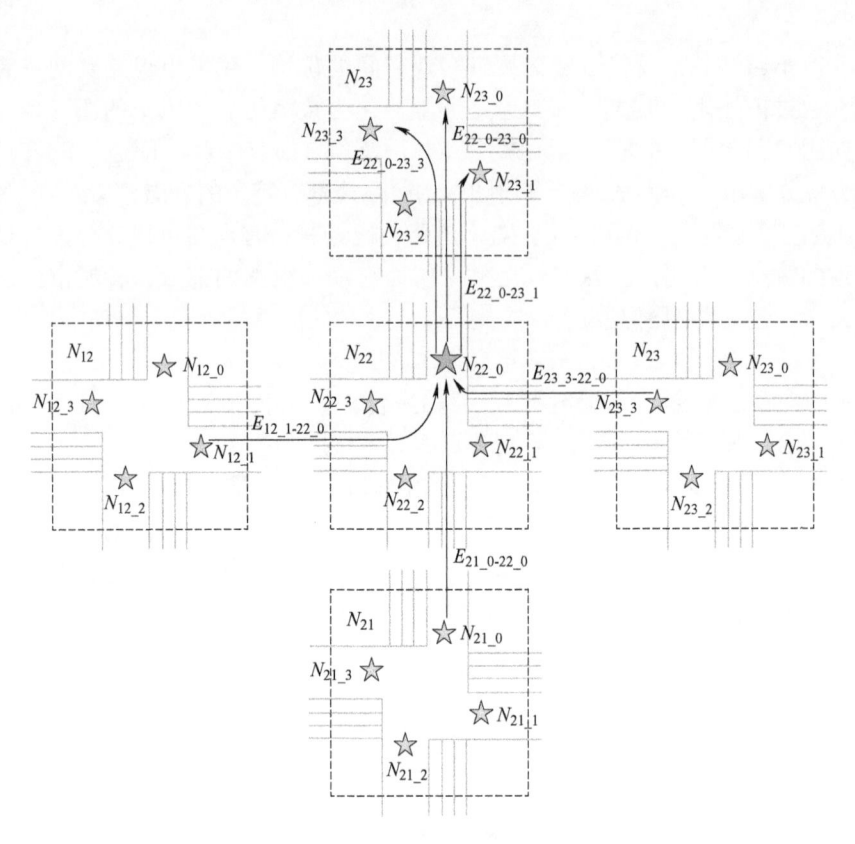

图8-4 节点和边定义示意图

表8-1 子节点关联关系

	N_{11_0}	N_{11_1}	N_{11_2}	N_{11_3}	N_{12_0}	N_{12_1}	N_{12_2}	N_{12_3}	N_{21_0}	...	N_{33_3}
N_{11_0}		∞	∞	∞	$E_{11\_0\text{-}12\_0}(t)$	$E_{11\_0\text{-}12\_1}(t)$	∞	$E_{11\_0\text{-}12\_3}(t)$	∞	...	∞
N_{11_1}			∞	∞	∞	∞	∞	∞	$E_{11\_1\text{-}21\_0}(t)$	...	∞
N_{11_2}				∞	∞	∞	∞	∞	∞	...	∞
N_{11_3}					∞	∞	∞	∞	∞	...	∞
N_{12_0}						∞	∞	∞	∞	...	∞
N_{12_1}							∞	∞	∞	...	∞
N_{12_2}								∞	∞	...	∞

第 8 章 面向城市路网的智能网联汽车时空轨迹优化方法

（续）

	N_{11_0}	N_{11_1}	N_{11_2}	N_{11_3}	N_{12_0}	N_{12_1}	N_{12_2}	N_{12_3}	N_{21_0}	...	N_{33_3}
N_{12_3}									∞	...	∞
N_{21_0}										...	∞
⋮											⋮
N_{33_3}											

因此，图 8-3 所示的模型可根据图 8-4 所示的定义拓扑化为图 8-5 所示的拓扑，其中边（Edge）上的数值表示通过极限学习机（Extreme Learning Machine，ELM）方法[123]估算当前节点对其子节点的时间成本。极限学习机主要是通过求解输入层（Input Layer）和隐藏层（Hidden Layer）的传输参数，转化为求解最小范数的穆尔-彭罗斯（Moore-Penrose）广义逆矩阵问题。求解结果保存在"Spatial Database"，用于路径规划的动态求解。

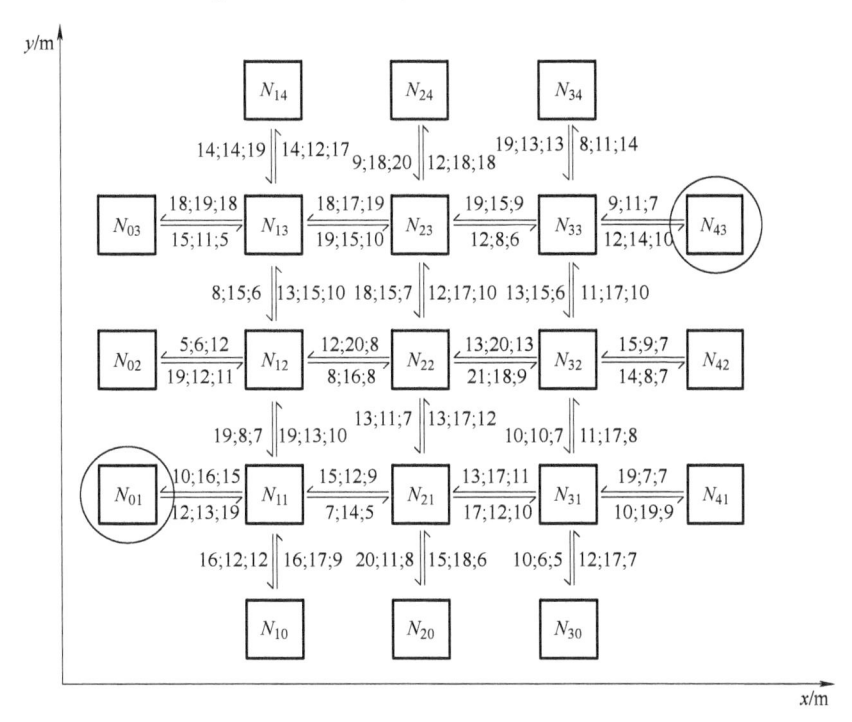

图 8-5 路网模型 G 的拓扑节点图

基于拓扑节点图，累计各子节点间的时间成本，即可得到最优的路径集合，该部分通过路径搜寻算法实现最优路径。基于拓扑图的路径搜索算法示意如图 8-6 所示。

8.5 路网承载力分析模型

基于提出的有向加权图方法的多子节点生成方法，智能网联汽车对于实际道路决策仍受到实际路网节点及连接节点的路段所限制，因此这里首先基于优劣解距离法设计了路网节点

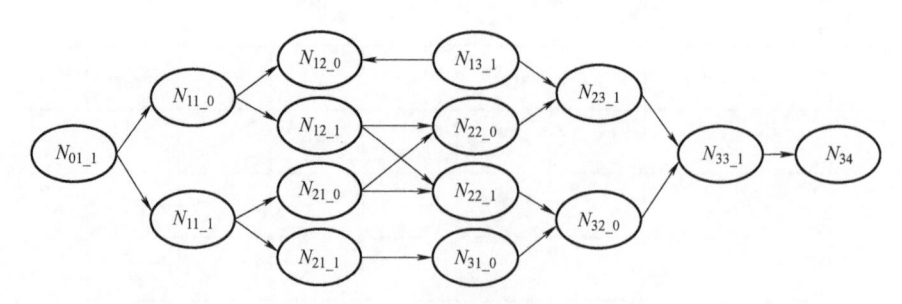

图 8-6 基于拓扑图的路径搜索算法示意

承载力分析方法;同时,基于重力模型法的路段承载力评价,共同构建路网承载力分析模型。

8.5.1 基于优劣解距离法的节点承载力分析

路网节点承载力评价是多种因素共同决定的高纬度评价问题。为了减少与实际情况的偏差因素,本章设计了基于优劣解距离法(Technique for Order Preference by Similarity to an Ideal Solution,TOPSIS)的路网节点承载力分析方法。该方法可根据各路网子节点实际交通情况和需求设定评价维度及评价指标属性,并且结合各子节点交通通行数据,实现子节点交通承载力分析。

对于当前路网中设置的 n 个子节点,设置 d 个维度评价指标,同时基于倒数法建立多维度间权重归一化处理,如式(8-2)所示;并且,通过因素比重法对评价指标数值实行去量纲化处理,如式(8-3)所示。

$$\alpha_t' = \frac{1}{\alpha_t} \tag{8-2}$$

$$\beta_t = \frac{\alpha_t'}{\sqrt{\sum_{t=1}^{n}(\alpha_t')^2}} \tag{8-3}$$

式中,α_t 为子节点 n 在第 t 个维度的评价权重的数值;α_t' 为趋势一致化指标数值;β_t 为无量纲化后指标数值。

采用层次分析法构造判断特征矩阵。对该城市路网生成的判断特征矩阵求解得出 TOPSIS 的对应特征向量 W_t,利用萨蒂(Saaty)分析法得到推荐的量化标度值(见表 8-2)。

表 8-2 层次分析法判断

对比因素 x 与 y	标度值
x 与 y 相同量级	1
x 量级略重	3
x 量级较重	5
x 量级重要得多	7
x 量级极端重要	9
x 比 y 处于以上相邻判断区间内	2、4、6、8

一致性检验通过后,对向量各元素按下式计算可得加权后的指标数值:

$$\boldsymbol{\gamma} = [\gamma_t]_{n \times d} = [\beta_t w_t]_{n \times d} \tag{8-4}$$

分别计算最优和最劣节点的当前距离,并通过间距差值度量结成承载成本,计算公式如下:

$$E_m^+ = \sqrt{\sum_{t=1}^{d} (\gamma_t - \gamma_t^+)^2} \tag{8-5}$$

$$E_m^- = \sqrt{\sum_{t=1}^{d} (\gamma_t - \gamma_t^-)^2} \tag{8-6}$$

$$q_t = \frac{E_m^-}{E_m^- + E_m^+} \tag{8-7}$$

式中,γ_t 为加权后评价指标数值;γ_t^+ 和 γ_t^- 为最优子节点和最劣子节点的评价指标数值;E_m^+ 和 E_m^- 为当前子节点样本最优和最劣欧几里得距离;q_t 为当前子节点样本与最优子节点样本间可连通性距离的表征节点承载力。

8.5.2 基于重力模型法的路段承载力评价

基于上述节点承载力结果,首先通过重力模型法(Gravity Method,GM)将路段 OD 节点之间的承载力分布到路段上,构造承载力吸引量分布矩阵如下:

$$Z_{ij} = \frac{q_t q_s}{L_{ij}^2} \tag{8-8}$$

式中,Z_{ij} 为节点 N_i-N_j 的承载力吸引量;L_{ij} 为路段 E_{ij} 的长度;q_t、q_s 分别为节点的 N_i、N_j 的承载力。

其次,通过动态路径引导、控制等方法转移路网承载力,实现分布矩阵吸引量在路网内二次分配,即可得到承载力在路段上的累积值——初始路段承载力 Q^{int},公式如下:

$$Q^{\text{int}} = \sum Z_{ij} \tag{8-9}$$

最后,基于实际路段最高速度限制及当前路段的车道分布情况修正优化承载力模型,该值的计算方法如下:

$$Q = \left(\frac{v_{ij}^*}{v_{ij}^{\text{lim}}} + \frac{M_{ij}^*}{M_{ij}} \right) Q^{\text{int}} \tag{8-10}$$

式中,v_{ij}^{lim} 为路段 E_{ij} 的最大速度;v_{ij}^* 为路网中所有路段的平均行驶速度;M_{ij} 为路段 E_{ij} 的车道分布情况;M_{ij}^* 为城市路网内所有路段的平均车道分布。

8.6 面向城市路网的路径决策模型

基于前面设计的有项加权图算法的多子节点拓扑图生成方法,并根据优劣解距法和重力模型法完成路网承载力分析模型,面向城市路网的路径决策模型可根据数字化后的实际道路节点拓扑图及约束实现城市路网路径决策。具体的决策过程主要是,通过基于 D* 算法的路径搜索算法完成路网路径决策数学模型构建,并通过基于遗传算法的求解方法实现高纬度问题的快速求解过程,进而形成连续的多信号交叉口路径并通过多车道时空轨迹优化方法提升实际路网交通效率。

8.6.1 基于 D* 算法的城市路径规划

对于任意两个目标点的路径规划问题,可以通过基于欧几里得距离的 D* 算法完成对任意两节点最短路径距离的计算。D*算法是一种基于A*算法的启发式算法。它通过增加成本评估函数对下一节点或子节点开展成本评估，并从后继节点筛选评价指标最优的子节点扩展至路径集合。相比于传统的Dijkstra算法，D*算法可以在不失准确度的前提下，利用BFS算法的启发函数对整体计算过程进行优化，以减少时间的浪费。而相比BFS算法，D*算法可以对有障碍物干扰的情况更准确地选择最优路径。在D*算法中，节点n的估价函数$f_D(n)$由下式计算：

$$f_D(n) = k_D(n) + h_D(n) \tag{8-11}$$

式中，$k_D(n)$为由节点n到目标节点的成本（cost）；$h_D(n)$为由初始节点到节点n的启发式评估成本（heuristic estimated cost）。同时，D*算法能找到最短路径的充要条件为，$h(n)$满足相容性条件，即

$$h_D(i) - h_D(j) \leq e(i,j) \tag{8-12}$$

式中，$e(i,j)$为i到j的最低成本。式（8-11）中两节点估计成本之差不能超过两节点之间的实际最短成本$e(i,j)$，$f_D(n)$随D*算法扩展的节点序列递减。

对于路网环境，设$v_{ij}(t)$表示智能网联汽车在路段(i,j)中t时段行驶速度，v_{max}表示路网中所有路段的最大行驶速度；v_d表示目标终点；$\text{dis}(i,j)$表示节点i到节点j的欧几里得距离。因此，启发函数$h_D(i)$如下：

$$h_D(i) = \frac{\text{dis}(i,v_d)}{v_{max}} \tag{8-13}$$

对于式（8-13），$h_D(i)$满足相容性条件，其证明如下：

$$h_D(i) - h_D(j) = \frac{\text{dis}(i,v_d) - \text{dis}(j,v_d)}{v_{max}} \tag{8-14}$$

$$e(i,j) = \frac{d(i,j)}{v(t)} \geq \frac{\text{dis}(i,j)}{v(t)} \geq \frac{\text{dis}(i,j)}{v_{max}} \geq \frac{\text{dis}(i,v_d) - \text{dis}(j,v_d)}{v_{max}} \tag{8-15}$$

式中，$d(i,j)$为节点i到j的实际最短路径长度；$e(i,j)$为节点i到j的最短路径时间。

因此，由式（8-14）和式（8-15）可得下式来证明相容性条件成立：

$$h_D(i) - h_D(j) \leq e(i,j) \tag{8-16}$$

D*算法步骤主要分为五个部分：预处理、初始化、更新目标节点、节点选择及判断终止条件。

1）预处理。首先，将路网内道路以岔路口为节点离散化，并对任意道路内区域拓扑为路网节点；然后，以路网内最大行驶速度v_{max}计算任意节点i到终点v_d的估计路径行驶时间，即

$$h_D(i) = \frac{\text{dis}(i,v_d)}{v_{max}} \tag{8-17}$$

2）初始化。定义起始节点为起点v_o，即

$$i = v_o \tag{8-18}$$

起始标签定义为起始时刻t_0，即

$$l_i = t_0 \tag{8-19}$$

设置i的前驱节点p_i为空值，即

$$p_i = 0 \tag{8-20}$$

对于任意不是i的节点j，节点j的标号l_j初始化为无限大，即

$$l_j = +\infty \tag{8-21}$$

设置 j 的前驱节点为空值，即

$$p_j = 0 \tag{8-22}$$

已找到最短路径的节点集合 S_D，为初始节点 i，即

$$S_D = \{i\} \tag{8-23}$$

存放未找到最短路径的节点集合 W_D 为空集，即

$$W_D = \varnothing \tag{8-24}$$

3）更新目标节点。对于 i 的所有后继节点 j，若其当前标签值存在更优解，即

$$l_i > j_i + c_{ij}(l_i) + h_D(i) \tag{8-25}$$

式中，$c_{ij}(t)$ 为路段 i 到 j 在 t 时刻的行程时间。

继而，完成对于当前标签值的 l_i 更新操作，即

$$l_i = j_i + c_{ij}(l_i) + h_D(i) \tag{8-26}$$

$$p_j = i \tag{8-27}$$

然后，更新节点，若节点 j 不属于集合 W_D，则将其加入路径集，即

$$W_D = W_D \cup \{j\} \tag{8-28}$$

4）节点选择。设 $v*$ 为 W_D 中标号最小的节点，即

$$l_{v*} = \min(l_j) \tag{8-29}$$

将 $v*$ 选择为当前节点 i，即

$$i = v^* \tag{8-30}$$

$$S_D = S_D \cup \{i\} \tag{8-31}$$

$$W_D = W_D - \{i\} \tag{8-32}$$

5）判断终止条件。若当前节点为终点节点，则停止计算；否则，到步骤 2 初始化。

因此，v_o 到 v_d 的最短路径行程时间 t_{od}，即

$$t_{od} = l_i - t_0 \tag{8-33}$$

其中，通过节点 i 的前驱节点 p_i，可以反向追踪得到最短距离 d_{od} 及其路径集合 S_D。

8.6.2 基于混合遗传算法的求解方法

对于路网环境内全局多车多点的路径决策方案，将主要采用爬山算法和遗传算法相结合的方式，对路径决策方案进行快速求解。多点路径规划是一个典型的旅行商问题（Travelling Salesman Problem，TSP），此类问题被证明是具有多项式复杂程度的非确定性问题（Non-deterministic Polynomial Complete problem，NPC）。当使用标准的 Dijkstra 算法对多点派送路径进行计算，虽然可以得到最精准的路径方案，但是由于其时间复杂度为 $O(N!)$ 具有随节点 N 变化指数型增加的特性，其运算时间将无法估计。爬山算法可以在局部范围内快速找到最优方案，但可能无法突破局限性。遗传算法具有很强的全局探索能力，但是遗传算法同时具有局部范围搜索能力弱的局限性。所以，本章的算法结合了爬山算法和遗传算法在局部和全局的优势，对路网内多车多点的路径决策方案进行优化。对路网内多车多点的路径决策方案建立数学模型。其模型可以描述为，从某起点由智能网联汽车经过多次路径决策，最大路网负载由上节路网承载力分析计算，要求合理安排智能网联汽车路线，优化目标函数。

设智能网联汽车所在路网的最大负载为 Q，其最大行驶距离为 D，需要完成 L 个目标路径，每个路径的起始位置为 $x_p(p=1,2,\cdots,L)$，结束位置为 $y_p(p=1,2,\cdots,L)$，每条道路的最大负载为 $q_i(i=1,2,\cdots,L)$，节点 i 到节点 j 的距离为 $d_{ij}(i,j=1,2,\cdots,L)$，节点 i 到节点 j 的路

径时间为 $t_{ij}(i,j=1,2,\cdots,L)$，智能网联汽车共完成路径决策目标 K 个，n_k 为第 k 次路径的目标节点数，集合 R_k 表示第 k 次路径的集合。其中，元素 $r_{kn}(i)$ 表示节点在路径 k 中的顺序为 n，令 $r_{k0}(i)=0$ 表示起点，路径总时间最短为目标函数，可建立如下路径决策数学模型：

$$\min T = \sum_{k=1}^{K}\left[\sum_{n=1}^{n_k-1} t_{r_{kn}(i)r_{k(n+1)}(i)} + t_{r_{kn_k}(i)r_{(k+1)1}(i)}\right] \tag{8-34}$$

$$\text{约束条件} \sum_{n=1}^{n_k} q_{r_{kn}} \leq Q \tag{8-35}$$

$$r_{kn}(x_p) < r_{kn}(y_p) \tag{8-36}$$

$$\sum_{n=1}^{n_k-1} d_{r_{kn}(i)r_{k(n+1)}(i)} + d_{r_{kn_k}(i)r_{(k+1)1}(i)} \leq D \tag{8-37}$$

$$\sum_{k=1}^{K} n_k = L \tag{8-38}$$

$$R_k = \{r_{kn}(i) | r_{kn}(i) \in (1,2,\cdots,L), n=1,2,\cdots,n_k\} \tag{8-39}$$

式（8-34）表示以路径总时间最短为目标函数。式（8-35）表示约束路网最大负载 Q。式（8-36）表示约束路径应用顺序。式（8-37）表示约束路径总距离在智能网联汽车最大续航行驶距离 D 内。式（8-38）表示约束全部路径均已完成。式（8-39）表示约束路径节点范围。

本章使用爬山算法和遗传算法对目标函数进行计算。爬山算法是一种贪婪搜索算法，沿着临近解空间不断寻找更优解，直到找到局部解空间的最优解。此算法的探索能力很强，能够有效、快速寻找到局部最优解。如果目标方程单调或呈单峰分布，爬山算法可以最快获得最优解。但是，当爬山算法搜索到局部最优解后将会停止搜索。所以如果遇到较为复杂的问题，爬山算法缺乏对全局性的把控。遗传算法是模拟自然界生物种群进化的一种随机探索算法。遗传算法通过不断对遗传算子进行选择、交叉和变异，不断对目标函数的整体进行优化。由于此算法具有随机性且对目标搜索空间无其他特殊要求，所以，对此类指数型增长的非线性问题具有运算量小、收敛速度快等优点。遗传算法从任意某一个初始群体开始，通过选择（selection）、交叉（crossover）和变异（mutation）等遗传操作，使群体不断迭代探索并朝着目标方向优化。但是遗传算法很难通过选择、交叉和变异等操作完成局部最优解。所以，本章首先通过多次遗传操作得到群体中的最优个体；在最优个体中，通过多维度的爬山操作尽快确定局部最优解；最终以较短的时间完成目标。整个过程包含以下几个步骤。

1）编码方式的确定。根据路径决策的特点，智能网联汽车从起点某一节点的特点，提出了直接生成 1 至 L 个互不重复的自然数排列，并将自然数排列随机构成不同的解个体，根据路径决策的各类约束条件，将目标划入至各条道路中。

2）初始群体的确定。初始种群的质量对遗传算法的性能具有较大的影响。为了在加快算法收敛速度同时又不能使算法过早收敛，本章采用随机算法和构造算法相结合的方法建立初始种群以保证初始种群的多样性。由随机算法、最近邻算法、Solomon 插入法及 Impact 算法分别产生 1/4 的可行解，将四个部分的解放在一起混合为初始群体。

3）适应度评估的确定。本章使用满足约束条件多目标直接排列的个体编码方法确定路径决策方案，其中包含了路网最大负载量和最大行驶距离等约束条件。对违反约束条件的路径方案设置惩罚权重 P_w，总路径目标 K，所以该路径决策方案的适应度 M_i 可由下式计算：

$$M_i = \frac{1}{Z+KP_w} \tag{8-40}$$

4）选择操作。本章结合最优个体筛选与轮盘赌选择法（Roulette Wheel Selection）的选择策略，首先根据适应度的大小通过下式求出选择概率 P_i：

$$P_i = M_i \Big/ \sum_{i=1}^{n} M_i \tag{8-41}$$

再通过下式计算个体对应的累计选择概率 P_{s_i}：

$$P_{s_i} = \sum_{j=1}^{i} P_i \tag{8-42}$$

随机产生一个随机数 $P_r \in [0,1]$，若 $P_{s_i} \leq P_r < P_{s_{i+1}}$，则选择个体进入下一代种群。

5）交叉操作。本章采用的是两点交叉运算，除了最优选择操作得到的最优种群外，其余个体可以在父体相同的情况下，仍能产生一定的变异效果，交叉操作过程示意如图 8-7 所示。

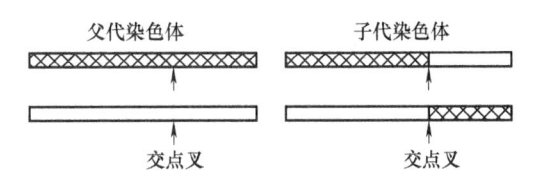

图 8-7 交叉操作过程示意

6）变异操作。由于选择过程中采用了保持最佳个体的方式，为了保持群体内部的多样化，设置变异概率为 P_m 的连续多次变换，变异操作过程示意如图 8-8 所示。具体方式是通过随机方法产生交换次数 J，连续 J 次对随机位置的需要变异的个体基因进行对换。

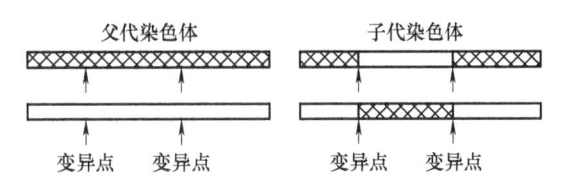

图 8-8 变异操作过程示意

7）爬山操作。为了增强遗传算法的局部探索能力，在遗传的一系列操作后，通过对邻域搜索实施爬山操作。本章应用基因连锁互换算子完成爬山操作，若适应值在爬山操作后增加则将换位后的个体取代原个体；重复这个步骤直到达到交换次数 P_h。

8）终止条件的判定。当上述循环过程达到设置的最大迭代次数 P_n 或个体适应度已经在 P_t 次迭代内没有改善，将停止循环并输出最佳路径。

8.7 仿真实验

本章主要通过 SUMO 软件仿真验证平台开展仿真实验。首先，选取了实际城市路网场景，并搭建了仿真实验环境；然后，针对实验场景，对各算法设置各项参数并配置了 SUMO 软件平台的实验环境参数；最终，通过仿真实验与数据分析验证了本章提出的面向城市道路的智能网联汽车时空轨迹优化方法，在通行高效性、环保经济性上具有一定的实用性和先进性，可有效提高城市路网交叉口通行效率并改善环保性能。

8.7.1　场景选择与搭建

为了验证本章提出的城市道路环境下网联汽车多车道时空轨迹优化技术的有效性和先进性，选取北京市昌平区部分区域城市道路作为仿真实验环境，如图 8-9 所示，其纬度范围为 40.07614386227742° N ～ 40.0879646500343° N，经度范围为 116.33434285137938° E ～ 116.35648716900633°E。实验仿真设计道路包括东西向的城市道路由北至南分别是龙锦二街、龙锦三街、回龙观东大街，南北向的城市道路由西至东分别是文华西路、文华路、文华东路。通过以上 6 条路网内贯穿性的城市道路组成上面算法涉及的 3×3 城市道路路网，其中包括城市道路相交构成的 9 个城市信号交叉口。路网环境内包括居民区、商业区、学校、购物广场、公园等多类居民日常应用场景，具有一定的代表性。

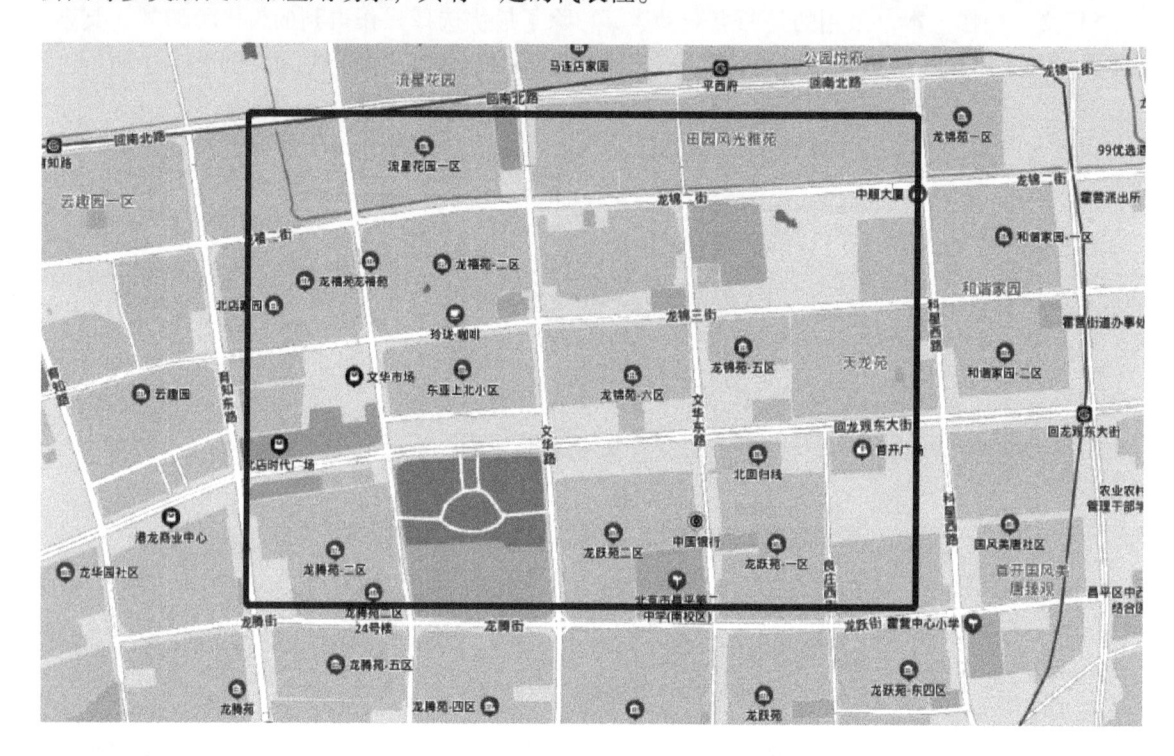

图 8-9　仿真实验环境范围选取示意图

通过 OSMWebWizard 的 Python 程序导入开源地图（Open Street Map，OSM）并搭建仿真实验环境，如图 8-10 所示。基于仿真实验场景，构建软件和算法拓扑环境，道路信号交叉口匹配 SUMO 软件中的 Node 元素，并根据 8.3 节方法绑定有向加权图各子节点元素；城市道路匹配 SUMO 软件中的 Edge 元素，根据 8.3 节方法匹配有向加权图各边元素。

为了排除场景内非相关因素影响，通过 Neteditor 软件对 SUMO 软件中仿真场景设置进行简化，车辆运行场景仿真示意如图 8-11 所示。简化条件包括以下 8 个部分：

① 仿真环境内车辆均为相同的型号、尺寸及运动学特征。
② 对于设有中央隔离带的回龙观东大街，简化中央隔离带并合并两条单向车道为一条双向车道。
③ 仿真环境内无特殊天气影响且道路附着系数保持恒等。

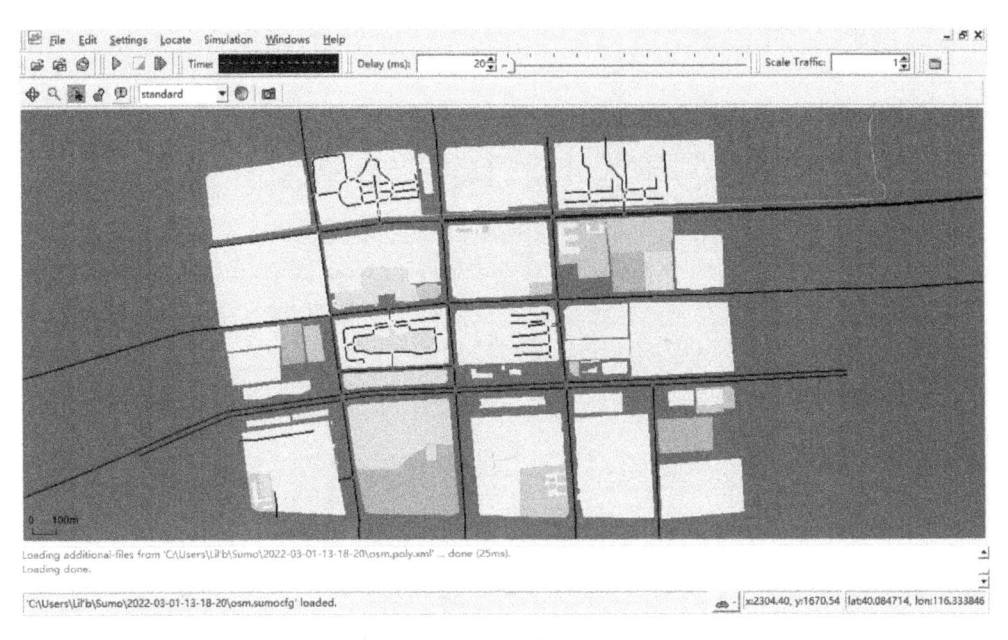

图 8-10　SUMO 软件导入的 OSM

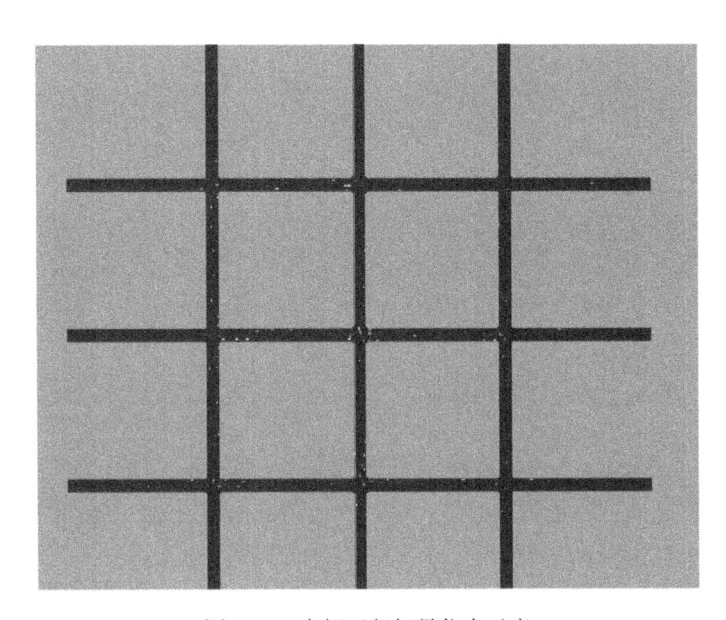

图 8-11　车辆运行场景仿真示意

④ 仿真环境内道路优化为平直道路，且路段道路保持水平，无倾角变化，即车辆不会处在上坡或下坡的情况。

⑤ 仿真环境内取消子路段、匝道、非机动车道或停车位等情况，使路网内车辆无法额外的驶入或驶出。

⑥ 仿真环境内车辆的到达概率具有随机性且符合泊松分布。

⑦ 仿真环境内车辆无超速等违法行为。

⑧ 仿真环境内车辆安全具有最高优先级，网联汽车可根据实际仿真环境判断最优时空轨迹是否满足安全，并允许车辆在轨迹优化方法和自适应巡航控制键切换。

8.7.2 参数设置

基于上述实验场景，本章的实验环境配置如下：Windows10 64 位操作系统、八核心 16 线程 AMDRyzen 7 5800H 的 CPU（主频 3.3GHz，最高睿频 4.4GHz）、DDR4 3200MHz 的 8G 内存条 2 个、支持 NVIDIA Advanced Optimus 技术的 NVIDIA GeForce RTX 3070 显卡（8G 显存），以及平台驱动环境为 CUDA11.1.0、cuDNN8.0.4、Python3.6.7。

此外，根据实地道路交通考察道路，对各交叉信号口节点设置仿真环境道路连接情况。以文华路与回龙观东大街交叉口西向东方向左转车道为例，如图 8-12 所示，西向东方向左转车道连接信号交叉口南向北方向内侧第一车道，保证车辆驶入信号交叉口可以稳定有效地驶向下一路段。

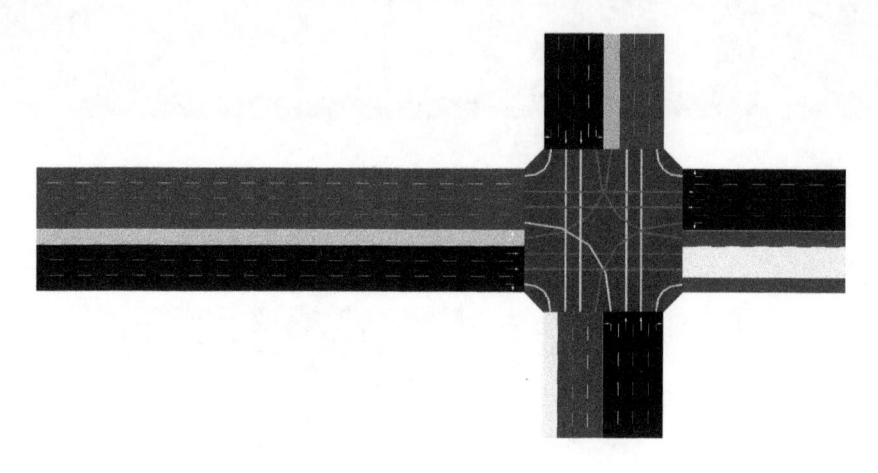

图 8-12 交叉口道路连接设置

对于各信号交叉口，本章均采用固定信号配时的四相位方案，同时设置 4 个黄灯时长为 3s 的子信号相位，信号交叉口配时方案如图 8-13 所示。

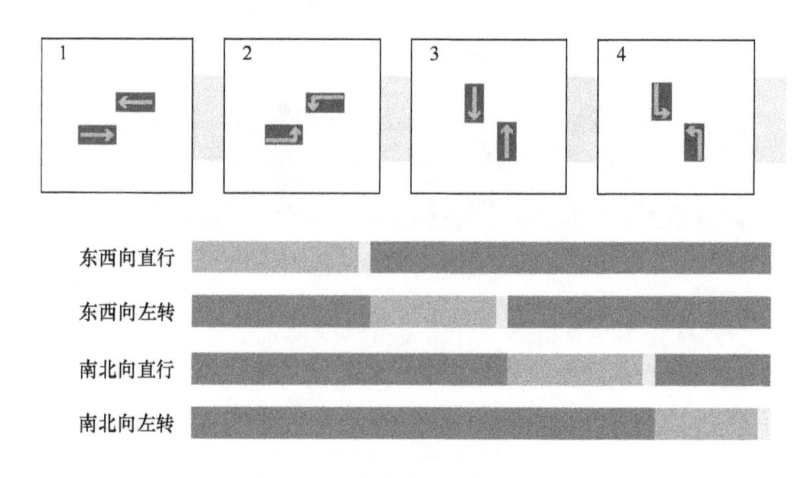

图 8-13 信号交叉口配时方案

在 SUMO 仿真软件中，低优先级车道的车辆必须等到高优先级车道的车辆通过信号交叉口，以文华路与回龙观东大街交叉口东西向直行的信号配时为例，信号配时的相位程序为<tl-

Logic id = " 22" type = " static" programID = " 0" offset = " 0" > < phase duration = " 35" state = " srrgGGrsrrrgGGr"/>，如图 8-14 所示。

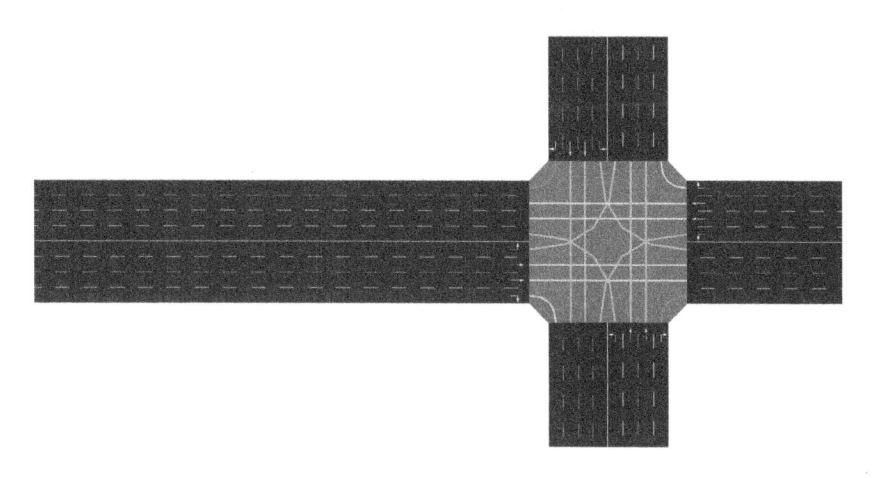

图 8-14　信号交叉口东西向直行相位配时设置

对于车辆动力学，SUMO 软件中车辆动力学模型包括两方面：纵向动力学模型；横向动力学模型。在纵向动力学方面，由于 SUMO 软件对于交通环境内主要提前车辆与道路的相关关系而非车辆的自身动态情况，通常通过拟合数据将车辆描述为质点，并且采用比较简单的车辆跟驰模型（Car-following Model）来描述车辆速度和位置变化规律。车辆跟驰模型将交通流处理成分散的粒子，其本质上是一种微观模型，运用动力学方法来研究相对应的前车（Corresponding Leader）的运动状态变化所引起相对应的后车（Corresponding Follower）的相应行为，通过分析各车辆的跟驰行为来理解单车道交通流特性，进行通行能力和交通模拟的研究。目前本章讨论的 SUMO 软件采用的车辆跟驰模型为改进的 KRAUSS 模型[124]。在横向动力学方面，默认的车辆换道模型是瞬间换道的，即在一个仿真步长中完成换道，直观地看就是车辆在两个车道之间瞬移。

本章则采用 Erdmann 提出的换道动力学模型[16]结合协同换道算法，以动态决策树的方法建立换道模型及相应条件，在满足多车协同换道条件的同时完成相应的协同换道操作。

8.7.3　仿真实验结果分析

基于 SUMO 软件的部分仿真过程如图 8-15 和图 8-16 所示。以西向东方向的红色车辆为主视角观察可得，该车从最外侧车道企图在该相位绿灯时间内直行通过交叉口。在此过程中，该红色车辆与内侧车道的车辆完成多车道协同换道。同时，智能网联汽车可以根据路网承载力及当前行驶车辆状态，实现全局环境内路径决策。

以路径为 $N_{01} \rightarrow N_{11} \rightarrow N_{21} \rightarrow N_{22} \rightarrow N_{23} \rightarrow N_{33} \rightarrow N_{43}$ 的智能网联汽车为例，该车基于本书提出的城市路网多车道时空轨迹优化方法生成真实路网环境当前路径决策图，如图 8-17 所示，其仿真三维时空轨迹如图 8-18 所示。

如图 8-18 所示，该车能以较为平顺的轨迹通过三段连续交叉口，同时合理完成换道行为，保证车辆的效率。为了进一步分析系统的可行性和先进性，本章将从通行高效性和环保经济性两类指标对系统进一步分析。

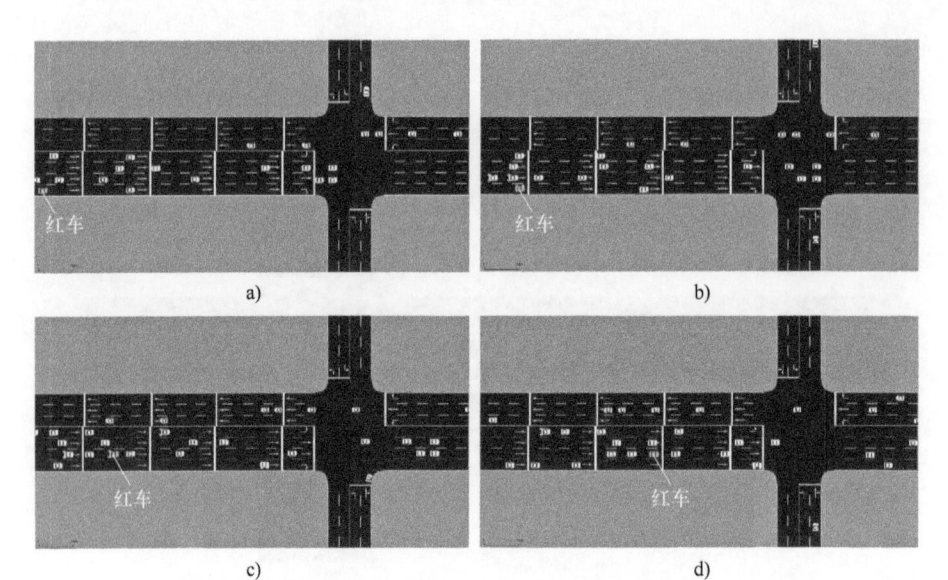

图 8-15 基于 SUMO 软件的部分仿真过程

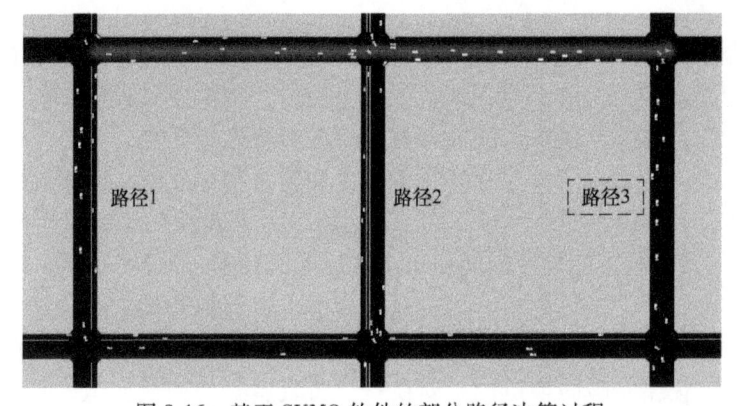

图 8-16 基于 SUMO 软件的部分路径决策过程

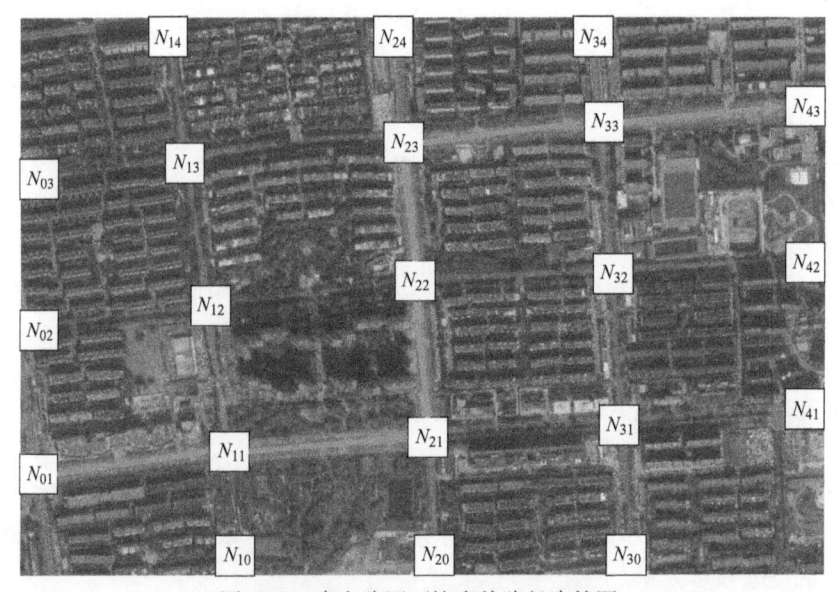

图 8-17 真实路网环境当前路径决策图

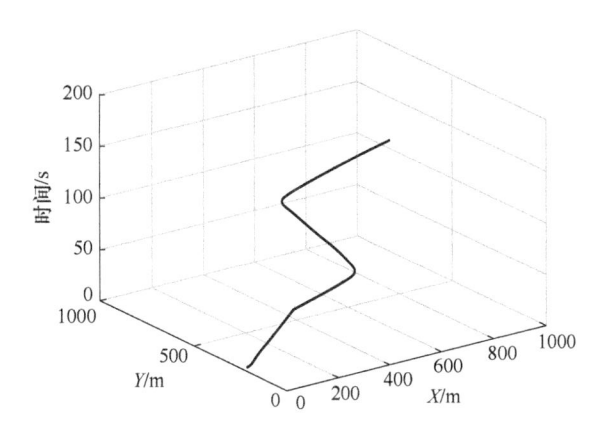

图 8-18　智能网联车辆仿真三维时空轨迹

1. 通行高效性分析

下面首先结合车头时距和时空轨迹综合分析系统通行高效性。低饱和度（饱和度为 0.6）下平均交叉口智能网联汽车吞吐量及相对应的收益如图 8-19 和图 8-20 所示。通过实际观察可知，当且仅当绿信比为 0.25，最低车辆限速为 6m/s 时，系统在饱和度为 0.6 的情况下最小收益为 0.09%，虽然收益微乎其微，但是仍保持一定的正收益；当且仅当绿信比为 0.25，最低车辆限速为 8m/s 时，系统在饱和度为 0.6 的情况下最大收益为 1.46%，未能明显改善交叉口通行收益；经计算，饱和度为 0.6 的情况下，各场景平均收益为 0.62%，该现象可能由于当前路段车辆总数较低，系统可提升潜力较小，未能显著提升交叉口通行效率。

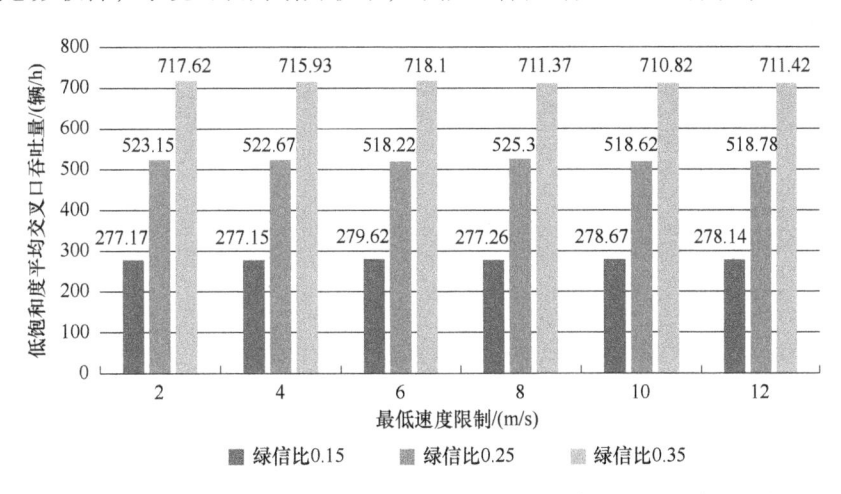

图 8-19　低饱和度（饱和度为 0.6）下平均交叉口智能网联汽车吞吐量

高饱和度（饱和度为 1.0）下平均交叉口智能网联汽车吞吐量及相对应的收益如图 8-21 和图 8-22 所示。通过实际观察可知，当且仅当绿信比为 0.35，最低车辆限速为 2m/s 时，系统在饱和度为 1.0 的情况下最小收益为 -0.21%，虽然在该场景下为负收益，但是仍无明显影响交叉口吞吐量；当且仅当绿信比为 0.35，最低车辆限速为 8m/s 时，系统在饱和度为 1.0 的情况下最大收益为 2.41%，仍未能明显改善信号交叉口通行收益；经计算，饱和度为 1.0 的情况下，各场景平均收益为 0.46%，虽然部分场景存在负收益的现象，但是均未显著影响信号交叉口吞吐效率。

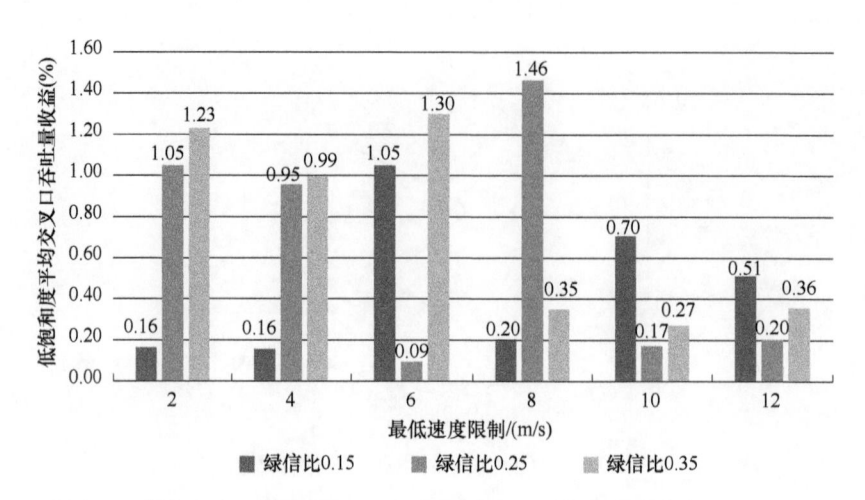

图 8-20 低饱和度（饱和度为 0.6）下平均交叉口智能网联汽车吞吐量收益

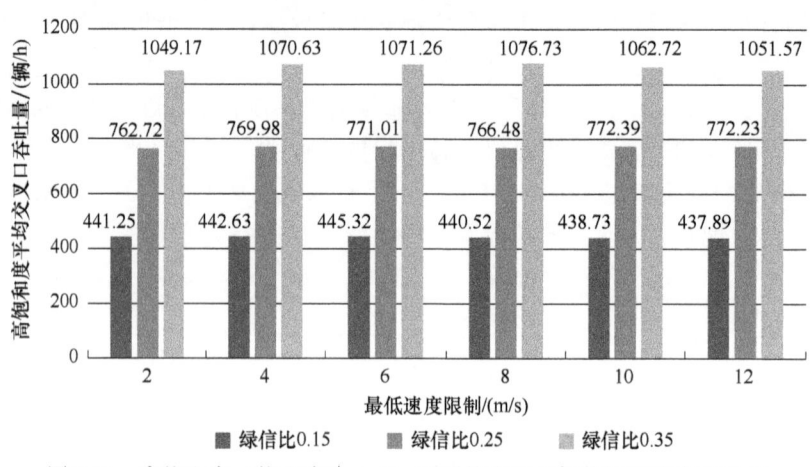

图 8-21 高饱和度（饱和度为 1.0）下平均交叉口智能网联汽车吞吐量

平均交叉口智能网联汽车吞吐量与各潜在影响因素的皮尔逊（Pearson）相关系数如表 8-3 所示。

表 8-3 平均交叉口智能网联汽车吞吐量与各潜在影响因素的皮尔逊相关系数

影响因素	最低速度限制	绿信比	道路饱和度
吞吐量收益	-0.006	0.029	-0.127

为了进一步验证在通行高效性的优势，从时间成本的角度分析平均智能网联汽车城市路网通行时间及相关收益，如图 8-23 和图 8-24 所示；同时，分析平均智能网联汽车城市路网停车等待时间，如图 8-25 和图 8-26 所示。

如图 8-23 所示，在车辆饱和度分别为 0.6、0.8 及 1.0 的情况下，基准场景、GPPA 优化后及本章提出的 MSTTOM 优化后均随着车辆饱和度的增加而导致平均车辆通行时间增加。当应用 GPPA 优化及本章提出的 MSTTOM 优化后，系统平均车辆通行时间均有一定下降。如图 8-24 所示，GPPA 优化后不同饱和度的收益约为 6.24%、6.90% 及 7.48%；MSTTOM 优化后不同饱和度的收益约为 8.26%、9.04% 及 9.63%，相比于 GPPA 优化，分别提高了

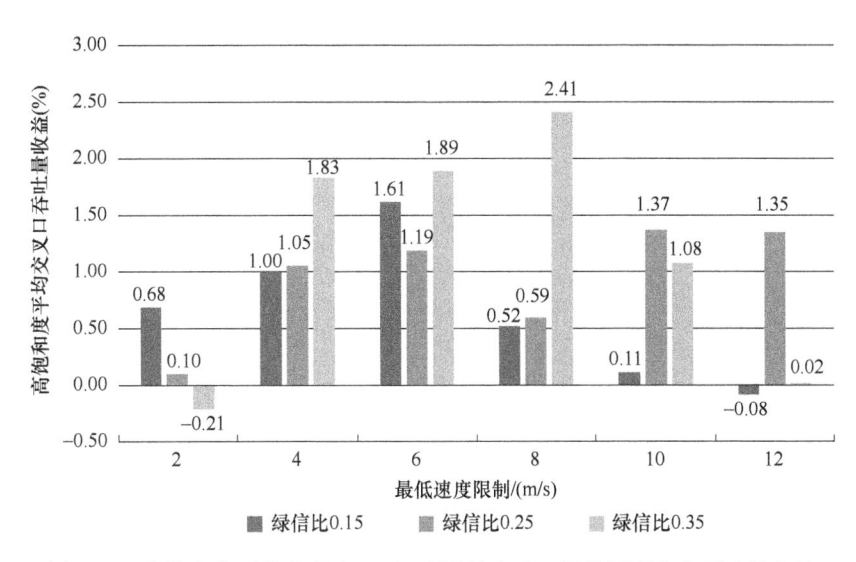

图 8-22 高饱和度（饱和度为 1.0）下平均交叉口智能网联汽车吞吐量收益

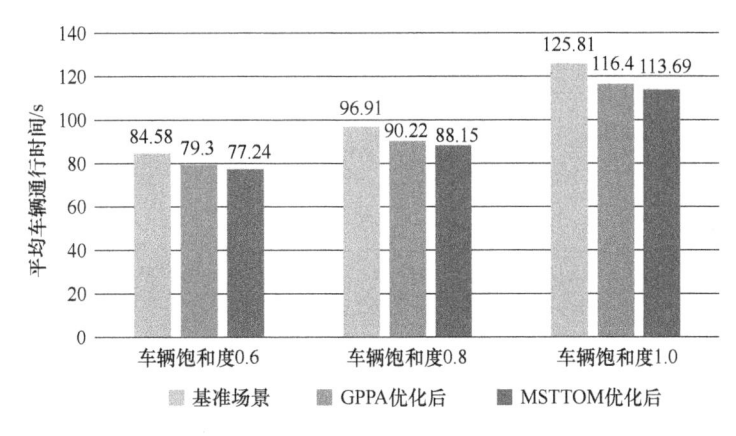

图 8-23 平均智能网联汽车城市路网通行时间

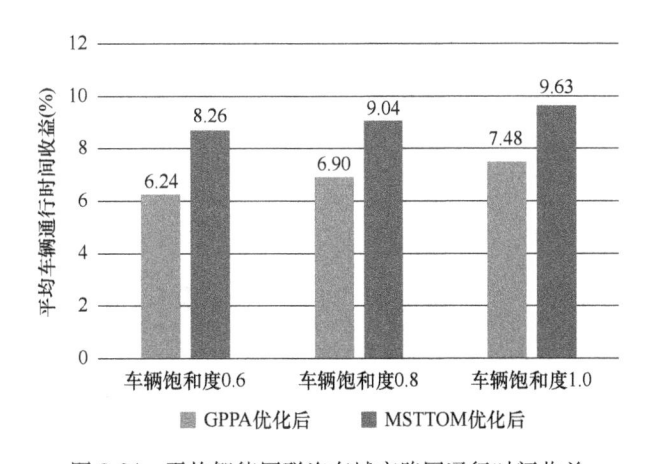

图 8-24 平均智能网联汽车城市路网通行时间收益

32.37%、31.01%及 28.74%。通过 GPPA 优化后和 MSTTOM 优化后，平均车辆通行时间收益上均可以看出两种时空轨迹优化方法在高饱和度（饱和度为 1.0）的优化效果更好。其原因可能是，高饱和度状态下车辆通行状态更缺乏系统的高效决策，进而导致高饱和度有较高的优化潜力。同时，本章提出的 MSTTOM 优化相比于 GPPA 优化在低饱和度（饱和度为 0.6）与中饱和度（饱和度为 0.8）的状态下提升效果更为明显，使智能交通系统中的车流在不同车辆饱和度条件下均有较好的仿真效果。

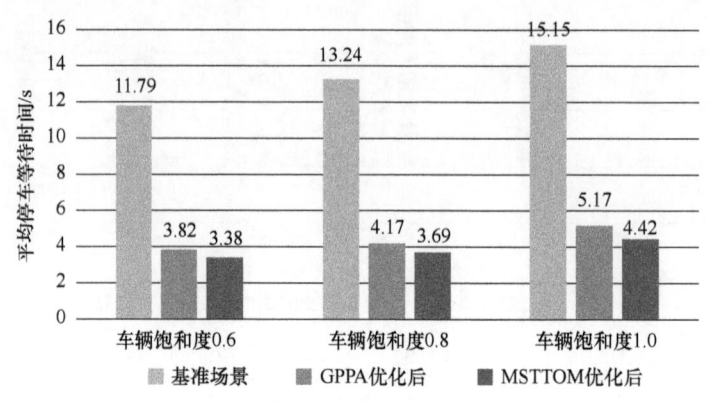

图 8-25　平均智能网联汽车城市路网停车等待时间

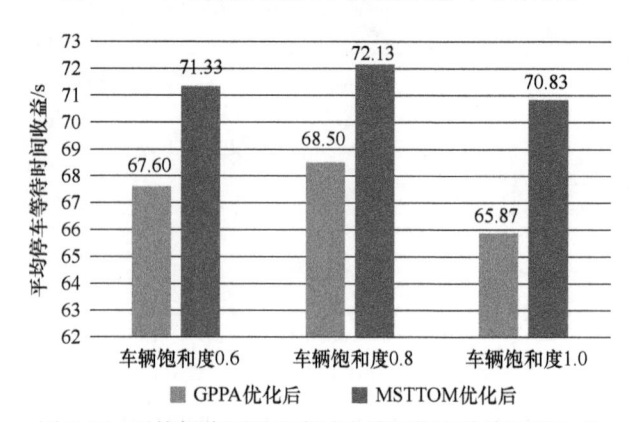

图 8-26　平均智能网联汽车城市路网停车等待时间收益

如图 8-25 所示，在车辆饱和度分别为 0.6、0.8 及 1.0 的情况下，基准场景、GPPA 优化及本章提出的 MSTTOM 优化均随着车辆饱和度的增加而导致平均车辆停车等待时间增加。当应用 GPPA 优化及本章提出的 MSTTOM 优化后，系统平均车辆停车等待时间均有一定下降。如图 8-26 所示，GPPA 优化后不同饱和度的收益约为 67.60%、68.50% 及 65.87%；MSTTOM 优化后不同饱和度的收益约为 71.33%、72.13% 及 70.83%，相比于 GPPA 优化，分别提高了 5.51%、5.30% 及 7.53%。通过 GPPA 优化后和 MSTTOM 优化后，平均车辆停车等待时间收益上均可以看出两种时空轨迹优化方法在中饱和度（饱和度为 0.8）的优化效果更好。其具体原因可能是由于低饱和度（饱和度为 0.6）车辆优化前停车等待时长较短、高饱和度（饱和度为 1.0）优化前停车等待时长较长，可优化的空间不大，进而导致车辆在中饱和度情况下，时空轨迹优化效果更好。同时，本章提出的 MSTTOM 优化相比于 GPPA 优化在低饱和度（饱和度为 0.6）与中饱和度（饱和度为 0.8）的状态下提升效果不是特别明显，但是在高饱和度（饱和度为 1.0）的情境下可相比 GPPA 优化提升了 7.53%，在通行车流较为拥堵的前提下使系统保持了较高的收益水平。

因此，结合图 7-12 所示的时空轨迹及图 7-13 所示车头时距变化的分析，本章提出的 MSTTOM 优化方案可以有效压缩车头时距，并基于 V2X 通信考虑下游信号交叉口配时情况，以稳定、高效的方式优化智能网联汽车时空数据。虽然，在不同车辆饱和度、绿信比、最小通行速度，各信号交叉口智能网联汽车吞吐效率未显著提升，但是与 GPPA 优化方案对于交叉口吞吐量存在负收益的结果相比仍有一定的先进性。同时，基于时间成本的分析，本章提出的 MSTTOM 优化方案相比于基准仿真控制方案与 GPPA 优化方案在平均路网通行时间收益提升了 28%~33%，其中路网停车等待时间收益提升了 5.5%~7.6%。

2. 环保经济性分析

下面通过对比基准仿真控制方案与 GPPA 优化方案从平均燃油效率收益、二氧化碳排放收益方面分析系统环保经济性。

低饱和度（饱和度为 0.6）下信号交叉口平均智能网联汽车燃油效率及相对应的收益如图 8-27 和图 8-28 所示。通过实际观察可知，当且仅当绿信比为 0.35，最低车辆限速为 12m/s 时，系统在饱和度为 0.6 的情况下最小收益为 3.12%。其原因可能由于最低限速导致车辆无法充分发挥 MSTTOM 对于燃油效率优化效果，同时低饱和度、高绿信比的状态优化潜力较小，导致该场景收益不是很明显。当且仅当绿信比为 0.15，最低车辆限速为 4m/s 时，系统在饱和度为 0.6 的情况下最大收益为 18.85%，具有较为可观的收益。经计算，在饱和度为 0.6 的情况下，各场景平均收益为 9.97%，最低限速 8m/s 以上的情景系统收益相对有待提升。该现象可能由于当前路段车辆总数较最低限速较高导致车辆无法充分发挥 MSTTOM 对于燃油效率优化效果。

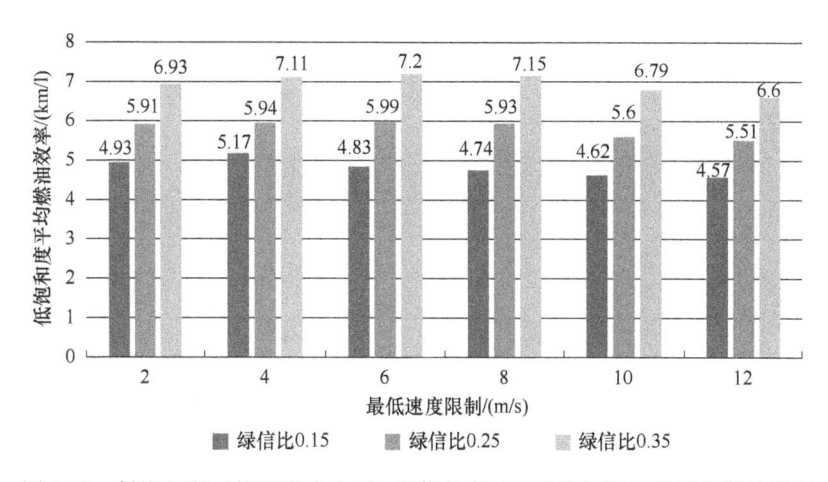

图 8-27 低饱和度（饱和度为 0.6）下信号交叉口平均智能网联汽车燃油效率

高饱和度（饱和度为 1.0）下信号交叉口平均智能网联汽车燃油效率及相对应的收益如图 8-29 和图 8-30 所示。通过实际观察可知，当绿信比为 0.15 及 0.35，最低车辆限速为 12m/s 时，系统在饱和度为 1.0 的情况下最小收益为 0.29%。这同样可能是由于最低限速导致车辆无法充分发挥 MSTTOM 对于燃油效率优化效果。同时，高饱和度交通流导致最低限速的影响更大。当且仅当绿信比为 0.25，最低车辆限速为 2m/s 时，系统在饱和度为 1.0 的情况下最大收益为 49.19%，具有非常可观的收益。经计算，在饱和度为 1.0 的情况下，各场景平均收益为 14.70%，对比低饱和度情景，进而可以推断车辆饱和度的提高，加剧了最低限速因素影响车辆发挥 MSTTOM 对于燃油效率优化效果。

低饱和度（饱和度为 0.6）下信号交叉口平均智能网联汽车二氧化碳排放量及相对应的

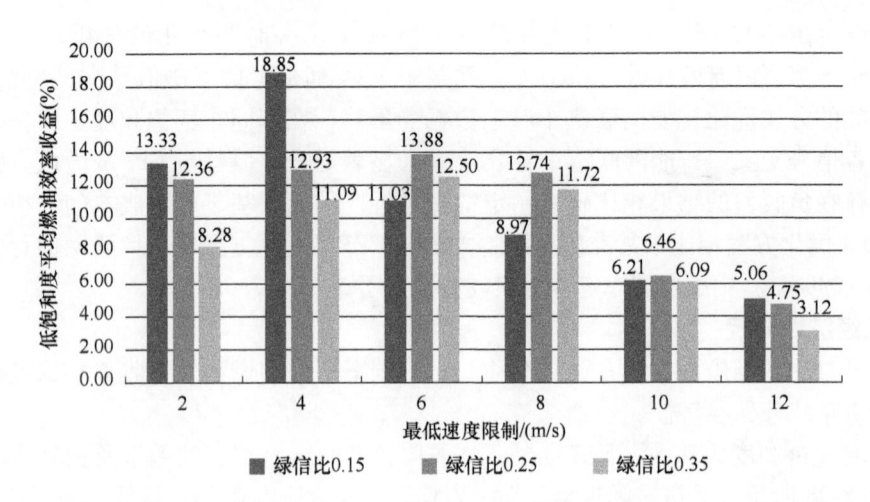

图 8-28 低饱和度（饱和度为 0.6）下信号交叉口平均智能网联汽车燃油效率收益

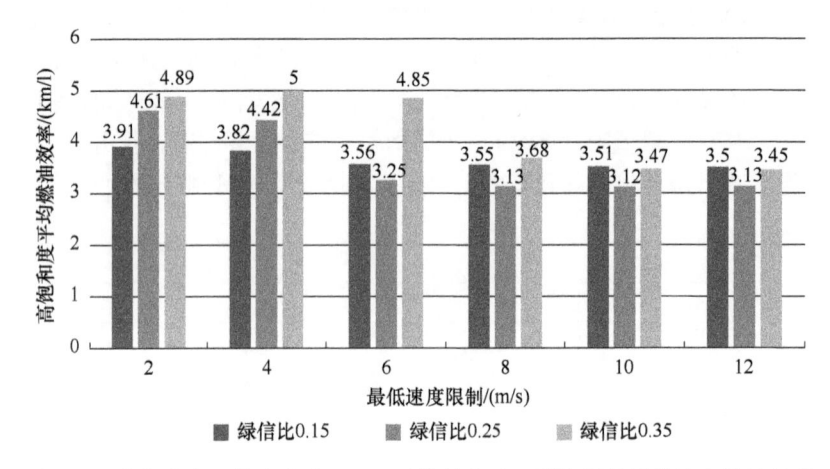

图 8-29 高饱和度（饱和度为 1.0）下信号交叉口平均智能网联汽车燃油效率

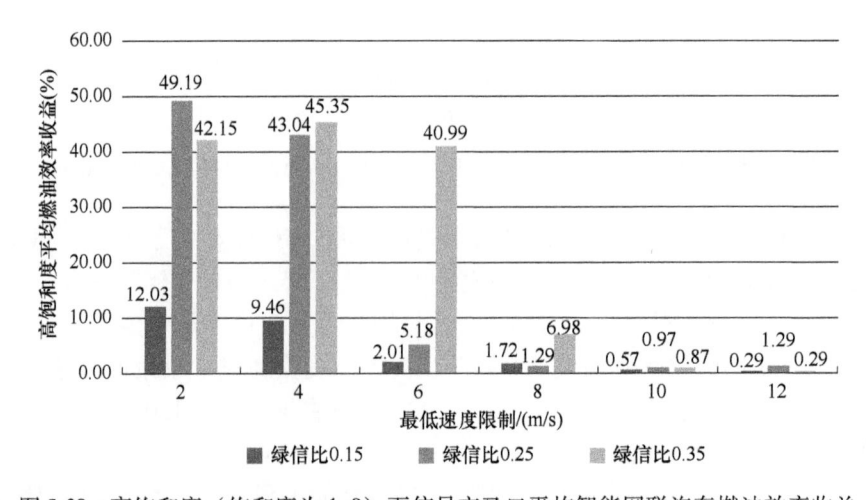

图 8-30 高饱和度（饱和度为 1.0）下信号交叉口平均智能网联汽车燃油效率收益

收益如图 8-31 和图 8-32 所示。通过实际观察可知，当且仅当绿信比为 0.35，最低车辆限速为

12m/s 时，系统在饱和度为 0.6 的情况下最小收益为 0.43%。其原因可能与燃油效率相近，是由于最低限速导致车辆无法充分发挥 MSTTOM 对于二氧化碳排放优化效果。同时，低饱和度、高绿信比的状态优化潜力较小。当且仅当绿信比为 0.15，最低车辆限速为 4m/s 时，系统在饱和度为 0.6 的情况下最大收益为 17.77%，可明显提升二氧化碳排放效率。经计算，在饱和度为 0.6 的情况下，各场景平均收益为 7.28%，二氧化碳排放收益与最低限速呈负相关关系。该现象可能由于当前路段车辆总数较最低限速较高导致车辆无法充分发挥 MSTTOM 对于二氧化碳排放优化效果。

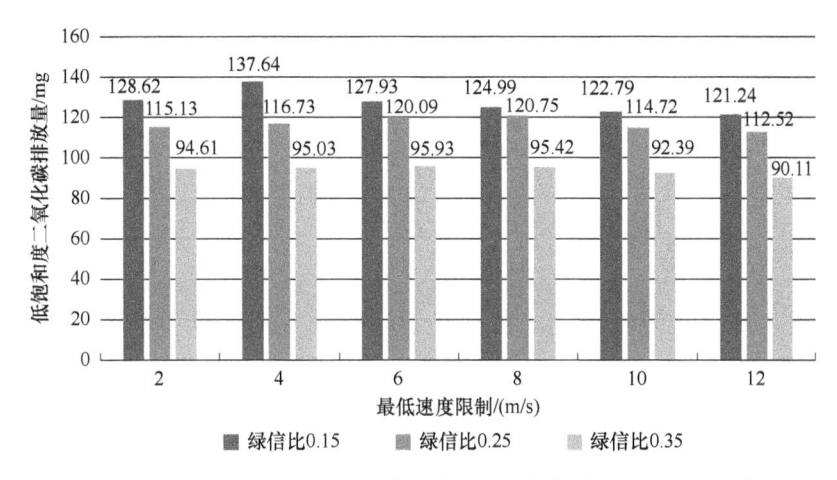

图 8-31 低饱和度（饱和度为 0.6）下信号交叉口平均智能网联汽车二氧化碳排放量

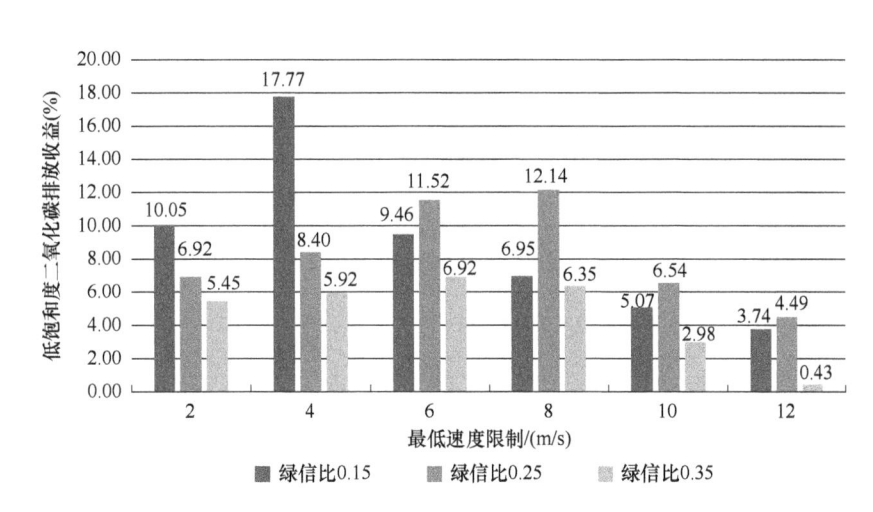

图 8-32 低饱和度（饱和度为 0.6）下信号交叉口平均智能网联汽车二氧化碳排放量收益

高饱和度（饱和度为 1.0）下信号交叉口平均智能网联汽车二氧化碳排放量及相对应的收益如图 8-33 和图 8-34 所示。通过实际观察可知，当且仅当绿信比为 0.35，最低车辆限速为 12m/s 时，系统在饱和度为 1.0 的情况下最小收益为 0.37%，相比于低饱和状态，车辆二氧化碳排放量差异性不大，均受制于较高的最低速度限制。当且仅当绿信比为 0.35，最低车辆限速为 4m/s 时，系统在饱和度为 1.0 的情况下最大收益为 24.92%，具有非常可观的收益。经计算，饱和度为 1.0 的情况下，各场景平均收益为 10.22%，对比低饱和度情景，进而可以推断车辆饱和度的提高，加剧了最低限速因素影响车辆发挥 MSTTOM 对于二氧化碳排放优化效果。同时，在 4m/s 到 10m/s 的最低限速情境下，较高的信号配时绿信比可有效提升二氧化碳排放效率。

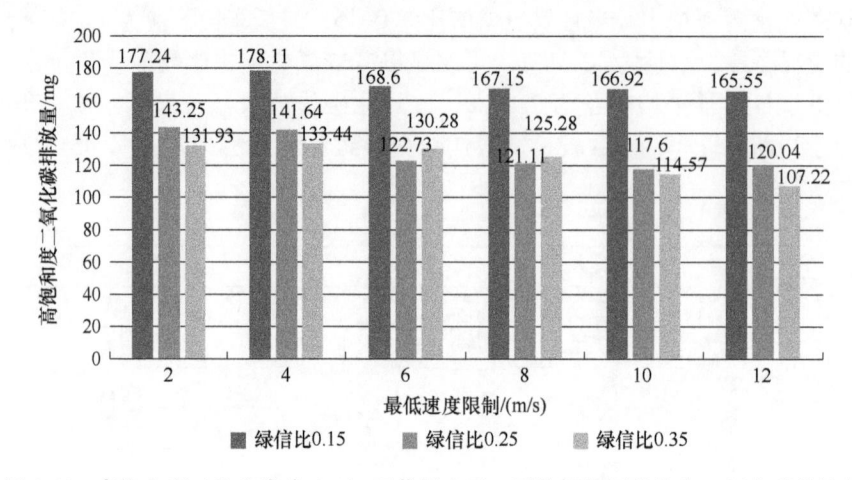

图 8-33　高饱和度（饱和度为 1.0）下信号交叉口平均智能网联汽车二氧化碳排放量

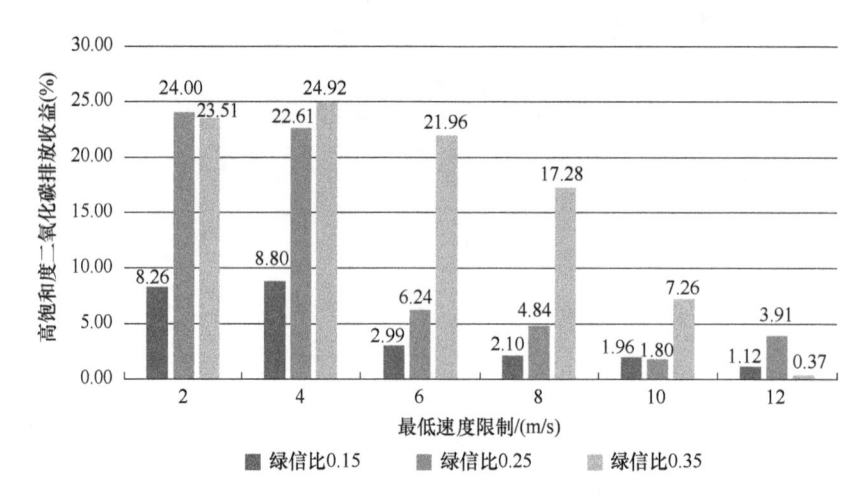

图 8-34　高饱和度（饱和度为 1.0）下信号交叉口平均智能网联汽车二氧化碳排放量收益

通过本书 7.7 节提出的双尾配对 T 检验优化方案生成针对本章提出 MSTTOM 优化方案在车辆饱和度、绿信比、最低速度限制方面的皮尔逊系数研究（见表 8-4），可以得到当前实验条件下。与智能网联汽车燃油效率呈强相关关系的仅为车辆最低速度限制单一变量，与绿信比和道路车辆饱和度无明显相关性。

表 8-4　平均交叉口智能网联汽车燃油效率与各潜在影响因素的皮尔逊相关系数

影响因素	最低速度限制	绿信比	道路饱和度
燃油效率	−0.638	0.093	0.011

对于信号交叉口平均智能网联汽车燃油效率与最低速度限制及绿信比采用多项式拟合关系，构建基于三次多项式的拟合曲面图（见图 8-35 和图 8-36）。

对于图 8-35 与图 8-36 所示的不同饱和度条件智能网联汽车燃油消耗收益拟合曲面图，在低饱和度（饱和度为 0.6）和高饱和度（饱和度为 1.0）条件下智能网联汽车燃油收益与最低

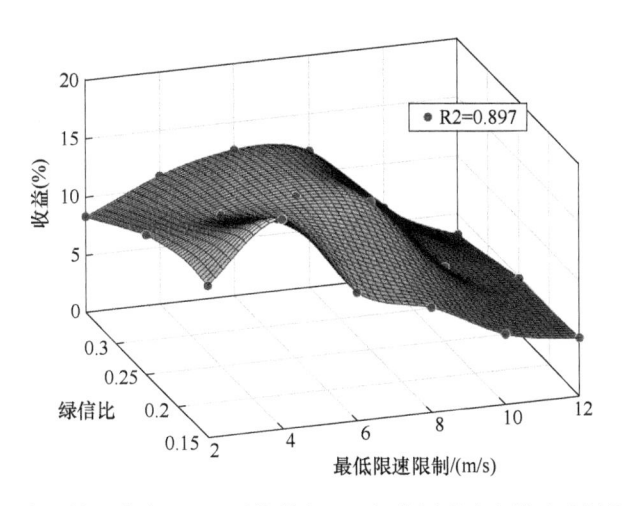

图 8-35　低饱和度（饱和度为 0.6）下信号交叉口智能网联汽车燃油消耗收益拟合曲面图

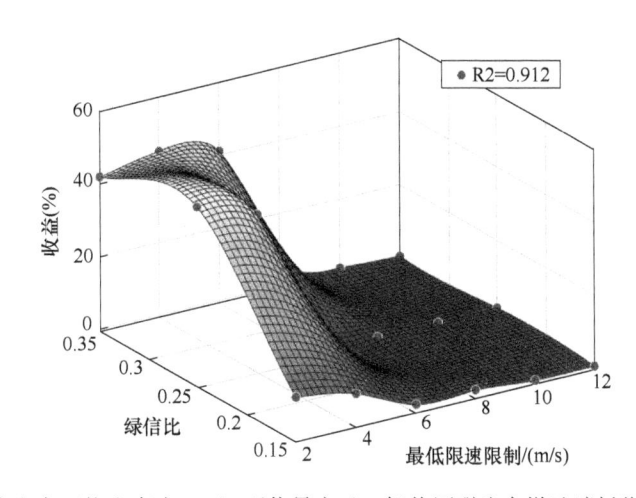

图 8-36　高饱和度（饱和度为 1.0）下信号交叉口智能网联汽车燃油消耗收益拟合曲面图

限速呈反比例关系。当最低速度限制达到 8m/s 以上时，智能网联汽车收益拟合曲面随着最低速度限制的增加而形成缓坡的趋势。同时，结合二氧化碳排放收益，高低饱和度车辆环保经济性指标均于最低速度限制为 12m/s 时达到收益最低。其原因可能是，当最低速度限制处于较高的水平时，部分车辆为了避免发生碰撞等原因，被迫放弃 MSTTOM 发送的最优时空轨迹，而采用被动的应急方案自适应巡航控制跟驰前方车辆。类似现象导致智能网联汽车无法有效应用本章提出的时空轨迹优化方法，进而造成系统对于燃油效率和二氧化碳排放优化效果降低。

8.7.4　实验总结

针对单信号交叉口和连续交叉口多车道时空轨迹方法，本章在城市道路路网环境下针对路网特点对路径选择及优化开展深入研究，总结如下：

1）本章考虑了车道通行能力的差异，提出了针对道路环境的信号交叉口子节点拓扑模型建立方法，可将实际道路交通特性数字化构建数学模型。

2）本章基于优劣解距法和重力模型法提出了可应用于城市路网的承载力评价分析方法，

为后续路径决策的快速求解奠定了基础。

3)本章基于实际道路信号交叉口子节点拓扑图结构及路网承载力约束,设计了面向城市路网的路径生成模型,以及基于遗传算法的求解方法。

参 考 文 献

[1] 王庞伟,邓辉,于洪斌,等.车路协同系统下区域路径实时决策方法[J].北京航空航天大学学报,2019,45(7):1349-1360.

[2] 薛泓帅.基于轨迹数据的物流车辆配送行为特征研究[D].北京:北京交通大学,2021.

[3] 王芳.时变路网下生鲜电商社区配送路径优化研究[D].北京:北京交通大学,2021.

[4] WANG P, WANG Y, WANG X, et al. An intelligent actuator of an indoor logistics system based on multi-sensor fusion[J]. Actuators, 2021, 10(6):120.

[5] VAIRA G, KURASOVA O. Parallel bidirectional Dijkstra's shortest path algorithm[C]//Proceedings of the 2011 conference on Databases and Information Systems VI: Selected Papers from the Ninth International Baltic Conference, DB&IS 2010, July 5-7, 2010, Riga. Amsterdam: IOS Press, c2011:422-435.

[6] JOSHUVA A, SUGUMARAN V. A data driven approach for condition monitoring of wind turbine blade using vibration signals through best-first tree algorithm and functional trees algorithm: A comparative study[J]. ISA Transactions, 2017, 67:160-172.

[7] DUCHOŇ F, BABINEC A, KAJAN M, et al. Path planning with modified a star algorithm for a mobile robot[J]. Procedia Engineering, 2014, 96:59-69.

[8] CHEDJOU J C, KYAMAKYA K. Benchmarking a recurrent neural network based efficient shortest path problem (SPP) solver concept under difficult dynamic parameter settings conditions[J]. Neurocomputing, 2016, 196(C):175-209.

[9] MOHAMED E, ABDULAZIZ S, Yuan X. Optimizing robot path in dynamic environments using genetic algorithm and bezier curve[J]. Journal of Intelligent and Fuzzy Systems, 2017, 33(4):2305-2316.

[10] DEWANG H S, MOHANTY P K, KUNDU S. A robust path planning for mobile robot using smart particle swarm optimization[J]. Procedia Computer Science, 2018, 133:290-297.

[11] 王浩.基于深度强化学习的无人驾驶决策方法研究[D].北京:北京交通大学,2021.

[12] BAGLOEE S A, SARVI M, MICHAEL P, et al. A mixed user-equilibrium and system-optimal traffic flow for connected vehicles stated as a complementarity problem[J]. Computer-Aided Civil and Infrastructure Engineering, 2017, 32(7):562-580.

[13] ZHANG K, NIE Y. Mitigating the impact of selfish routing: An optimal-ratio control scheme (ORCS) inspired by autonomous driving[J]. Transportation Research Part C: Emerging Technologies, 2018, 87:75-90.

[14] LEVIN M, BOYLES S. Effects of autonomous vehicle ownership on trip, mode and route choice[J]. Transportation Research Record: Journal of the Transportation Research Board, 2015, 2493(4):29-38.

[15] WANG J, PEETA S, HE X. Multiclass traffic assignment model for mixed traffic flow of human-driven vehicles and connected and autonomous vehicles[J]. Transportation Research Part B: Methodological, 2019, 126:139-168.

[16] ERDMANN J. SUMO's lane-changing model[C]//Modeling Mobility with Open Data: 2nd SUMO Conference 2014, May 15-16, 2014, Berlin. Berlin: Springer, c2015:105-123.

第 9 章

智能网联汽车动力学模型

将车辆在交通环境中行驶状态信息和能量传递信息按照牛顿定律和数学规律描述成数学表达式，通过常用的数学分析方法简洁地反映车辆控制系统的本质特性，称之为车辆动力学模型[1]。但实际中影响车辆行驶的道路和环境因素很多，不同类型的车辆本身的参数也千差万别，所以要建立一个全面完整的车辆动力学模型难度很大[2]。吉林大学郭孔辉，在研究转向驱动与速度控制下车辆的动态响应过程中，建立了比较完善和系统化的多自由度车辆动力学模型[3]。美国学者 Hung Pham、Masayoshi Tomizuka、Karl Hedrick 精确地描述了一种 18 自由度的车辆动力学模型，可以准确描述车辆动力学特性[4]。

车辆动力学模型是车辆行驶状态数学规律形式的表达式。所以在车辆动力学模型实际应用之前，需要通过软件仿真、实车实验等手段对其进行验证。由于实车实验的危险性和复杂性，所以本章利用计算机仿真软件进行验证。软件中可以设置车辆控制系统参数和环境参数，可以搭建各种复杂实验场景并进行多次重复性实验，从而降低实验的成本和减少实验的盲目性，除此之外还缩短了模型的研发周期。

9.1 智能网联汽车受力分析

根据车辆的行驶状态，可以按照纵向、垂向和横向的运动方式（见图 9-1）研究车辆动力学问题。实际运行中的车辆在同时受到三个方向的输入后，各方向表现的运动响应特性会存在一定的耦合关系。但是在理论研究中，为了简化车辆动力学模型的难度，减少分析工作量，会对车辆的行驶状况及环境条件进行特定场景的参数限制，则三个方向的运动耦合作用可以忽略。按照纵向、垂向和横向运动的不同，将车辆动力学模型划分为纵向动力学、行驶动力

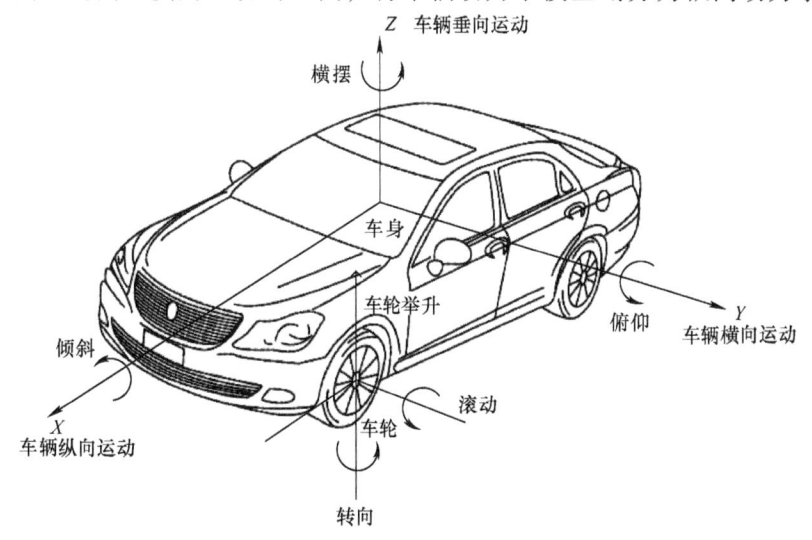

图 9-1 车辆三自由度动力学模型

学和操纵动力学,三者可以分别独立进行分析。对于本章给出的特定车辆运行环境,当车辆在粗糙路面匀速直线行驶时,问题将集中在纵向动力学特性方面,行驶动力学和操纵动力学则无显著影响,可以忽略。

为了便于研究,人们往往将汽车简化成一个二自由度或三自由度的汽车模型,这样的简化分析方法已被大量实验证明比较实用。目前,常选用考虑横摆运动、质心侧偏运动和侧倾运动的三自由度汽车模型,如图 9-2 所示。

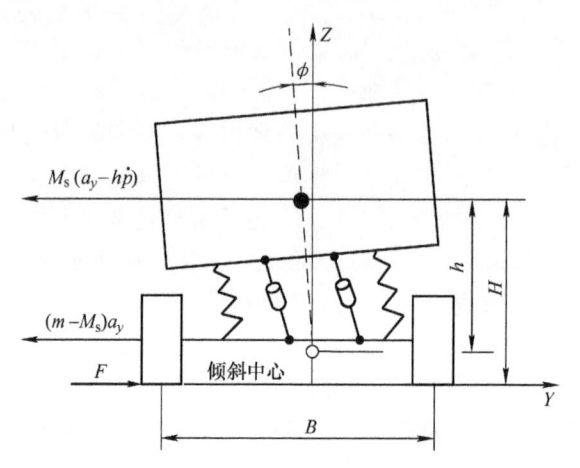

图 9-2 三自由度汽车模型运动状态后视图

该模型简化如下:①假定转向盘转角与前轮转角呈线性关系,不考虑转向系统的影响造成的误差;②不考虑悬架作用,俯仰角被忽略;③使轮胎侧偏特性一直呈线性变化,即假定侧向加速度始终小于 $0.4g$(g 为重力加速度);④忽略地面纵向力对轮胎侧偏的作用,通过改变前后轮的侧偏刚度系数以达到改变轮胎侧偏力的目的,不另外考虑转向系和空气对轮胎侧偏力的影响;⑤认为左右轮轴对称;⑥假定车速 u(沿 X 轴)不变。

由几何关系求得车身偏航角为

$$\Psi = \varphi - \beta \tag{9-1}$$

在全局坐标系里求得汽车纵向位移 x 和侧向位移 y 的表达式为

$$\ddot{x} = u\cos\Psi - v\sin\Psi \tag{9-2}$$

$$\ddot{y} = v\cos\Psi + u\sin\Psi \tag{9-3}$$

质心绝对加速度在 Y 轴方向的投影 a_y 表达式为

$$a_y = ur + \dot{v} = v(\dot{\beta} + r) \tag{9-4}$$

由以上可得,重心 M_s 绝对加速度在 Y 轴上的投影 a_{ys} 表达式为

$$a_{ys} = a_y - h\dot{p} \tag{9-5}$$

绕 Z 轴力矩平衡表达式为

$$(F_f + F_{fl})a\cos\delta + (F_f - F_{fl})\frac{B}{2}\sin\delta - (F_r + F_{rl})b - \dot{p}I_{XZ} - \dot{r}I_Z = M_\varphi \tag{9-6}$$

沿 Y 轴力平衡表达式为

$$M_s h \dot{p} + (F_f + F_{fl})\cos\delta + F_r + F_{rl} = ma_y \tag{9-7}$$

绕 X 轴力矩平衡表达式为

$$I_{XC}\dot{p} - M_s\left[u\left(r + \frac{\dot{v}}{u}\right) - h\dot{p}\right]h + I_{XZ}\dot{r} = -(D_f + D_r)p - (C_f + C_r - M_s g)\Phi \tag{9-8}$$

而 $I_{XC}\dot{p}+M_s h^2 = I_X$，得

$$I_X\dot{p}-M_s hu\left(r+\frac{\dot{v}}{u}\right)+I_{XZ}\dot{r} = -(D_f+D_r)p-(C_f+C_r-M_s gh)\Phi \tag{9-9}$$

式中，a、b 分别为汽车质心到前后轴的距离；F_f、F_{fl} 分别为左右前轮侧偏力；F_r、F_{rl} 分别为左右后轮侧偏力；h 为侧倾中心到质心距离；I_X 为侧倾转动惯量；I_Z 为横摆转动惯量；I_{XZ} 为簧载质量绕 X、Z 轴形成的平面的转动惯量；I_{XC} 为悬架上质量绕车身重心的纵轴的转动惯量；C_f、C_r 为前后悬架等效侧倾刚度；D_f、D_r 分别为前后悬架等效侧倾阻尼系数；m 为整车质量；M_s 为簧载质量；M_φ 为控制系统输出的附加横摆力矩；r 为横摆角速度；v 为侧向速度；Φ 为簧载质量侧倾角；p 为侧倾角速度；u 为汽车纵向速度；a_y 为汽车侧向加速度；B 为轮距；φ 为横摆角；β 为车身侧偏角；δ 为前轮转角。

车辆纵向动力学模型

本书重点对车辆纵向编队控制进行研究。按照车辆动力学原理，车辆在纵向行驶情况下的受力分析如图 9-3 所示。

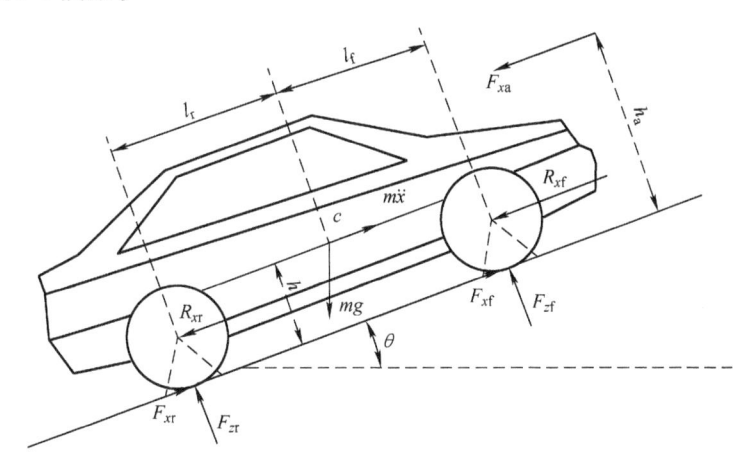

图 9-3 车辆在纵向行驶情况下的受力分析

由图 9-3 所示得到纵向的车辆动力学方程为

$$m\ddot{x} = F_{xf}+F_{xr}-R_{xf}-R_{xr}-F_{xa}-mg\sin\theta \tag{9-10}$$

图 9-3 和式（9-10）中的符号意义如下：

c　车辆质心，对于车辆就是几何中心。

g　重力加速度。

m　车辆的质量。

x　车辆位移。

θ　路面仰角，平直公路上等于零。

F_{xf}　前轮的切向力。

F_{xr}　后轮的切向力。

R_{xf}　前轮的滚动阻力。

R_{xr}　后轮的滚动阻力。

F_{xa}　空气阻力。

h　车辆重心高度。

综上描述，决定车辆行驶加速度的合力，是由两后轮的切向力与前后轮的滚动阻力、空气阻力和重力分量来决定的。

式（9-10）中具体的各受力计算方法如下。

（1）轮胎切向力 F_{xf}、F_{xr}

轮胎和地面摩擦产生了前轮的切向力 F_{xf} 和后轮的切向力 F_{xr}。前轮和后轮附着率为 k_f 和 k_r，前轮和后轮受到的正压力为 F_{zf} 和 F_{zr}。由轮胎动力学可得出前、后轮切向力分别表示为

$$F_{xf}=k_f F_{zf}, \quad F_{xr}=k_r F_{zr} \tag{9-11}$$

在干燥路面上轮胎附着率与车轮滑移率有近似线性的关系[5]。定义加速和减速时车轮滑移率为

$$\text{加速阶段} \quad \sigma_x = \frac{r_{\text{eff}}\omega_W - v_x}{v_s} \tag{9-12}$$

$$\text{减速阶段} \quad \sigma_x = \frac{r_{\text{eff}}\omega_W - v_x}{r_{\text{eff}}\omega_W} \tag{9-13}$$

式中，v_s 为车辆纵向速度；r_{eff} 为轮胎转动半径；ω_W 为轮胎角速度。

（2）滚动阻力 R_{xf}、R_{xr}

轮胎内部的变形阻力定义为滚动阻力，与轮胎载荷有关。假设 f_R 为滚动阻力系数，取值一般为 0.01~0.04。滚动阻力 R_{xf}、R_{xr} 可表示为

$$R_{xf}=f_R F_{zf}, \quad R_{xr}=f_R F_{zr} \tag{9-14}$$

式中，F_{zf} 为前轮正压力；F_{zr} 表示为后轮正压力。前后轮正压力计算公式为[6]

$$F_{zr}=\frac{(mg-c_z V_{xa}^2)l_f}{l_f+l_r}, \quad F_{zr}=\frac{(mg-c_z V_{xa}^2)l_r}{l_f+l_r} \tag{9-15}$$

式中，l_f 为前轮到质心的距离；l_r 为后轮到质心的距离；c_z 为空气在车辆垂向产生的升力与空气和车辆相对速度的比例系数。

（3）空气阻力 F_{xa}

车辆在行驶过程中与空气存在相对运动，会对车辆产生迎风阻力、升力及相应的力矩，从而影响车辆的运行状态。空气相对车辆纵向运动产生的作用力可以用式表示为

$$F_{xa}=0.5C_x\rho A_x V_{xa}^2 \tag{9-16}$$

从计算式（9-16）可以得出，空气阻力与纵向行驶车辆和空气的相对速度的二次方成正比。其中，ρ 为车辆当前行驶环境下的空气密度，空气密度随天气变化会略有不同；纵向空气阻力系数用 C_x 来表示；A_x 为迎风面积；V_w 为风速；空气相对于车辆的纵向速度为 V_{xa}，计算公式为

$$V_{xa}=v_x+V_w \tag{9-17}$$

（4）重力分量

纵向行驶过程中的车辆与道路存在一定的坡度，车辆沿纵向运动方向的重力会对其产生坡度分量。设定公路俯仰角为 θ，图 9-3 所示的逆时针方向为 θ 的正方向，可以得出车辆纵向行驶与俯仰路面产生的重力分量计算公式为

$$F_{xb}=mg\sin\theta \tag{9-18}$$

（5）驱动力和制动力

发动机系统提供驱动力，制动系统向车轮提供制动力。轮胎受力分析如图 9-4 所示。作用

在驱动轮的驱动力矩用 T_w 表示,车轮上受到的制动力矩用 T_b 表示;轮胎转动时的有效半径用 r_{eff} 表示,于是有

驱动轮上的驱动力　　$F_t = \dfrac{T_w}{r_{eff}}$　　(9-19)

车轮上的制动力　　$F_b = \dfrac{T_b}{A_w \mu_b r_b}$　　(9-20)

式中,A_w 为轮胎制动区域;μ_b 为制动摩擦系数,路面环境一定下通常为常数;r_b 为制动半径。

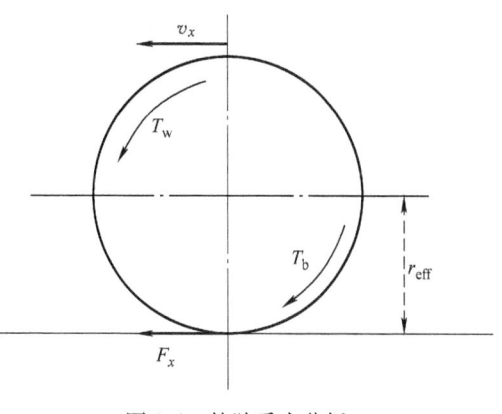

图 9-4　轮胎受力分析

9.2　智能网联汽车简化纵向动力学分层模型

9.1 节描述了通常情况下车辆纵向行驶时的受力分析。这是车辆动力学的通用理论。但是本书讨论的智能网联汽车编队控制主要根据前后车辆信息来决定速度控制方式,同时因为车辆是具有车车通信功能的特殊车辆,所以可对经典车辆动力学进行一定的调整和简化,便于后期对控制模型的验证。

9.2.1　智能网联汽车动力学模型的简化

在建立车辆纵向动力学模型之前,首先根据车车通信环境的特点和本章给出的特定的车辆行驶环境对复杂的车辆系统进行如下合理必要的简化:
1) 车辆在平直公路上纵向行驶,不存在坡道,故路面仰角 θ 为零。
2) 只考虑车辆的纵向行驶,即车辆的一维行驶,不涉及车辆行驶过程中的其他运动,如横摆、侧倾等。
3) 车辆左右两侧动力学对称,从而可以将车辆左右轮运动的差异忽略掉,将车辆轮胎模型简化为两轮模型。
4) 假设车辆坐标系原点、车辆几何中心、车辆质心三者重合,并且公路为干燥表面,可以提供足够的地面附着力使轮胎不滑移,传动轴和传动齿轮在动力传动系统中为刚性。
5) 车辆轮胎受力分析如图 9-4 所示。
6) 设定车辆行驶环境天气良好,无雨雪等特殊情况,风力微弱,可以忽略迎风空气阻力。

考虑与其他车辆的相互作用,接收的其他车辆分配加速度等信息可认为是影响本身期望加速度的一部分,那么定义分配加速度为 a_c。简化的车辆受力分析如图 9-5 所示。

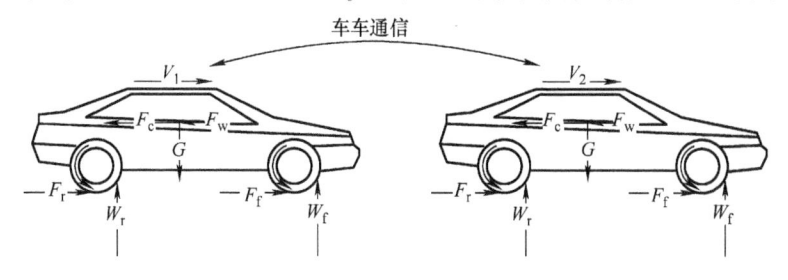

图 9-5　简化的车辆受力分析

令 $F_x=F_{xf}+F_{xr}$ 为纵向切向力，纵向滚动阻力 $R_x=R_{xf}+R_{xr}$，则式（9-10）变为

$$m(a_{des}+a_{dis})=F_x-R_x-F_{xa} \tag{9-21}$$

由上式可知，在车车通信环境下，由驱动力与滚动阻力与空气阻力差决定车辆纵向行驶的加速度。其中，加速度为车辆本身的期望加速度 a_{des} 和其他车辆的分配加速度 a_{dis} 之和。

纵向切向力 F_x 的计算

假设前后轮胎有效半径均为 r_{eff}，需要计算轮胎的驱动力矩和制动力矩。根据轮胎动力学，前轮受到的驱动力矩为 T_{wf}，制动力矩为 T_{bf}，同时转动角速度为 ω_{wf}，转动惯量为 I_{wf}；后轮受到的驱动力矩为 T_{wr}，制动力矩为 T_{br}，同时后轮转动角速度 ω_{wr}，转动惯量为 I_{wr}。所以，如果车辆是前轮驱动，则 $T_{wr}=0$；若为后轮驱动，则 $T_{wf}=0$。

根据质心转动定理得前轮动力学方程为[7]

$$I_{wf}\dot{\omega}_{wf}=T_{wf}-T_{bf}-r_{eff}F_{xf} \tag{9-22}$$

后轮动力学方程为

$$I_{wr}\dot{\omega}_{wr}=T_{wr}-T_{br}-r_{eff}F_{xr} \tag{9-23}$$

定义轮胎转动时角速度为 ω_w，并且前轮转动角速度 ω_{wf} 与后轮转动角速度 ω_{wr} 相等，即 $\omega_{wf}=\omega_{wr}=\omega_w$，则有

$$(I_{wf}+I_{wr})\dot{\omega}_w=T_{wf}+T_{wr}-(T_{br}+T_{bf})-r_{eff}(F_{sf}+F_{sr}) \tag{9-24}$$

令转动惯量 $I_w=I_{wf}+I_{wr}$，驱动力矩 $T_w=T_{wf}+T_{wr}$，制动力矩 $T_b=T_{bf}+T_{br}$，轮胎动力学简化计算方程为

$$I_w\dot{\omega}_w=T_w-T_b-r_{eff}F_x \tag{9-25}$$

所以当车辆处于加速时，制动力矩 $T_b=0$；处于制动过程时，驱动力矩 $T_w=0$。由此可以得出

作用在驱动轮上的驱动力

$$F_t=\frac{T_w}{r_{eff}} \tag{9-26}$$

作用在车轮上的制动力

$$F_b=\frac{T_b}{A_w\mu_b r_b} \tag{9-27}$$

9.2.2 简化纵向车辆动力学模型的分层

在简化车辆动力学模型基础上，从具体实现角度出发，本节将车辆动力学系统模型分为三部分——下层控制模型（车辆纵向动力学模型）、车辆模型（执行器模型）、上层控制模型（核心控制模型，这里指车辆队列协同控制模型），如图 9-6 所示。上层控制模型，主要通过实际环境计算出车辆当前的期望加速度；下层控制模型，主要通过车辆动力学特性计算如何

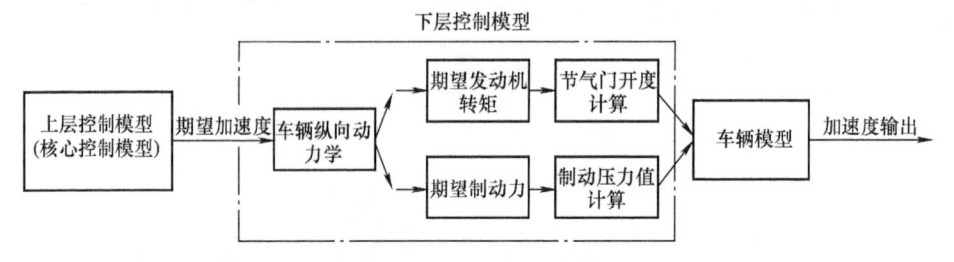

图 9-6 车辆纵向动力学分层控制模型

通过控制发动机转矩来实现车辆期望加速度；车辆模型，通过车辆本身的执行机构去实现对发动机转矩的控制，最终实现车辆控制。上层控制模型是核心，后面将重点分析。本节主要描述如何实现车辆模型和车辆下层控制模型。

(1) 车辆模型的选型

本章定义的车辆队列中所有车型是一致的，选用车型为大众帕萨特。其在 CarSim 软件的车辆模型库中对应为 B-Class 普通轿车车型，如图 9-7 所示。

图 9-7 CarSim 软件车辆模型对应的车辆原型

车辆实际运行中有一系列常用参数，在 CarSim 模型仿真中为了计算和分析方便，对个别参数进行了调整，如表 9-1 所示。

表 9-1 实际车辆与车辆模型参数对照

实际车辆参数	车辆模型参数
重量为 1.5t	重量为 1.5t
车身长度为 4.8m	车身长度为 5m
车身宽度为 1.8m	车身宽度为 2m
最高车速为 240km/h	最高车速为 60m/s（即 216km/h）
轮胎半径为 0.4412m	轮胎半径为 0.45m
车身悬架高度为 0.54m	车身悬架高度为 0.54m
从 0km/h 加速到 100km/h 的时间为 5s	—
最大加速度为 5.6m/s^2	最大加速度为 6m/s^2

采用 CarSim 自带的 B-Class 车型作为车辆模型输入，用来验证上下层控制模型的执行效果。

(2) 下层控制模型

车辆欲达到良好的纵向加速度，需要考虑车辆传动系统动态性能，计算发动机当前转矩。由轮胎动力学可以得出车辆纵向速度为 $\dot{x} = r_{eff}\omega_w$，当前行驶条件下车辆纵向动力学方程可以化简为

$$mr_{eff}R\dot{\omega}_e = F_x + F_c - R_x - F_{xa} - mg\sin\theta \tag{9-28}$$

在不考虑路面俯仰角情况下，通过发动机模型，可以通过制动力矩和发动机净转矩之间的关系计算得出当前加速度值：

$$\ddot{x} = \frac{Rr_{eff}}{J_e}[T_{net} - c_x Rr_{eff}\dot{x}^2 - R(r_{eff}R_x + T_b)] \tag{9-29}$$

通过上式可以变换得到期望加速度 $\ddot{x}_d$ 对应的发动机输出净转矩为

$$T_{\text{net}} = \frac{J_e}{Rr_{\text{eff}}}\ddot{x}_d + c_x Rr_{\text{eff}}\dot{x}^2 + Rr_{\text{eff}}(R_x + mg\sin\theta) \tag{9-30}$$

只考虑干燥路面条件和车辆纵向行驶工况，所以液力变矩器保持锁止状态。上式转换为期望发动机转矩计算公式为[8]

$$T_{\text{edes}} = \frac{r}{R_d R_g \eta_0}(M_0\ddot{x} + C_D A v^2 + M_0 g f_0) \tag{9-31}$$

式中，η_0、M_0、R_g 分别为车辆传动系统机械效率、车体质量、变速器速比，可以从发动机出厂手册查到；f_0 为滚动阻力系数。欲得到与期望加速度对应的期望发动机转矩，通过对照发动机厂商提供转矩特性逆向曲线，即可计算出期望节气门开度为

$$\theta_{\text{des}} = \text{MAP}^{-1}(\omega_e, T_{\text{edes}}) \tag{9-32}$$

式中，$\text{MAP}^{-1}(\omega_e, T_{\text{edes}})$ 为发动机转矩特性逆向曲线，由整车厂商或者发动机厂商提供，具体计算可通过查表得出[9]。表中会给出发动机当前转速和当前转矩下的节气门开度值，不同车型之间存在差异。

当车辆处于制动过程，发动机输出转矩为零，车辆只受到制动力作用，当前期望制动力 F_{bdes} 为

$$F_{\text{bdes}} = M_0\ddot{x} + C_D A v^2 + M_0 g f_0 \tag{9-33}$$

由上式得到期望制动力值。所需的期望的制动压力正比于制动力，定义比例系数为 K_b，期望制动压力为

$$P_{\text{des}} = \frac{F_{\text{bdes}}}{K_b} \tag{9-34}$$

本节给出了车辆动力学分层模型下层模型的计算方法。即，当上层模型输出期望加速度后，如何通过车辆下层模型来计算出对应的车辆制动力和节气门开度。这为后续模型的实现奠定了基础。

9.3 基于 CarSim/MATLAB 软件的车辆动力学模型联合仿真验证

完成车辆动力学模型简化后，在模型的具体实现方法方面，由于车辆动力学仿真计算过程需要同时用到数学模型和车辆模型，并且计算复杂、计算量大，所以经常采用专用的车辆动力学联合仿真软件来验证。其中的控制模型常用的是 MATLAB 软件。这是美国 MathWorks 公司研发的一款商业数学专用软件。其中包括 Simulink，主要用于搭建控制系统模型。用户可以通过 MATLAB/Simulink 图形化编程的形式，将设计的控制系统以框图形式实现传递函数。

除了利用 MATLAB 实现控制系统外，还需要选取模拟真实车辆特性的车辆模型作为被控对象。车辆模型的选择需要车辆动力学仿真软件来实现，常用的主要包括 CarSim、TruckSim、PreScan 等。车辆动力学仿真软件在车辆控制系统研发过程中是重要的分析手段：①系统研发前期，研究人员设计的控制系统还处于无法实现的阶段，通过仿真模型手段可以验证基本设计思想的可行性；②在设计稳定性要求较高的控制系统时，精细的设计原型模型在仿真中可以反复测试，降低调试成本；③在控制系统研发后期需要对系统最终性能进行校核时，对于重复性、危险性的实验，如对车辆的操纵稳定性、平顺性、弯道行驶性能进行测试分析时，可以首先通过仿真模型测试来完成；④处理实验结果方面，可以借助仿真模型辅助实验验证，对实验数据进行结果预测；当实验结果和设计思想存在误差时，仿真模型可以对控制系统进

行故障分析[10]。

CarSim 软件是针对轿车的车辆动力学仿真软件，作为软件平台仿真适合本章的研究。CarSim 软件对车辆模型的仿真速度是车辆实际行驶速度的 3~6 倍，可以模拟任何特定道路状况；输入相应的车辆行驶工况，可以对车辆动力性、制动性、操纵稳定性、平顺性和燃油经济性进行分析；目前用于各种车辆控制系统的研究与开发，被整车厂商和研究机构广泛采用。CarSim 软件可通过图形操作界面直观方便地进行车辆系统参数和实验环境仿真参数的设置，任何实验过程都可以灵活根据验证需求来定义。CarSim 软件由数学模型求解部分、图形化数据库部分和仿真结果处理部分组成。MATLAB、Simulink、CarSim 联合仿真软件结构如图 9-8 所示。

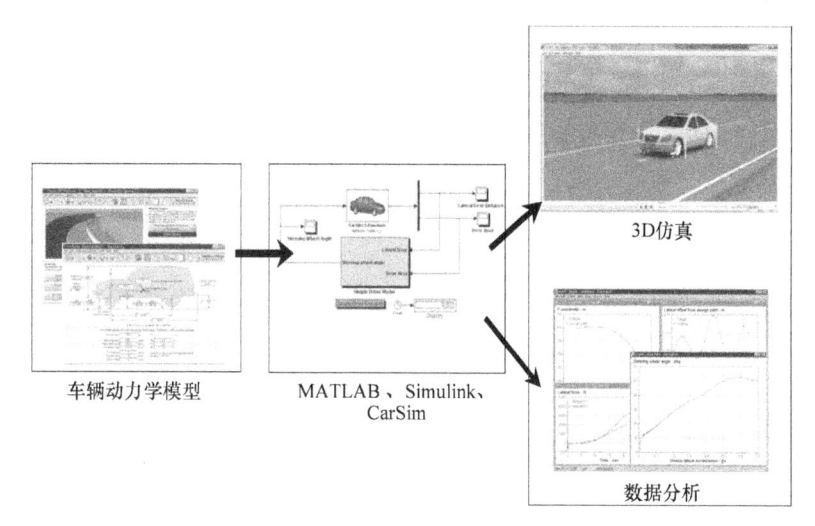

图 9-8　MATLAB、Simulink、CarSim 联合仿真软件结构

本章建立的车辆纵向简化动力学模型是基于 MATLAB、Simulink 实现的，并通过队列控制目标实现整体车辆队列模型。选择具体车型后，按照车型参数来配置 CarSim 软件中仿真车辆的参数，最后搭建完成车辆队列控制模型，通过不同的场景和初始化条件，来观测模型仿真效果。

9.3.1　CarSim 软件仿真环境参数设置

车辆模型和环境场景，是车辆动力学仿真需要考虑的因素。仿真验证前对以下车辆模型和环境参数进行设置。

（1）设置车辆模型参数

本章选用的 B-Class 车型，需要对 CarSim 软件的仿真车辆模型进行设置。图 9-9 所示为 CarSim 软件仿真车辆模型参数设置界面，包括是否安装 ABS、雷达、EPS 等，本章选择默认参数即可。图 9-10 所示为 CarSim 软件仿真车辆模型整车参数设置界面，包括轮胎半径、车身长度、发动机型号、底盘高度等，可参考表 9-1 所示的参数进行设置。

（2）设置环境参数

环境设置主要用于模拟车辆实际行驶的道路环境，除此以外还能对路面的参数进行设置，如干燥路面、下雨湿滑路面和冰雪路面等。另外，CarSim 软件还可以模拟复杂的道路环境，如设置蛇形急弯路面、大角度横向和纵向坡度、同时可以将任何位置的路面抬高，甚至可以模拟一些实际环境不存在的恶劣环境，以便充分验证车辆的性能。CarSim 软件的环境设置还

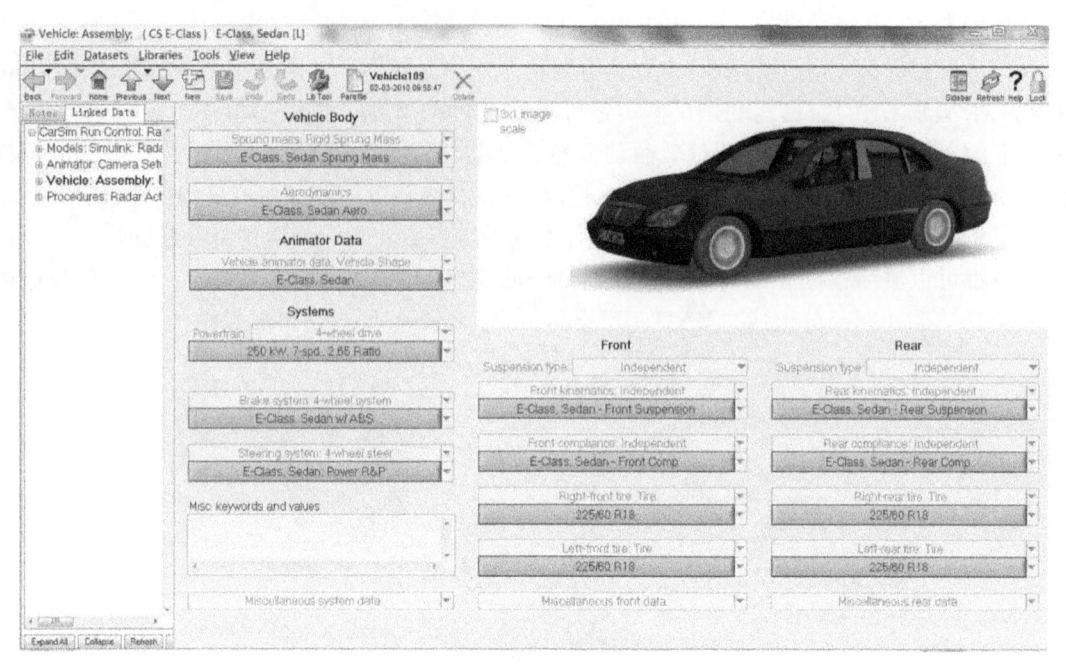

图 9-9　CarSim 软件仿真车辆模型参数设置界面

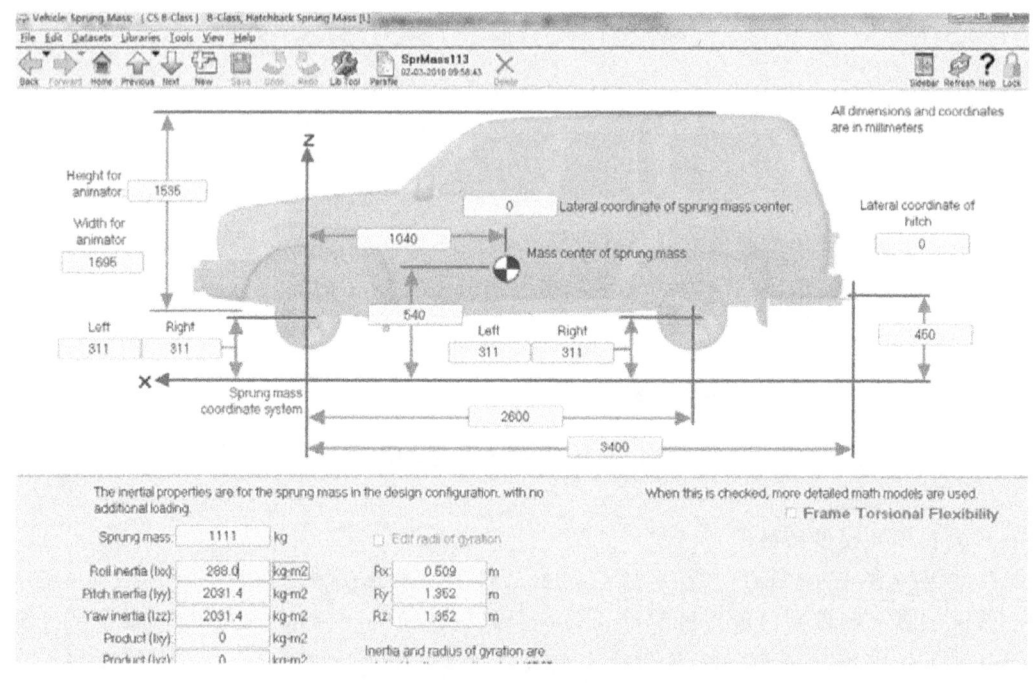

图 9-10　CarSim 软件仿真车辆模型整车参数设置界面

可以模拟路面摩擦系数工况。

本章主要验证车辆纵向动力学模型,后续验证的控制模型也都是车辆在纵向路面上行驶,所以设置椭圆形的环形路面,两个长直道的长度为 1km,两个短直道的长度为 180m,弯道半径为 25m,路面为摩擦系数为 0.85 的干燥路面,不存在恶劣天气影响,忽略迎风阻力。

CarSim 软件实验道路环境参数设置界面如图 9-11 所示。

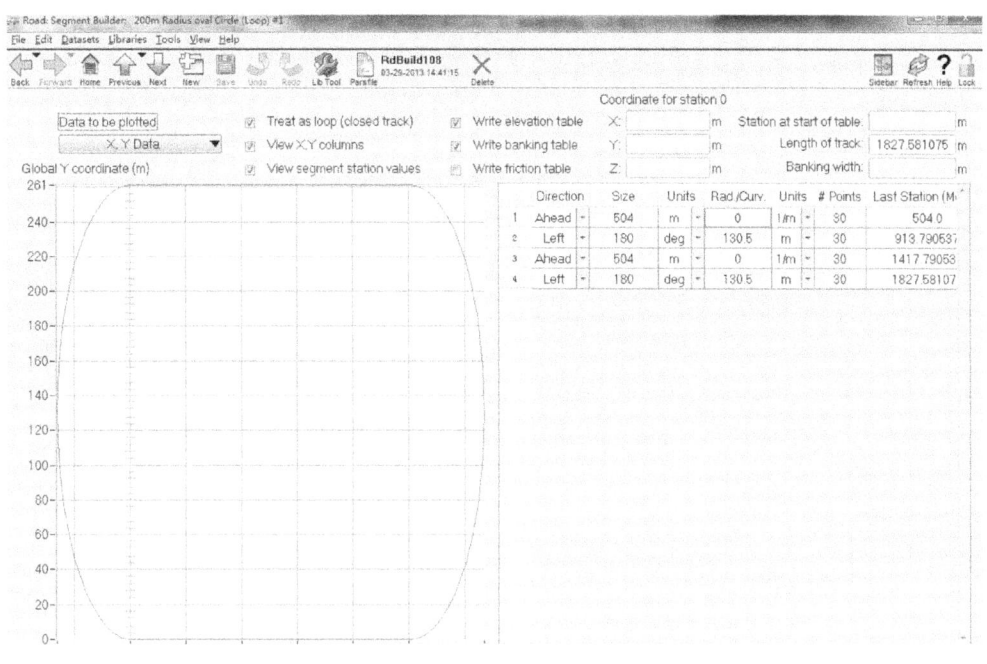

图 9-11　CarSim 软件实验道路环境参数设置界面

通过道路环境 3D 效果仿真（见图 9-12），CarSim 仿真软件对道路形状、坡度、路面不平度都可以方便地进行设置并且有很好的仿真效果。此外，还可以在仿真环境中设置路标、矮山和树木等，增加仿真环境对真实环境的还原度。道路宽度、车道数目和特殊标注的道路标示线等都可以根据仿真要求进行设置。车辆模型在道路上的具体行驶路线需要使用者输入控制模型，从而通过车辆和环境的 3D 仿真效果来得出实验结论。

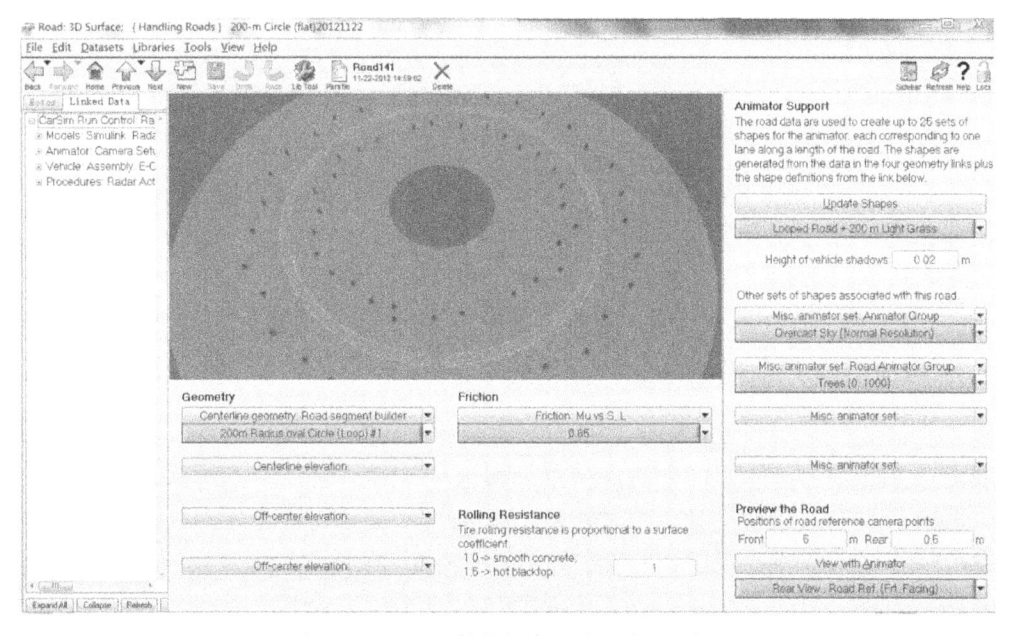

图 9-12　CarSim 软件仿真实验环境 3D 效果

9.3.2 CarSim、MATLAB、Simulink 联合仿真验证

本节对 9.2.2 节建立的动力学模型分层结构进行仿真，仿真建立在 MATLAB、Simulink 软件平台基础上并同时导入仿真车辆软件 CarSim，通过设置输入信息和得到的仿真结果来验证动力学模型的可行性。

仿真验证过程大致如下：CarSim 软件的所有组成部分都由一个图形用户界面来控制，通过用户界面设定路面和车辆参数，给定期望加速度值，通过 MATLAB/Simulink 建立的节气门、制动压力控制模型给 CarSim 模型输入控制量，通过输出实际加速度值来验证动力学模型的下层控制结构的可行性，模型搭建完毕后，可通过单击"RunMath Model"来进行仿真。仿真环境和程序运行环境大致一样，按照固定的控制周期来执行控制算法，仿真结束后通过单击"Animate"可以 3D 动画形式观察仿真的结果，通过单击"Plot"可以查看仿真结果曲线。软件输出可以得到相应的车速、加速度、位移输出结果，并提供 3D 效果仿真示意图。通过设置不同的环境和车辆参数，迅速完成一次仿真实验。MATLAB、Simulink、CarSim 联合仿真验证环境如图 9-13 所示。

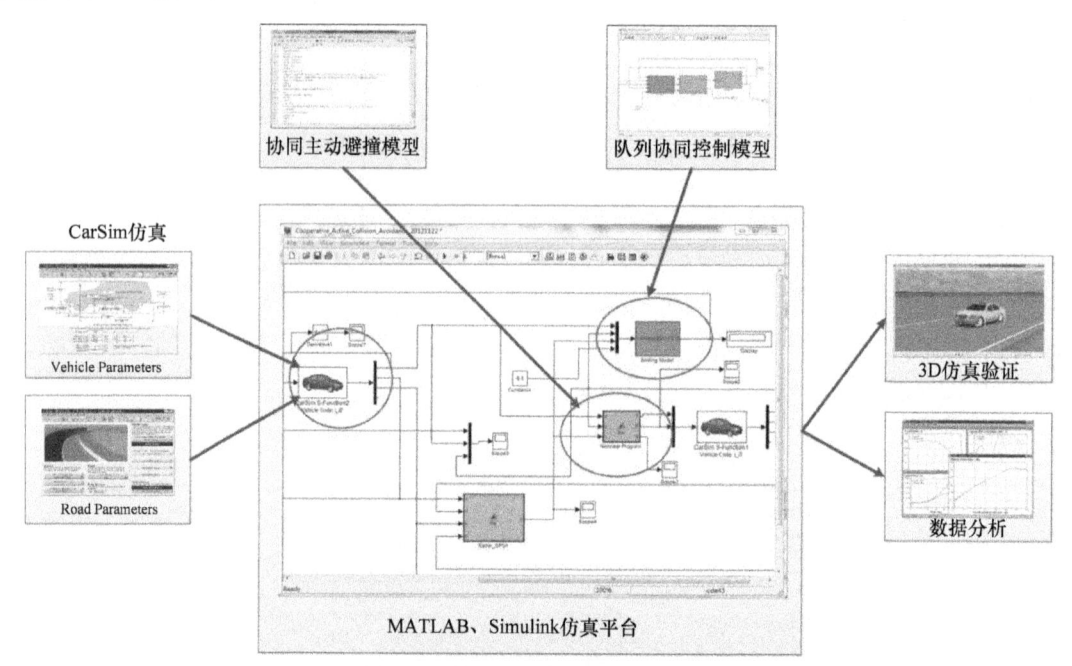

图 9-13　MATLAB、Simulink、CarSim 联合仿真验证环境

9.3.3 下层动力学控制模型仿真结果分析

根据上述 CarSim 软件仿真环境，下面将验证下层车辆动力学模型。其主要功能是为上层模型提供实现的接口。实验验证可通过给定加速度输入控制量，结合车辆运行的实际情况［可以是常量（匀速）、阶跃（急加速或减速）、正弦（加减速交替）等］基于 MATLAB/Simulink 实现。下面选择具有代表性的正弦波输入和阶跃紧急减速来验证下层控制模型的加速度实现情况。

制动能力是车辆控制的首要环节，故首先仿真验证紧急减速的加速度信号输入，输入曲

线如图 9-14 左图所示。该曲线代表的实际意义为,车辆在匀速行驶一段时间后某一时刻突然按照 -6m/s^2 来紧急制动,以此来验证车辆动力学模型的紧急制动控制效果。

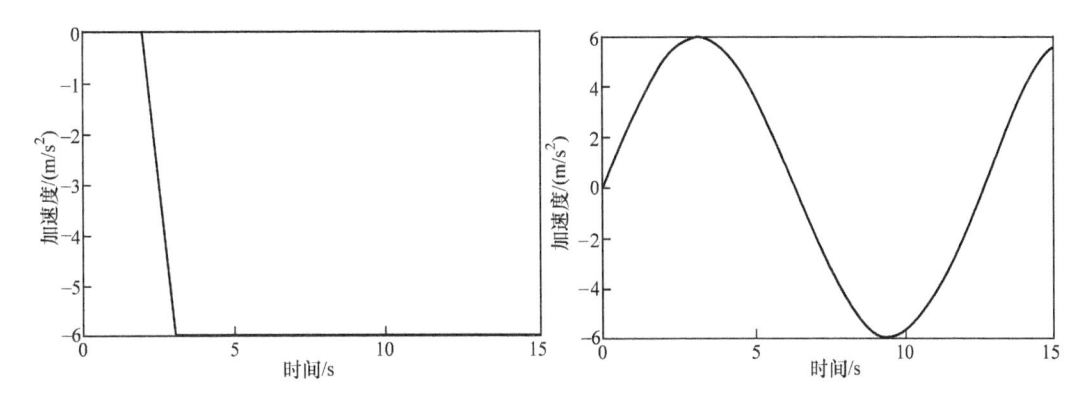

图 9-14 输入紧急减速和正弦加速度曲线

选择正弦加速度信号输入,输入曲线如图 9-14 右图所示。该曲线代表的实际意义为,匀速车辆的加速度在 4s 内逐渐从 0 加到 6m/s^2,然后在 5s 内加速度逐渐减到 -6m/s^2,最后在 5s 内加速度再恢复到 6m/s^2。这是仿真一个急加速和急减速的过程,通过这种临界环境的输入可以验证动力学模型的加减速跟随控制效果。

下层动力学控制模型仿真验证环境界面,如图 9-15 所示。动力学模型、加速度切换模型和节气门/制动压力分层控制模型在 MATLAB/Simulink 环境中得以实现。期望加速度的跟随效果由 CarSim 模型来验证。在 MATLAB/Simulink 平台中搭建下层动力学模型,通过输入上述正弦波曲线后,下层动力学模型的输出可以控制 CarSim 模型车的节气门开度和制动压力值,从而实现期望加速度值的执行。

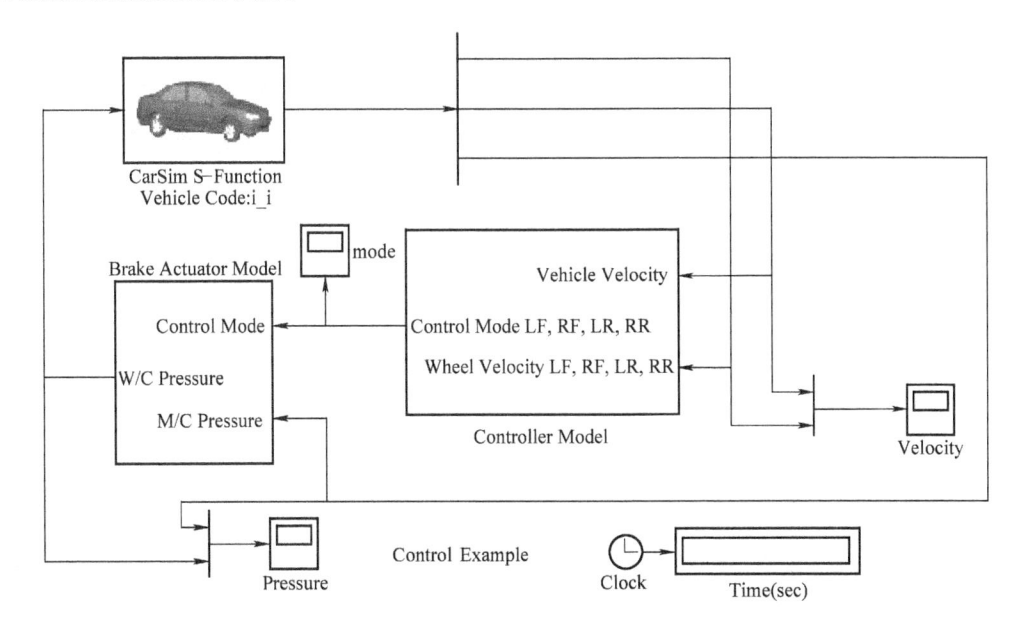

图 9-15 下层动力学控制模型仿真验证环境界面

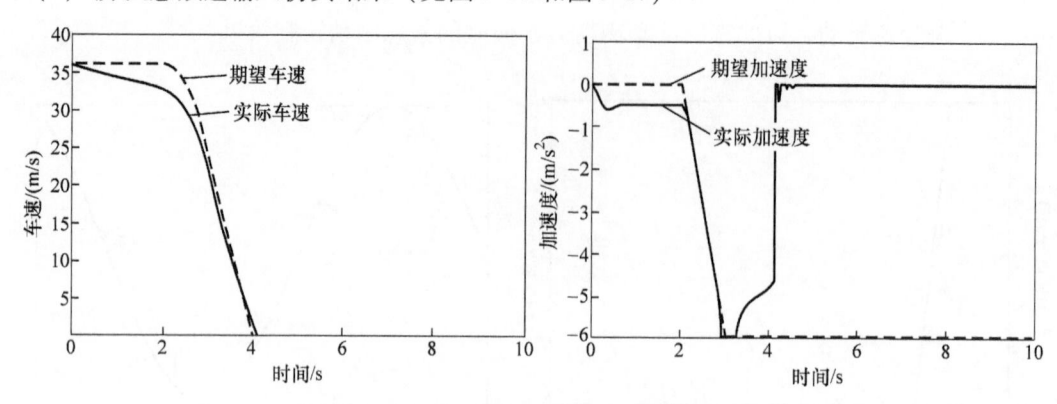

(1) 阶跃急减速输入仿真结果（见图 9-16 和图 9-17）

图 9-16 下层控制模型车速和加速度仿真结果

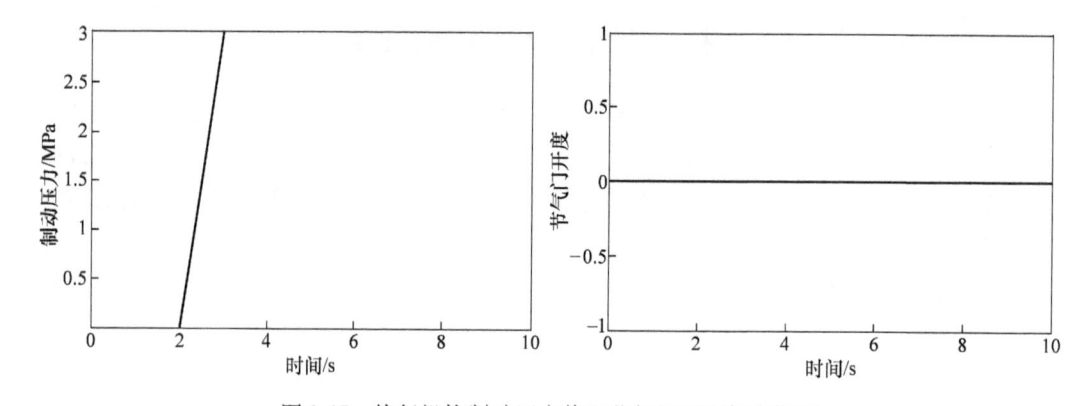

图 9-17 执行机构制动压力值和节气门开度仿真结果

紧急减速输入时，如图 9-16 所示，实际车速可以很好地跟随车辆模型的期望车速输出，实际车速和期望车速几乎可以在同一时刻减到零。加速度可以跟随输入迅速减到最小值 $-6m/s^2$，然后实际的加速度输出由于车辆紧急制动后停止所以加速度恢复至零，说明模型有车辆运行和静止判断能力，也具备了很好的制动控制能力。如图 9-17 所示，在 2s 时随着加速度信号的输入，制动压力值也迅速增大到 3MPa，然后保持不变。这说明随着加速度变化，节气门因为紧急制动期间不需要开起，故持续保持零不变。结果说明下层控制模型的制动和油门切换逻辑正确，可以精确地控制制动系统的压力值。

(2) 正弦加速度曲线输入仿真结果（见图 9-18 和图 9-19）

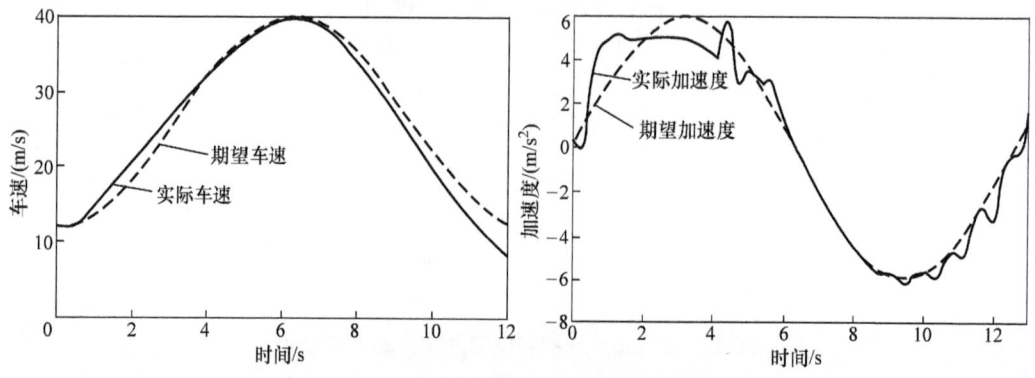

图 9-18 下层控制模型正弦加速度输入跟随曲线

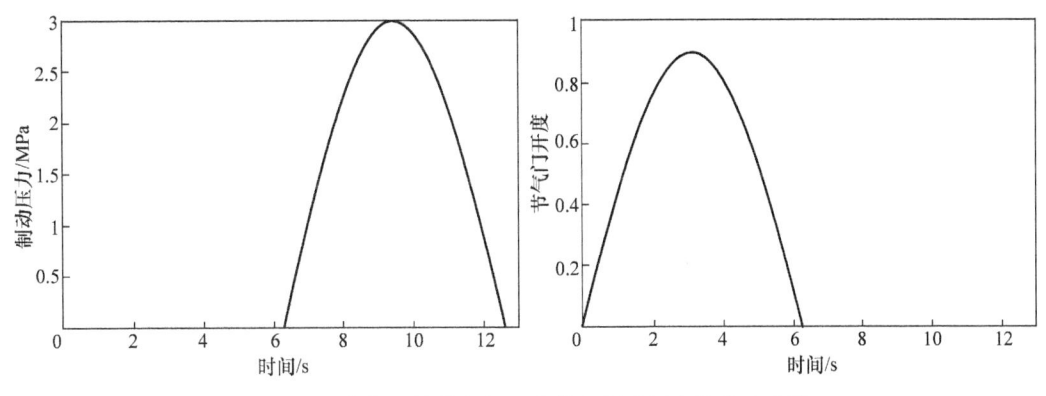

图 9-19　执行机构节气门开度值和制动压力值输出曲线

正弦加速度信号输入时，如图 9-18 所示，车速可以实现跟随车辆模型的实际车速输出，变化范围为 10~40m/s，加速度趋势略有偏差，但整体一直从 $-6m/s^2$ 到 $6m/s^2$ 连续变化，说明了下层动力学模型可以稳定控制速度，并实现期望加速度稳定跟随。如图 9-19 所示，随着加速度信号正弦输入为正，节气门开度首先从 0 变化到 0.9，车辆处于加速状态；在 6s 左右的时刻，正弦加速度输入从正逐渐变为负，节气门控制关闭，制动压力值从零开始增大到 3MPa；在 12s 时，正弦加速度输入恢复至零，制动压力值也变为零。实验结果表明，模型的制动压力和节气门开度能跟随加速度变化，节气门和制动压力切换逻辑正确，并且变化趋势和启停时刻控制精确，可以准确地控制制动系统的执行机构。

参 考 文 献

[1] 米奇克，瓦伦托维茨，陈荫三，等. 汽车动力学 [M]. 北京：清华大学出版社，2009.
[2] 王芊. 基于车辆动力学的弯坡组合路段行车仿真与安全评价 [D]. 南昌：南昌大学，2013.
[3] 郭孔辉. 汽车操纵动力学原理 [M]. 苏州：江苏科学技术出版社，2011.
[4] PHAM H, TOMIZUKA M, HEDRICK J K. Integrated maneuvering control for automated highway systems based on a magnetic reference/sensing system [R]. Berkeley, USA：PATH Researeh, University of California, 1997.
[5] RAJAMANI R. Vehicle dynamics and control [M]. New York：Springer, 2011.
[6] 任殿波. 自动化公路系统车辆纵横向控制 [D]. 成都：西南交通大学，2008.
[7] 魏春雨. 模拟器中车辆动力学与六自由度平台联合仿真技术研究 [D]. 浙江：浙江大学，2013.
[8] 高锋. 汽车纵向运动多模型分层切换控制 [D]. 北京：清华大学，2006.
[9] 孙振平. 自主驾驶汽车智能控制系统 [D]. 长沙：国防科学技术大学，2004.
[10] CROLLA DAVE，凡喻. 车辆动力学及其控制 [M]. 北京：人民交通出版社，2004.

第 10 章

智能网联汽车编队控制模型

车辆编队控制的目的在于把道路上行驶的无序车辆进行编队组合作为整体来控制。控制系统的核心是将车队中行驶路线相同的所有车辆的运行状态（即速度、加速度、车距等）归于一致，从而简化交通控制对象和增强车辆行驶安全性。车辆队列行驶首先需要满足安全性要求，即队列中的相邻车辆相对速度为零、相邻车辆前后车间的距离一致、所有车辆单体加速度一致；同时还需要保证队列行驶的稳定性，即任意单个车辆的车速和车距变化造成的差值不会影响整体队列的行驶状态[1]。

与单个车辆的控制方式类似，车辆队列协同控制方式也包括车队纵向控制和横向控制两个组成部分。横向控制目的是保证队列中的车辆保持在同一车道行驶且不偏离行驶车道，以及需要变道行驶时车辆队列在不同车道之间统一换道和超车。纵向控制主要对队列中车辆的状态（即速度、加速度、车距等）统一控制从而保证车辆队列行驶安全性和队列稳定性。车辆队列纵向控制模型是车辆队列协同控制最基本的控制模型，本章重点研究车辆队列的纵向控制模型。

10.1 智能网联汽车编队控制系统概述

10.1.1 车辆编队控制系统数学模型

车辆队列行驶，是指沿道路同一方向两辆及以上的汽车，保持固定的车距和相同的速度，以列队行进的方式行驶。受限于驾驶人的经验和车辆控制技术的差异，如果依靠驾驶人操作来保证车距和相对车速，往往会造成车辆队列行驶速度较低，车距较大。本章研究的是加装了自动驾驶装置的智能车辆队列，但同时保证驾驶人对车辆的最终控制权力。车辆通过加装多种传感器，如摄像头、雷达等环境识别装置，并采用车车通信方式，使车辆能够获取多车的行驶信息，后车自动保持一定的安全距离按照前车行驶的路线及操作方式行驶，整个车辆队列作为一个整体来控制[2]。车辆队列模型如图 10-1 所示。由于期望加速度与车距控制在整个车辆队列中是同步进行的，所以每辆车均同步获得其他车辆的控制命令，因此这种车队行驶的方式可以实现很高的平均车速，并大大缩短车间距离，提高道路通行能力和通行效率。

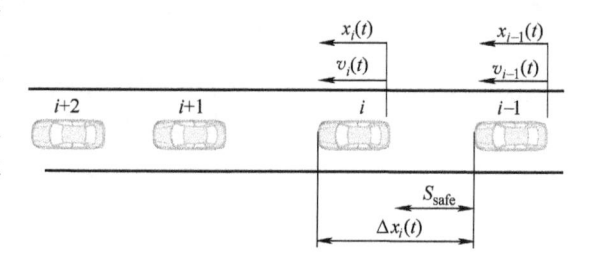

图 10-1 车辆队列模型

如图 10-1 所示，车辆队列中第 i 辆车的位置信息用 x_i 表示，速度和加速度分别通过求一阶和二阶导数来得出。车辆队列同向纵向行驶时，队列中的车辆均保持固定车距跟随头车行驶。设第 i 辆车和第 $i-1$ 辆车之间的距离为 Δx_i，理想跟随距离为保证车车之间不相撞的最小距离，假设为常数 D。

这样，车队中第 i 辆车的加速度、速度及位移可由下列方程组求出：

$$\begin{cases} \ddot{x}_i(t) = \ddot{x}_i(t-\Delta) + \dddot{x}_i(t)\Delta \\ \dot{x}_i(t) = \dot{x}_i(t-\Delta) + \ddot{x}_i(t)\Delta \\ x_i(t) = x_i(t-\Delta) + \dot{x}_i(t)\Delta + \dfrac{1}{2}\ddot{x}_i(t)\Delta^2 \end{cases} \quad (10\text{-}1)$$

式中，t 为控制系统当前运行时刻；Δ 为控制系统命令周期。

车辆队列系统的模型控制目标为

1) 队列中任意车辆的加速度趋近于 0，$\lim\limits_{t\to\infty}\ddot{x}_i(t)=0$。

2) 设定理想车距为 D，理想车距差值（又称车间距偏差）趋近于 0，$\lim\limits_{t\to\infty}|x_i(t)-x_{i-1}(t)-D|=0$。

3) 队列中任意相邻第 i 辆车和第 $i-1$ 辆车之间的相对速度趋近于 0，$\lim\limits_{t\to\infty}|\dot{x}_i(t)-\dot{x}_{i-1}(t)|=0$。

4) 当首车车速达到稳定速度时，被控车的加速度变化率为 0，$\lim\limits_{t\to\infty}\dddot{x}_i(t)=0$。

10.1.2 车辆队列系统控制方法

车辆队列行驶需要选择相同的控制方式对车辆进行统一管理。车辆队列控制方式有集中式和分散式两种。

车辆队列中所有行驶状态信息首先发送到中央控制器的方式称为集中式，队列中各个车辆的行驶行为由中央控制器统一规划。集中式控制在理论上可以达到队列行驶的最优效果，但是必须满足中央控制器获得所有车辆信息的前提，并且要求无线通信带宽可以满足所有车辆数据同时交互，除此以外，集中式控制需要解决队列系统高维度的优化问题，而且中央处理器信息处理量过大容易导致控制系统滞后，从而对系统实时性能和运行效率造成严重影响[3,4]。

分散式的控制方式不存在中央控制器，队列中的车辆仅能获得附近车辆的行驶状态信息。分散式控制不能达到最优控制效果，但对车车通信带宽需求低，控制速度快，适合实时性要求高的车辆队列控制。

从系统组成角度来说，实现车辆队列的集中控制需要增加路侧集中控制基站之类的中央控制器。这种控制方式会限制车辆队列的行驶范围，增加交通系统的构建成本，因此对于本章所应用的纵向高速公路行驶的车辆队列不适合。通过加装车车通信系统和其他传感器来获取周边车辆和道路交通情况信息的高速行驶车辆队列，是安全性和稳定性要求很高的实时控制系统，因此最适用的控制方式是分布式控制[5,6]。

目前主要车辆队列分布式控制方式有下面两种。

(1) 车辆自适应巡航控制（ACC）

ACC 的主要功能是根据当前交通情况来控制车速和车距，保持车辆控制系统与前方车辆一致的行驶状态。通过在车身安装测距传感器对道路前方行驶车辆进行检测，ACC 根据传感器信息自动调节加速和制动来实现与前车车速的一致，并保持一定的安全车距进行同向行驶。

前方没有车辆时，ACC 会控制车辆按设定速度巡航行驶。该系统通过多车统一状态行驶提高了道路通行能力，并保证了车辆在无人干预情况下的行驶安全性，是常用的一种车辆队列分散式控制。

（2）车辆协同自适应巡航控制（CACC）

CACC 是在 ACC 系统上安装了车车通信单元后升级的系统。除了具备所有 ACC 功能之外，CACC 还可以接收周围车辆行驶状态信息和道路交通传感器信息，从而获取更多信息来完成巡航控制功能，可以更好地缩短行驶车距并提高道路交通通行能力。

通过总结分析以上系统结构，本章介绍车车之间存在信息交互，控制命令执行由各自车辆控制单元完成，不存在中央控制器，所以本章采用分布式控制结构中的 CACC。

10.1.3 车辆队列控制系统结构

从组成部件的角度来看，车辆队列控制系统一般由核心控制器、执行机构控制模块、车车通信模块、定位模块、人机交互界面及相关的传感器模块组成，并且各组成模块安装在汽车的不同部位。其系统主要结构如图 10-2 所示。

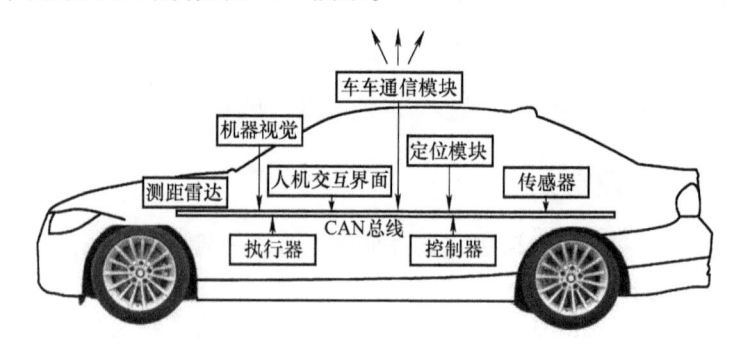

图 10-2 车辆队列控制系统主要结构

结构中主要部分功能描述如下：

1）距离传感器　可以采用毫米波雷达传感器、激光间距传感器、中远距离雷达传感器及热辐射传感器等。

2）执行器　主要由直接参与车辆动力系统控制的模块所组成，包括节气门控制单元、制动控制单元及变速器控制单元。

3）车车通信模块　采用无线通信手段实现，如 Wi-Fi、ZigBee、RFID 或车载专用 DSRC 等。目前常用的无线通信方式如表 10-1 所示。

4）定位模块　采用 GPS、北斗模块等，主要用来获取车辆当前位置信息。

5）人机交互界面　通常包括车载终端、控制开关、显示屏、报警器及车载嵌入式操作系统。人机界面的主要功能是使驾驶人可以通过过显示器直观地看到控制系统是否工作稳定可靠，同时辅助驾驶人感知周围车辆和道路的相关环境信息。

表 10-1 目前常用的无线通信方式

名称	Wi-Fi	DSRC	ZigBee	RFID
传输速度	11~54Mb/s	1Mb/s	100Kb/s	1Kb/s
通信距离	20~200m	10~100m	200~2000m	1m

(续)

名称	Wi-Fi	DSRC	ZigBee	RFID
频段（直径）	2.4GHz	2.4GHz	2.4GHz	13.56MHz
安全性	低	高	中	高
国家标准	IEEE 802.11b/g	IEEE 802.15.1x	IEEE 802.15.4	ISO/IEC 18092
功耗	10~50mA	20mA	5mA	10mA
成本	高	中低	中	低
主要应用	无线网络、手持设备	汽车、工业	汽车、工业	读取数据和条形码

6）车身总线　组成车辆队列控制系统中的传感器和电子控制单元之间需要互相传递信息，主要采用整车 CAN 总线传输动力系统信息，以及 LIN 总线来传输车身系统信息。

7）机器视觉　主要用来识别道路标线、标志等交通环境信息。

虽然车辆安装了队列控制系统，但是驾驶人对车辆拥有最终的完全控制权，在车辆不参与队列行驶时可以按照驾驶人的意图行驶，保证车辆具有传统车辆的功能。

10.2 智能网联汽车编队行驶条件

在道路上行驶时，车辆队列需要满足基本的行驶安全条件。这些条件包括单台车辆的行驶安全性，如车距范围、车速范围、加速度范围等；整个车辆队列的安全性，如当车队中某一车辆的状态发生变化时，不会影响其他正常行驶的车辆，避免整个车队的状态发生骤变。

本章将对车辆队列行驶的安全性条件进行分析。

10.2.1 车辆行驶安全性条件

因协同控制的效果，车辆在队列行驶过程中可以保持较小的车距，但车距必须满足一定的安全车距范围要求。当车辆间的距离小于安全车距时，车辆队列存在安全隐患，这时控制系统会自动启动避撞控制功能，自动增加车距，避免碰撞事故发生。

图 10-3 所示为车辆队列中两车同向行驶时的安全车距示意图。图中，n 号车为后车，$n+1$ 号车为前车，两车同向行驶。通常情况下的车辆平均制动减速度应该为 3~4m/s²，紧急情况下的最大制动减速度为 7.5~8.5m/s²。因此，综合考虑驾驶人舒适性和车辆制动能力[7]，除特殊情况外，制动减速度不应该超过 8.5m/s²。

n 号车在 t 时刻初速度为 $v_n(t)$，定义 $S_{\min}$ 为按照最大制动减速度停车后的制动距离，计算公式如下：

$$S_{\min} = \frac{v_n^2(t)}{2|a_{-\max}|} \tag{10-2}$$

在行驶过程中当车辆队列速度不存在骤变时，为简化模型，可以假设制动距离 $S_{\min}$ 为常数。

n 号车至少需要与前车保持车距 $hv_n(t)$[8]，以保证当 $n+1$ 号车突然停车时，n 号车按最大制动减速度来制动可保证不发生追尾。h 表示固定车间时距，在 t 时刻，n 号车的安全车距定义为 $S_{\text{safe}}(t)$，计算公式如下：

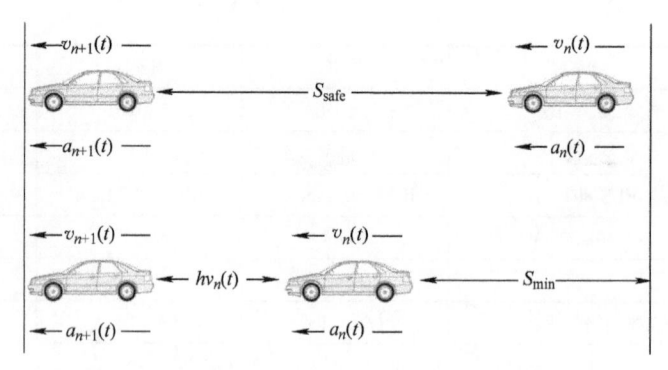

图 10-3　车辆队列中两车同向行驶时的安全车距示意图

$$S_{\text{safe}}(t) = hv_n(t) + S_{\min} \tag{10-3}$$

如图 10-3 所示，n 和 $n+1$ 号车实际车距 S_n 可以按如下公式计算：

$$S_n(t) = x_{n+1}(t) - x_n(t) - l \tag{10-4}$$

式中，l 为车辆长度；$x_n(t)$ 和 $x_{n+1}(t)$ 分别为 n 和 $n+1$ 号车的位置。

第 i 辆车的理想车距差值 $\delta_n(t)$ 定义为

$$\begin{aligned}\delta_n(t) &= S_n(t) - S_{\text{safe}}(t) \\ &= S_n(t) - hv_n(t) - S_{\min}\end{aligned} \tag{10-5}$$

所以，要保证车辆队列按最小车距行驶的同时又要保证避免发生碰撞事故，车辆队列协同避撞控制模型的控制目标是 $\delta_n(t) \to 0$。即，理想车距差值等于零。这是最理想车距的控制效果。

10.2.2　车辆队列稳定性条件

车辆队列除了需要满足安全车距条件外，作为一个整体，车辆队列同时也需要保持整体的稳定性。满足车辆队列的稳定性是队列行驶的基本条件[9]。

1974 年，Kai-ching Chu 最早将车辆队列稳定性这个术语引入到车队控制研究中[10]；1994 年，DVAHG Swaroop 对车辆队列稳定性做了准确定义，即车辆队列行驶下车辆单体的速度变化或控制系统扰动不会造成向后邻近车辆的速度和理想车距差值沿队列行驶方向的繁衍和放大，并且随着车辆队列长度增加，扰动会逐渐减弱最终趋近于零，从而不会引起交通安全隐患[11]。队列稳定性是体现车辆队列控制性能的一个显著参数。在不同的研究领域，研究车辆队列控制稳定性的方法是有区别的。按照队列中车辆数目不同，分为个体稳定性和整体稳定性[12]。

在对车辆队列稳定性进行分析之前，首先假设车辆队列控制系统的所有车辆初始状态是一致的。基于相邻前后两车的理想车距差值建立传递函数，求出车辆队列稳定性条件。具体定义为当相邻两车的理想车距差值传递函数 G_∞ 的范数小于或者等于 1 时，则当前系统稳定[13]。

如图 10-4 所示，从队尾 0 号车开始顺序编号，定义车辆队列中 n 号车与其前车 $n+1$ 号车的理想车距差值的传递函数为

$$G_n(s) = \frac{\delta_n(s)}{\delta_{n+1}(s)} \quad (n = 1, 2, 3, \cdots) \tag{10-6}$$

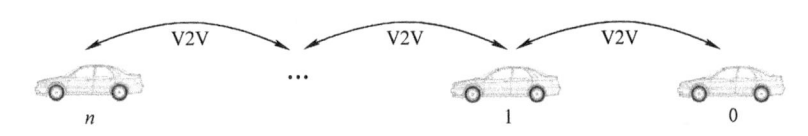

图 10-4 车辆队列编号示意图

要满足车队稳定性条件，需要满足该传递函数 $G_n(s)$ 的范数小于或者等于 1，即

$$\|G_n(s)\|_\infty \leq 1 \quad (10\text{-}7)$$

即理想车距差值满足条件：

$$\|\delta_n(s)\|_\infty \leq \|\delta_{n+1}(s)\|_\infty \quad (n=1,2,3,\cdots) \quad (10\text{-}8)$$

或者

$$\|g_n(t)\| \leq 1 \quad (n=1,2,3,\cdots) \quad (10\text{-}9)$$

式中，$g_n(t)$ 为传递函数 $G_n(s)$ 的时间函数或冲击响应。由车辆队列稳定性条件可知，如果满足 $\|G_n(s)\| \leq 1$，那么初始条件为

$$\|G_n(0)\| \leq 1 \quad (10\text{-}10)$$

这就表示 $\left|\int_0^\infty g_n(\tau)\mathrm{d}\tau\right| \leq 1$。由于 $g_n(t)$ 不会改变符号，则有

$$\int_0^\infty |g_n(\tau)|\mathrm{d}\tau \leq 1 \text{ 或 } \|g_n(t)\| \leq 1 \quad (10\text{-}11)$$

这说明，如果车辆队列中某辆车的速度发生微小变化，后续车辆的速度和理想车距差值会沿着队列行驶方向增大而逐渐减小。这种衰减效果会随着时间变化而增强，最终使得变化趋近于零，即单个车辆的状态变化不会造成车辆队列的不稳定。

10.3 智能网联汽车编队控制技术

本章的研究对象是 n 辆在高速公路同向行驶的车辆组成的队列，从队尾车辆开始编号为 0，如图 10-5 所示。

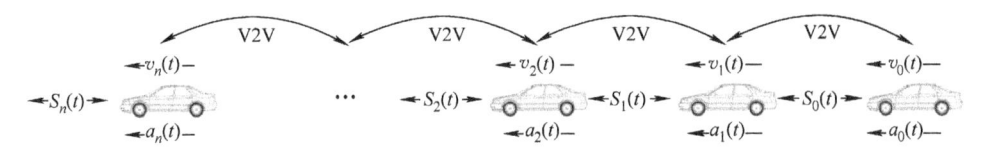

图 10-5 n 辆车的车辆队列示意图

车辆队列同向行驶，通过车车通信来完成控制系统的信息获取。本章主要涉及的状态参数有车速、加速度、车距，并假设无线通信正常，通信不存在延迟。

10.3.1 智能网联汽车编队控制数学模型

在车辆队列纵向行驶过程中，最理想的控制效果是所有车辆保持最小化、稳定不变的车距同向行驶。而在实际行驶过程中，随着车辆运行状态的不断变化，车距需要做相应的变化调整，才能满足车辆队列行驶安全性要求，车距调整主要根据车辆行驶速度的变化来决定。由经验可知，随着车辆行驶速度提高，保证车辆行驶安全所需的车距也应该增大；当车辆行驶速度降低时，车距保持在较小的范围也可以保证车辆行驶安全，此时队列中的车辆可以较为紧凑地行驶。所以在建立车辆队列协同控制模型时,需要综合考虑当前车速和车距的要求,并要判断当前的期望加速度是否在合理的范围内并且没有与其他车辆碰撞的隐患。本节建立的控制模型核心就是要计算当前状态下的临界期望加速度值。

滑模控制是一种非线性鲁棒控制方法,全称为具有滑动模态的变结构控制[14]。这是以经典数学控制理论为基础的一种控制方法。该控制方法具有很强的适应性,能增强对系统不确定性和外部扰动的抗干扰能力。滑模控制结构在不同的控制区域内,根据系统当前状态变化率和差值,通过开关方式切换控制量的符号和大小,在很小领域内控制系统的结构沿切换线变化。进入切换线后系统的结构不受任何扰动影响,因此滑模控制结构具有很强的鲁棒性,非常适用于类似车辆动力系统的复杂的运动控制系统[15]。针对本章给出的车辆队列协同控制结构,下面介绍建立滑模控制模型的主要步骤。

(1) 选取滑模切换函数

基于滑模控制理论建立控制模型,首先要选取滑模切换函数。定义非线性系统函数为

$$\dot{z} = f(z, u, t) \tag{10-12}$$

式中,z 和 u 分别为控制系统的状态向量,分别定义 $z \in R^n$,$u \in R^m$。根据状态空间表达式定义切换函数为

$$Y(z,t) = Y(z_1, z_2, z_3, \cdots, z_n, t) = 0 \tag{10-13}$$

控制量 $u = u(z,t)$ 按照下列逻辑在切换面 $Y(z,t) = 0$ 上进行切换:

$$u_i(z,t) = \begin{cases} u_i^+(z,t) & \text{当 } Y_i(z,t) > 0 \\ u_i^-(z,t) & \text{当 } Y_i(z,t) < 0 \end{cases} \quad i = 1, \cdots, m \tag{10-14}$$

式中,i 和 m 为正整数;$u_i(z,t)$ 和 $Y_i(z,t)$ 分别为 $u(z,t)$ 和 $Y(z,t)$ 的第 i 个分量。$u_i^+(z,t)$、$u_i^-(z,t)$、$Y_i(z,t)$ 均为连续函数,通常其维数与控制向量相等,称 $Y(z,t)$ 为滑模切换函数[16]。

通常定义控制系统需首先确定滑模切换函数,即

$$Y(z,t) \qquad Y \in R^m \tag{10-15}$$

求解控制函数

$$u_i(z,t) = \begin{cases} u_i^+(z,t) & \text{当 } Y_i(z,t) > 0 \\ u_i^-(z,t) & \text{当 } Y_i(z,t) < 0 \end{cases} \tag{10-16}$$

式中,$u^+(z) \neq u^-(z)$。

参考滑模控制设计规则[17],为保证车辆队列始终大于安全车距行驶,定义期望加速度值的滑模切换函数如下:

$$Y = \delta_n(t) + \dot{S}_n(t) \tag{10-17}$$

当 $Y \to 0$,因为 $\delta_n(t) \geq 0$ 就有 $\delta_n(t) \to 0$ 和 $\dot{S}_n(t) \to 0$,即 n 号车的理想车距差值 $\delta_n(t)$ 和相对速度 $\dot{S}_n(t)$ 趋近于零。

将理想车距差值计算公式(10-5)代入式(10-17),可以得出

$$Y = \delta_n(t) + \dot{S}_n(t) = \dot{S}_n(t) + S_n(t) - hv_n(t) - S_{\min} \tag{10-18}$$

此时,滑模切换函数 Y 逐渐趋近于 0。

(2) 选择趋近律

选取滑模控制切换函数后,需要对趋近律进行选择[18]。趋近律用来保证滑模切换运动的品质,能够反映滑模切换函数是否可以快速高效地满足切换面的到达条件,具体主要有以下 4

种趋近方式：

1）等速趋近律，即

$$\dot{Y} = -\varepsilon \text{sgn} Y \quad \varepsilon > 0 \quad (10\text{-}19)$$

式中，ε 为趋近速度。ε 值较小时，控制调节过程慢；ε 值较大时，以较快地控制调节速度达到切换面，此时系统响应快但容易引起较大抖动。对于实时性要求高的控制系统，最适宜用这类最简单的等速趋近规律来实现。

2）指数趋近律，即

$$\dot{Y} = -\varepsilon \text{sgn} Y - kY \quad \varepsilon > 0, k > 0 \quad (10\text{-}20)$$

由此函数求解得

$$Y(t) = -\frac{\varepsilon}{k} + \left(Y_0 + \frac{\varepsilon}{k}\right) e^{-kt} \quad (10\text{-}21)$$

指数趋近律作用下控制调节速度较快，但容易受到外界干扰的影响。并且，可以通过减小 $Y(z) = 0$ 时的速度 $\dot{Y} = -\varepsilon$ 来达到减小抖动的目的。

3）幂次趋近律，即

$$\dot{Y} = -k |Y|^a \text{sgn} Y \quad k > 0, 1 > a > 0 \quad (10\text{-}22)$$

s 由 s_0 逐渐减小到零，到达时间为

$$t = s_0^{1-a} / (1-a) k \quad (10\text{-}23)$$

4）一般趋近律，即

$$\dot{Y} = -\varepsilon \text{sgn} Y - f(Y) \quad \varepsilon > 0 \begin{cases} f(0) = 0 \\ f(Y) > 0 \end{cases} \text{当 } Y \neq 0 \quad (10\text{-}24)$$

当 s 和函数 $f(s)$ 取不同的值时，可以得到以上各种趋近律。对于以上的趋近律，$Y = [Y_1, \cdots, Y_m]^T$，对角阵 $\varepsilon = \text{diag}[\varepsilon_1, \cdots, \varepsilon_m]^T$，$\text{sgn} Y = [\text{sgn} Y_1, \cdots, \text{sgn} Y_m]^T$，对角阵 $k = \text{diag}[k_1, \cdots, k_m]^T$ 且 $k_i > 0$。$f(Y)$ 为向量函数，如下式所示：

$$f(Y) = [f_1(Y_1), \cdots, f_m(Y_m)]^T \quad (10\text{-}25)$$

$$|Y|^a \text{sgn} Y = [|Y_1|^a \text{sgn} Y_1, \cdots, |Y_m|^a \text{sgn} Y_m] \quad (10\text{-}26)$$

综上所述，滑模控制的优势在于可以定义变量空间内的趋近过程。通过改变 ε_i 和 k_i 的值，来设计在空间内的任意趋近过程，从而改变状态空间内的控制模型运动轨迹。趋近过程中内部运动轨迹不会改变系统对外部的影响[19]。

根据本章给出特性选择的等速趋近方法为

$$\dot{Y} = -K \cdot \text{sgn}(Y) \quad K > 0 \quad (10\text{-}27)$$

可以得到滑模控制方程为

$$\dot{Y} = -\lambda Y \quad (10\text{-}28)$$

当满足上式时，$Y \to 0$，就有滑模面 $\delta_n(t) + \dot{S}_n(t) \to 0$。式（10-28）中的 $\lambda > 0$，表示控制器参数。

将式（10-18）代入 $\dot{Y} = -\lambda Y$，计算结果如下：

$$\dot{\delta}_n(t) + \ddot{S}_n(t) + \lambda(\delta_n(t) + \dot{S}_n(t)) = 0 \quad (10\text{-}29)$$

将理想车距差值式（10-5）及相对速度 $\dot{S}_n(t) = v_n - v_{n+1}$ 代入上式，可以化简为

$$\dot{S}_n(t) - h\dot{v}_n(t) - \dot{v}_n(t) + \dot{v}_{n+1}(t) + \lambda(\delta_n(t) + \dot{S}_n(t)) = 0 \quad (10\text{-}30)$$

保证安全车距行驶下，理想的加速度计算模型为

$$a_{n,\text{des}}(t)=\frac{1}{h+1}\{\dot{S}_n(t)(1+\lambda)+\dot{v}_{n+1}(t)+\lambda\delta_n(t)\} \tag{10-31}$$

(3) 滑模控制系统李雅普诺夫（Lyapunov）稳定性[20]分析

计算出基于滑模控制的理想加速度模型后，需要确定其滑模切换函数的到达条件和存在条件[21]。由于滑模变结构控制策略的多样性，定义滑模切换函数存在时表达式为

$$\lim_{z\to 0^+}\dot{Y}\leq 0 \quad \lim_{z\to 0^-}\dot{Y}\geq 0 \tag{10-32}$$

上式表示运动轨迹在切换面邻域内，可以在一定时间内到达切换面，也称这种到达条件为局部到达条件，其等价形式表示为

$$Y\cdot\dot{Y}<0 \tag{10-33}$$

式中的切换函数 $Y(z)$ 应同时满足函数可微和经过原点 $Y(0)=0$ 两个条件。

因为以上函数变量 z 可以在切换面邻域内任意取值，所以到达条件式（10-33）为全局到达条件。但是考虑控制系统实时响应时间，避免趋近速度过慢，限制式（10-33）的范围为

$$Y\cdot\dot{Y}<-\xi \tag{10-34}$$

式中，$\xi>0$，可以根据需求设定 ξ 的极小值。

通常用李雅普诺夫函数表示以上到达条件：

$$\dot{V}(z)<0 \quad V(z)=\frac{1}{2}Y^2 \tag{10-35}$$

定义 $V(z)$ 为滑模控制系统的李雅普诺夫函数。

根据本章参考文献［14］的定义，选取李雅普诺夫函数，判断控制器稳定性[22]：

$$V=\frac{1}{2}Y^2 \tag{10-36}$$

将式（10-28）代入，证明控制系统是否在稳定范围内：

$$\begin{aligned}\dot{V}&=Y\dot{Y}\\&=-\lambda(\delta_n(t)+\dot{S}_n(t))(\dot{\delta}_n(t)+\ddot{S}_n(t))\\&=-\lambda(\delta_n(t)+\dot{S}_n(t))^2<0\end{aligned} \tag{10-37}$$

由此可证明当滑模控制器参数 $\lambda>0$ 时，本节建立的滑模控制模型满足李雅普诺夫控制系统稳定性要求。

10.3.2 智能网联汽车队列稳定性分析

上节给出的车辆队列协同控制模型是在前后车的状态基础上建立的，当多车辆作为队列行驶时，前后两车保持安全车距不一定能保证整个车队的安全性，因为除去前后车其他车辆的行驶状态改变仍可能引发安全事故，因此需要将队列稳定性作为考虑因素来进行分析。

由 10.1 节的安全性条件可知，车队稳定性是指车队中某一车辆的速度发生变化引起的理想车距差值在向后方车辆传播的过程中是否会被放大，是否会引起车辆队列不按设定的车距行驶。

由 10.1 节可知，若车辆队列行驶中满足稳定性条件，需要车队控制系统中第 n 辆车和第 $n-1$ 辆车的理想车距差值的传递函数 $G_n(s)$ 满足范数小于等于 1 的条件，即 $\|G_n(s)\|_\infty\leq 1$。

由以上定义可知，若某相邻两车之间的理想车距差值在向后方车辆传播的过程中逐渐减小并趋于零，则车辆队列控制系统是稳定的，否则是不稳定的。理想车距差值向后传播

的增减情况可由车辆队列协同控制系统中理想车距差值的传递函数来判断,具体计算过程如下。

如图 10-5 所示,第 $n-1$ 辆车与第 n 辆车之间的理想车距差值为

$$\delta_{n-1}(t) = S_n(t) - S_{\text{safe}}(t) \tag{10-38}$$

同理,第 n 辆车与第 $n+1$ 辆车之间的理想车距差值为

$$\delta_n(t) = S_n(t) - S_{\text{safe}}(t) \tag{10-39}$$

车辆队列中第 n 辆车到第 $n+1$ 辆车理想车距差值的传播关系为

$$G_n(s) = \frac{\delta_n}{\delta_{n+1}} \tag{10-40}$$

由车辆队列稳定性的定义可知,需要满足以下条件:

$$\|G_n(s)\|_\infty \leq 1 \tag{10-41}$$

为计算 $G_n(s)$,首先联合前后两车的期望加速度方程:

$$\begin{cases} a_{n,\text{des}}(t) = \dfrac{1}{h+1} \{ \dot{S}_n(t)(1+\lambda) + \dot{v}_{n+1}(t) + \lambda \delta_n(t) \} \\ a_{n+1,\text{des}}(t) = \dfrac{1}{h+1} \{ \dot{S}_{n+1}(t)(1+\lambda) + \dot{v}_{n+2}(t) + \lambda \delta_{n+1}(t) \} \end{cases} \tag{10-42}$$

以上两式相减,变换后可得

$$(1+h)\ddot{\delta}_n(t) + (1+(1+h)\lambda)\dot{\delta}_n(t) + \lambda \delta_n(t) = \ddot{\delta}_{n+1}(t) + (1+\lambda)\dot{\delta}_{n+1}(t) + \lambda \delta_{n+1}(t) \tag{10-43}$$

对上式进行拉普拉斯(Laplace)变换可得

$$G_n(s) = \frac{\delta_n}{\delta_{n+1}} = \frac{s^2 + (1+\lambda)s + \lambda}{(h+1)s^2 + (1+(1+h)\lambda)s + \lambda} \tag{10-44}$$

由车辆队列稳定性原理可知,$\|G_i(s)\|_\infty$ 的值可以判别车队的稳定性。车辆队列稳定性是指车队中各理想车距差值和速度随着车队的向后延伸而不增加。也就是说,连续两车的理想车距差值动态模型的模要小于 1,即 $|G(jw)|$ 要小于 $1(s=jw)$。

当 $|G(jw)|<1$ 时,需要确定满足不等式成立的控制器参数 λ 范围,

$$G_n(s) = \left| \frac{-w^2 + j(1+\lambda)w + \lambda}{-(h+1)w^2 + j(1+(1+h)\lambda)w + \lambda} \right| \leq 1 \tag{10-45}$$

简化后可得

$$h^2 w^4 - 2h\lambda w^4 + 2hw^4 + w^2(h^2\lambda^2 + 2h\lambda + 2h\lambda^2) > 0 \tag{10-46}$$

即需要满足下式成立:

$$(h^2 + 2h)(w^2 + \lambda^2) > 0 \tag{10-47}$$

由上式可知,h 为驾驶人反应时间,故 $h>0$。所以当控制器参数满足 $\lambda>0$ 时,队列稳定性判断准则 $|G(jw)|<1$ 对任何 $w>0$ 都成立,即车辆队列稳定性可以保持。

10.4 智能网联汽车编队控制模型仿真

本节将对 3 辆车组成的车辆队列进行高速极限工况仿真验证。分别输入两组头车信号,输入信号与本书第 9 章中加速度输入相同,分别为阶跃紧急减速输入和正弦变化输入。将车车通信模式下的协同避撞模型和普通环境中的传统避撞模型进行实验对比,仿真环境的参数配置如表 10-2 所示。CarSim 软件多车仿真界面如图 10-6 所示。

表 10-2 仿真环境的参数配置

仿真参数名	数值
初始车间时距 h	0.2s
头车初速度 v	0m/s
初始车距 S_{min}	10m
滑模控制器参数 λ	0.1

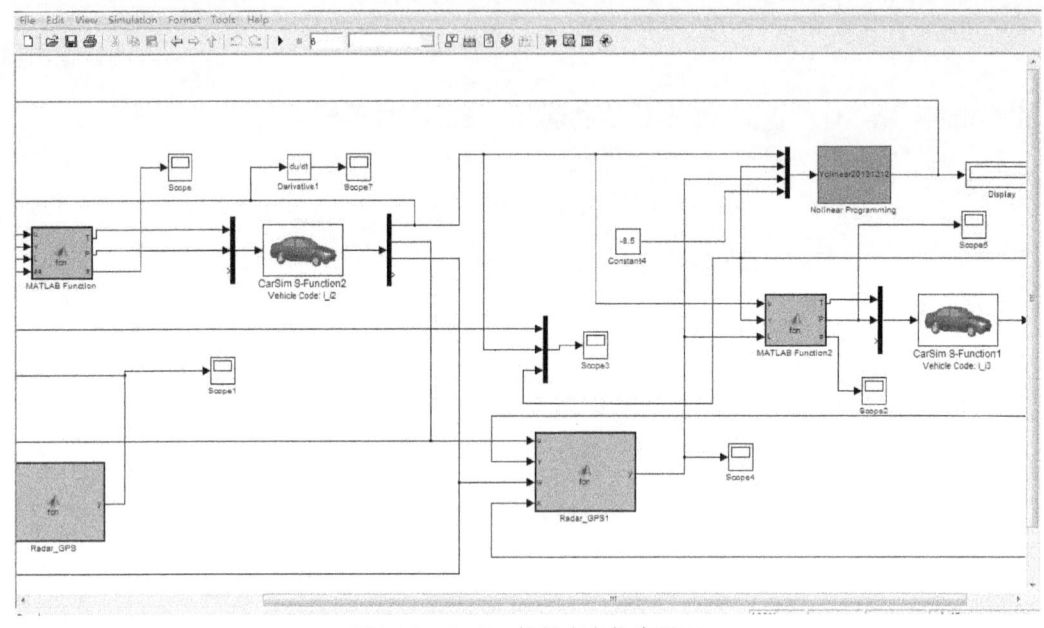

图 10-6 CarSim 软件多车仿真界面

10.4.1 阶跃紧急减速输入仿真效果

在 CarSim 仿真软件中设定 3 辆车组成队列，头车首先从初速度零开始做匀加速运动，然后以最大的 $-6m/s^2$ 做紧急减速制动，采集 3 辆车的速度、加速度（制动减速度）和理想车距差值随时间变化值作为仿真结果，得出普通环境中的传统避撞模型和车车通信模式下的协同避撞模型的仿真结果曲线，如图 10-7 ~ 图 10-9 所示。

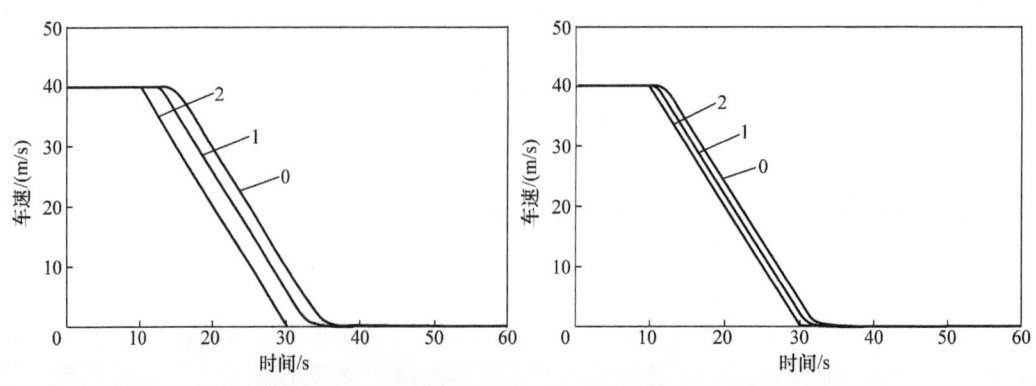

图 10-7 阶跃紧急减速输入时传统控制和协同控制的车速曲线

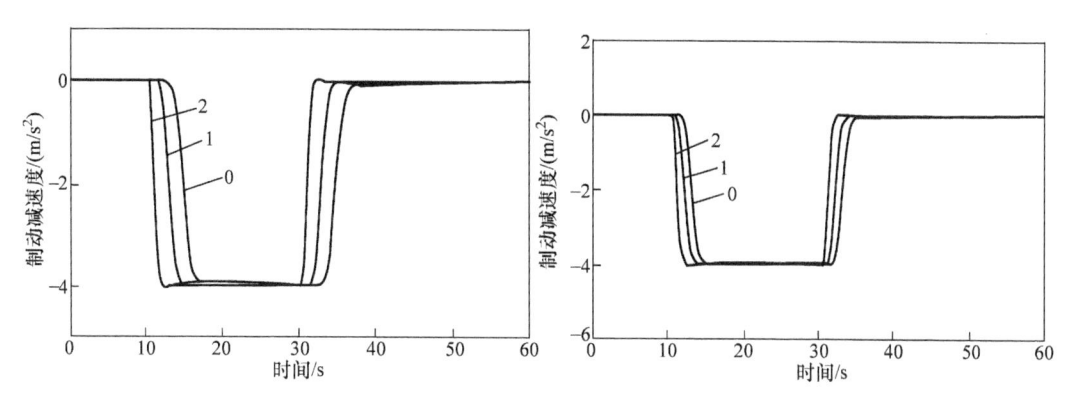

图 10-8 阶跃紧急减速输入时传统控制和协同控制的制动减速度曲线

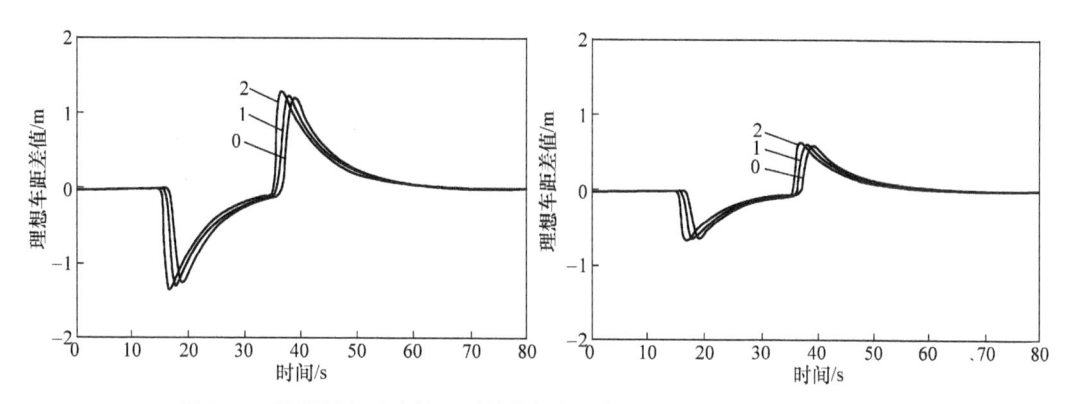

图 10-9 阶跃紧急减速输入时传统控制和协同控制的理想车距差值曲线

如图 10-7~图 10-9 所示，普通环境中的传统避撞模型和车车通信模式下的协同避撞模型的控制效果存在相同点：当头车紧急制动时，3 辆车的车速均从 40m/s 减到零；3 辆车的前后顺序不变，均没有发生追尾事故；加速度均从 0 迅速减到 $-4m/s^2$。这些相同点说明协同避撞控制模型可以达到与传统避撞控制模型同样的效果。两种模型的不同点：两车的理想车距差值不同，传统避撞控制模型虽然也实现了多车避撞控制，但是理想车距差值变化较大，存在潜在的安全隐患；传统避撞控制模型的车速和加速度跟随曲线与协同避撞控制模型相比均存在较大的滞后。

车车通信模式下的协同避撞控制模型能够控制理想车距差值为 -1~1m，并且前后车速和加速度的跟随时间均为 1s 左右，能够比传统避撞控制模型起到实时性更强的避撞控制效果，更有益于保证车辆队列行驶安全性。

10.4.2 正弦加速度输入仿真效果

在 CarSim 仿真软件中给 3 辆车组成的队列的头车输入正弦加速度信号，车辆加速度在 0~$4m/s^2$ 范围呈正弦变化，即输入一个急加速和急减速的过程，验证车辆在传统控制和协同控制模型下的运行效果，采集车辆队列的车速、加速度和理想车距差值随时间的变化值得出仿真结果曲线，如图 10-10~图 10-12 所示。

从仿真结果中可以看出，当对头车输入正弦加速度时，3 辆车在 10~$40m/s$ 范围高速行驶，加速度也在 -4~$4m/s^2$ 正弦变化。传统控制和协同控制模型均达到了车速控制的效果，并

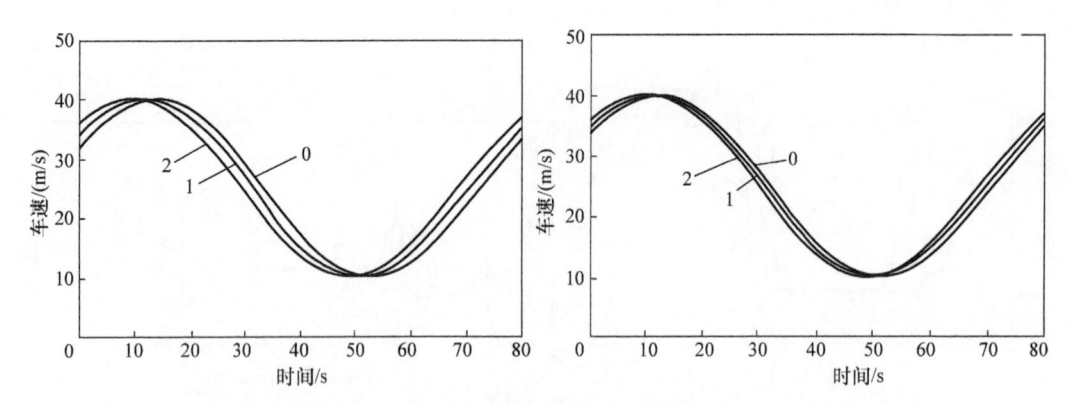

图 10-10 正弦加速度输入时传统控制和协同控制的速度曲线

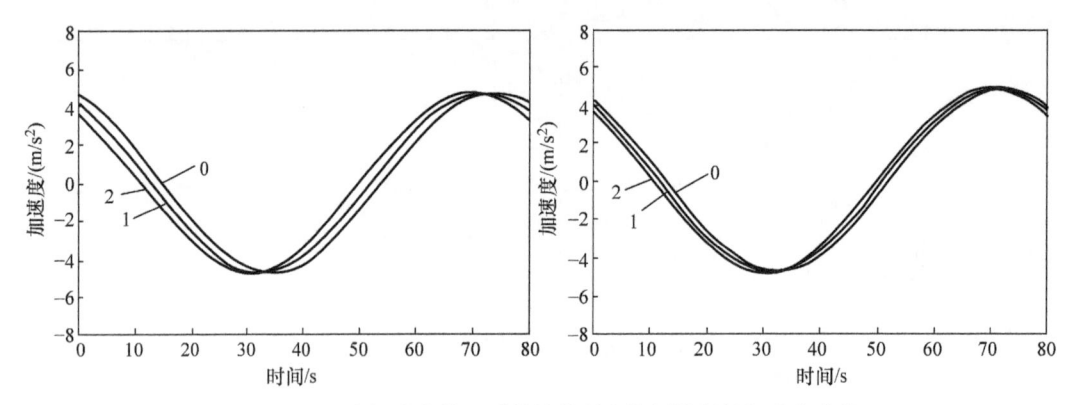

图 10-11 正弦加速度输入时传统控制和协同控制的加速度曲线

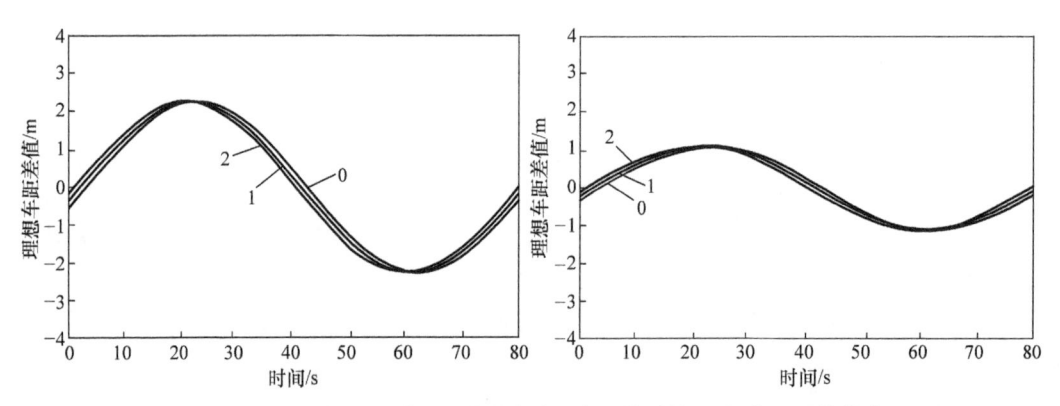

图 10-12 正弦加速度输入时传统控制和协同控制的理想车距差值曲线

且没有安全事故发生。但是,与阶跃紧急减速输入时类似,两车的理想车距差值不同,传统控制模型虽然也实现了稳定车速跟随,但是理想车距差值最大值为3m,说明存在潜在的安全隐患。同时,传统控制模型的车速和加速度跟随曲线相对于车车通信下的协同控制模型均存在较大的滞后。

车车通信模式下的协同控制模型能够控制理想车距差值为-1~1m,并且前后车速度和加速度的跟随滞后时间均为1s左右,能够比传统控制模型起到实时性更强的跟随控制效果,更有益于保证车辆队列行驶安全性。

运行 CarSim 软件的 3D 实际场景模拟，可以看到 3 辆车组成的队列在公路上行驶时的 3D 仿真效果，如图 10-13 所示。

图 10-13　3 辆车组成的队列在公路上行驶时的 3D 仿真效果图

参 考 文 献

［1］马育林. 车队协同驾驶分散变结构建模、仿真与控制研究［D］. 武汉：武汉理工大学，2012.

［2］徐友春，刘亚豪，刘洪泉，等. 车辆队列行驶系统总体设计［C］//中国农业机械学会. 中国农业机械学会 2008 年学术年会论文集. 北京：中国农业机械学会，2008：350-352.

［3］OLFATI-SABER R，FAX J A，MURRAY R M. Consensus and cooperation in networked multi-agent systems［J］. Proceedings of the IEEE，2007，95（1）：215-233.

［4］BERTSEKAS D P，TSITSIKLIS J N. Parallel and distributed computation：numerical methods［M］. Upper Saddle River，Prentice-Hall，1989.

［5］SWAROOP D. String stability of interconnected systems：an application to platooning in automated highway systems［J］. California Partners for Advanced Transit and Highways（PATH），1997.

［6］SWAROOP D，HEDRICK J K，CHIEN C C，et al. A comparision of spacing and headway control laws for automatically controlled vehicles［J］. Vehicle System Dynamics. 1994，23（1）：597-625.

［7］FRESE C，BEYERER J. A comparison of motion planning algorithms for cooperative collision avoidance of multiple cognitive automobiles［C］//2011 IEEE Intelligent Vehicles Symposium（Ⅳ），June 5-9，2011，Baden-Baden. New York：IEEE，c2011：1156-1162.

［8］KIM D，PARK K，BIEN Z. Hierarchical longitudinal controller for rear-end collision avoidance［J］. IEEE Transactions on Industrial Electronics，2007，54（2）：805-817.

［9］施继忠. 随机车辆纵向跟随系统的稳定性分析与控制［D］. 成都：西南交通大学，2012.

［10］CHU K. Decentralized control of high-speed vehicular strings［J］. Transportation Science，1974，8（4）：361-384.

［11］SWAROOP D. String stability of interconnected systems：An application to platooning in automated highway systems［D］. California：University of California，Berkeley，1994.

［12］TEO R，STIPANOVIC D M，TOMLIN C J. Decentralized spacing control of a string of multiple vehicles over lossy datalinks［J］. IEEE Transactions on Control Systems Technology，2010，18（2）：469-473.

[13] IOANNOU P A, CHIEN C. Autonomous intelligent cruise control [J]. IEEE Transactions on Vehicular Technology, 1993, 42 (4): 657-672.

[14] 刘金琨. 滑模变结构控制 MATLAB 仿真 [M]. 北京：清华大学出版社, 2005.

[15] 李升波, 李克强, 王建强, 等. 非奇异快速的终端滑模控制方法及其跟车控制应用 [J]. 控制理论与应用, 2010, 27 (5): 543-550.

[16] 孔祥梅. 滑模预测控制研究 [D]. 北京：北京化工大学, 2007.

[17] 王庞伟, 余贵珍, 王云鹏, 等. 基于滑模控制的车车协同主动避撞算法 [J]. 北京航空航天大学学报, 2014, 2: 23.

[18] 徐明法. 基于最优滑模控制理论的车辆稳定性控制策略研究 [D]. 吉林：吉林大学, 2011.

[19] 庞迪. 基于变结构滑模控制理论的汽车操纵稳定性控制策略研究 [D]. 重庆：重庆大学, 2005.

[20] 徐晓惠. 基于矢量 Lyapunov 函数法的复杂系统的稳定性分析 [D]. 成都：西南交通大学, 2012.

[21] 任殿波, 张京明, 崔胜民, 等. 基于向量 Lyapunov 函数方法的顾前顾后型车辆跟随控制 [J]. 中南大学学报（自然科学版）, 2010, 41 (6): 2196.

[22] 张为, 丁能根, 王健, 等. 汽车 DYC 滑模控制器设计及系统稳定性分析 [J]. 北京航空航天大学学报, 2010 (11): 1353-1357.

第 11 章

智能网联汽车编队切换控制技术

建立基于车车通信的车辆协同控制模型的前提是，通信正常、车辆之间行驶状态信息交互及时，但没有考虑通信系统的信号延迟或失效的情况。但是，在实际通信环境中，所有信号传输都会存在一定的数据延迟或失效，导致控制模型的计算结果和实际控制系统的执行效果存在差值。因此，出于对实际情况的考虑，本章分析了车车通信延迟或失效对车辆队列稳定性的影响，并建立了通信系统存在信号延迟甚至是失效时控制模型的调整方法。

11.1 通信异常对智能网联车队控制影响及模型策略调整

11.1.1 通信延迟的影响及模型策略调整

在车车通信系统中，由于无线网络存在延迟、异常、中断的情况，导致车辆状态信息的获取存在延迟，控制系统不能实时做出有效的控制响应，而是在一定时间之后才能够响应，此时间为延迟时间；在车辆控制系统中，由于机械传动部件所限发动机的实际输出转矩不能立即达到理想转矩，而是在一定时间之后才能够达到[1]，此时间为滞后时间。各种不同的延迟值和滞后值对控制效果具有累积影响[2]。通信系统中滞后与延迟的关系如图 11-1 所示。

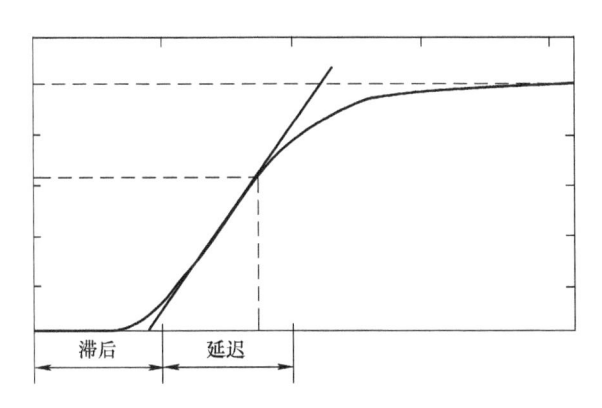

图 11-1 通信系统中滞后与延迟的关系

由于通信系统、传感器及执行器存在延迟和滞后，控制器的信息不可能立即得到执行，同样执行后的信息也不可能立即反馈回控制器。这里用符号 τ 来代表控制系统存在的滞后值，用 Δ 表示通信延迟值，以便具体分析通信延迟对于车辆队列协同控制的影响。

加速工况时为

$$\tau_n (\dot{T}_{\text{net}})_n + (T_{\text{net}})_n = (T_{\text{net}})_n \tag{11-1}$$

减速工况时为

$$\tau_n (\dot{T}_{\text{br}})_n + (T_{\text{br}})_n = (T_{\text{br}})_n \tag{11-2}$$

由于通信系统存在延迟,导致车辆队列系统获得的信息并不是实时信息,而是一定时间之前的信息。因此,控制器执行的期望加速度 $a_n(t)$ 要表示为 $a_n(t-\Delta)$ [3],因此得出本章的加速度延迟方程为

$$\tau_n \dot{a}_n(t) + a_n(t) = a_n(t - \Delta_n) \tag{11-3}$$

11.1.2 通信失效的影响及模型调整策略

通信失效,是通信延迟至无穷大的一个特殊情况。队列中行驶的车辆需要提前判断前方车辆是否发生了通信失效,然后调整控制模型参数,跳过失效车辆与前方车辆进行通信;通信失效车辆判断自己处于无网络状态时,控制系统切换到定距跟车,保证车距不发生变化,与前车作为一体进行控制,不影响车辆队列整体安全性。其控制模型切换策略如图11-2所示。

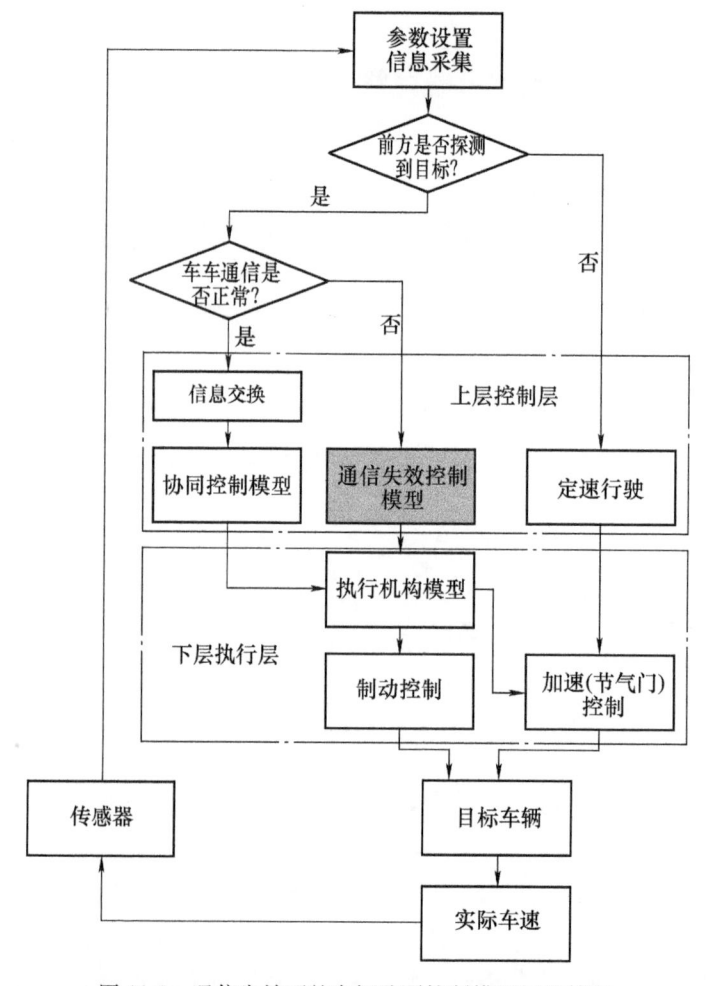

图11-2 通信失效下的车辆队列控制模型切换策略

11.2 考虑通信时延的智能网联汽车编队切换控制模型

11.2.1 存在通信时延时智能网联汽车编队切换控制模型

首先,假设由 n 辆车所组成的车辆队列中领队车辆根据一定的运行轨迹进行运动,而跟随车辆则跟随前车进行运动,如图 11-3 所示。

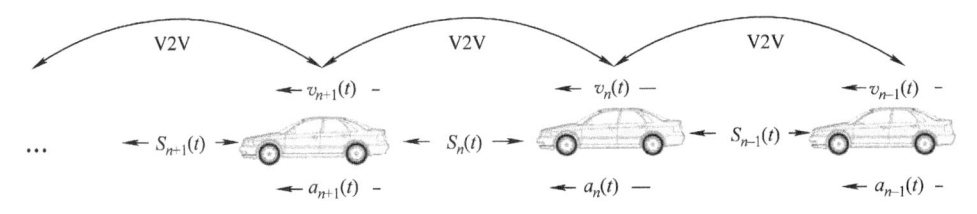

图 11-3 通信正常下的车辆队列结构

按照前面给出的车辆队列协同控制模型设计原则,队列控制系统可以通过车车通信系统获得前车的加速度信息,因此队列控制器要使队列中所有车辆的理想车距差值和连续两车的相对速度之和趋向于 0,即

$$Y = \delta_n(t) + \dot{S}(t) = \dot{S}(t) + S_n(t) - hv_n(t) - S_{\min} \tag{11-4}$$

式中,Y 趋向于 0。根据前面给出的滑模切换函数,可以计算得出

$$a_{n,\text{des}}(t) = \frac{1}{h+1}\{\dot{S}_n(t)(1+\lambda) + \dot{v}_{n+1}(t) + \lambda\delta_n(t)\} \tag{11-5}$$

满足上式时,$Y \to 0$,即 $\delta_n(t) + \dot{S}(t) \to 0$。式中,$\lambda > 0$,为控制器参数。在考虑车辆队列通信系统、传感器及执行器的滞后因素后,由上式可计算得车辆队列控制模型为

$$a_{n,\text{des}}(t-\Delta) = \frac{1}{h+1}\{\dot{S}_n(t-\Delta)(1+\lambda) + \dot{v}_{n+1}(t-\Delta) + \lambda\delta_n(t-\Delta)\} \tag{11-6}$$

可以使 $\dot{Y} + \lambda Y = 0$($\lambda > 0$)成立。

11.2.2 存在通信时延时保持队列稳定性条件

车辆纵向加速度动态迟滞模型[4]为

$$a_{n,\text{des}}(t) = \tau\dot{a}_n(t) + a_n(t) \tag{11-7}$$

式中,τ 为控制执行器中存在的延迟,结合控制器计算公式可以得到关于 n 号车纵向迟滞的关系式如下:

$$\tau\dot{a}_n(t) + a_n(t) = \frac{1}{h+1}(\dot{S}_n(t-\Delta) + \dot{v}_{n-1}(t-\Delta) + \lambda(\delta_n(t-\Delta) + \dot{S}_n(t-\Delta))) \tag{11-8}$$

同样也可以得到关于 $n-1$ 号车的如下关系式:

$$\tau\dot{a}_{n-1}(t) + a_{n-1}(t) = \frac{1}{h+1}(\dot{S}_{n-1}(t-\Delta) + \dot{v}_{n-2}(t-\Delta) + \lambda(\delta_{n-1}(t-\Delta) + \dot{S}_{n-1}(t-\Delta))) \tag{11-9}$$

以上两式显示了 n 号车加速度和 $n-1$ 号跟随车辆之间的实际车距及理想车距差值之间的关系。将以上的两式相减,求一次微分然后对上式两端进行拉普拉斯变换,从而获得如下的关系式:

$$G(s)=\frac{\delta_{n-1}(s)}{\delta_n(s)}=\frac{(s^2+(1+\lambda)s+\lambda)\mathrm{e}^{-\Delta s}}{(1+h)\tau s^3+(1+h)s^2+(1+(1+h)\lambda)s\mathrm{e}^{-\Delta s}+\lambda\mathrm{e}^{-\Delta s}} \quad (11\text{-}10)$$

式中，$G(s)$ 为车辆队列中连续两车在频域内的理想车距差值动态模型。要保持车辆队列稳定性，即 $|G(jw)|<1$，于是可以得出以下两个条件：

条件一，由 $|H(jw)|<1$ 计算得出控制器参数 λ 的取值范围，即

$$\lambda \in \left(0,\frac{h^2+2h-2(h+1)(\Delta+\tau)}{2(h+1)^2(\Delta+\tau)-2(h+1)\Delta\tau}\right) \quad (11\text{-}11)$$

条件二，由于控制器参数 $\lambda>0$，由相同的 CCA 车辆组成的自动车队中的每一辆跟随车辆的固定时间间距值满足

$$h>2\frac{h+1}{h+2}(\Delta+\tau) \quad (11\text{-}12)$$

在满足以上两个条件时，队列稳定性判断准则 $|G(jw)|<1$ 对任何 $w>0$ 都成立，即由 n 辆车组成的车队队列稳定性可以保持。

11.3 通信失效下的智能网联汽车编队切换控制模型

11.3.1 车辆队列中通信失效车辆及其后车的控制模型

（1）通信失效车辆控制模型

队列中某车通信失效情况时，通信失效车辆无法与队列中其他车辆进行信息交互，原有车辆队列协同控制模型已经无法成立，需要调整控制结构。

假设 n 号车通信失效，此时调整车辆队列协同控制模型结构，令 $n+1$ 号车与 $n-1$ 号车进行通信，如图 11-4 所示。

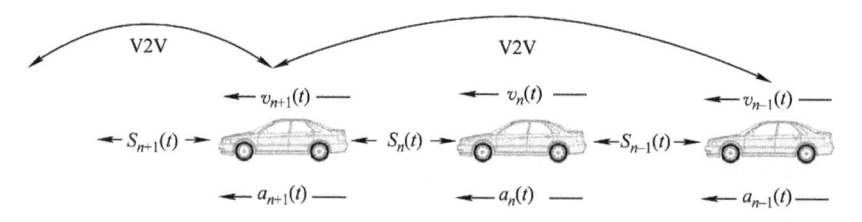

图 11-4 n 号车通信失效下的车辆队列模型

从队列稳定性的角度来讲，n 号车通信失效情况下虽然无法获得前车的加速度信息，但是仍然要保持与前车的理想车距差值趋近于 0。也就是说，控制模型的目的就是要让 n 号车能够与 $n+1$ 号车保持理想的理想车距差值，即

$$Y_n=\delta_n(t)=S_n(t)-h_nv_n(t)-S_{\min} \quad (11\text{-}13)$$

理想车距差值逐渐趋向于 0。根据滑模控制方法，当

$$\dot{Y}_n=-\lambda_nY_n \quad (11\text{-}14)$$

满足时，$Y_n\to 0$ 也就有 $\delta_n(t)\to 0$。式中，$\lambda_n>0$，为 n 号车滑模控制参数。因此，通信失效下如果设计的控制模型 $a_{n,\mathrm{des}}(t)$ 具有如下的结构：

$$a_{n,\mathrm{des}}(t)=\dot{v}_n(t)=\frac{1}{h_n}(\dot{S}_n(t)+\lambda_n\delta_n(t)) \quad (11\text{-}15)$$

则可以使 $\dot{Y}_n + \lambda_n Y_n = 0 (\lambda_n > 0)$ 成立。也就是说，此时的车辆队列协同控制模型 $a_{n,\text{des}}(t)$ 可以使 n 号车通信失效时与前车理想车距差值趋向于 0。此时 n 号车通信失效下车辆控制模型 $a_{n,\text{des}}(t)$ 为

$$a_{n,\text{des}}(t) = \frac{1}{h_n}(\dot{S}_n(t) + \lambda_n \delta_n(t)) \tag{11-16}$$

（2）通信失效车辆后车的控制模型

在 n 号车通信失效情况下，$n-1$ 号车就与 $n+1$ 号车进行车车信息交互，此时 $n-1$ 号车得到的是 $n+1$ 号车的行驶信息，车距和车速计算公式调整如下：

$$S_{n-1}(t) = x_{n+1}(t) - x_{n-1}(t) - 2l \tag{11-17}$$

$$\dot{S}_{n-1}(t) = v_{n+1}(t) - v_{n-1}(t) \tag{11-18}$$

此时期望加速度模型 $a_{n-1,\text{des}}(t)$ 为

$$a_{n-1,\text{des}}(t) = \frac{1}{h+1}\{\dot{S}_{n-1}(t)(1+\lambda) + \dot{v}_{n+1}(t) + \lambda\delta_{n-1}(t)\} \tag{11-19}$$

考虑通信延迟时间，调整模型为

$$a_{n-1,\text{des}}(t-\Delta) = \frac{1}{h+1}\{\dot{S}_{n-1}(t-\Delta)(1+\lambda) + \dot{v}_{n+1}(t-\Delta) + \lambda\delta_{n-1}(t-\Delta)\}$$

11.3.2 通信失效下保持队列稳定性条件

由建立的车辆纵向动态迟滞模型式（11-3）可知，$a_{n,\text{des}}(t) = \tau a_n(t) + a_n(t-\Delta)$，可以得到通信失效情况下 n 号车与其前车 $n+1$ 号车的动态加速度迟滞模型：

$$\tau \dot{a}_n(t) + a_n(t) = \frac{1}{h}(\dot{S}_n(t-\Delta) + \lambda(S_n(t-\Delta) - hv_n(t-\Delta))) \tag{11-20}$$

$$\tau \dot{a}_{n+1}(t) + a_{n+1}(t) = \frac{1}{h+1}(\dot{S}_{n+1}(t-\Delta) + \dot{v}_{n+2}(t-\Delta) + \lambda(\delta_{n+1}(t-\Delta) + \dot{S}_{n+1}(t-\Delta))) \tag{11-21}$$

上述两式相减，两边求微分后进行拉氏变换，可以得到 n 号车与 $n+1$ 号车的理想车距偏差公式为

$$G(s) = \frac{\delta_n(s)}{\delta_{n+1}(s)} = \frac{(s+\lambda_n)e^{-\Delta s}}{h_n \tau s^3 + h_n s^2 + (1+h_n\lambda_n)se^{-\Delta s} + \lambda_n e^{-\Delta s}} \tag{11-22}$$

根据车辆队列稳定条件 $G(s) < 1$，可以得出通信失效下车辆控制器参数 λ 的取值范围为

$$\lambda_n \leq \frac{h_n - 2(\Delta+\tau)}{2(h_n(\Delta+\tau) - \Delta\tau)} \tag{11-23}$$

由于滑模控制参数 $\lambda_n > 0$，通信失效情况下失效车辆的固定车头时距 h_n 满足如下关系：

$$h_n > 2(\Delta+\tau) \tag{11-24}$$

所以在通信失效情况下，应该调整车辆队列协同控制模型及滑模控制参数，才能保持失效的 n 号车在车辆队列中的稳定性

同理，由建立的车辆纵向动态迟滞模型 $a_{n,\text{des}}(t) = \tau a_n(t) + a_n(t)$，可以得到关于 $n+1$ 号车的动态迟滞关系式为

$$\tau \dot{a}_{n+1}(t) + a_{n+1}(t) = \frac{1}{H}(\dot{S}_{n+1}(t-\Delta) + \dot{v}_{n-1}(t-\Delta) + \lambda(\delta_{n+1}(t-\Delta) + \dot{S}_{n+1}(t-\Delta))) \tag{11-25}$$

同样也可以得到关于 $n-1$ 号车的动态迟滞关系式为

$$\tau \dot{a}_{n-1}(t) + a_{n-1}(t) = \frac{1}{h+1}(\dot{S}_{n-1}(t-\Delta) + \dot{v}_{n-2}(t-\Delta) + \lambda(\delta_{n-1}(t-\Delta) + \dot{S}_{n-1}(t-\Delta))) \quad (11\text{-}26)$$

两式相减后进行拉式变换得到 n 号车通信失效情况下车辆队列中 $n+1$ 号和 $n-1$ 号车的理想车距差值动态模型：

$$G(s) = \frac{\delta_{n-1}(s)}{\delta_{n+1}(s)} = \frac{(s^2 + (2+\lambda)s + \lambda)e^{-\Delta s}}{(1+h)\tau s^3 + (1+h)s^2 + (2+(1+h)\lambda)se^{-\Delta s} + 2\lambda e^{-\Delta s}} \quad (11\text{-}27)$$

根据车辆队列稳定条件 $G(s)<1$，可以得出 n 号车通信失效下 $n-1$ 号车滑模控制参数 λ_{n+1} 的取值范围为

$$\lambda_{n-1} \in \left(0, \frac{h_{n-1}^2 + 4h_{n-1} - 2(h_{n-1}+1)(\Delta+\tau)}{2(2h_{n-1}+1)^2(\Delta+\tau) - 2(2h_{n-1}+1)\Delta\tau}\right) \quad (11\text{-}28)$$

由于滑模控制参数 $\lambda_{n-1}>0$，通信失效情况下 $n-1$ 号车的固定车头时距值满足如下关系：

$$h_{n-1} > 2\frac{h_{n-1}+1}{h_{n-1}+4}(\Delta+\tau) \quad (11\text{-}29)$$

当选取以上滑模控制参数时，$n-1$ 号车可以满足车辆队列稳定性条件，车队在通信失效情况下可以保持车队稳定。

综上所述，要使通信失效下车辆队列协同控制模型保持稳定性，滑模控制参数 λ 和固定车头时距 h 应满足下列条件：

$$\begin{cases} \lambda \in \left(0, \dfrac{h^2+2h-2(h+1)(\Delta+\tau)}{2(h+1)^2(\Delta+\tau)-2(h+1)\Delta\tau}\right), & \text{通信正常车辆} \\ \lambda_n \leqslant \dfrac{h_n-2(\Delta+\tau)}{2(h_n(\Delta+\tau)-\Delta\tau)}, & \text{通信失效的 } n \text{ 号车} \\ \lambda_{n-1} \in \left(0, \dfrac{h_{n-1}^2+4h_{n-1}-2(h_{n-1}+1)(\Delta+\tau)}{2(2h_{n-1}+1)^2(\Delta+\tau)-2(2h_{n-1}+1)\Delta\tau}\right), & \text{失效车辆后的 } n-1 \text{ 号车} \end{cases} \quad (11\text{-}30)$$

固定车头时距对应满足下列条件：

$$\begin{cases} h > 2\dfrac{h+1}{h+2}(\Delta+\tau), & \text{通信正常车辆} \\ h_n > 2(\Delta+\tau), & \text{通信失效的 } n \text{ 号车} \\ h_{n-1} > 2\dfrac{h_{n-1}+1}{h_{n-1}+4}(\Delta+\tau), & \text{失效车辆后的 } n-1 \text{ 号车} \end{cases} \quad (11\text{-}31)$$

综上所述，n 号车通信失效情况下，车辆队列协同控制模型应当调整控制模型结构。通信失效的 n 号车和跟随失效车辆的 $n-1$ 号车采用特定控制模型及参数，其余车辆沿用正常模型即可。同时，要调整滑模控制参数 λ 和固定车头时距 h 满足特定条件，此时可以保持车辆队列稳定性，避免因通信失效造成的连环追尾碰撞。

11.4 通信异常时智能网联汽车编队控制模型仿真

在车辆队列中 n 号车通信延迟/失效情况下，选取同样的仿真参数，分别对调整前的车辆队列协同控制模型和本章调整后的车辆队列协同控制模型进行仿真，仿真参数配置如表 11-1 所示。

表 11-1 仿真参数配置表

仿真参数名称	数值
初始车头时距 h	0.2s
头车初速度 v	0m/s
初始车距 S_{min}	40m
通信延迟时间 Δ	0.2s
控制系统滞后时间 τ	0.2s

11.4.1 头车阶跃紧急减速输入仿真

在仿真环境中，设定 1 号车通信失效无法接收周围车辆信息，正常匀速行驶时车辆队列状态不会变化，但是当加速度输入阶跃紧急减速后，会对车辆队列协同控制模型造成扰动。分别对比模型结构调整前和调整后的速度、加速度、理想车距差值仿真结果，如图 11-5～图 11-7 所示。

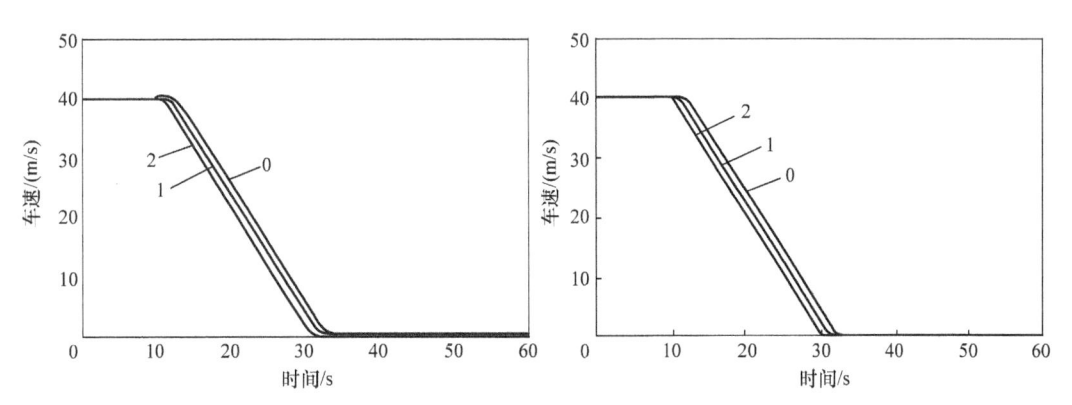

图 11-5 模型调整前和调整后的车速曲线（紧急减速）

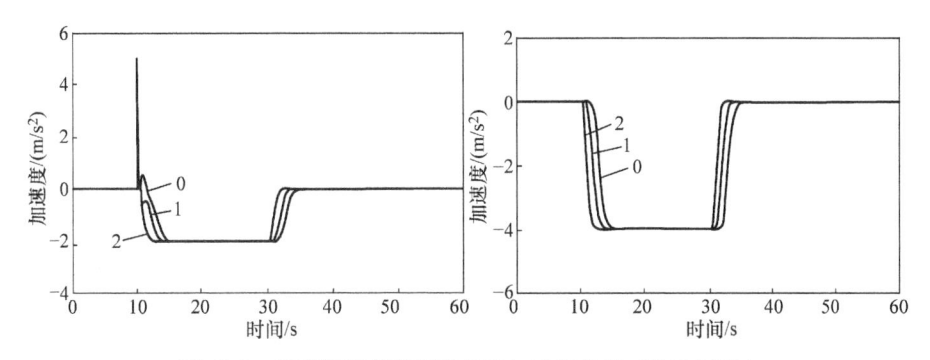

图 11-6 模型调整前和调整后的加速度曲线（紧急减速）

由仿真结果得出，1 号车通信失效时，如果车辆队列协同控制模型结构不做任何调整，1 号车的车距保持会出现不稳定的情况，理想车距差值最大到 4m，不能按照设定安全车距行驶。由于获取不到周围车辆信息，会引起 1 号车期望加速度跳变，导致 1 号车车速超过前车车速，造成理想车距差值扩大，进而导致追尾碰撞事故的发生。如果针对 1 号车的车辆模型

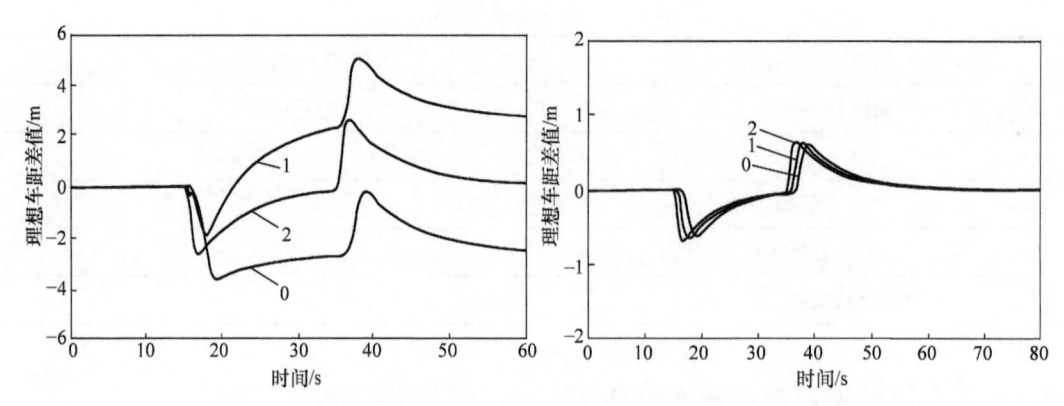

图 11-7 模型调整前和调整后的理想车距差值曲线（紧急减速）

做出调整，从仿真结果可以看出理想车距差值仍然能够保持在 1m 之内，并且车速和加速度的变化和头车保持一致，可以保持队列稳定性不变，从而保证车辆队列行驶不存在安全隐患。

11.4.2 头车正弦加速度输入仿真

在仿真环境中，设定 1 号车通信失效无法接收周围车辆信息，正常匀速行驶时车辆队列状态不会变化，但是当加速度输入为正弦变化后，分别对比模型调整前和调整后的仿真结果，如图 11-8～图 11-10 所示。

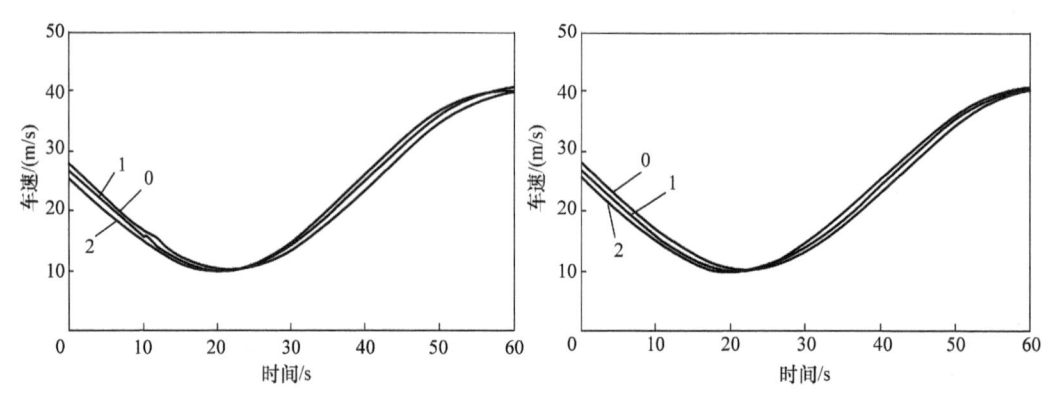

图 11-8 模型调整前和调整后的车速曲线（正弦加速度输入）

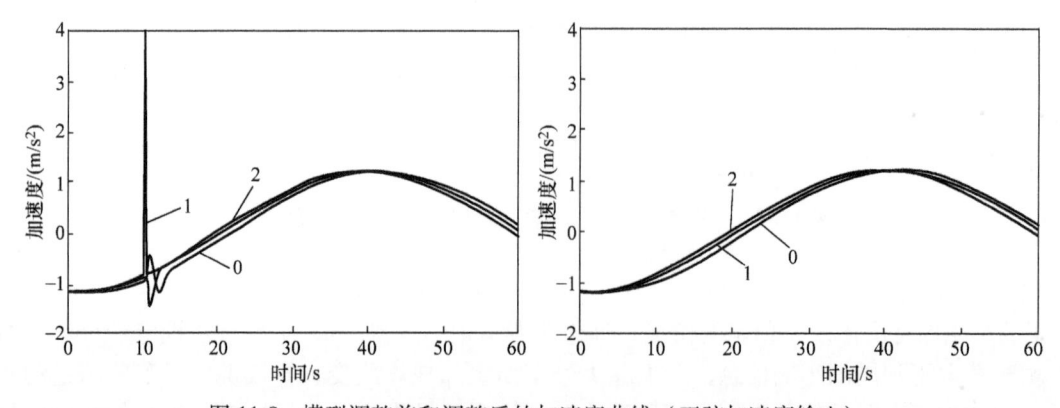

图 11-9 模型调整前和调整后的加速度曲线（正弦加速度输入）

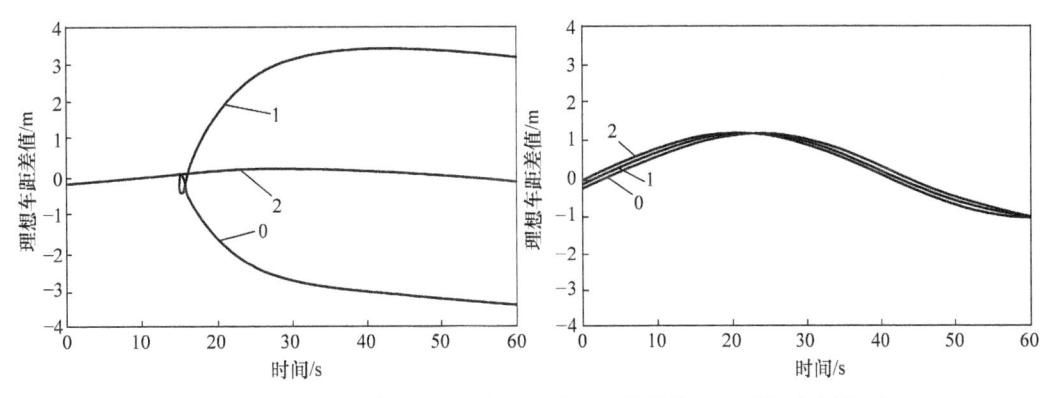

图 11-10 模型调整前和调整后的理想车距差值曲线（正弦加速度输入）

由仿真结果可以得出，1 号车通信失效，头车做正弦加速度变化时，如果车辆队列协同控制模型不做任何调整，1 号车的车距保持会出现不稳定的情况，理想车距差值最大到 4m。由于获取不到周围车辆信息，会引起 1 号车期望加速度跳变，导致 1 号车车速超过前车车速，破坏车辆安全性条件，引起理想车距差值扩大，进而导致追尾事故的发生。如果车辆队列协同控制模型做出调整，从仿真结果可以看出，理想车距差值仍然会保持在 1m 之内，并且车速和加速度变化和头车保持一致，不影响车辆行驶安全性和队列稳定性，从而保证车辆队列行驶不存在安全隐患。

运行 CarSim 软件做仿真 3D 效果，如图 11-11 所示，可以清晰地看到在 1 号车通信失效的情况下，如果车辆队列协同控制模型不做调整，会造成追尾碰撞事故的发生，车辆行驶安全性和队列稳定性会受到影响；如果车辆队列协同控制模型根据通信失效情况做出相应的调整，车辆队列能够继续正常行驶，不会发生碰撞事故。

a) 1号车通信失效时模型不做调整仿真效果

b) 1号车通信失效时模型做出调整后仿真效果

图 11-11 实际仿真效果 3D 图

参 考 文 献

[1] 肖凌云. 基于典型信息框架的自动车队分布式控制与队列稳定性分析 [D]. 北京：北京航空航天大学，2009.
[2] 贾晓燕. 通信丢包影响下的智能车队纵向控制 [J]. 兰州交通大学学报，2011（06）：99-105.
[3] YANAKIEV D，KANELLAKOPOULOS I. Longitudinal control of automated CHVs with significant actuator delays [J]. IEEE Transactions on Vehicular Technology，2001，50（5）：1289-1297.
[4] COOK P A. Stable control of vehicle convoys for safety and comfort [J]. IEEE Transactions on Automatic Control，2007，52（3）：526-531.

第 12 章

智能网联汽车主动安全控制技术

智能网联汽车以队列行驶时的车距与非队列行驶时的车距相比是较小的，因此，如果控制系统操作不当，会增大碰撞事故发生的概率，给车辆行驶造成新的安全隐患。为了保证车辆队列行驶安全性，当实际车辆队列行驶的车距小于制动距离时，需要通过队列中的其他车辆协同操作来辅助完成避撞的动作，保证车辆队列安全行驶。

12.1 车辆主动安全控制系统概述

车辆避撞系统与队列控制系统的应用范围是不同的。它主要是为了解决由车距过近引起的碰撞事故而开发的控制系统，其车辆并不局限于队列行驶的状态。车辆避撞系统是车辆辅助驾驶系统的一个主要组成部分，按照其依赖的传感器类型主要有以下两类：

（1）车辆避撞（Collision Avoidance，CA）系统

CA 系统通过先进的传感器技术（雷达、超声波等测距传感器）检测车辆前方障碍物的距离信息和前方车辆的距离、速度信息，控制车辆遇到紧急情况时自动制动[1]。但是，由于测距传感器种类繁多、不同传感器测距误差较大的缺点，所以很难形成统一的标准，于是 CA 系统也受到了行业的质疑[2,3]。

（2）车辆协同避撞（Cooperative Collision Avoidance，CCA）系统

随着无线通信的广泛应用和无线传输速度的提高，车辆可以通过车车（Vehicle-to-Vehicle，V2V）和车路（Vehicle-to-Infrastructure，V2I）通信实时获取其他车辆行驶信息（车速、车距、加速度、发动机功率等）和交通环境信息（车流量、红绿灯时间等）。无线网络改进了车辆避撞系统的机制，从而升级为基于无线通信的 CCA 系统。引入无线通信功能后，CCA 系统相比 CA 系统有很多优越之处，车辆可以获取更多有益于建立控制模型的信息，避撞功能不再依靠加装各种各样的传感器来实现。

基于上述特点比较可以发现，CCA 系统是随着车车通信技术广泛应用后对车辆安全控制领域十分有影响力的研究课题[4,5]，并且最近更引起国际车辆安全控制界的广泛关注[6,7]。基于车车通信系统，车辆在运行中可以获取更多临近车辆的行驶信息（如车速、位置、车距、加速度、发动机功率、期望加速度等），所以 CCA 系统也可以应用到更多领域，如车辆前侧安全预警、盲点监测、辅助换道预警和交叉口危险估计等[8]。

从控制实现方式来说，避撞模型主要包括两种：车辆纵向控制模型和车辆横向控制模型[6]。当车速控制和纵向加速度作为主要的控制对象时，车辆纵向控制是主要的控制方式。其目的在于利用获取传感器信息来控制车辆行驶的车速和车距，通过控制执行器避免碰撞事故的发生。横向控制是通过获取车车之间的车速和车距信息、道路宽度信息来控制换道和超车时的方向盘角度来避免事故。本章主要考虑的场景为平直的纵向公路，所以主要分析车辆纵向避撞控制。在现有关于车辆纵向避撞控制的文献中，大多模型通过控制纵向行驶时的车速和加速度来避免碰撞事故的

发生。但同时，已有模型多是基于单车的控制来完成操作的，在车辆队列保持较小的车距行驶过程中，这样的模型存在单车制动距离不足导致无法完成避撞的缺陷。

12.2 传统避撞模型缺陷分析

车辆队列行驶具有车距较小、通行速度快的特点，同时也带来了新的安全隐患。例如，在实际中车辆速度并不是完全一致，任意时刻控制误差引起的速度突变，在较小的车距范围内都会导致很大的碰撞隐患。传统协同避撞方法大多基于车车通信获取信息来建立避撞模型，通过控制执行机构来完成避撞控制。在此可以假设具体场景进行分析。

假设车辆队列中前后两辆车分别以速度 v_1、v_0 行驶，保持安全车距为

$$S_{\text{safe}}(t) = hv_0(t) + S_{\min} \tag{12-1}$$

当速度 v_0 和 v_1 保持一致时，需要制动距离 S_{br} 为

$$S_{\text{br}} = \frac{v_1^2 - v_0^2}{2|a_{-\max}|} \tag{12-2}$$

所以为保持安全行驶，后车必须在安全车距范围内可以将车速减到与前车一致，即 $S_{\text{safe}} < S_{\text{br}}$。由于车辆队列行驶过程中车距较小，那么假设当 $S_{\text{safe}} < S_{\text{br}}$ 时，由公式联立得出如下不等式：

$$v_0^2 - 2S_{\min}|a_{-\max}|hv_0 - (2S_{\min}|a_{-\max}| + v_1^2) > 0 \tag{12-3}$$

解关于 v_0 的不等式，解为

$$\begin{cases} v_0 > |a_{-\max}|h + \sqrt{|a_{-\max}|^2 h^2 + 2S_{\min}|a_{-\max}| + v_1^2} \\ \text{或} \\ v_0 < |a_{-\max}|h - \sqrt{|a_{-\max}|^2 h^2 + 2S_{\min}|a_{-\max}| + v_1^2} \end{cases} \tag{12-4}$$

由此可知，当车辆队列保持安全车距行驶时，前后车速不一致时会造成依靠一辆车的制动无法解决的碰撞事故。当产生这一类安全问题时，即使车辆避撞系统及时产生作用，利用最大制动减速度来制动也无法在安全车距内将车速减到零，这也证明了传统避撞控制方法应用在车辆队列控制中存在缺陷。

针对传统避撞模型存在上述缺陷，利用车辆队列行驶控制的整体优势，当一辆车制动无法解决问题时，需要其他正常行驶的车辆主动配合来确保整体队列的行驶安全性。基于这一思路，本章引入新的协同主动避撞的概念：

协同主动避撞（Cooperative Active Collision Avoidance，CACA）系统，是一种基于车车通信模式的新型避撞控制方法。区别于依靠后车判断环境信息来采取紧急制动避免安全事故的传统避撞控制，协同主动避撞可以通过车车之间信息的交互避免碰撞事故的发生，协同主动避撞控制必须在车车通信的环境下才可以应用。

经过以上总结，CA、CCA、CACA 系统的功能对比如表 12-1 所示。

表 12-1 CA、CCA 和 CACA 系统功能对比

功能类型	CA 系统	CCA 系统	CACA 系统
车辆行驶信息获取	相对速度	速度、加速度、发动机转速、发动机功耗、瞬时油耗等所有车内状态信息	速度、加速度、发动机转速、发动机功耗、瞬时油耗等所有车内状态信息

(续)

功能类型	CA 系统	CCA 系统	CACA 系统
车间信息获取	依靠本车的测距传感器采集距离前方车辆的车距信息	可以通过测距传感器信息和车辆定位传感器的不同车辆位置信息来计算多个车距	可以通过测距传感器信息和车辆定位传感器的不同车辆位置信息来计算多个车距
传感器类型	雷达、超声波等测距传感器	无线通信（通过标准接口采集其他传感器信息）	无线通信（通过标准接口采集其他传感器信息）
信息获取范围	因为测距传感器精度不同，大概范围为 10~200m	取决于无线通信范围，基本为 10~10000m 范围内	取决于无线通信范围，基本为 10~10000m 范围内
控制执行对象	单车	单车	多车
系统应用范围	应用范围主要是单车控制系统：前方避撞功能	应用范围可以是单车或者车队：前方避撞，换道提示，交叉口冲突预警，车辆队列协同避撞，车车协同控制	应用范围主要是无线通信环境下的车辆队列，可以协同控制避撞，协同避免危险情况

通过以上分析对比，可以看出 CACA 系统是 CCA 系统功能的扩展，可以弥补 CCA 系统的缺陷，充分利用无线通信的资源来协同控制保证车辆队列运行的安全性。在具体实现方式上，多车之间协同完成安全车距保持，实际是把各个车辆的车距协同分配，这也引出交通规划学科中的非线性规划问题。

12.3 避撞过程中交通资源非线性规划问题

车车通信模式下，车辆队列行驶会获得很多环境状态信息。如何充分利用这些信息为控制系统提供可靠的判断依据，是一种交通资源优化问题。对信息判断分析准确，才能很好地保证车辆安全行驶。与解决车辆队列安全问题类似，在现实生活中人们会遇到各种各样的优化问题，需要科学的数学方法解决，而数学规划就是专门用来解决这些优化问题的最佳方法[9]。

Rober Dorihlan 早在 1950 年左右提出数学规划方法来解决优化问题[10]，数学规划方法包括线性规划、非线性规划、不定过程规划、整数规划、凸规划、动态规划等。其中的约束条件和优化问题均为线性函数组成的，称为线性规划问题[11]。但是现实遇到的很多优化问题，如资源分配、生产加工流程安排、质量抽查、人员调动、资金流动等，经常是非线性约束条件下的优化问题，称为非线性规划问题，解决这类问题的方法称为非线性规划方法。

12.3.1 非线性规划函数

非线性规划（Nonlinear Programming）是运筹学理论的一个重要分支。它是一个求解目标函数极值问题的 n 元实函数[12]，并受一组等式或不等式约束条件的限制。其中的目标函数和约束条件至少有一个是非线性函数。非线性规划为系统管理和优化提供了一种有效的分析方法[13]。

将非线性规划问题统一用数学形式表达，可以将其转化为求一个受到一组等式或不等式约束条件限制下 n 维变量 x 的实函数 $f(x)$ 的最大或最小值，具体数学表达式如下[14]：

$$\begin{cases} \min f(x) \\ 满足\ h_i(x) = 0 & i = 1,2,\cdots,p, p<n \\ g_j(x) \leq 0 & j = 1,2,\cdots,m \end{cases} \quad (12\text{-}5)$$

式中，$x = [x_1, x_2, \cdots, x_n]^T$ 为 n 维欧氏空间 R^n 中的向量。其中目标函数为 $f(x)$，不等式约束条件为 $g_j(x)$，等式约束条件为 $h_i(x)$。目标函数 $f(x)$ 或约束条件 $g_j(x)$、$h_i(x)$ 中至少包含一个

变量 x 的非线性函数时，称为非线性规划函数。

限定变量的上下界的区域集合为 X，当向量 $x \in X$ 且满足所有以上约束条件时，则称 x 为函数的可行解。如果满足所有约束条件的可行解的集合为 D，D 为非线性规划函数对应的可行解集合，标准式（12-5）简化为

$$\begin{cases} \min_{x \in D} f(x) \\ \text{满足 } D = \{x \mid h_i(x) = 0, i = 1, 2, \cdots, p, p < n; g_j(x) \leq 0, j = 1, 2, \cdots, m\} \end{cases} \quad (12\text{-}6)$$

综上所述，非线性规划问题是求可行解集合内的最优解 $\bar{x}$，使得对于任意可行解 x 均满足不等式 $f(x) \geq f(\bar{x})$ 成立。

12.3.2 非线性规划求解方法

确定非线性规划函数后，求解其最优解有多种方法，常用的有迭代法、解析法、最优解法等。其中最适合计算机处理器求解的是迭代法，也是本章选用的求解方法。

（1）非线性规划函数凹凸性分析

类似求线性规划最优解方法，这里需要先确定其可行域边界。线性规划函数最优解通常在可行域的顶点。求非线性规划最优解时，因为最优解可能是可行域内的任意点，所以需要首先判断函数的凹凸性[15]，然后求出最优解在可行解集合内的位置。

首先，定义 $f(x)$ 为 n 维空间某个凸集 R 上的函数，如果集合 R 中的任意两点 x 和 y 及任何实数 $\alpha(0 < \alpha < 1)$ 满足以下不等式：

$$f(\alpha x + (1-\alpha)y) \leq \alpha f(x) + (1-\alpha)f(y) \quad (12\text{-}7)$$

则称 $f(x)$ 为定义在 R 上的凸函数。

若对每一个 $\alpha(0 < \alpha < 1)$ 和 $x \neq y \in R$ 恒有

$$f(\alpha x + (1-\alpha)y) < \alpha f(x) + (1-\alpha)f(y) \quad (12\text{-}8)$$

则称 $f(x)$ 为定义在 R 上的严格凸函数。

根据式（12-6）非线性规划函数定义，有

$$\begin{cases} \min_{x \in D} f(x) \\ \text{满足 } D = \{x \mid h_i(x) = 0, i = 1, 2, \cdots, p, p < n; g_j(x) \leq 0, j = 1, 2, \cdots, m\} \end{cases} \quad (12\text{-}9)$$

其中目标函数 $f(x)$ 为凸函数并且限制条件 $h_i(x)$、$g_j(x)(j = 1, 2, \cdots, m)$ 为凸函数时，上式称为凸规划。凸规划在可行域内存在最优解，并且其全局最优解与局部最优解相等。优化问题需要求出唯一解，当凸规划存在唯一解时，说明目标函数 $f(x)$ 是严格凸函数，并存在最优解[16,17]，此时凸规划的最优解即为唯一解。

（2）基本迭代法求解非线性规划问题

求解非线性规划问题的基本方法是迭代法，具体定义如下[18]。

记非线性规划（Nonlinear Programming，NP）的可行解集合域为 D。

若 $x^* \in D$，如果满足下式：

$$f(x^*) \leq f(x) \qquad \forall x \in K \quad (12\text{-}10)$$

则称 NP 的整体最优解是 x^*，NP 整体最优解的值为 $f(x^*)$ 是。

如果满足下式：

$$f(x^*) < f(x) \qquad \forall x \in K, x \neq x^* \quad (12\text{-}11)$$

则称 NP 的严格整体最优解为 x^*，NP 的严格整体最优值为 $f(x^*)$。

其中 $x^* \in D$,当存在 x^* 的邻域 $N_\delta(x^*)$ 满足以下不等式:

$$f(x^*) \leq f(x) \qquad \forall x \in N_\delta(x^*) \cap K \tag{12-12}$$

式中,$f(x^*)$ 为 NP 的局部最优值;x^* 为 NP 的局部最优解。

因为线性规划是以线性函数为目标函数的,求出的最优解在整个可行域内都是全局最优的。与线性规划不同,非线性规划有时求出的某个解可能只是在部分可行域内最优,极值点也只对应该区域。

NP 模型常用迭代法求其最优解。迭代法适合具有计算机系统的控制器去执行。其基本原理为选定可行解初始点 $x^0 \in D^n$,按照迭代规则产生某一特定的可行解列 $\{x^k\}$。最优解的存在需满足两个条件:判断 $\{x^k\}$ 为有穷点列,则终点为 NP 的最优解;判断 $\{x^k\}$ 为无穷点列,点列的极值点为 NP 的最优解。下面介绍具体计算方法。

设迭代方法的第 k 轮迭代点为 $x^k \in D^n$,第 $k+1$ 轮迭代点为 $x^{k+1} \in D^n$,迭代规则为

$$x^{k+1} = x^k + t_k \boldsymbol{p}^k \tag{12-13}$$

式中,$t_k \in R^1$;$p^k \in R^n$;$\|\boldsymbol{p}^k\| = 1$;x^k 与 x^{k+1} 确定的迭代方向为 p^k。式(12-13)就是对应 NP 模型求解的基本迭代格式。

迭代方法求解 NP 即确定适当的迭代步长和构造每轮迭代搜索方向。在式(12-13)的基本迭代格中,定义 $\boldsymbol{p}^k$ 为第 k 轮迭代点搜索方向,t_k 为沿 $\boldsymbol{p}^k$ 迭代方向的步长。

求解 NP 函数,需确定存在向量 $\boldsymbol{p}$,同时满足函数 $f(x)$ 在点 $\bar{x}$ 处为下降方向,以及 $f(x)$ 在该点处为区域 D 可行方向。下面进行具体定义。

如果存在 $\xi > 0$,且存在 $\bar{x} \in R^n$,$\boldsymbol{p} \neq 0$,满足以下不等式成立:

$$f(\bar{x} + t\boldsymbol{p}) < f(\bar{x}) \qquad \forall t \in (0, \xi) \tag{12-14}$$

则在点 $\bar{x}$ 处函数 $f(x)$ 的向量 $\boldsymbol{p}$ 是关于区域 D 下降方向的。

若存在 $\bar{x} \in R^n$,$\boldsymbol{p} \neq 0$,且存在 $t > 0$,那么满足

$$\bar{x} + t\boldsymbol{p} \in K \tag{12-15}$$

则在点 $\bar{x}$ 处函数 $f(x)$ 的向量 $\boldsymbol{p}$ 是关于区域 D 可行方向的。

综上所述,求解 NP 函数的基本迭代方法步骤如下:

1)选取初始点 x^0,令 $k=0$。

2)依照一定迭代规则,选择可行解集合 D 下降方向作为 x^k 的迭代搜索方向 $\boldsymbol{p}^k$。

关于 $\boldsymbol{p}^k$ 的选择,在无约束极值问题中只需选择目标函数的下降的方向;对于约束极值问题则需为可行下降方向。

设 $f: R^n \to R^1$,$\bar{x} \in R^n$,$\boldsymbol{p} \neq 0$,若存在 $\delta > 0$ 使 $\forall \lambda \in (0, \delta)$,有

$$f(\bar{x} + \lambda \boldsymbol{p}) < f(\bar{x}) \tag{12-16}$$

则称函数 $f(x)$ 在 $\bar{x}$ 处的下降方向为向量 $\boldsymbol{p}$。

3)以 x^k 为起点,沿搜索方向 $\boldsymbol{p}^k$ 求出迭代步长 t_k,并满足目标函数值的下降方向。即,存在 $x = x^k + \beta \boldsymbol{p} \in K$,且 $\beta > 0$,满足 $f(x) < f(x^0)$。

4)按迭代格式求出第 $k+1$ 迭代点,即

$$x^{k+1} = x^k + t_k \boldsymbol{p}^k \tag{12-17}$$

当 x^{k+1} 满足终止条件时,停止迭代并确定最优解为 x^{k+1}。

下面介绍相关终止条件。在上述迭代中有,若 x^{k+1} 满足某终止条件则停止计算,输出近似最优解 x^{k+1}。这里满足某终止条件即到达某精度的要求。常用的计算终止条件有以下

几个：

1) 自变量的改变量充分小时，$\|x^{k+1}-x^k\|<\varepsilon_1$ 或 $\dfrac{\|x^{k+1}-x^k\|}{\|x^k\|}<\varepsilon_2$，停止计算。

2) 当函数值的下降量充分小时，$|f(x^k)-f(x^{k+1})|<\varepsilon_3$ 或 $\dfrac{f(x^k)-f(x^{k+1})}{|f(x^k)|}<\varepsilon_4$，停止计算。

3) 在无约束最优化中，当函数梯度的模充分小时，$\|\nabla f(x^{k+1})\|<\varepsilon_5$，停止计算。

4) 若不满足终止条件，令 $k:=k+1$，以 x^{k+1} 代替 x^k，回到第 1 步。

12.4 智能网联汽车协同主动避撞模型

当车辆队列中第 n 辆车条件不满足避撞条件时，就会造成车辆追尾事故，为了弥补车辆队列中单车制动避撞造成的安全隐患，需要前方车辆进行加速行驶一段时间来满足第 n 辆车的避撞条件，完成行进间车车协同避撞控制，控制方式为协同主动避撞。

12.4.1 加速度非线性规划模型

在 $t(t>0)$ 时刻，当给定 0 号车加速度 $a_0(t)$ 时，如果执行 CACA 算法需要计算给前车的分配加速度 $a_1(t)$，则首先需要定义目标函数和相应的限制条件。

当 0 号车无法完成避撞需要前车 1 号车来完成 CACA 算法时，首先要考虑让前车加速而不会影响其他正常行驶车辆，以保证不引起二次事故。因此，基本的目标函数定义为前车移动最小的距离来完成加速避撞。

定义 $h_t>0$ 是在 t 时刻前车加速完成避撞需要持续的时间，$v_1(t)$、$a_1(t)$ 分别为在 t 时刻前车的速度和需要执行的分配加速度。定义非线性规划目标函数为

$$\min\left\{v_1(t)h_t+\frac{1}{2}a_1(t)h_t^2\right\} \tag{12-18}$$

要建立 CACA 模型的限制条件，需要建立如下约束条件：

（1）最大加速度值约束条件

考虑到车辆实际加速度不能超过整车出厂规定的最大加速度，定义最大的纵向加速度为 $a_{+\max}$，即约束条件为

$$0<a_1(t)<a_{+\max} \tag{12-19}$$

（2）纵向车速范围约束条件

车辆行驶过程中需要保证前后车的车距始终大于零，所以 1 号车车速应该始终大于或等于 0 号车，这样才不会发生车距小于零的情况发生，即

$$v_1(t+h_t)\geqslant v_0(t+h_t) \tag{12-20}$$

同样可表示为

$$v_1(t)+a_1(t)h_t\geqslant v_0(t)+a_0(t)h_t \tag{12-21}$$

（3）后车车距约束条件

为了满足 1 号车在控制器执行时间 h_t 后车速可以大于等于 0 号车，经时间 h_t 后两车的车距应该大于等于零，即

$$S_0(t+h_t)=\left(v_1(t)h_t+\frac{1}{2}a_1(t)h_t^2\right)+S_0(t)-\left(v_0(t)h_t+\frac{1}{2}a_0(t)h_t^2\right)\geqslant 0 \tag{12-22}$$

这里约束条件的意义在于，对车距的计算有个预期值。即，如果按分配的加速度加速的话，需要满足在控制器执行时间 h_t 后车距要大于等于零，即在 h_t 时刻完成避撞。

综上所述，基于非线性规划的加速度分配模型如下：

$$\min\left[v_1(t)h_t+\frac{1}{2}a_1(t)h_t^2\right]$$

$$\text{满足}\begin{cases}0\leqslant a_1(t)\leqslant a_{+\max}\\ v_1(t)+a_1(t)h_t\geqslant v_0(t)+a_0(t)h_t\\ \left(v_1(t)h_t+\frac{1}{2}a_1(t)h_t^2\right)+S_0(t)-\left(v_0(t)h_t+\frac{1}{2}a_0(t)h_t^2\right)\geqslant 0\\ h_t>0\end{cases} \quad (12\text{-}23)$$

在时刻 t，$a_0(t)$ 由车车通信获取。同时，$v_0(t)$、$v_1(t)$ 和 $S_1(t)$ 可以由其他传感器信息得出并通过无线通信共享。非线性规划目标函数的计算结果是 1 号车的分配加速度 $a_1(t)$ 和控制系统完成避撞控制的时间 h_t。计算结果得出后，控制器将会按 $a_1(t)$ 的值来进行前车加速避撞控制。

在这里函数计算结果 $a_1(t)$ 如果始终有唯一解是最理想的状态。如果 $h_t>\Delta T$，目标函数就必须在每个控制周期 ΔT 时间内对 $a_1(t)$ 更新一次，即控制输出是在时刻变化直到完成避撞，此时可以认为 $a_1(t)$ 是变量为 t、步长为 ΔT 的迭代表达式；如果 $h_t<\Delta T$，那么控制器会在一个控制周期 ΔT 内完成避撞，下一个周期就不存在安全隐患。

12.4.2 非线性规划求解条件

因为目标函数是非线性的非凸（non-convex）函数，在应用迭代法求解这个目标函数时，需要先验证其解的存在性[19]。

定义可行性解的集合为 $F=\{(a_1(t),h_t):0\leqslant a_1(t)\leqslant a_{+\max},h_t>0\}$。

避撞控制要满足的最重要的两个限制条件为车速限制条件和车距限制条件。接下来主要讨论满足这两个条件下解的存在性。

假设 $a_1(t)=a_{+\max}>0$，$a_0(t)=a_{-\max}<0$，此时的 1 号车以最大的正加速度加速的同时 0 号车以最大的制动减速度减速。

所以为了满足车速限制条件，有

$$h_t^*\geqslant\frac{v_0(t)-v_1(t)}{a_{+\max}-a_{-\max}}$$

车距限制条件是一个关于 h_t 的非线性二次方程不等式，当这个方程的不等式大于零时，那么式（12-23）的根应该等于 0，即

$$\left(v_1(t)h_t+\frac{1}{2}a_{+\max}h_t^2\right)+S_0(t)-\left(v_0(t)h_t+\frac{1}{2}a_{-\max}h_t^2\right)=0 \quad (12\text{-}24)$$

将公式进行整理，上式变为

$$\frac{1}{2}(a_{+\max}-a_{-\max})h_t^2-(v_0(t)-v_1(t))h_t+S_0(t)=0 \quad (12\text{-}25)$$

以上公式的解将分两种条件来讨论。

条件 1：当 $S_0(t)>\dfrac{(v_0(t)-v_1(t))^2}{2(a_{+\max}-a_{-\max})}$ 或 $0\leqslant S_0(t)\leqslant\dfrac{(v_0(t)-v_1(t))^2}{2(a_{+\max}-a_{-\max})}$，$v_1(t)\geqslant v_0(t)$，方程存在满

足车距限制条件下的唯一解 $h_t^* > 0$。因为在方程中在 h_t^2 这一项前的系数为正，即 $\frac{1}{2}(a_{+\max} - a_{-\max}) > 0$，故式（12-25）的等号左侧会始终大于零，所以当 $h_t^* > 0$ 时车距限制条件始终是满足的，当 $h_t^* \geq \max\left\{0, \frac{v_0(t) - v_1(t)}{a_{+\max} - a_{-\max}}\right\}$ 满足时车速限制条件也能同时满足。

所以，式（12-23）在条件 1 情况下的可行解不为空，存在最优解。

条件 2：当 $0 \leq S_0(t) \leq \frac{(v_0(t) - v_1(t))^2}{2(a_{+\max} - a_{-\max})}$，$v_1(t) < v_0(t)$ 时，式（12-25）存在解为

$$h_{t-}^* = \frac{(v_0(t) - v_1(t)) - \sqrt{(v_0(t) - v_1(t))^2 - 2(a_{+\max} - a_{-\max})S_0(t)}}{a_{+\max} - a_{-\max}}$$

或

$$h_{t+}^* = \frac{(v_0(t) - v_1(t)) + \sqrt{(v_0(t) - v_1(t))^2 - 2(a_{+\max} - a_{-\max})S_0(t)}}{a_{+\max} - a_{-\max}}$$

因此，当 $h_{t-}^* \leq h_t \leq h_{t+}^*$ 时车距限制条件不满足，也就是碰撞事故会不可避免。当 $h_t^* < \frac{v_0(t) - v_1(t)}{a_{+\max} - a_{-\max}}$，1 号车的速度会大于 2 号车，造成车速限制条件不满足，发生碰撞事故。故在条件 2 情况下不存在一个可行性解。

综上所述，1 号车的分配加速度模型总结如下：

如果有 $S_0(t) > \frac{(v_0(t) - v_1(t))^2}{2(a_{+\max} - a_{-\max})}$ 或 $0 \leq S_0(t) \leq \frac{(v_0(t) - v_1(t))^2}{2(a_{+\max} - a_{-\max})}$，且 $v_1(t) \geq v_0(t)$，即满足条件 1，解式（12-23）可得出分配加速度值；

如果有 $0 \leq S_0(t) \leq \frac{(v_0(t) - v_1(t))^2}{2(a_{+\max} - a_{-\max})}$，且 $v_1(t) < v_0(t)$，即满足条件 2，则 $a_1(t) = a_{+\max} > 0$，$a_0(t) = a_{-\max} < 0$，碰撞事故会发生在 h_{t-}^* 时刻。

最终的结论是，分配加速度模型存在至少一个可行解，故方程不会为空解。

下面对结论进行证明。

如果 $S_0(t) > \frac{(v_0(t) - v_1(t))^2}{2(a_{+\max} - a_{-\max})}$ 或 $0 \leq S_0(t) \leq \frac{(v_0(t) - v_1(t))^2}{2(a_{+\max} - a_{-\max})}$，且 $v_1(t) \geq v_0(t)$，即满足条件 1：

允许 $a_1*(t) = a_{+\max}$，$a_0*(t) = a_{-\max}$。这时所有限制条件在任意 $h_t > 0$ 时刻均满足。方程的可行解不会为空，至少存在一个最优解。

如果 $0 \leq S_0(t) \leq \frac{(v_0(t) - v_1(t))^2}{2(a_{+\max} - a_{-\max})}$，且 $v_1(t) < v_0(t)$，即满足条件 2：

当 $h_t > h_{t-}^*$ 这个问题不会存在，同时会返回解 $a_1^*(t) = a_{+\max}$，$a_0^*(t) = a_{-\max}$。所以，分配加速度模型存在至少一个可行解。

值得注意的一点是，因为分配加速度模型的式（12-23）的可行解在条件 1 下不为空，所以 1 号车的最优加速度值不唯一。

12.5　协同主动避撞模型应用于车辆队列控制

为了保证 1 号车的分配加速度模型在执行加速避撞时不影响 2 号车的安全性，避免安全

事故的转移，需要定义一个避撞预测周期时间 T，来保证 2 号车在速度不变的条件下保证车距在安全车距范围之内，即满足以下不等式：

$$S_1(t+T) = v_2(t)T + S_1(t) - \left(v_1(t)T + \frac{1}{2}a_1(t)T^2\right) \geq 0 \tag{12-26}$$

当需要 1 号车执行分配加速度 $a_1(t)$ 来完成协同避撞时，如果 1 号车和 2 号车的车距不满足约束条件，即两车已是保持最小安全车距行驶的情况，2 号车需要协同 1 号车执行加速避撞控制。同时，需要将 2 号车加速行驶距离最小化，避免安全事故转移给下一辆车，这也是加速避撞的前提条件。

采用前面同样的讨论分析方法，2 号车的分配加速度模型可以总结如下：

如果有 $S_1(t) > \dfrac{(v_1(t) - v_2(t))^2}{2(a_{+\max} - a_1(t))}$，$a_1(t) < a_{+\max}$ 且 $v_1(t) \leq v_2(t)$，$a_1(t) = a_{+\max}$，即满足条件 1，则 2 号车分配加速度非线性规划函数为

$$\min\left[v_2(t)h_t + \frac{1}{2}a_2(t)h_t^2\right]$$

$$\text{满足}\begin{cases} 0 \leq a_2(t) \leq a_{+\max} \\ v_2(t) + a_2(t)h_t \geq v_1(t) + a_1(t)h_t \\ \left(v_2(t)h_t + \frac{1}{2}a_2(t)h_t^2\right) + S_1(t) - \left(v_1(t)h_t + \frac{1}{2}a_1(t)h_t^2\right) \geq 0 \\ h_t > 0 \end{cases} \tag{12-27}$$

如果 $0 \leq S_1(t) \leq \dfrac{(v_1(t) - v_2(t))^2}{2(a_{+\max} - a_1(t))}$，$a_1(t) < a_{+\max}$ 且 $v_1(t) > v_2(t)$，$a_1(t) = a_{+\max}$，即满足条件 2，此时 $a_2(t) = a_{+\max}$。

在这种情况下，如果 1 号车为避免碰撞而加速，但造成碰撞事故转移到 1 号车和 2 号车，此时不满足避撞控制的前提条件，故分配加速度模型也无效，控制器不执行操作。

对于相似的 n 辆车的情况，如果 $n-1$ 号车与 n 号车（$n = 2, \cdots, N$）的车距不满足 $n-1$ 号车的加速条件，即车距满足以下条件：

$$S_{n-1}(t+T) = v_n(t)T + S_{n-1}(t) - \left(v_{n-1}(t)T + \frac{1}{2}a_{n-1}(t)T^2\right) \geq 0 \tag{12-28}$$

这时需要 n 号车同时进行协同加速。第 n 号车（$n = 2, \cdots, N$）的分配加速度模型可以通过相似 2 辆车的分配加速度模型推导得出。

如果 $S_{n-1}(t) > \dfrac{(v_{n-1}(t) - v_n(t))^2}{2(a_{+\max} - a_{n-1}(t))}$，$a_{n-1}(t) < a_{+\max}$ 且 $v_{n-1}(t) \leq v_n(t)$，$a_{n-1}(t) = a_{+\max}$，即满足条件 1，求如下非线性规划函数的解：

$$\min\left[v_n(t)h_t + \frac{1}{2}a_n(t)h_t^2\right]$$

$$\text{满足}\begin{cases} 0 \leq a_n(t) \leq a_{+\max} \\ v_n(t) + a_n(t)h_t \geq v_{n-1}(t) + a_{n-1}(t)h_t \\ \left(v_n(t)h_t + \frac{1}{2}a_n(t)h_t^2\right) + S_{n-1}(t) - \left(v_{n-1}(t)h_t + \frac{1}{2}a_{n-1}(t)h_t^2\right) \geq 0 \\ h_t > 0 \end{cases} \tag{12-29}$$

如果 $0 \leqslant S_{n-1}(t) \leqslant \dfrac{(v_{n-1}(t)-v_n(t))^2}{2(a_{+\max}-a_{n-1}(t))}$，$a_{n-1}(t)<a_{+\max}$ 且 $v_{n-1}(t)>v_n(t)$，$a_{n-1}(t)=a_{+\max}$，即满足条件 2，此时 $a_n(t)=a_{+\max}$。

同样的协同主动避撞条件，如果 n 号车避免了 0 号和 1 号车那样的避撞事故加速，但造成了与 $n-1$ 号车的事故，分配加速度模型同样无效，控制器不执行操作。

在 t 时刻通过上述公式计算得出 $a_n(t)$ 后，下一步对 n 和 $n+1$ 车的预测时间 T 后的车距进行判定。在时刻 T，如果下式成立：

$$S_n(t+T)=v_{n+1}(t)T+S_n(t)-\left(v_n(t)T+\dfrac{1}{2}a_n(t)T^2\right)<0 \qquad (12\text{-}30)$$

需要通过给定的 $a_n(t)$ 计算 $a_{n+1}(t)$ 的分配加速度模型。

通过上述论证，整个计算分配加速度过程可以扩展到整个具有车车通信的车辆队列，如图 12-1 所示。

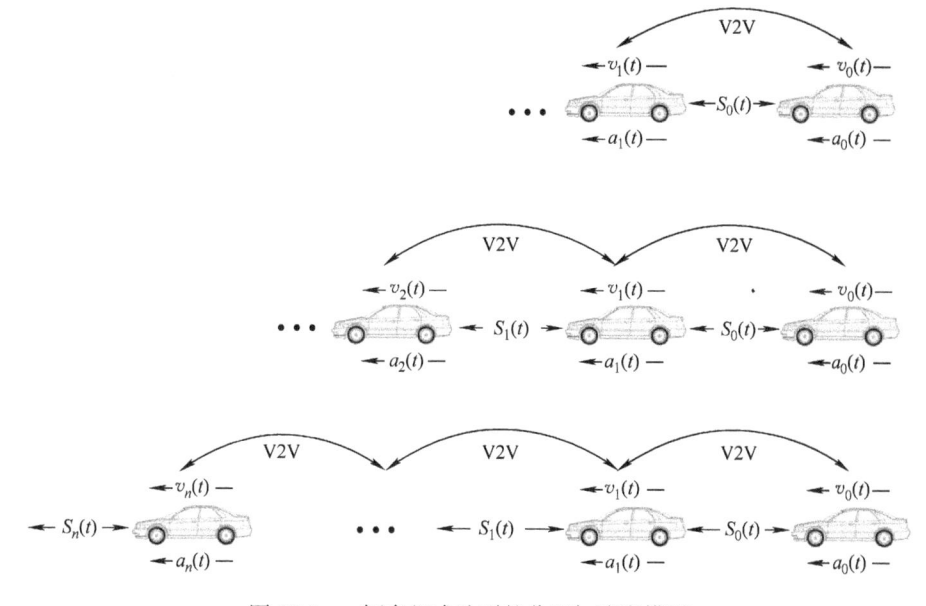

图 12-1 n 辆车组成队列的分配加速度模型

整个分配加速度过程会在满足下列条件时停止：

$$S_n(t+T)=v_{n+1}(t)T+S_n(t)-\left(v_n(t)T+\dfrac{1}{2}a_n(t)T^2\right)\geqslant 0 \qquad n=1,2,3,\cdots \qquad (12\text{-}31)$$

这个结论说明加速度分配过程会一直循环判断直到 n 号车加速避撞的同时不影响 $n+1$ 号车的安全车距，或者是 n 号车已经是通信系统可以检测到的最远车辆或前面已经没有其他加速的车辆，模型运算停止，车辆队列分配加速度过程结束。

在分配加速度模型在车辆队列中运行结束并求出加速度控制量后，得到分配加速度值会反馈给控制单元来执行避撞控制。在下一个控制周期，即 $t=t+\Delta T$，模型会判断队列中是否仍存在有安全隐患的车辆，如此循环以上过程，直至避撞过程结束。

n 辆车队列的 CACA 模型计算流程图如图 12-2 所示。

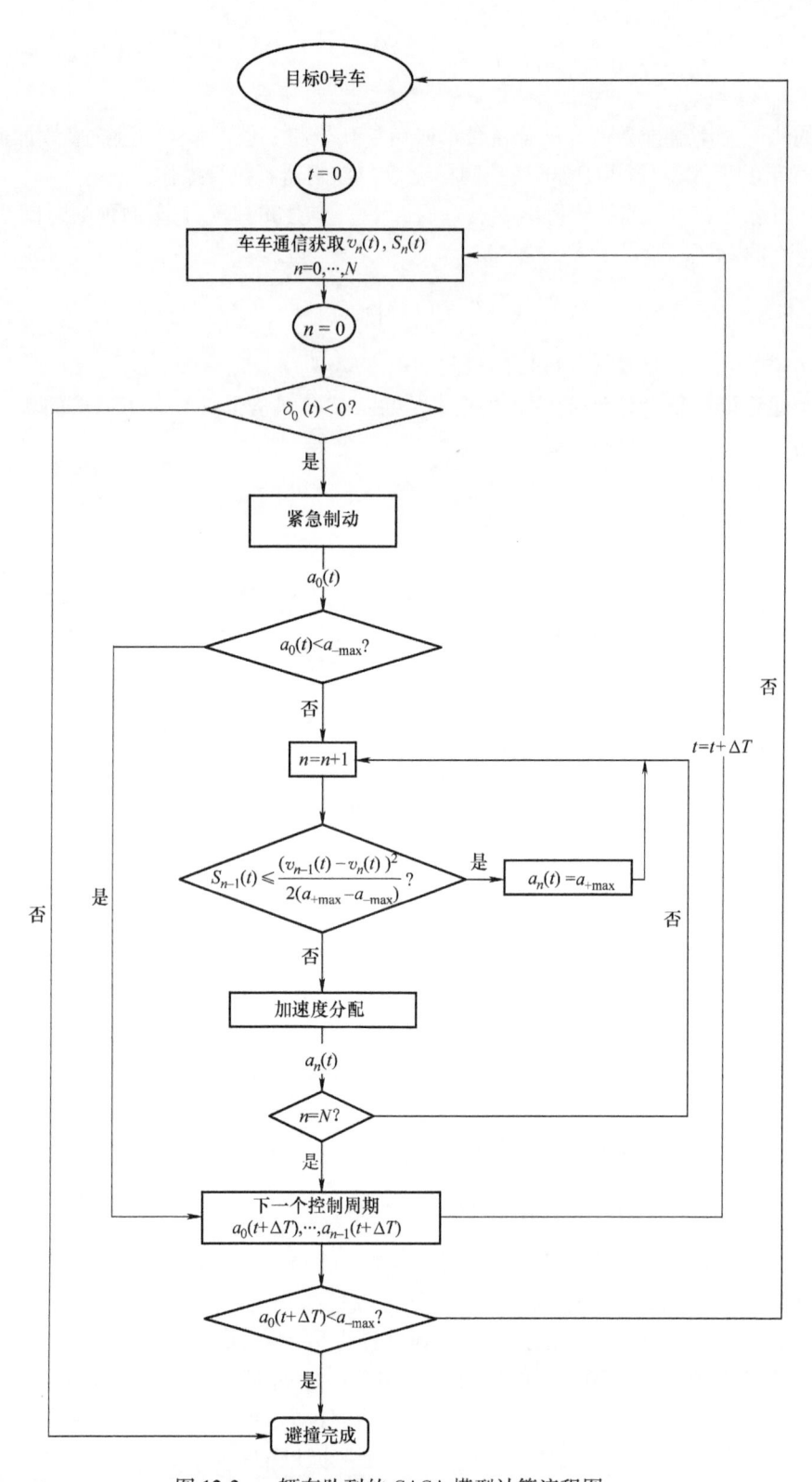

图 12-2 n 辆车队列的 CACA 模型计算流程图

12.6 仿真验证

验证CACA模型前需要对特定仿真环境进行配置。本章在CarSim软件仿真环境中定义路面为干燥高速公路,最高车速为40m/s,并且路面摩擦系数$\mu=0.85$,车辆类型为重量2t的帕萨特轿车,滑模控制器参数初始化为$\lambda=1$,初始车间时距$h=0.2s$,最大制动减速度$a_{-max}=-8.5m/s^2$,并且最大加速度为$a_{+max}=5m/s^2$。在仿真验证中,为方便对不同的相似模型进行比较,特定义传统避撞模型为单车(1-vehicle)模型,只有两车参与协同主动避撞的模型为两车(2-vehicle)模型,n辆车同时参与协同主动避撞的模型为多车(n-vehicle)模型。

12.6.1 两车协同主动避撞

首先,比较单车模型和两车模型的仿真结果。

建立仿真环境:两台具有车车通信的车辆在高速公路上同向行驶,为了验证高速工况条件,设定0号和1号车的初始速度分别为40m/s和13m/s,两车的初始车距为40m。基于运动学理论可以得到碰撞只有在0号车执行大于18 m/s^2的制动减速度时才能避免。但是由于实际路面摩擦系数所限,最大制动减速度值只能小于等于$8.5m/s^2$,这意味着只依靠0号车紧急制动仍然无法避免追尾事故的发生。

图12-3所示的仿真结果为单车模型和两车模型在同一环境下加速度、车速和行驶轨迹的仿真结果。如图12-3a和c所示,0号车按最大制动减速度$-8.5m/s^2$紧急制动,与此同时1号车仍然保持13m/s的速度行驶。在两车车距为零的时刻,0号车的速度已经减为15m/s但是仍然大于1号车的车速,所以追尾事故在2.4s发生。

当两车模型运行时,1号车协同加速完成避撞。如图12-3b所示,1号车从1s加速到2s,与此同时0号车按最大制动减速度$-8.5m/s^2$减速到2.9s。如图12-3d所示,在3s的时候0号和1号车的相对速度已经等于零,之后两者开始按照相同的车速15m/s在高速公路上匀速行驶。

通过结果比较,两车模型不仅避免了碰撞事故,而且保证了驾驶人的舒适性,1号车只需要按$2.2m/s^2$的加速度行驶1s左右,驾驶人基本感觉不到车辆的加速变化。

如图12-3e所示曲线,可以很清楚地看到在单车模型情况下两车轨迹在2.4s的时刻发生了交叉,即两车位置重合发生了追尾。在两车模型执行情况下,如图12-3f所示,两车行驶轨迹在3s的时刻开始平行运行,轨迹没有发生交叉,追尾碰撞事故不会发生。

图12-4所示为单车模型和两车模型车距仿真结果对比。在单车模型运行到2.4s时车距变为零,发生了碰撞事故;在两车模型运行到3s时,车距从40m减到3m,且之后保持稳定的车距,不会发生碰撞事故。

图12-5所示的3D仿真进一步利用CarSim软件仿真环境说明了单车模型和两车模型控制效果。单车模型仅靠0号车紧急制动发生追尾事故;两车模型靠加速度的分配不会发生追尾事故。

12.6.2 车辆队列协同主动避撞

本节以3辆车组成队列为例,来仿真n辆车的协同主动避撞模型效果。当1号和2号车的车距不满足加速度条件时,CACA模型应该扩展到2号车也参与到协同避撞过程中,从而模型

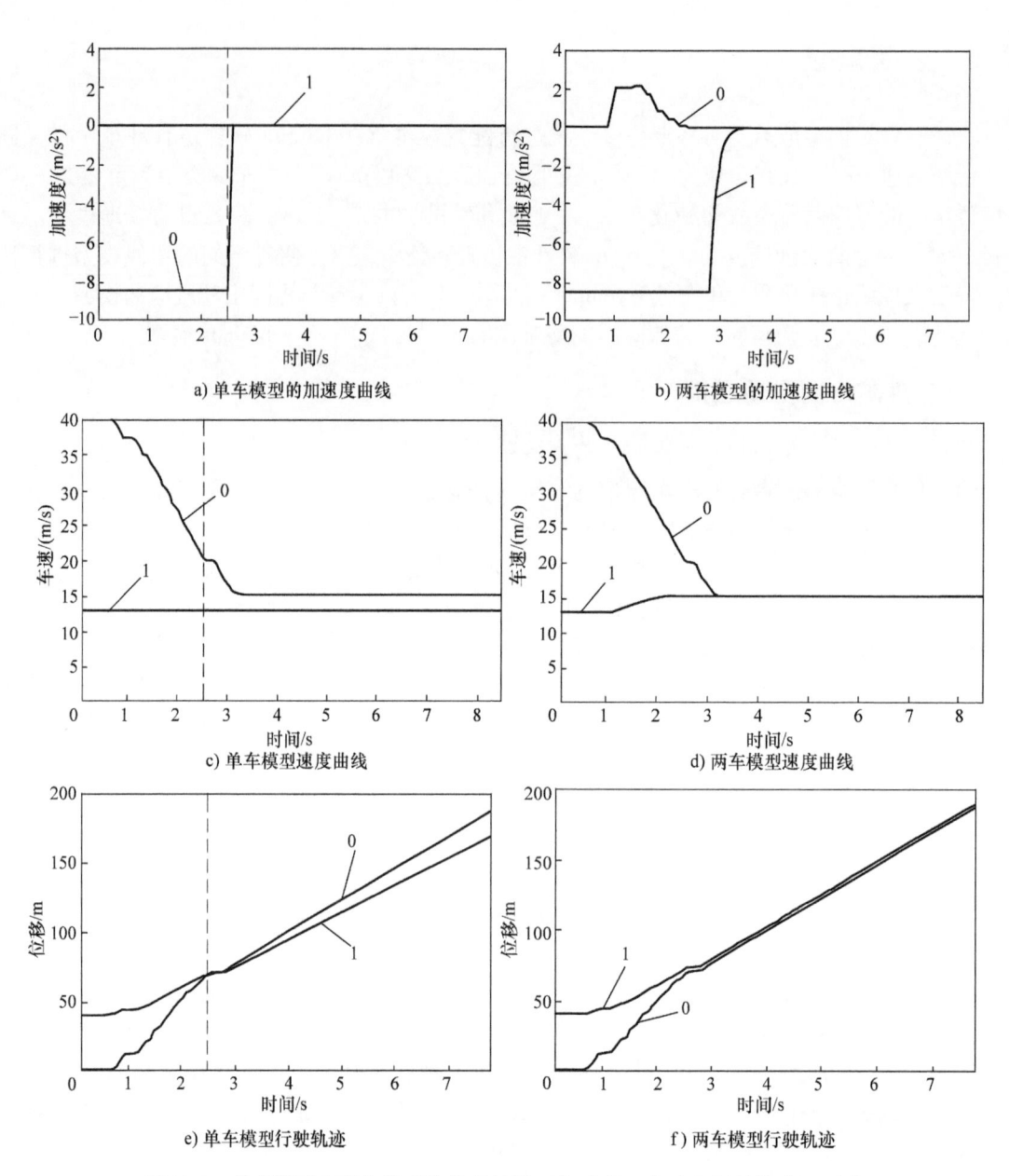

a) 单车模型的加速度曲线　　　　　　　b) 两车模型的加速度曲线

c) 单车模型速度曲线　　　　　　　　　d) 两车模型速度曲线

e) 单车模型行驶轨迹　　　　　　　　　f) 两车模型行驶轨迹

图 12-3　单车模型和两车模型的仿真结果（加速度、车速和行驶轨迹）对比

也扩展为多车模型。

初始状态下 0 号、1 号和 2 号车的初速度分别为 40m/s、13m/s 和 14m/s，车距分别为 40m 和 10m。因为 1 号和 2 号车的车距不满足分配加速度条件不允许 1 号车加速，这就意味着 0 号和 1 号车之间不可避免地发生追尾事故，需要 2 号车配合加速完成避撞。下面比较两车模型和多车模型的仿真结果。

图 12-6 所示的仿真结果为 0 号、1 号和 2 号车在两车模型、多车模型下的加速度、车速和行驶轨迹的仿真结果。

两车模型仿真结果分析：如图 12-6a 和 c 所示，仿真开始时，0 号车按最大制动减速度执

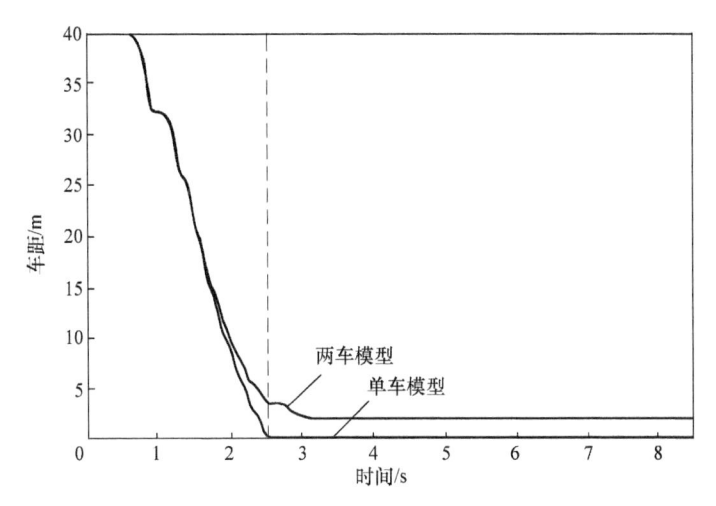

图 12-4　单车模型和两车模型车距仿真结果对比

a) 单车模型3D仿真结果

b) 两车模型3D仿真结果

图 12-5　单车模型和两车模型的 CarSim 软件 3D 仿真结果

行紧急制动，同时 1 号车在 2s 时速度达到 15m/s，但 2 号车维持 14m/s 的速度匀速行驶。如图 12-6e 所示，在 5.2s 时 3 辆车发生追尾。

多车模型仿真结果分析：在 2 号车加速参与避撞后，如图 12-6b 所示，2 号车从 1.5s 加速到 2.7s，同时 1 号车从 1s 加速到 2.5s。1 号车开始加速时和 2 号车开始加速时中间有 0.5s 的时间间隔，同时 2 号车分配的加速度和执行时间是小于 1 号车的，说明分配加速度会随队列

a) 两车模型加速度曲线

b) 多车模型加速度曲线

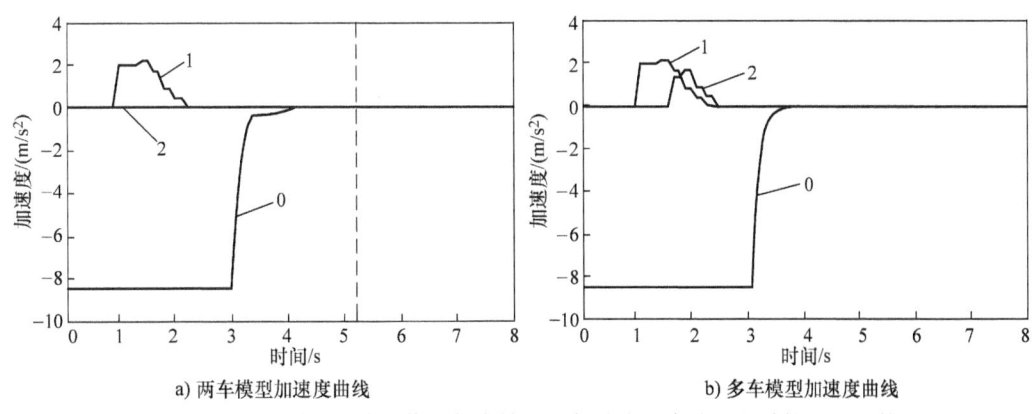

图 12-6　两车模型和多车模型仿真结果（加速度、车速和行驶轨迹）比较

c) 两车模型车速曲线

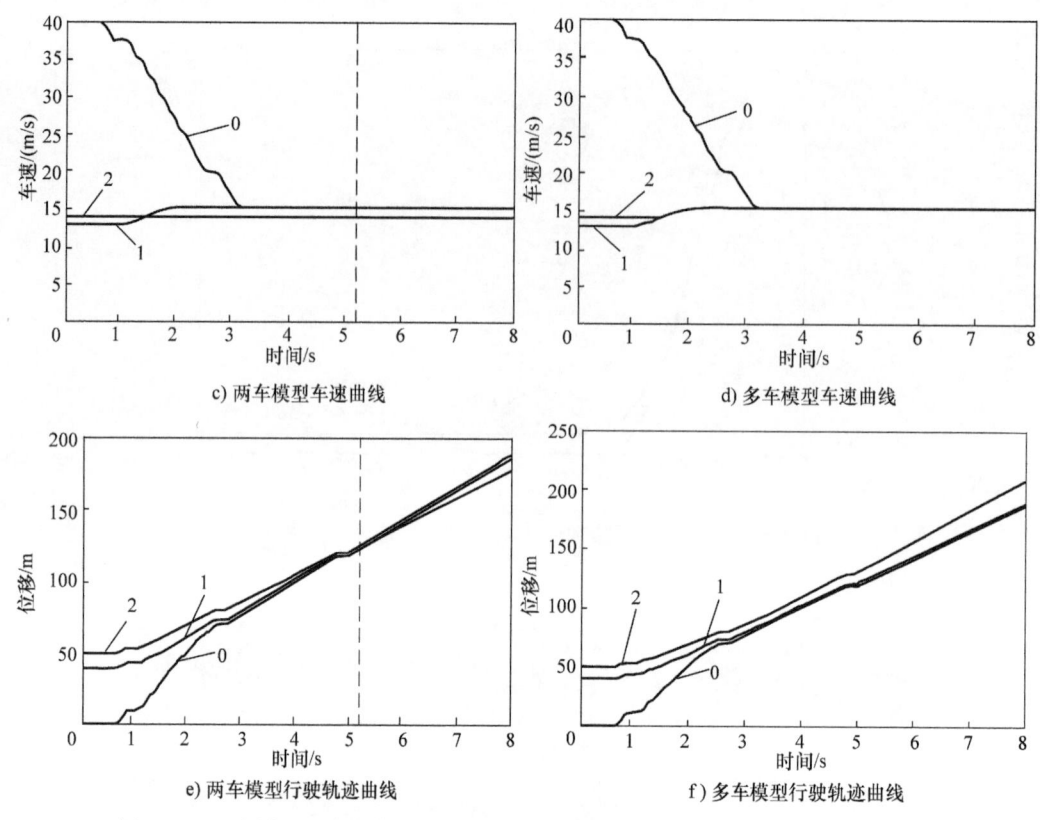

d) 多车模型车速曲线

e) 两车模型行驶轨迹曲线

f) 多车模型行驶轨迹曲线

图 12-6 两车模型和多车模型仿真结果（加速度、车速和行驶轨迹）比较（续）

中车辆增多而逐渐减小，并最终趋近于零。如图 12-6d 所示，在 3.4s 后，3 辆车保持相等的车速 15m/s 匀速行驶。如图 12-6f 所示，3 车的轨迹在 5s 后保持平行，车距均不为零，不会发生碰撞事故。

图 12-7 所示为两车模型和多车模型车距仿真结果对比。如图 12-7a 所示，两车模型执行下碰撞事故在 5.2s 发生，1 号和 2 号车两车的车距变为零。在多车模型执行下，如图 12-7b 所示，1 号和 2 号车的车距会维持在 10m，同时 0 号和 1 号车的车距维持在 2m，不会发生追尾碰撞事故。

a) 两车模型车距仿真曲线

b) 多车模型车距仿真曲线

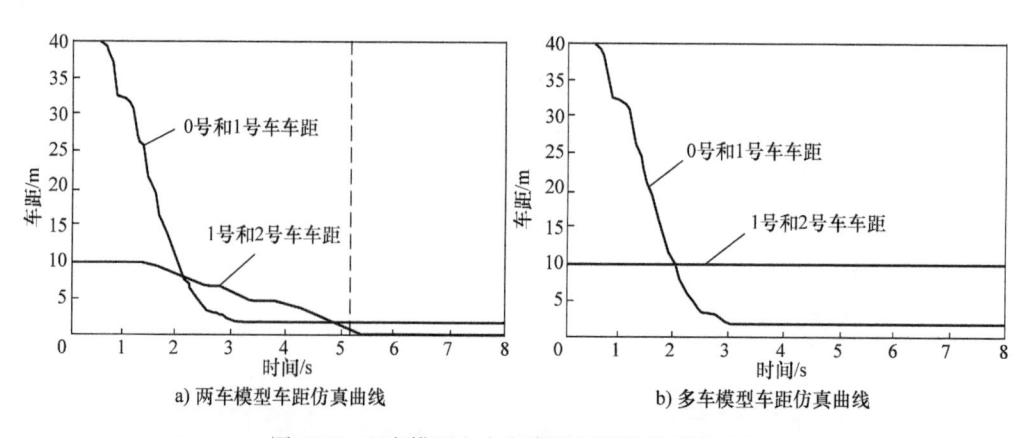

图 12-7 两车模型和多车模型车距仿真结果对比

图 12-7 所示的仿真结果进一步通过 CarSim 软件 3D 仿真，可以更显著地看到两车模型和多车模型执行下的车队运行效果。如图 12-8 所示，两车模型控制下会发生追尾碰撞事故，多车模型控制下没有发生追尾碰撞事故。

a) 两车模型

b) 多车模型

图 12-8　两车模型和多车模型 CarSim 软件 3D 仿真结果

参 考 文 献

［1］ FRITZ A, SCHIEHLEN W. Automatic cruise control of a mechatronically steered vehicle convoy［J］. Vehicle System Dynamics, 1999, 32（4-5）：331-344.

［2］ BAUM D, HAMANN C D. High performance ACC system based on sensor fusion with distance sensor, image processing unit, and navigation system［J］. Vehicle System Dynamics, 1997, 28（6）：327-338.

［3］ ROHR S N, LIND R C, MYERS R J, et al. An integrated approach to automotive safety systems［J］. SAE Transactions, 2000, 109（6）：453-459.

［4］ TAN H, HUANG J. DGPS-based vehicle-to-vehicle cooperative collision warning: Engineering feasibility viewpoints［J］. IEEE Transactions on Intelligent Transportation Systems, 2006, 7（4）：415-428.

［5］ HUANG C, FALLAH Y P, SENGUPTA R, et al. Intervehicle transmission rate control for cooperative active safety system［J］. IEEE Transactions on Intelligent Transportation Systems, 2011, 12（3）：645-658.

［6］ FERENCE J J, SZABO S, NAJM W. Performance evaluation of integrated vehicle-based safety systems［R］. US Department of Transportation, 2006.

［7］ REZAEI S, SENGUPTA R, KRISHNAN H, et al. Tracking the position of neighboring vehicles using wireless communications［J］. Transportation Research Part C: Emerging Technologies, 2010, 18（3）：335-350.

［8］ SENGUPTA R, REZAEI S, SHLADOVER S E, et al. Cooperative collision warning systems: Concept definition and experimental implementation［J］. Journal of Intelligent Transportation Systems, 2007, 11（3）：143-155.

［9］ LIU X, YUAN Y. A sequential quadratic programming method without a penalty function or a filter for nonlinear equality constrained optimization［J］. SIAM Journal on Optimization, 2011, 21（2）：545-571.

［10］ 邱松强. 非线性规划的可行性控制方法及其应用［D］. 苏州：苏州大学，2013.

［11］ BIELSCHOWSKY R H, Gomes F A. Dynamic control of infeasibility in equality constrained optimization［J］. SIAM Journal on Optimization, 2008, 19（3）：1299-1325.

［12］ 智登奎. 基于遗传算法非线性规划的约束广义预测控制［D］. 太原：太原理工大学，2013.

［13］ GOULD N I, TOINT P L. Nonlinear programming without a penalty function or a filter［J］. Mathematical Programming, 2010, 122（1）：155-196.

［14］ QIU S, CHEN Z. Global and local convergence of a class of penalty-free-type methods for nonlinear programming［J］. Applied Mathematical Modelling, 2012, 36（7）：3201-3216.

［15］ 刘谟新. 一般约束非线性规划问题的最优性条件［D］. 长春：吉林大学，2007.

［16］ 马威，王正欧. 神经网络融合信赖域求解非线性规划的新方法［J］. 天津大学学报（自然科学与工程技

术版),2002,35(6):705-709.
- [17] WANG X, ZHU Z, ZUO S, et al. An SQP-filter method for inequality constrained optimization and its global convergence [J]. Applied Mathematics and Computation, 2011, 217 (24): 10224-10230.
- [18] 唐冲. 基于 Matlab 的非线性规划问题的求解 [J]. 计算机与数字工程, 2013, 41 (7): 1100-1102.
- [19] 杨丹. 解非线性规划问题的算法研究 [D]. 南京: 南京航空航天大学, 2006.

第 13 章

混行车队通信拓扑及车间距策略

  V2X 系统借助智能驾驶、云计算、5G、大数据等新技术，实现人-车-路-云平台之间全方位连接和信息交互，能够精准快速地感知道路状态，充分挖掘现有交通资源。基于 V2X 通信技术的车路协同系统是未来智能交通发展的必然趋势，在不断完善普及的过程中，网联和非网联车辆、人工驾驶和自动驾驶车辆混行是必经阶段。因此，本章研究了 V2X 通信环境下多车道混行车队系统建模。首先，定义了混行车队，基于车辆换道特性确立了道路区域划分方法，减少了车辆换道行为对编队控制的干扰；然后，基于车辆行程时间和交通信号配时建立了混行车队规模计算方法，明确了后续编队的车队数和车队长度，分析了混行车队协同控制流程；最后，基于混行车辆通信特点和驾驶特性，分析了车队通信拓扑结构和车间距策略。

13.1 混行车队研究现状分析

  随着环境感知、车路协同、智能驾驶技术的进一步发展，网联自动驾驶车辆将逐渐取代人工驾驶车辆，成为未来主要出行方式。在实现完全自动驾驶之前，必然会经历不同类型车辆混行阶段。考虑到人工驾驶车辆无法与周围车辆、路侧设备及信号灯进行信息交互，并且驾驶人驾驶行为存在不确定性，导致混行状态下可能出现很多交通问题。因此，混行车辆编队控制技术研究需要从微观层面分析不同类型车辆的驾驶行为，并对驾驶行为进行模拟预测，同时有必要对混行驾驶条件下的各车运动状态进行研究，保障车辆行驶安全性的同时均衡道路时空资源。此外，为提高交叉口通行效率，如何结合交通信号配时进行队列规模划分，保障混行车队的队列稳定性，保证混行车队按照理想车间距和速度一致性行驶均是亟待探究的问题。

  目前，关于混行驾驶的研究已取得一定成果。2003 年，Bose 等[1]分析了自动驾驶车辆（Automated Vehicle，AV）和人工驾驶车辆（Manned Vehicle，MV）混行时对交通流特性和环境的影响，针对 AV 提出了一种将急加速转化为平滑响应的控制方法。2015 年，Chin 等[2]研究了自动驾驶和非自动驾驶混合交通中多车协同自适应巡航控制（CACC）问题。采用概率加权模型描述驾驶人的逻辑决策和连续机动，建立队列自动和非自动车辆与概率加权驾驶人模型耦合的状态方程，并提出了基于非线性模型预测控制（MPC）最优控制策略。同年，Roncoli 等[3]基于线性约束控制建立了一阶动态多车道混合交通流模型，分析了混合交通流对不同驾驶工况的动态响应情况，解决交通混合控制问题，并通过真实城市高速公路作为试验平台证明了方法的有效性。2017 年 Ghiasi 等[4]针对高速公路上网联自动驾驶车辆（CAV）和 MV 组成的混合交通流，提出了一种基于异质交通流及随机车头空间分布的马尔科夫链，建立了不同 CAV 渗漏率下的高速公路混合交通容量分析模型。薛春铭等[5]考虑了车辆驾驶人行为特征，针对车辆换道行为，基于博弈论建立了一种 AV 和 MV 协同换道模型，并在模型中的决策层加入学习能力，提高车辆对驾驶行为的解析准确性。2018 年，魏修建等[6]分析了双车道环境不同渗透率下 AV 和 MV 驾驶行为博弈,并基于元胞自动机模型对博弈过程进行了仿真模拟。Zhao 等[7]通过车车和车路通信,获取队列中车辆状态和信号配时等信息,基于 MPC 以车队燃油消耗最低为目标,设计了一种适用于 AV 和 MV 混行下的实时协同生态驾驶策略。该策略在实现了生态驾驶的同时保证了交通效率和驾驶舒适性。Gong 等[8]基于 Newell 跟驰模型和多步 MPC,建立了一个确保 CAV 和 MV 混合交通流安全性和稳定性的协同跟驰控制模型,并提出了一种实时轨迹数据匹配算法来预测 MV 总响应延迟。Nyholm 等[9]讨论了 MV 和 AV 混合交通中的人机协调问题,分析了 MV 和 AV 混合行驶的兼容性问题,提出了混合行驶环境下为避免事故发生 AV 应该具有类人行为能力。2019 年,Bang 等[10]从混合交通动力的角度出发,研究了 CAV 和 MV 之间驾驶特性(加减速、期望速度及响应时间)的差异,提出了一种考虑驾驶人行为的基于弹簧质量阻尼理论的 CAV 控制方法。

综上所述,目前关于混行车辆的研究主要集中于交通流特性分析、不同渗透率下影响效果仿真,以及混行车辆协同换道、跟驰控制等方面,聚焦于两种不同类型车辆的混合控制,然而对于三种不同类型车辆的混行研究较少。此外,对于混行车辆编队控制的研究更少。三种不同类型车辆组成的混行车队构成复杂,车辆驾驶行为存在不确定性,本章旨在研究一种将 MPC 集成到混合车辆编队中的控制方法,并保证队列稳定性,以及车间距、速度和加速度的一致性。通过建立三种不同类型车辆混行的协同控制模型,保证混行车队能够在绿灯时间内不停车通过交叉口且通行时间最短,并确保混行车队能够在通信异常时安全平稳地行驶。

本章以 MV、CV 和 CAV 组成的混行车队为研究对象,以保证混行车队以最优速度和最小车间距有序通过交叉口为控制目标,充分利用车路协同系统优势,研究多车道混行车队协同控制关键问题,该控制系统如图 13-1 所示。

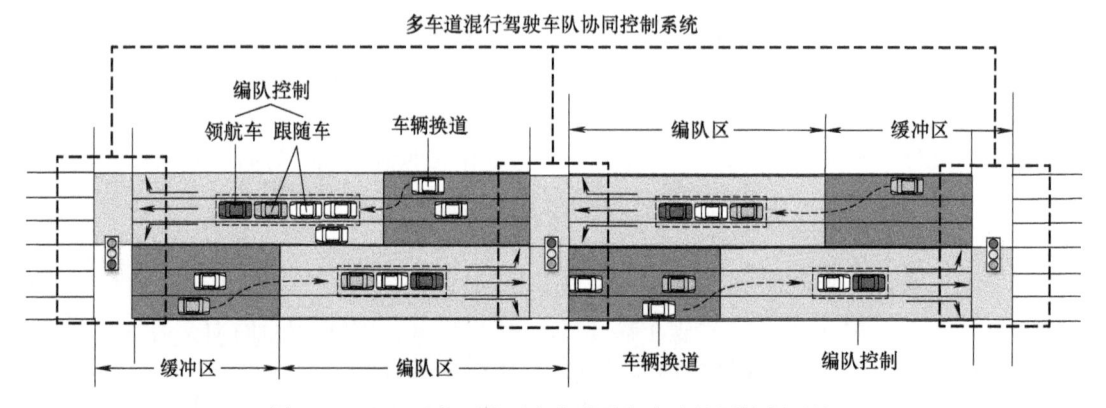

图 13-1 V2X 通信环境下多车道混行车队协同控制系统

混行车队协同控制系统分为左、直、右三车道,MV、CV 和 CAV 均可同时在道路上行驶。MV 由驾驶人操纵,系统不会干预车辆行为,控制策略以建议的形式发送给驾驶人;自动驾驶车辆由无人驾驶系统控制,严格按控制指令执行。非网联车辆根据传统车载传感器和路侧传感器获取道路状态信息;网联车辆根据 V2X 通信单元获取周围环境和信号配时等信息,对混行车辆进行编队控制,达到车队整体一致性,这样能够减少车车间距。此外,根据交通信号配时,对车队速度进行调节,有效减少车辆启停次数,降低尾气排放。系统具体组成如下:

1)道路。车路协同系统增强了道路信息感知能力,为了减少车辆换道超车行为对后续编队行驶产生干扰和影响,将两个交叉口之间路段根据车流换道超车需求划分为缓冲区域和编队区域，如图 13-1 所示。

① 缓冲区：它可满足车辆行驶目的不同产生的换道需求，并将车辆换道限制在一定时间和空间范围内，减少车辆换道随机性对后续编队的影响。任何处于缓冲区内的车辆均可进行换道。

② 编队区：它为实现车辆编队行驶预留足够空间，根据车辆行驶时间和交通信号配时状态进行组队，并进行车队速度控制，尽快形成有序车流，减少车车间距，提高道路通行效率。

2) 车辆。

① 人工驾驶车辆（MV）：车身加装毫米波雷达等测距车载传感器，无 V2X 通信单元，由驾驶人全权驾驶车辆，可获取到车间距及相对速度信息，在行驶过程中仅可得到部分控制指令信号。

② 网联（人工驾驶）车辆（CV）：车身加装 V2X 通信单元和毫米波雷达等测距车载传感器，由驾驶人全权驾驶车辆，可通过 V2X 通信获取 RSU 的交通环境信息，在行驶过程中可得到加减速及转向等全部控制指令信号，由驾驶人执行。

③ 网联自动驾驶车辆（CAV）：车身加装 V2X 通信单元和毫米波雷达等测距车载传感器，由无人驾驶系统全权驾驶车辆，可通过 V2X 通信获取 RSU 的交通环境信息。

13.2 混行车队多车道区域划分及长度计算方法

混行车队进入路段后，会因为行驶目的不同产生换道行为。车辆换道时，同车道后方的车辆和旁边车道后方的车辆会因为避让产生减速行为，进而影响其他车辆的正常行驶。为满足车辆换道需求，同时避免因随意换道对车辆编队造成的影响，本章将路段进行区域划分，以单个交叉口为例（见图 13-2）。缓冲区内车辆在满足换道条件时即可换道，一旦进入编队区则禁止换道。

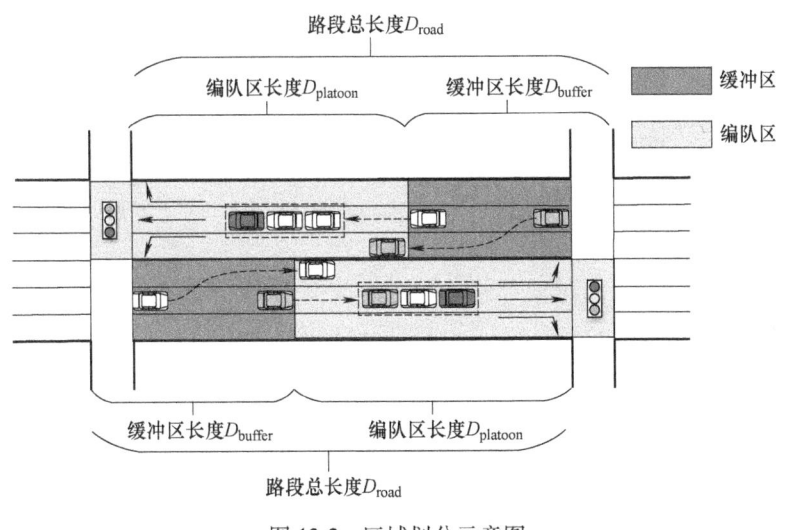

图 13-2　区域划分示意图

选取两个交叉口之间的区域作为研究对象，根据换道空间需求计算出缓冲区长度，然后道路剩余长度作为编队区。如图 13-2 所示，缓冲区和编队区处于同一方向上，混行车辆进入交叉口会首先通过缓冲区再进入编队区。图中，D_{road} 为该路段总长度，D_{buffer} 为该路段缓冲区长度，$D_{platoon}$ 为该路段编队区长度。

在缓冲区内，由于存在左、直、右三个车道，车辆可能会出现并道或换道行为。根据行驶目的进行分流，满足换道需求；编队区内，结合交通信号灯控制，将同一绿灯时间能够通过交叉口的车辆组成队列，协同控制，动态调整队列行驶状态，稳定安全地驶离交叉口。此外，由于右转车辆不受交通信号灯控制，不存在红灯滞留行为，因此本章主要对左转和直行车辆进行编队控制。

13.2.1 混行车队协同控制流程

混行车辆从上一个交叉口驶入，根据行驶目的在缓冲区完成换道行为，并对其速度进行控制，避免驶入编队区时速度过大或过小，造成过度急加速和急减速给乘客带来不舒适感。车辆经缓冲区进入编队区后，说明车辆已完成换道行为，在同一车道上的车辆均有相同的行驶目的。由于不同车辆进入编队区时受速度、加速度、时间、编队区长度、道路限制条件、交通信号配时等因素的影响，导致每辆车的行程时间不同，可根据行程时间判断该车是否采取编队控制。本章根据车辆速度、加速度、安全距离和道路条件限制，将车辆行驶状态主要分为编队行驶和自由行驶两种情形，如图 13-3 所示。编队行驶即混行车辆按照驶入先后顺序，保持一定的安全车距和一致速度以队列形式通过交叉口。系统会计算出车队满足行程时间最短和队列稳定性条件下的最优控制策略，并下发给各个车辆，各个车辆按照收到的指令调整自身状态。自由行驶即车辆不参与组队，按照自己原始状态行驶。若车辆为人工驾驶的，则由驾驶人控制，系统不需要提供速度建议；若车辆为网联自动驾驶的，则按照系统设定的恒定速度行驶。

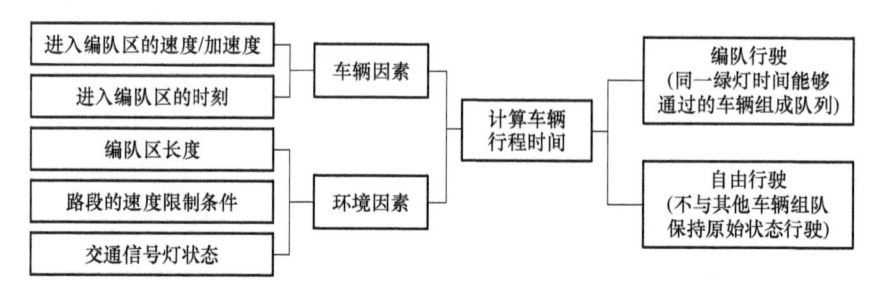

图 13-3 车辆行驶状态影响因素

系统采集车辆进入缓冲区的时刻、速度及对应的交通信号配时，根据道路状态预测出车辆通过交叉口的行程时间，并将行程时间和绿灯剩余时间进行对比，若能在一个绿灯信号周期内通过，则组成一个队列；若不能在一个绿灯信号周期内通过，则不对其进行编队控制。

混行车辆协同控制流程图如图 13-4 所示，车辆从上一个交叉口进入当前路段，在缓冲区内，根据自身行驶目的进行换道，通过缓冲区后，进入编队区。首先，根据进入编队区时的速度、时间、交通状态等，预测出车辆驶出交叉口的时间。然后，判断车辆能否在当前绿灯时间内通过，若不能通过，放弃组队，保持原始状态行驶，等待下一周期通过；若能通过，判断当前车辆类型。如果当前车辆是车道上第一辆 CAV，则将其作为领航车；如果是非网联自动驾驶车辆，则判断是否存在领航车。如果当前车道上，已经存在领航车，则该车辆作为跟随车行驶；如果该车既不是第一辆网联自动驾驶车辆，也不存在领航车，则放弃组队，保

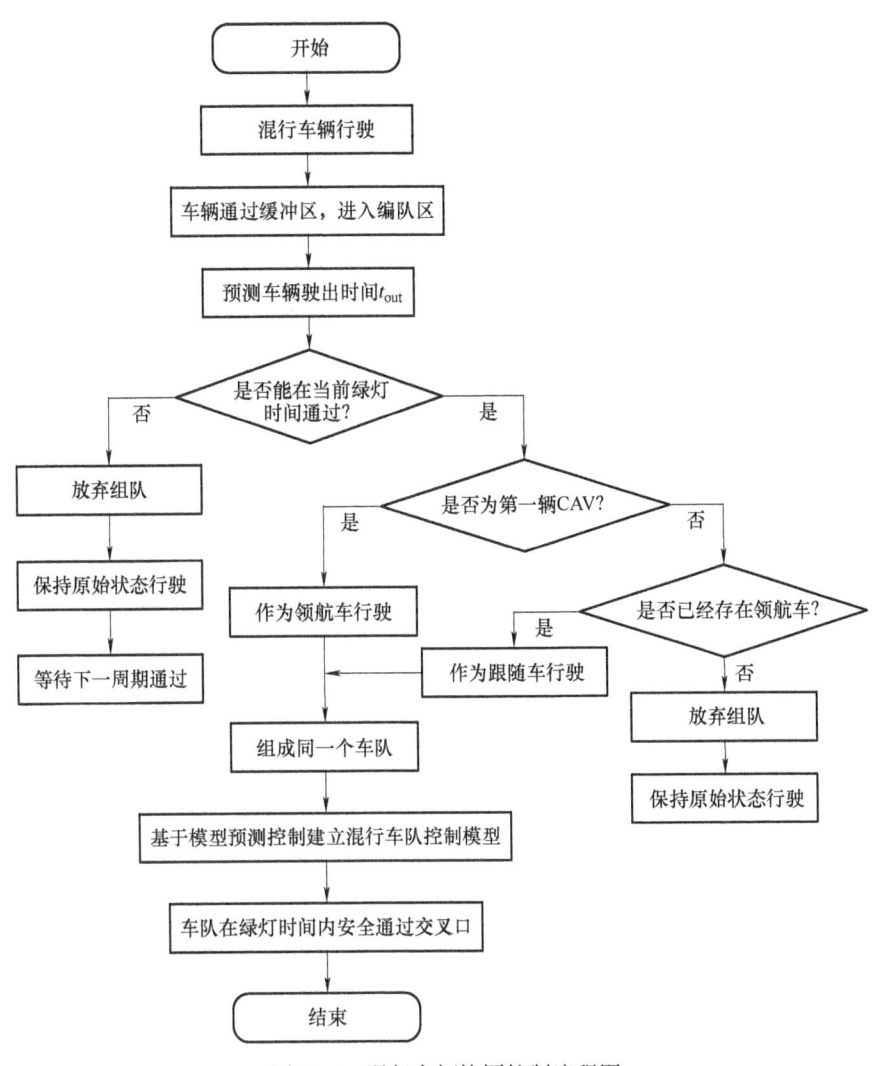

图 13-4　混行车辆协同控制流程图

持原始状态行驶，不对其运动状态进行控制。最后，确定车队规模后，以车队行程时间最短、车间距偏差和速度偏差最小及保障队列稳定性和安全性为控制目标，基于 MPC 方法对同属于一个车队的车辆组进行状态调整，确保同一车队能够在绿灯时间内安全平稳地通过交叉口。

13.2.2　多车道行驶区域内换道场景分析

在混行车流中，MV 主要依靠驾驶人视觉获取信息，驾驶人判断当前满足换道条件即可产生换道行为；CV 除了依靠视觉外，还可以借助 V2X 通信单元获取周围车辆信息和环境状态，可与周围车辆协同进行换道；CAV 不需要驾驶人，主要依靠摄像头获取视觉信息，同时借助其他先进的传感器设备和 V2X 通信单元与周围车辆进行信息交互，提前告知周围车辆自身换道需求，从而调整换道行为。

MV 和 CV 有驾驶人进行判断操纵，能够根据道路条件自主完成换道行为，本章暂不作过多讨论。但 CAV 依赖系统决策才能完成换道行为，因此根据交通流状态和周围车辆影响情况，下面对 CAV 换道可能出现的常见情形进行讨论，主要分为非限制自由换道、受限直接换道和受限协同换道三种场景。

（1）CAV 非限制自由换道

非限制自由换道是指，CAV 产生换道意图，目标车道上没有其他车辆干扰，不受目标车道速度、加速度、安全距离等条件约束，可以在任意位置自由进行换道，如图 13-5 所示。

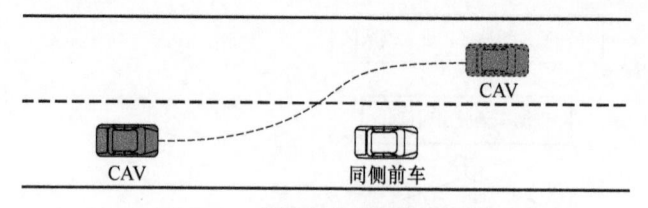

图 13-5　非限制自由换道示意图

非限制自由换道中，不用考虑与旁边车道中车辆发生碰撞的问题，但是需要考虑当前车道前方是否存在车辆干扰，避免 CAV 在换道时由于速度过快或转弯半径不合理与前车发生碰撞事故。

（2）CAV 受限直接换道

受限直接换道指 CAV 产生换道意图，目标车道的欲换道位置前后方存在其他车辆干扰，换道时会受到目标车道上车辆速度、加速度和安全车距等条件限制。此时，虽然道路空间满足换道需求，但是需要把握换道时机，不能在任意位置上换道，如图 13-6 和图 13-7 所示。

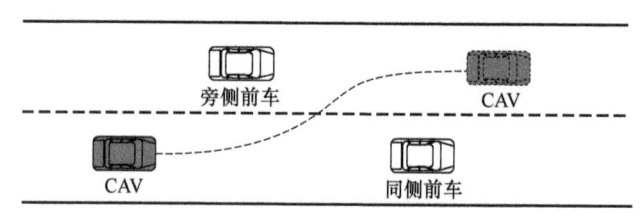

图 13-6　旁边车道存在前车时受限直接换道示意图

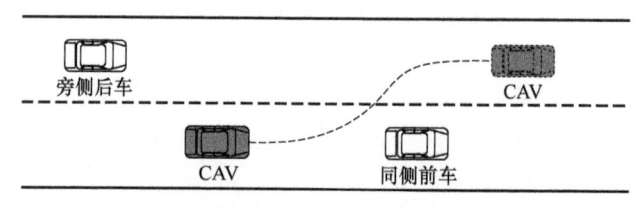

图 13-7　旁边车道存在后车时受限直接换道示意图

受限直接换道需要分两种情形：目标车道上前方存在车辆干扰；目标车道上后方存在干扰。无论是哪种情形，换道时都需要考虑安全问题，不能因为速度过快或转弯半径不合理与前车或干扰车辆发生碰撞事故。

（3）CAV 受限协同换道

受限协同换道指 CAV 产生换道意图，目标车道欲换道位置前后方均存在其他车辆干扰，导致时间和空间条件均不能满足换道需求。此时需要周围车辆快速调整速度预留出换道空间，协助换道，且 CAV 换道时受到目标车道上车辆速度、加速度和安全车距等条件限制，如图 13-8 所示。

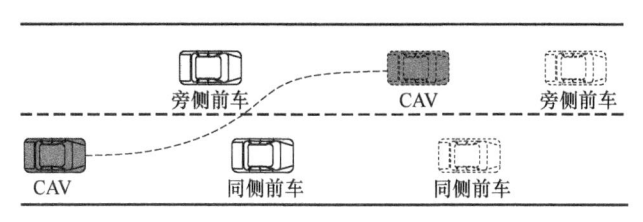

图 13-8　受限协同换道示意图

受限协同换道中需要周围车辆及时调整速度，预留出满足换道需求的空间，同时需考虑本车道前方、旁边车道前后方存在的车辆干扰，避免 CAV 在换道时由于速度过快或转弯半径不合理与周围车辆发生碰撞事故。

13.2.3　缓冲区与编队区长度计算方法

为划分道路区域，将换道和编队分布在不同道路区间，减少冲突点，因此需要根据换道模型分别计算缓冲区和编队区的长度。本章假设车辆进入缓冲区后以匀速状态行驶，不存在速度突变情形，故而选择圆弧形换道轨迹（见图 13-9）作为基础模型进行讨论。

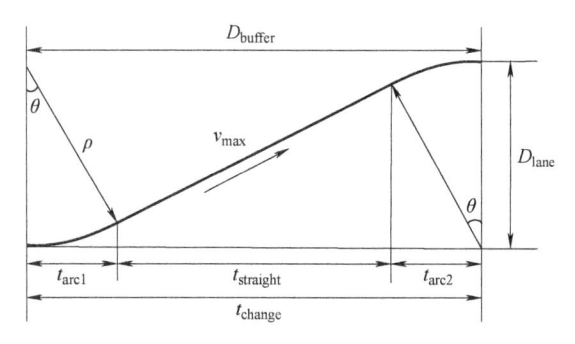

图 13-9　圆弧形换道轨迹

圆弧形换道轨迹如图 13-9 所示。这里将换道过程划分为三个部分：横向加速度从零到最大，以最大速度 v_{max} 直线行驶，横向加速度逐渐减小到零。分别对应时间 t_{arc1}、$t_{straight}$ 和 t_{arc2}。其中，$t_{arc1} = t_{arc2}$，且时间关系满足下式：

$$t_{change} = 2t_{arc1} + t_{straight} \tag{13-1}$$

设 ρ 为曲率半径，根据曲率半径公式可得

$$\rho = \frac{a_y^{max}}{[1+(v_{max}\sin\theta)^2]^{\frac{3}{2}}} \tag{13-2}$$

式中，θ 为 t_{arc1} 期间圆弧轨迹对应的角度；a_y^{max} 为最大横向加速度。根据三角函数公式和车辆换道轨迹形状、速度等特性，建立车辆横纵向位移与时间之间的关系。

横向位移为

$$2\rho(1-\cos\theta) + v_{max}t_{straight}\sin\theta = D_{lane} \tag{13-3}$$

纵向位移为

$$2\rho\sin\theta + v_{max}t_{straight}\cos\theta = D_{buffer} \tag{13-4}$$

式中，D_{lane} 为车道宽度即车辆换道的横向距离；D_{buffer} 为缓冲区长度，即车辆换道的纵向距离。

将式（13-3）移项可得关于 t_{straight} 的表达式：

$$t_{\text{straight}} = \frac{D_{\text{lane}} - 2\rho(1-\cos\theta)}{v_{\max}\sin\theta} \tag{13-5}$$

将式（13-5）带入式（13-4）中，可计算出车辆换道的缓冲区长度：

$$D_{\text{buffer}} = 2\rho\sin\theta + v_{\max}\cos\theta \frac{D_{\text{lane}} - 2\rho(1-\cos\theta)}{v_{\max}\sin\theta} \tag{13-6}$$

D_{road} 表示路段总长度，则由 D_{buffer} 可计算出编队区长度 D_{platoon}：

$$D_{\text{platoon}} = D_{\text{road}} - D_{\text{buffer}} \tag{13-7}$$

13.3 混行车队规模计算方法

车辆编队主要是针对整个队列而不是单个车辆的，因此如何定义队列及如何动态管理队列是本章面对的主要挑战。一般来说，将相邻车辆具有类似行驶状态的一组车辆定义为同一车队。但在城市道路上，考虑到交通信号状态的影响，有些车辆能够在当前绿灯下通过交叉路口，而有的车辆即使加速到最大也无法通过，必须在车道停止线前停车，等待下一周期通过，如图 13-10 所示。为了便于混行车队控制，提高编队的实时性和准确性，本章定义队列应该满足条件如下：

① 可以通过相同绿灯相位的具有相同行驶状态的车辆组。
② 领航车必须为 CAV。
③ 单独的 CAV 可视为队列尺寸为 1 的单独队列。
④ 不能组队的车辆保持原始状态行驶。
⑤ 不同车道，多个车队之间可通过 V2V 或 RSU 共享车辆信息。

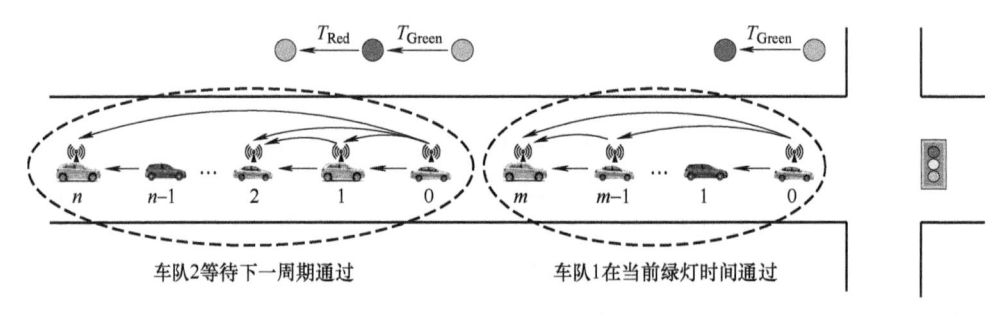

图 13-10 混行车队规模计算

为了确定混行车辆能否组成队列，首先根据车辆驶入路段的时间，预测出每辆车在当前路段总的行程时间 $t_{\text{out},n}$；然后，将预测的行程时间和当前交通信号灯绿灯剩余时间 $T_{\text{green},n}$ 进行对比；最后，将行程时间小于当前绿灯时间的车辆组成一队（$t_{\text{out},n} < T_{\text{green},n}$），反之则等待下一周期通过。这里主要分为 4 种情况讨论行程时间计算方法。

情形 1 如果车辆匀速行驶且前面不存在排队和干扰车辆，则行程时间计算如下：

$$t_{\text{out},n} = \frac{S}{v_n} \tag{13-8}$$

式中，v_n 为第 n 辆车的速度；S 为道路长度。

情形 2 如果车辆不存在排队，但存在前方车辆干扰导致它先减速再加速。由于加减速过程均为等速变换，则变速过程中的平均速度为 $0.5v_n$，则行程时间计算如下：

$$t_{\text{out},n} = \frac{v_n^2/(2a_n) - (v_n/2)^2/(2a_n)}{v_n} = \frac{3v_n}{4a_n} \tag{13-9}$$

式中，a_n 为第 n 辆车的加速度。

情形 3 如果车辆存在排队，当 $2a(N-1)(d_p+d_1) \leq v^2$ 时，则行程时间计算如下：

$$t_{\text{out},n} = t_{\text{queue},n} + t_{\text{pass},n} \tag{13-10}$$

式中，$t_{\text{queue},n}$ 为车辆 n 的排队时间；$t_{\text{pass},n}$ 为车辆 n 驶离交叉口的时间。

车辆排队时间为

$$t_{\text{queue},n} = (N-1)\sqrt{\frac{2(d_g-d_p)}{a_n}} \tag{13-11}$$

式中，d_g 为排队车间距；d_p 为行驶车间距；N 为最大排队车辆数。

车辆驶离交叉口的时间为

$$t_{\text{pass},n} = \sqrt{\frac{2(N-1)(d_p+l_n)}{a_n}} \tag{13-12}$$

式中，l_n 为车辆自身长度。

即

$$t_{\text{out},n} = (N-1)\sqrt{\frac{2(d_g-d_p)}{a_n}} + \sqrt{\frac{2(N-1)(d_p+l_n)}{a_n}}$$

情形 4 如果车辆存在排队，当 $2a(N-1)(d_p+d_1) > v^2$ 时，车辆先加速后匀速通过交叉口，则行程时间计算如下：

$$t_{\text{out},n} = t_{\text{queue},n} + t'_{\text{pass},n} \tag{13-13}$$

此时，车辆驶离交叉口的时间为

$$t'_{\text{pass},n} = \sqrt{\frac{2(N-1)(d_p+l_n)}{a_n}} + \frac{(N-1)(d_p+l_n) - v_n^2/2a_n}{v_n} \tag{13-14}$$

即

$$t_{\text{out},n} = (N-1)\sqrt{\frac{2(d_g-d_p)}{a_n}} + \sqrt{\frac{2(N-1)(d_p+l_n)}{a_n}} + \frac{(N-1)(d_p+l_n) - v_n^2/2a_n}{v_n}$$

为进一步说明行程时间与车队规模之间的关系，这里选取了 6 辆车驶入交叉口时可能会出现的组队情况来说明组队规则。其中，0 号和 3 号为 CAV（虚线），1 号和 4 号为 CV（点画线），2 号和 5 号为 MV（实线）。车队规模可能情形如图 13-11 所示。

图 13-11a 中，4 号和 5 号可以在当前绿灯时间通过，但均不是 CAV，不能作为领航车，因此不能组队，5 辆车均自由行驶。图 13-11b 中，5 辆车均能在当前绿灯时间通过，且 0 号车辆为 CAV，可以作为领航车，因此 5 辆车组成一个队列通过，即车队规模为 5。图 13-11c 中，3 号能够作为领航车，与 3 号同属于一个绿灯时长内的车辆组成一个队列，即 3~5 号车组队，车队规模为 3。图 13-11d 中，0 号车辆为 CAV 可以看成能够在当前绿灯时间通过、尺寸为 1 的单独队列；3~5 号组成队列 2（车队规模为 3）在下一个绿灯时间通过。图 13-11e 中，2 号车即使加速到最大也不能在当前绿灯时间通过交叉口，因此不参与组队；0~1 号，3~5 号分别组成队列 1（规模为 2）和队列 2（规模为 3）在不同绿灯周期内通过。图 13-11f，根据行程时间，0~2 号组成队列 1（规模为 3）在当前绿灯时间通过，3~5 号组成队列 2（规模为 3）在下一绿灯时间通过。

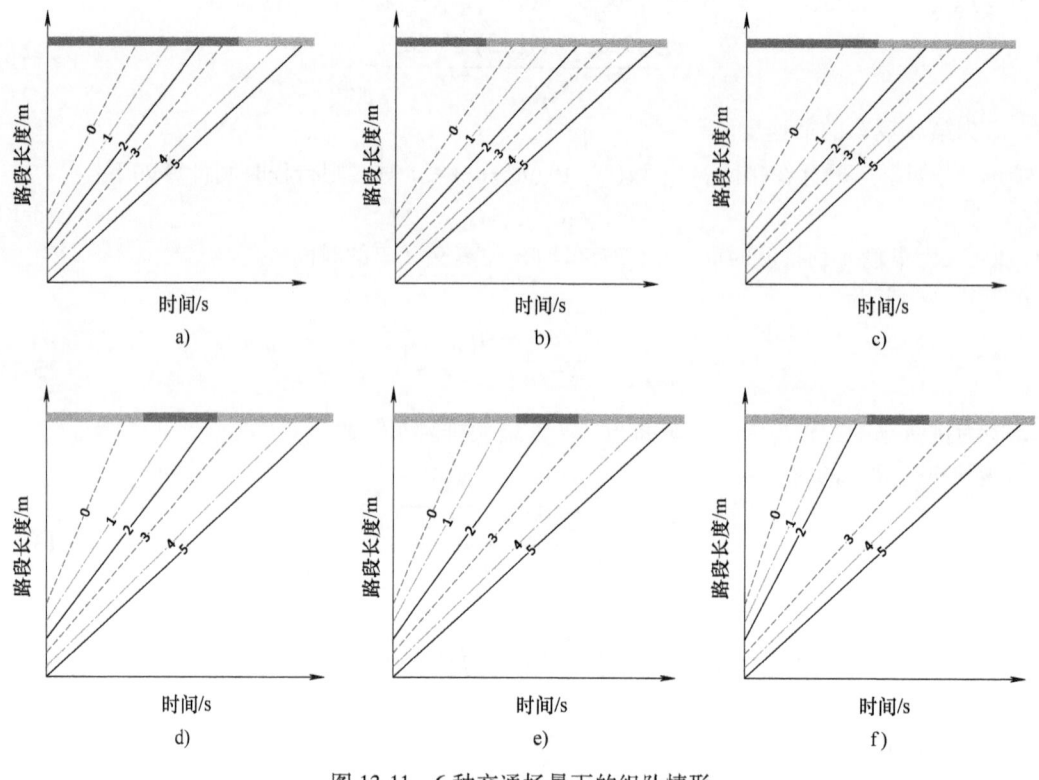

图 13-11 6 种交通场景下的组队情形

13.4　车队通信拓扑结构

13.4.1　通信正常车队拓扑结构

车辆编队控制前，应该先建立通信拓扑结构，明确信息传输规则。假设所有车辆均是网联车，均可通过无线通信模块进行数据传输，那么可以建立如图 13-12 所示的 6 种典型通信拓扑结构。

如图 13-12 所示，在 Predecessor-following 结构中，跟随车信息获取单一，只接收前车信息；在 Bidirectional 结构中，相邻两车互相接收彼此信息；Predecessor-leader-following 结构中，领航车将信息传递给所有跟随车，跟随车不仅接收领航车的信息，而且同时接收前车信息；在 Bidirectional-leader 结构中，跟随车同时接收领航车及相邻前后车三种信息；在 Two-predecessor-following 结构中，跟随车接收前面两车的信息；在 Two-predecessor-leader-following 结构中，跟随车接收领航车及前面两车的信息。

综合考虑信息来源的多样性、实时性、准确性及数据处理的时效性，目前较多采用 Predecessor-leader-following 拓扑结构（下面简称 PLF 结构）。下面基于 PLF 结构，同时考虑混行车辆特性，建立了新的混行车队基本通信拓扑结构，如图 13-13 所示。

非网联车辆虽然不能通过通信单元接收信息，但是可以通过雷达、摄像头、测速等传感器获取车间距、行驶速度等状态信息；网联车辆可以通过 V2V 获取周围车辆行驶状态，通过

a) Predecessor-following结构   b) Bidirectional结构

c) Predecessor-leader-following结构   d) Bidirectional-leader结构

e) Two-predecessor-following结构   f) Two-predecessor-leader-following结构

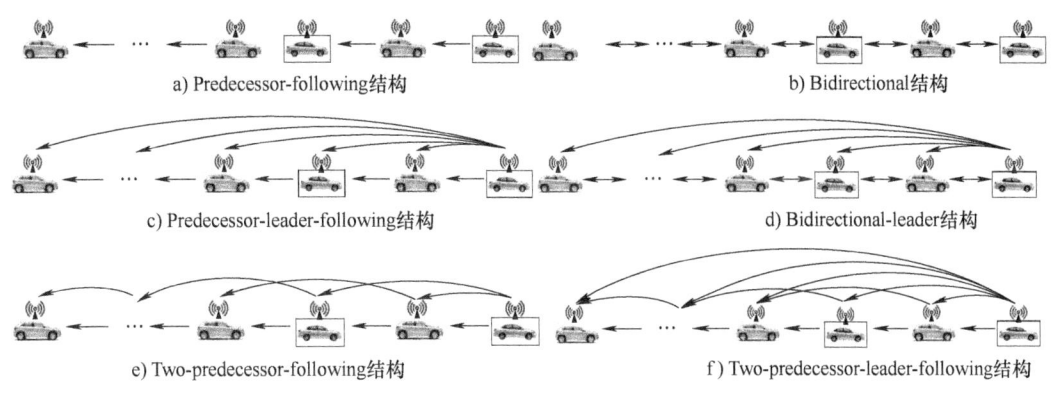

图 13-12　6 种典型通信拓扑结构

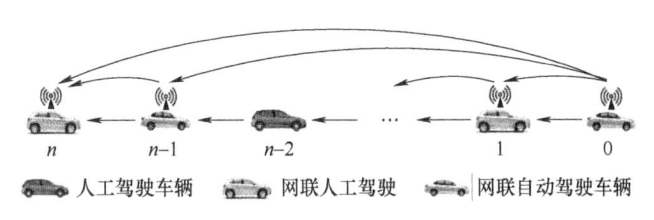

人工驾驶车辆　网联人工驾驶　网联自动驾驶车辆

图 13-13　混行车队基本通信拓扑结构

V2I 获得交通信号配时、道路是否拥堵等环境信息，同时将信息传送给后车。为了更好地实现编队控制效果，本章规定队列领航车必须为 CAV，这样有利于接收交通信号状态，并利于跟随车控制。

13.4.2　通信异常拓扑结构切换

本章基于 PLF 结构，建立了新的混行车队通信拓扑结构：若跟随车是 CV 或 CAV，则通过 V2X 通信单元同时接收领航车和前车的信息，并且把信息传递给后车；若跟随车是 MV，则只通过雷达、摄像头、测速等传感器获取自身信息。但在行驶过程中，混行车队可能会因为外界干扰或通信中断、时延等，导致车队局部网联车辆通信失效，无法进行信息交互，此时原有的通信拓扑不能满足编队需求，容易造成后车碰撞事故，因此需要对车队的通信拓扑进行切换。这里主要讨论领航车通信异常及跟随车通信异常情形下的切换策略。

由图 13-14 所示可知，领航车为 CAV，在通信正常时可将采集信息传递给每一辆跟随车，但是通信异常（中断、丢包或时延）后，没有信息交互功能，从 CAV 转变为 MV，因此不能再作为车队的领航车。以异常车辆为起点向后传递，寻找第一辆通信正常的 CAV，重新作为领航车组建新的队列。图 13-14 中，1 号车辆是异常车辆后的第一辆正常通信的 CAV，满足成为领航车的条件，因此 1 号车辆将采集信息传递给后面每一辆跟随车，以与 1 号车行驶状态趋于一致作为队列控制的目标。领航车通信异常车队结构切换规则：通信异常 CAV 转变为 MV，保持原始状态行驶，不对其进行编队控制，同时重新找到满足成为领航车条件的车辆建立新队列。

由图 13-15 所示可知，2 号为 CV，在通信正常时可接收领航车和 1 号车辆的信息，并且将自身信息传递给 3 号车辆；但是通信异常（中断、丢包或时延）后，2 号 CV 不能接收

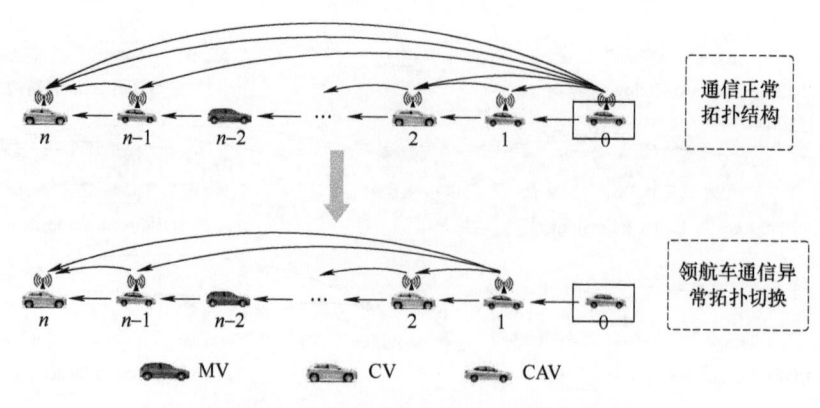

图 13-14　领航车通信异常时拓扑结构切换

信息，只能通过原有的车载传感器（雷达、摄像头等）检测自身信息，即从 CV 转变为 MV。跟随车通信异常车队拓扑结构切换规则：将通信异常 CV 视为 MV，整体拓扑结构不改变，局部车辆通信结构发生变化，不需要解散队列再重新组网，能够有效提高车队抗干扰能力。

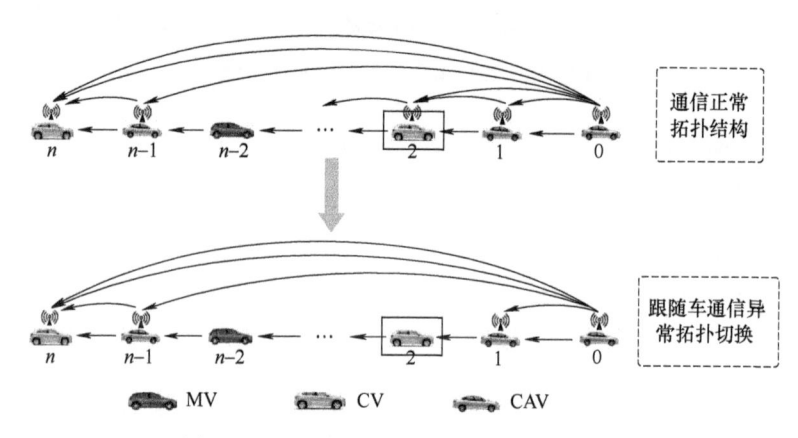

图 13-15　跟随车通信异常时拓扑结构切换

13.5　车间距策略

13.5.1　通信正常车间距策略

为避免车车发生碰撞事故，保障车辆安全行驶是混行车辆编队的前提条件。编队控制通过实时调整车辆行驶状态，使队列保持理想车间距以相同速度行驶。混行车辆编队控制时，车间距过小存在安全隐患，车间距过大会造成道路利用率不高、交通容量小的问题，因此选择合适的车间距策略尤为重要。

固定车间距指不考虑交通状态的时变性，任何行驶场景下相邻两车保持固定的间距 Δd 行驶：

$$\Delta d = d_{\text{constant}} \tag{13-15}$$

式中，d_{constant} 为考虑驾驶特性下前后车保持的固定距离。

固定车间距策略控制结构简单，能够简化运算，可以有效增加交通流量，提高车流密度；但是在复杂的行驶环境下，异构车辆混行采用一致的车间距离容易引发追尾碰撞事故，适用性和灵活性差。为了使得车间距能够根据驾驶环境的变化而变化，引入车头时距的安全间距控制策略：

$$\Delta d = v h_s + d_{\text{safe}} \tag{13-16}$$

式中，v 为车辆速度；h_s 为车头时距；d_{safe} 为任何时候均不会发生前后车碰撞的最短安全距离。

固定车头时距策略的车间距与速度呈正相关，能够描述不同类型车辆下的间距特点，能够根据不同驾驶场景改变车头时距，灵活性强；但是考虑因素单一，没有综合考虑路况、周围车辆密度及天气等因素。因此，可采用非线性车间距能够解决这一问题，则有

$$\Delta d = f(v, a, d_{\text{safe}}, M) \tag{13-17}$$

式中，a 为车辆加速度；M 为周围车辆、路况、天气等能够影响车间距计算的外界因素。

不同影响因素权重比值不同，进而改变车间距值的大小，多种因素共同作用导致非线性车间距策略计算量大，对通信时效性和数据准确性要求较高。

综上所述，下面主要是研究城市交叉口的情况下，混行车辆间能够保持较小的车间距通过，车间距需要体现不同车型（MV、CV 和 CAV）之间的差别，同时又要避免车间距频繁变化影响车队收敛速度，因此选择固定车头时距作为理想车间距计算方法。如图 13-16 所示，以领航车为基准点（处于坐标原点位置），建立车辆纵向运动坐标系，所有跟随车相对于领航车进行纵向运动。

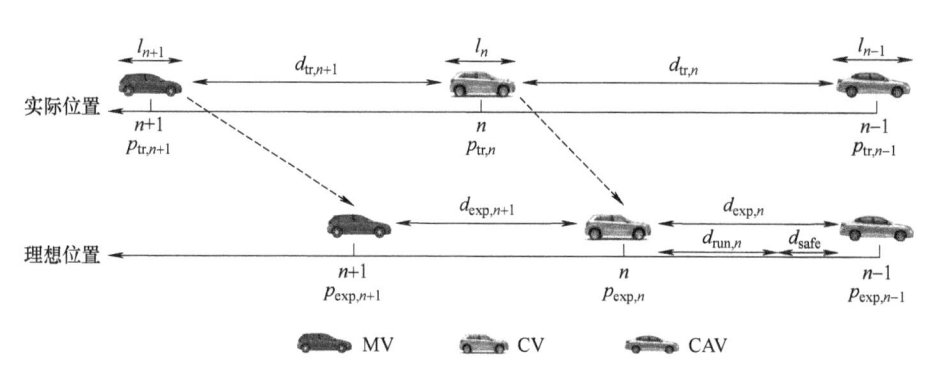

图 13-16　车辆编队控制理想车间距示意图

图 13-16 中，l_n 为第 n 辆车的车身长度，不同类型车辆具有不同车身长度；$d_{\text{exp},n}$ 为第 n 辆车与前车的理想车间距；$d_{\text{run},n}$ 为行驶距离，不同类型的车辆行驶距离不同。以上三者的关系如下：

$$d_{\text{exp},n} = d_{\text{safe}} + d_{\text{run},n} \tag{13-18}$$

为了避免车队中发生碰撞，安全距离计算如下：

$$d_{\text{safe}} = \frac{v_n^2 - v_{n-1}^2}{2 a_{-\max}} \tag{13-19}$$

式中，$a_{-\max}$ 为车辆最大减速度，根据道路条件和车辆动力学模型决定；v_n 和 v_{n-1} 分别为第 n 辆车和第 $n-1$ 辆车的速度，假定 $v_n \geqslant v_{n-1}$。为确保车辆行驶安全性，综合考虑驾驶人和通信系统因素，分别建立不同类型车辆的行驶距离如下：

$$d_{\mathrm{run},n} = \begin{cases} v_n(h_\mathrm{h}+\Delta t_\mathrm{h}+t_\mathrm{r}) & \mathrm{MV} \\ v_n(h_\mathrm{c}+\Delta t_\mathrm{c}+t_\mathrm{r}) & \mathrm{CV} \\ v_n(h_\mathrm{a}+\Delta t_\mathrm{a}) & \mathrm{CAV} \end{cases} \quad (13\text{-}20)$$

式中，h_h 为 MV 理想车头时距；Δt_h 为系统处理数据及传输信息给 MV 所消耗的时间；t_r 为驾驶人收到信息并采取措施的反应时间；h_c 为 CV 应该保持的车头时距；Δt_c 为系统处理数据及传输信息给 CV 所消耗的时间；h_a 为 CAV 应该保持的车头时距；Δt_a 为系统处理数据及传输信息给 CAV 所消耗的时间。此外，这三种不同类型车辆的理想车头时距满足 $h_\mathrm{a}<h_\mathrm{c}<h_\mathrm{h}$，并且系统处理数据及传输信息消耗时间满足 $\Delta t_\mathrm{a}<\Delta t_\mathrm{c}<\Delta t_\mathrm{h}$。

因此，不同类型车辆的理想车间距计算如下：

$$d_{\exp,n} = \begin{cases} \dfrac{v_n^2-v_{n-1}^2}{2a_{-\max}}+v_n(h_\mathrm{h}+\Delta t_\mathrm{h}+t_\mathrm{r}) & \mathrm{MV} \\ \dfrac{v_n^2-v_{n-1}^2}{2a_{-\max}}+v_n(h_\mathrm{c}+\Delta t_\mathrm{c}+t_\mathrm{r}) & \mathrm{CV} \\ \dfrac{v_n^2-v_{n-1}^2}{2a_{-\max}}+v_n(h_\mathrm{a}+\Delta t_\mathrm{a}) & \mathrm{CAV} \end{cases} \quad (13\text{-}21)$$

在定义理想的连续两车车间距后，令 p_n 和 p_{n-1} 分别表示第 n 辆车与第 $n-1$ 辆车的实际位置，令 $d_{\mathrm{tr},n}$ 表示第 n 辆车与第 $n-1$ 辆车之间的实际车间距，计算如下：

$$d_{\mathrm{tr},n} = p_{n-1}-p_n \quad (13\text{-}22)$$

13.5.2 通信异常车间距策略

网联汽车在行驶过程中，由于存在通信时延、中断、数据丢包等现象，当某辆网联汽车发生通信异常时，为了避免车队中发生碰撞，车间距应该进行相应调整。受通信异常车辆影响最大的是其后车，当判断前车通信失效后，控制系统会快速调整后车状态（增加与前车的间距并且降低车速），同时相应调整车队的最优控制策略。

若领航车通信失效，则其后车（1 号车辆）将会增加与前车的距离并且减少加速度，加速度计算如下：

$$a_1 = a_{\max}\left[1-\left(\dfrac{v_1}{v_{\max}}\right)^\delta-\left(\dfrac{d_{\exp,1}}{p_0-p_1}\right)^2\right] \quad (13\text{-}23)$$

式中，$a_{\max}$ 为最大加速度；v_1 为 1 号车辆的速度；$v_{\max}$ 为最大速度；δ 为速度相关系数；p_0 和 p_1 分别为领航车和 1 号车辆的实际位置；$d_{\exp,1}$ 为通信正常时 1 号车辆与领航车的理想车间距。

此外，领航车通信异常时后车与领航车的理想车间距计算如下：

$$d''_{\exp,1} = d_{\mathrm{safe}}+d_{\mathrm{run},1} \quad (13\text{-}24)$$

1 号车辆的行驶距离为

$$d_{\mathrm{run},1} = T_\mathrm{s}v_1+(v_1-v_0)\tau \quad (13\text{-}25)$$

式中，T_s 为安全车头时距；v_0 为领航车的速度；τ 为系统反应及数据传输时间。将行驶距离带入式 (13-24)，理想车间距为

$$d''_{\exp,1} = d_{\mathrm{safe}}+T_\mathrm{s}v_1+(v_1-v_0)\tau \quad (13\text{-}26)$$

若 $i-1$ 号跟随车通信失效，则其后车（即 i 号车辆）将会增加与前车的距离并且减少加速度，此时加速度改变为

$$a_i = a_{\max}\left[1 - \left(\frac{v_i}{v_{\max}}\right)^\delta - \left(\frac{d_{\exp,i}}{d_{\text{tr},i}}\right)^2\right] \quad (13\text{-}27)$$

式中，v_i 为 i 号车辆的速度。i 号车辆的行驶距离为

$$d_{\text{run},i} = T_s v_i + \frac{v_i \Delta v_i}{2\sqrt{a_{\max} b_i}} \quad (13\text{-}28)$$

式中，Δv_i 为 i 号车辆与前方通信异常车辆的速度差；T_s 为安全车头时距；b_i 为期望减速度。

因此，网联跟随车通信异常时的理想车间距为

$$d''_{\exp,i} = d_{\text{safe}} + T_s v_i + \frac{v_i \Delta v_i}{2\sqrt{a_{\max} b_i}} \quad (13\text{-}29)$$

参 考 文 献

[1] BOSE A, IOANNOU P A. Analysis of traffic flow with mixed manual and intelligent cruise control vehicles: theory and experiments [J]. IEEE Transactions on Intelligent Transportation Systems, 2003, 4 (4): 173-188.

[2] CHIN H, OKUDA H, TAZAKI Y, et al. Model predictive cooperative cruise control in mixed traffic [C]// IECON 2015 - 41st Annual Conference of the IEEE Industrial Electronics Society, November 09-12, 2015, Yokohama. New York: IEEE, c2015: 3199-3205.

[3] RONCOLI C, PAPAGEORGIOU M, PAPAMICHAIL I. Traffic flow optimization in presence of vehicle automation and communication systems-Part II: Optimal control for multi-lane motorways [J]. Transportation Research Part C: Emerging Technologies, 2015, 57: 260-275.

[4] GHIASI A, HUSSAIN O, ZHEN Q, et al. A mixed traffic capacity analysis and lane management model for connected automated vehicles: A Markov chain method [J]. Transportation Research Part B: Methodological, 2017, 106: 266-292.

[5] 薛春铭, 谭国真, 丁男, 等. 基于博弈论的人类驾驶与无人驾驶协作换道模型 [J]. 计算机工程, 2017, 43 (12): 261-266.

[6] 魏修建, 胡荣鑫, 苏航, 等. 双车道自动-手动驾驶汽车混合交通流博弈模型及其仿真 [J]. 交通系统工程, 2018, 36 (11): 97-104.

[7] ZHAO W, NGODUY D, SHEPHERD S, et al. A platoon based cooperative eco-driving model for mixed automated and human-driven vehicles at a signalized intersection [J]. Transportation Research Part C: Emerging Technologies, 2018, 95: 802-821.

[8] GONG S, DU L. Cooperative platoon control for a mixed traffic flow including human drive vehicles and connected and autonomous vehicles [J]. Transportation Research Part B: Methodological, 2018, 116: 25-61.

[9] NYHOLM S, SMIDS J. Automated cars meet human drivers: responsible human-robot coordination and the ethics of mixed traffic [J]. Ethics and Information Technology, 2018, 22 (4): 335-344.

[10] BANG S, AHN S. Mixed traffic of connected and autonomous vehicles and human-driven vehicles: traffic evolution and control using spring-mass-damper system [J]. Transportation Research Record: Journal of the Transportation Research Board, 2019, 2673 (7): 504-515.

第 14 章

混行车辆编队控制方法及稳定性分析

混行车辆编队控制是指，将道路上行驶目的相同但类型不同的车辆组成队列，按照一定的理想车间距和速度，采用相同的控制模型，来确保队列安全、稳定、有序行驶，达到减少车车间距、规范车辆行为、减少冲突点及提高道路通行效率和安全性的目的。本章综合考虑速度、安全车距、无线通信及交通信号配时等多种约束条件，基于模型预测控制（MPC）方法建立了编队控制算法，并分析了控制模型满足队列稳定性和渐近稳定性时需要具备的条件。最后，通过 Prescan/Matlab/Simulink 软件联合仿真对建立的混行车队协同控制算法进行验证。

14.1 基于模型预测控制的混行车辆编队模型

混行车队通信拓扑结构多样且具有时变性，同时考虑车路协同系统多约束条件，结合编队控制实时性和可靠性要求，基于 MPC 建立异构混行车辆编队控制算法。该方法具有抗干扰能力强和鲁棒性好的优点，在处理多约束、多变量问题上的效果较好。

MPC 方法从被控对象的角度建立数学模型，描述其运动状态，然后在有限时间域内进一步预测、反馈、优化被控对象，使其按照理想状态运行，该方法从本质上可以看成是一种优化控制策略[1]。考虑到混行车辆编队数据获取方式多样、信息交互复杂、外界影响因素较多，传统控制方法很难描述车队内部的交互过程，很难建立动力学模型，进行多变量控制。

MPC 方法原理简单、建模方便，在每一个时刻都会根据实际运行状态更新一个控制输入，对模型精度要求不高，能够处理多约束、多变量的控制问题，在耦合、时变、抗干扰性、鲁棒性、不确定性等方面能力较强。因此，采用 MPC 方法对混行车队进行编队控制，不但能够对车辆速度、加速度、车间距等进行约束，而且能够兼顾队列稳定性、通信状态、交通道路环境等指标。采用分布式控制，可以提高编队控制效率和可靠性，不会因局部出现问题而影响全局控制，混行车队分布式控制模型结构如图 14-1 所示。MPC 基本原理如图 14-2 所示。

混行车辆进入编队区产生编队需求，控制系统首先以 CAV 作为一个队列的领航车，然后根据交通信号配时组成多个队列，最后进行编队控制计算最优策略，并实时反馈调整，权衡是否满足稳定性和安全性等，从而保障道路混行车辆均有序通行。本章主要分如下两个部分进行探讨：

1）采集车辆运行状态（如初始速度、初始位置等），以及当前信号灯状态（如信号灯色、信号时长、相位开始时刻等），建立状态空间方程；然后，根据实际交通环境约束条件（交通信号绿灯时长、网络状态、路段限速等）建立编队控制算法和多目标优化函数。

2）研究目前存在的稳定性分析方法及其适用性和局限性，探讨基于 MPC 的混行车辆编队算法具体适用于哪种稳定性分析方法，并根据队列稳定性满足时刻反推车间距、速度或加速度应该满足的条件。

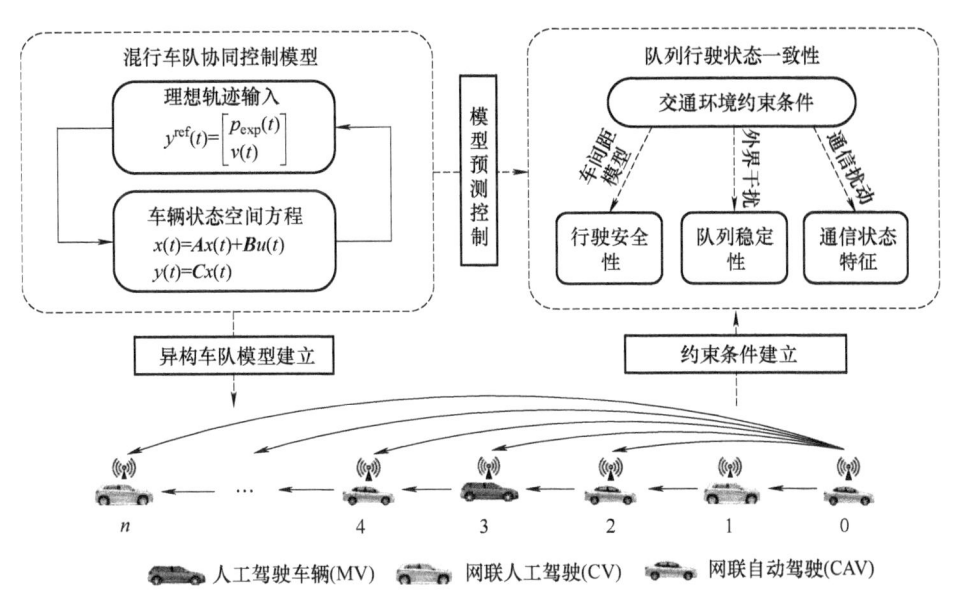

图 14-1　混行车队分布式控制模型结构

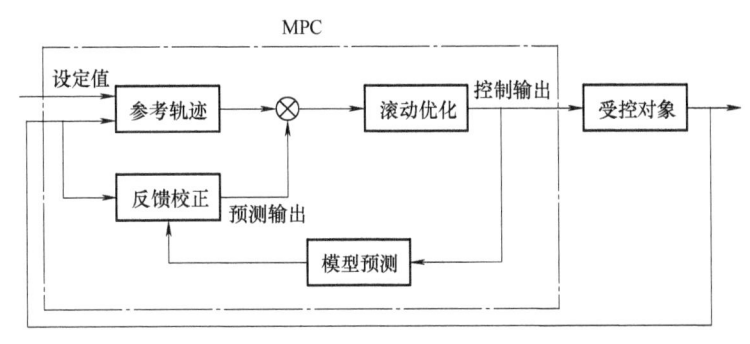

图 14-2　MPC 基本原理

14.1.1　模型预测控制方法简述

MPC 方法的控制特点[2]如下：

1）MPC 方法建模简单，能够处理多约束、多变量问题，即使不了解系统内部运行过程，只要准确建立输入、输出模型，就可掌握系统控制量的变化，预测未来发展趋势。

2）MPC 方法通过反馈校正，逐步消除预测输出和实际输出之间的误差，尽可能使预测值更加准确，提高了系统的稳定性。

3）针对控制目标，对预测输出和参考轨迹进行滚动优化。通过求解目标函数最优时系统最优控制率，并随着时间向前滚动一直持续优化系统，达到实际输出和预测输出一致，能够有效解决模型适应性、算法灵敏度、外界不确定因素干扰等问题，提高系统的鲁棒性。

MPC 方法包含模型预测、反馈校正、滚动优化及参考轨迹 4 个组成环节：

1）模型预测。MPC 方法能够通过历史数据和现在采集的数据来预测未来时刻被控对象的发展趋势，描述其可能出现的动作行为和动态轨迹。这种预测功能不仅可以提前把握被控对象趋势，扩大可控范围，而且能够观测到实时的优化效果，增加控制系统的可观性。

MPC 方法会根据实际交通场景和不同控制目标进行改进。例如，模型算法控制（MAC）可采用单位脉冲信号模型，动态矩阵控制（DMC）可采用阶跃信号模型，当然还适用的定值信号模型和正弦信号模型等。不同控制策略的 MPC 的预测能力不同，为了提高模型预测能力，需要在最开始就精准建模，明确系统控制目标。

2）反馈校正。MPC 是一种闭环控制策略，加入反馈机制，更能体现系统控制效果并且便于后续优化改进。在实际应用中，由于存在不确定因素、外部环境干扰、模型参数设置不当、通信延迟等干扰，MPC 预测输出值和实际输出值不符，若没有反馈校正很可能导致系统误差随时间而增加。因此，将预测值和实际输出值对比后的误差项作为反馈信息，使系统的预测输出朝着接近实际输出的方向靠近以减少误差，从而形成闭环负反馈。引入反馈校正环节，根据实际值实时修正模型预测值，及时消除系统运行中存在的偏差，保障系统的稳定性和鲁棒性。

3）滚动优化。MPC 方法是在每一个采样时刻都会根据反馈信息和控制目标自行调整优化方法，这个一定要是实时在线进行的，并且分多次重复，以便更快地逼近实际输出值。MPC 方法是一种优化控制方法。滚动优化的含义是指针对某一个性能指标，在有限时间域内为实现指标最优化对系统的控制方向进行引导。因此，某一采样时刻获得的最优策略并不一定是全局最优。系统在当前时间点计算出的最优控制策略，会在下一个预测点进行校正，当时间继续推移，在下一个时间点重复相同的过程，以此类推不断重复迭代，最终实现全局最优。

4）参考轨迹。MPC 对被控对象进行建模控制时，为避免出现控制参数急剧变化的情形，系统会首先根据控制目标输出一条理想状态下的平滑的曲线，以此作为参考标准，即参考轨迹（图 14-3 所示的曲线 1）。但是参考轨迹并不是固定不变的，它会在每个采样时刻根据反馈信息动态调整，不断向前滚动优化。

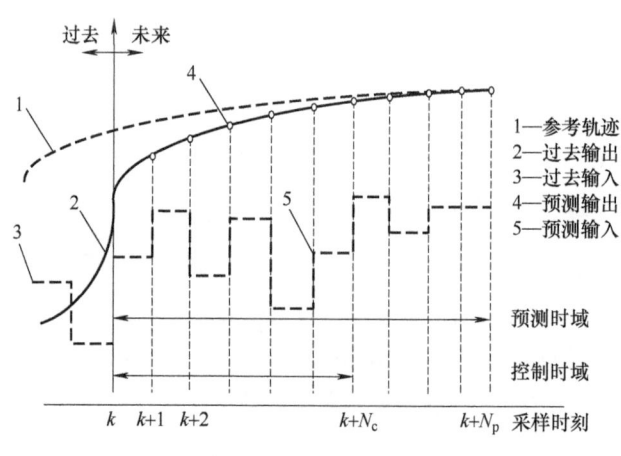

图 14-3　MPC 参考轨迹

14.1.2　通信正常混行车辆编队控制模型

为满足混行车队协同控制系统的高实时性和高可靠性，本章选择能够处理多输入、多输出及多约束问题的 MPC 方法，同时满足车队的安全性、车间距和速度一致性，以及稳定性要求。此外，MPC 方法可以根据前一时刻的数据预测出车辆未来时刻的行驶状态，并通过实际反馈不断调整控制效果，实现混行车队稳定行驶，其控制模型结构如图 14-4 所示。

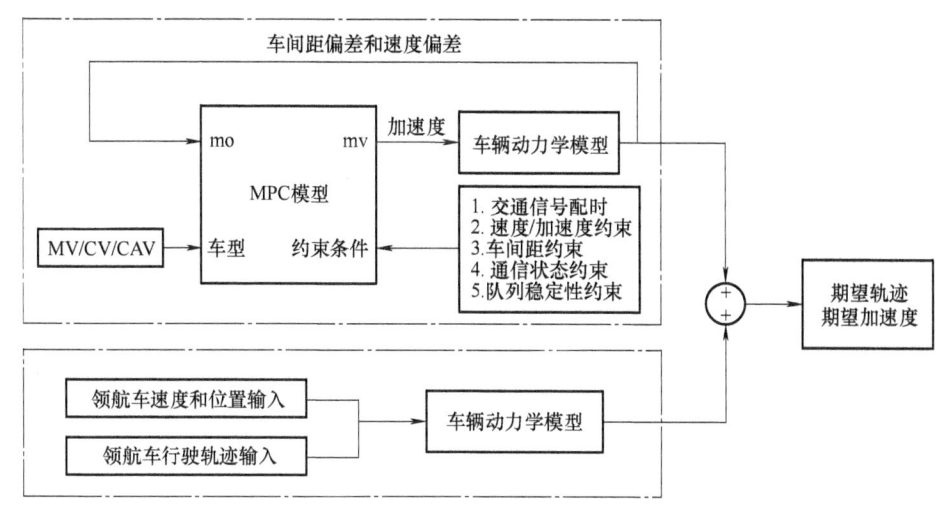

图 14-4 基于 MPC 的混行车辆编队控制模型结构

车辆编队控制主要是为了将分散的个体组成一个整体，使同为一个队列的个体车辆具有相同的行驶速度和车间距，以此有效减少个体车辆由于判断不准确存在的车间距过大问题，减少道路资源浪费。本章以领航车为坐标原点，研究跟随车相对于领航车的纵向运动状态。

相邻两车之间的实际车间距偏差 $p_{er,n}(t)$ 可以通过实际车间距减去理想车间距得到，有

$$p_{er,n}(t) = d_{tr,n}(t) - d_{exp,n}(t) \tag{14-1}$$

式中，$d_{tr,n}(t)$ 为 t 时车辆 n 和车辆 $n-1$ 之间的实际车间距；$d_{exp,n}(t)$ 为 t 时车辆 n 和车辆 $n-1$ 之间的理想车间距。

通过下式可以计算出车辆间速度偏差：

$$v_{er,n}(t) = v_n(t) - v_{n-1}(t) \tag{14-2}$$

式中，$v_n(t)$ 为车辆 n 在 t 时的速度；$v_{n-1}(t)$ 为车辆 $n-1$ 在 t 时的速度。

设 $p_n(t)$ 表示车辆 n 在 t 时的位置，$u_n(t)$ 表示车辆 n 在 t 时的加速度，r_n^* 表示车辆 n 的车头时距，主要由车辆类型决定，具体计算如下：

$$r_n^* = \begin{cases} h_h + \Delta t_h + t_r & \text{MV} \\ h_c + \Delta t_c + t_r & \text{CV} \\ h_a + \Delta t_a & \text{CAV} \end{cases} \tag{14-3}$$

根据上述公式可推导出

$$p_{er,n}(t) = p_{n-1}(t) - p_n(t) - r_n^* v_n(t) - d_{safe} \tag{14-4}$$

对车间距偏差求一阶导可得

$$\dot{p}_{er,n}(t) = v_{n-1}(t) - v_n(t) - r_n^* u_n(t) \tag{14-5}$$

对速度偏差求一阶导可得

$$\dot{v}_{er,n}(t) = u_n(t) - u_{n-1}(t) \tag{14-6}$$

假设领航车以匀速状态行驶，则跟随车 n 的实际车间距 $d_{tr,n}(t)$ 计算方法如下：

$$d_{tr,n}(t) = p_n(t) + r_n^* \left(v_0(t) + \sum_{j=1}^{n} v_{er,j}(t) \right) + d_{safe} \tag{14-7}$$

假设，$p(t)$ 表示相同车队中所有车辆在时间 t 时的车间距偏差组成的矩阵，且 $p(t) = [p_{\text{er},1}(t) \ p_{\text{er},2}(t) \ \cdots \ p_{\text{er},n}(t)]^{\text{T}}$；$v(t)$ 表示相同车队中所有车辆在时间 t 时的速度偏差组成的矩阵，且 $v(t) = [v_{\text{er},1}(t) \ v_{\text{er},2}(t) \ \cdots \ v_{\text{er},n}(t)]^{\text{T}}$；$u(t)$ 表示相同车队中所有车辆在时间 t 时的加速度组成的矩阵，且 $u(t) = [u_1(t) \ u_2(t) \ \cdots \ u_n(t)]^{\text{T}}$。根据车辆动力学公式，以车间距偏差、速度偏差和加速度为输入，建立如下所示的状态空间方程：

$$\begin{bmatrix} \dot{p}(t) \\ \dot{v}(t) \end{bmatrix} = \begin{bmatrix} 0_n & -E_n \\ 0_n & 0_n \end{bmatrix} \begin{bmatrix} p(t) \\ v(t) \end{bmatrix} + \begin{bmatrix} G \\ D \end{bmatrix} \cdot u(t) \tag{14-8}$$

式中，$\dot{p}(t)$ 和 $\dot{v}(t)$ 分别为车间距偏差矩阵 $p(t)$ 和速度偏差矩阵 $v(t)$ 的一阶导数；0_n 为 n 维零矩阵；E_n 为 n 维单位矩阵，$G = -r_n^* \cdot E_n$，矩阵 D 如下：

$$D = \begin{bmatrix} 1 & & & & \\ -1 & 1 & & & \\ & -1 & 1 & & \\ & & & \ddots & \\ & & & -1 & 1 \end{bmatrix}^{n \times n} \tag{14-9}$$

为简化状态空间方程，设 $A = \begin{bmatrix} 0_n & -E_n \\ 0_n & 0_n \end{bmatrix}$，$B = \begin{bmatrix} G \\ D \end{bmatrix}$，以及 $x(t) = \begin{bmatrix} p(t) \\ v(t) \end{bmatrix}$，则式（14-8）变为

$$\dot{x}(t) = Ax(t) + B \cdot u(t) \tag{14-10}$$

MPC 中输入和输出关系表示如下：

$$y(t) = Cx(t) \tag{14-11}$$

式中，$C = \begin{bmatrix} 1 & 0 \\ 0 & 1 \end{bmatrix}$。由于 MPC 主要适用于离散时域，为了确保车队控制的可行性，故而对建立的车辆模型单个数据，即 $x(k) = \begin{bmatrix} p(k) \\ v(k) \end{bmatrix}$，分别进行离散化处理。那么有

$$\frac{(x(k+1) - x(k))}{k} = Ax(k) + Bu(k) \tag{14-12}$$

$$x(k+1) = (E + AT)x(k) + BTu(k) \tag{14-13}$$

式中，E 为单位矩阵；k 为采用时间。

设 $\tilde{A} = E + AT$，$\tilde{B} = BT$，$\tilde{C} = kC$，则离散状态空间方程如下：

$$x(k+1) = \tilde{A} x(k) + \tilde{B} u(k) \tag{14-14}$$

$$y(k+1) = \tilde{C} x(k+1) \tag{14-15}$$

MPC 能够预测车辆未来时刻的行驶状态，设 N_p 表示预测时域，N_c 表示控制时域，并且 $N_c \leq N_p$。则在未来预测时域 N_p 中，车辆输入状态方程为

$$\begin{aligned} x(k+1) &= \tilde{A} x(k) + \tilde{B} u(k) \\ x(k+2) &= \tilde{A} x(k+1) + \tilde{B} u(k+1) \\ &\vdots \\ x(k+N_c) &= \tilde{A} x(k+N_c-1) + \tilde{B} u(k+N_c-1) \\ &\vdots \\ x(k+N_p) &= \tilde{A} x(k+N_p-1) + \tilde{B} u(k+N_p-1) \end{aligned} \tag{14-16}$$

递推可得

$$x(k+N_p) = \tilde{A}^{N_p}x(k) + \tilde{A}^{N_p-1}\tilde{B}u(k) + \cdots + \tilde{A}^{N_p-N_c-1}\tilde{B}u(k+N_c) + \cdots + \tilde{B}u(k+N_p-1) \quad (14\text{-}17)$$

同理可得，对于未来预测时域 N_p，车辆输出状态方程为

$$y(k+1) = \tilde{C}x(k+1)$$
$$y(k+2) = \tilde{C}x(k+2)$$
$$\vdots$$
$$y(k+N_c) = \tilde{C}x(k+N_c)$$
$$\vdots$$
$$y(k+N_p) = \tilde{C}x(k+N_p) \quad (14\text{-}18)$$

因此，式（14-14）和式（14-15）离散化处理后可表示为

$$X(t) = \psi x(k) + \boldsymbol{\Phi} U(t) \quad (14\text{-}19)$$
$$Y(t) = \boldsymbol{\xi} X(t) \quad (14\text{-}20)$$

式中，$X(t) = \begin{bmatrix} x(k+1|k) \\ x(k+2|k) \\ \vdots \\ x(k+N_p|k) \end{bmatrix}$，$Y(t) = \begin{bmatrix} y(k+1|k) \\ y(k+2|k) \\ \vdots \\ y(k+N_p|k) \end{bmatrix}$，$U(t) = \begin{bmatrix} u(k+1|k) \\ u(k+2|k) \\ \vdots \\ u(k+N_p-1|k) \end{bmatrix}$，

$$\psi = \begin{bmatrix} \tilde{A} \\ \tilde{A}^2 \\ \tilde{A}^3 \\ \vdots \\ \tilde{A}^{N_p} \end{bmatrix}, \quad \boldsymbol{\Phi} = \begin{bmatrix} \tilde{B} & 0 & 0 & \cdots & 0 \\ \tilde{A}\tilde{B} & \tilde{B} & 0 & \cdots & 0 \\ & & & \ddots & \\ \tilde{A}^{N_p-1}\tilde{B} & \tilde{A}^{N_p-2}\tilde{B} & \tilde{A}^{N_p-3}\tilde{B} & \cdots & \tilde{B} \end{bmatrix}, \quad \boldsymbol{\xi} = \begin{bmatrix} 1 & 0 & \cdots & 0 \\ 0 & 1 & \cdots & 0 \\ & & \ddots & \\ 0 & 0 & \cdots & 1 \end{bmatrix} \circ$$

为了确定车队最优控制策略，建立多目标函数，不仅要满足行程时间最短，而且要保障车间距偏差和速度偏差最小。则多目标函数为

$$F(x) = \min(f_1(x), f_2(x)) \quad (14\text{-}21)$$

通过函数 $f_1(x)$ 可以计算出车队行程时间最短时的最优速度和加速度，函数 $f_2(x)$ 可以计算出车间距偏差和速度偏差最小时的最优加速度，同时满足两者函数均最小，才能作为最优控制策略。两者具体计算分别如下：

$$f_1(x) = \frac{nS}{\sum_{i=1}^{n} v_i} \quad (14\text{-}22)$$

$$f_2(x) = \int_0^{N_p} [\ell(\boldsymbol{x}(t), \boldsymbol{u}(t))] dt + \eta(\boldsymbol{x}(N_p)) \quad (14\text{-}23)$$

满足
$$0 \leq v_i(t) \leq v_{\max} \quad i=1,\cdots,n$$
$$u_{\min} \leq u_i(t) \leq u_{\max} \quad i=1,\cdots,n$$
$$p_i(t) - p_{i+1}(t) \geq d_{\text{safe}} \quad i=1,\cdots,n$$
$$0 < t_{\text{out},1} < t_{\text{out},2} < \cdots < T_{\text{green},i} \quad i=1,\cdots,n$$

其中

$$\ell(\boldsymbol{x}(t),\boldsymbol{u}(t)) = \boldsymbol{x}(t)^{\mathrm{T}} \begin{bmatrix} \boldsymbol{R}_1 & \\ & \boldsymbol{R}_2 \end{bmatrix} \boldsymbol{x}(t) + \boldsymbol{u}(t)^{\mathrm{T}} \boldsymbol{R}_3 \boldsymbol{u}(t) \tag{14-24}$$

$$\eta(\boldsymbol{x}(N_{\mathrm{p}})) = \boldsymbol{x}(N_{\mathrm{p}})^{\mathrm{T}} \begin{bmatrix} \boldsymbol{R}_4 & \\ & \boldsymbol{R}_5 \end{bmatrix} \boldsymbol{x}(N_{\mathrm{p}}) \tag{14-25}$$

式（14-24）中的 $\ell(\boldsymbol{x}(t),\boldsymbol{u}(t))$ 为运行成本，包含两项：第一项 $\boldsymbol{x}(t)^{\mathrm{T}}\begin{bmatrix}\boldsymbol{R}_1 & \\ & \boldsymbol{R}_2\end{bmatrix}\boldsymbol{x}(t)$ 是为了计算出队列中所有车辆的车间距偏差和速度偏差最小值；第二项 $\boldsymbol{u}(t)^{\mathrm{T}}\boldsymbol{R}_3\boldsymbol{u}(t)$ 是为了计算出较少急刹车和急加速情形下的最优加速度。$\eta(\boldsymbol{x}(N_{\mathrm{p}}))$ 是松弛因子，通过添加松弛因子来处理当预测终端的状态变量偏离平衡点时的最优问题，确保目标函数存在最优解。

设 $x(k)$ 表示采样时刻 k 的实际状态变量值，将 $x(k)$ 的值带入目标函数中，能够得到预测时域 $[k,k+N_{\mathrm{p}}]$ 内的最优加速度控制 $u^*(k)$，然后将最优控制决策发送给跟随车并在控制时域 $[k,k+N_{\mathrm{c}}]$ 内控制其行驶状态。此外，在采样时刻 $k+1$，再一次将实际状态变量带入目标函数中，得到预测时域 $[k+1,k+1+N_{\mathrm{p}}]$ 内的最优加速度控制 $u^*(k+1)$；然后在控制时域 $[k+1,k+1+N_{\mathrm{c}}]$ 内，跟随车按照收到的最优策略调整自身行驶状态。在每个采样时刻重复这些步骤，到达滚动优化的效果。

下面介绍车辆编队控制条件约束。

1）加速度。考虑急加速或急减速均会影响乘客的舒适度，因此加速度应被限制在乘客可以接受的范围内，即

$$a_{\min} \leqslant a_n(k) \leqslant a_{\max} \tag{14-26}$$

2）速度。车辆在道路上需行驶在规定的速度范围内，对车辆速度进行约束，即

$$v_{\min} \leqslant v_n(k) \leqslant v_{\max} \tag{14-27}$$

3）安全车距。为确保行驶安全，要保证队列中车辆与前车保持安全距离，以减少碰撞的风险，对车辆的安全间距进行约束，即

$$p_n(k) - p_{n+1}(k) \geqslant d_{\exp,n} \tag{14-28}$$

4）执行器物理限制。为确保模型控制器所控制的加速度必须在发动机或制动器允许的范围内。模型控制器控制的加速度不能超过极限 $u_{\max}$。那么，有

$$u_{\min} \leqslant u_n(k) \leqslant u_{\max} \tag{14-29}$$

5）通信状态。如果跟随车在采样周期 k 内成功接收到领航车和前车信息，则可以忽略网络延时；如果延时超出采样周期，则通信时延范围为

$$0 < \Delta t < \Delta t_{\max} + \theta_{\max} k \tag{14-30}$$

6）行程时间。同属于一个车队的车辆应该在同一绿灯时间通过，并且后车行程时间应该大于前车，因此行程时间应该满足如下约束：

$$0 < t_{\mathrm{out},1} < t_{\mathrm{out},2} < \cdots < T_{\mathrm{green},k} \tag{14-31}$$

14.1.3 通信异常混行车辆编队控制模型

由于无线网络存在延迟、丢包、中断等现象，导致混行车辆状态的获取有一定的滞后性，控制系统不能实时做出有效响应。在系统设定通信阈值，当车辆数据没有在规定时间内传送给系统，则判定该网联汽车通信失效了，将其判断为 MV，通过自身传感器检测速度、与前车间距等信息。基于 MPC 的整体控制策略不改变，局部车辆输入发生变化，状态空间矩阵发生

改变，进而影响最优控制策略。

通信正常时，主要是根据车间距偏差和速度偏差建立状态空间矩阵；但是局部出现通信异常时，系统的输入量会发生变化。如通信正常时 i 号车可以收到领航车、前车和自车信息，信息矩阵为 $\begin{bmatrix} p_{\mathrm{er},1}(t) & v_{\mathrm{er},1}(t) & u_0(t) \\ p_{\mathrm{er},i-1}(t) & v_{\mathrm{er},i-1}(t) & u_{i-1}(t) \\ p_{\mathrm{er},i}(t) & v_{\mathrm{er},i}(t) & u_i(t) \end{bmatrix}$；通信异常后 i 号车不具备 V2X 通信功能，只能根据车载传感器获取到前车和自车信息，信息矩阵变为 $\begin{bmatrix} p_{\mathrm{er},i-1}(t) & v_{\mathrm{er},i-1}(t) & u_{i-1}(t) \\ p_{\mathrm{er},i}(t) & v_{\mathrm{er},i}(t) & u_i(t) \end{bmatrix}$。同一辆车通信正常和异常情形下的信息矩阵不同，因此建立的状态空间不同，即使采用同样的控制方法（即 MPC 方法），最后获得的控制策略也不同。

假设车队中 i 号车出现通信失效，则 i 号车和 $i-1$ 号车的实际车间距偏差为

$$p_{\mathrm{er},i}(t) = p_{i-1}(t) - p_i(t) - r_i^* v_i(t) - d_{\mathrm{safe}} \tag{14-32}$$

式中，$p_i(t)$ 和 $p_{i-1}(t)$ 分别为 i 号车和 $i-1$ 号车在时间 t 时的位置；r_i^* 为车辆 i 的车头时距。

通信失效车辆 i 和 $i-1$ 号车的速度偏差为

$$v_{\mathrm{er},i}(t) = v_i(t) - v_{i-1}(t) \tag{14-33}$$

式中，$v_i(t)$ 为车辆 i 在 t 时的速度；$v_{i-1}(t)$ 为车辆 $i-1$ 在 t 时的速度。

假设，$\boldsymbol{p}'(t)$ 表示包含通信异常车辆在内，整个车队在时间 t 时的车间距偏差组成的矩阵，且 $\boldsymbol{p}'(t) = [p_{\mathrm{er},1}(t) \quad p_{\mathrm{er},2}(t) \quad \cdots \quad p_{\mathrm{er},i}(t) \quad \cdots \quad p_{\mathrm{er},n}(t)]^{\mathrm{T}}$；$\boldsymbol{v}'(t)$ 表示包含通信异常车辆在内，车队中所有车辆在时间 t 时的速度偏差组成的矩阵，且 $\boldsymbol{v}'(t) = [v_{\mathrm{er},1}(t) \quad v_{\mathrm{er},2}(t) \quad \cdots \quad v_{\mathrm{er},i}(t) \quad \cdots \quad v_{\mathrm{er},n}(t)]^{\mathrm{T}}$；$\boldsymbol{u}'(t)$ 表示相同车队中所有车辆在时间 t 时的加速度组成的矩阵，且 $\boldsymbol{u}'(t) = [u_1(t) \quad u_2(t) \quad \cdots \quad u_i(t) \quad \cdots \quad u_n(t)]^{\mathrm{T}}$。根据车辆动力学公式，以车间距偏差、速度偏差和加速度为输入，建立如下所示的状态空间方程：

$$\begin{bmatrix} \dot{\boldsymbol{p}}'(t) \\ \dot{\boldsymbol{v}}'(t) \end{bmatrix} = \begin{bmatrix} 0 & 1 \\ 0 & 0 \end{bmatrix} \begin{bmatrix} \boldsymbol{p}'(t) \\ \boldsymbol{v}'(t) \end{bmatrix} + \begin{bmatrix} 0 \\ 1 \end{bmatrix} \cdot \boldsymbol{u}'(t) \tag{14-34}$$

式中，$\dot{\boldsymbol{p}}'(t)$ 和 $\dot{\boldsymbol{v}}'(t)$ 分别为车间距偏差矩阵 $\boldsymbol{p}'(t)$ 和速度偏差矩阵 $\boldsymbol{v}'(t)$ 的一阶导数。

为简化方程，设 $\boldsymbol{A}' = \begin{bmatrix} 0 & 1 \\ 0 & 0 \end{bmatrix}$，$\boldsymbol{B}' = \begin{bmatrix} 0 \\ 1 \end{bmatrix}$，以及 $\boldsymbol{x}'(t) = \begin{bmatrix} \boldsymbol{p}'(t) \\ \boldsymbol{v}'(t) \end{bmatrix}$，式（14-34）变为

$$\dot{\boldsymbol{x}}'(t) = \boldsymbol{A}'\boldsymbol{x}'(t) + \boldsymbol{B}' \cdot \boldsymbol{u}'(t) \tag{14-35}$$

通信异常时，MPC 中输入和输出关系表示如下：

$$\boldsymbol{y}'(t) = \boldsymbol{C}\boldsymbol{x}'(t) \tag{14-36}$$

式中，$\boldsymbol{C} = \begin{bmatrix} 1 & 0 \\ 0 & 1 \end{bmatrix}$。MPC 能够预测车辆未来时刻的行驶状态，并且 MPC 主要作用于离散时域，需对输入输出方程分别进行离散化处理，可得

$$\boldsymbol{x}'(k+1) = \boldsymbol{A}'\boldsymbol{x}'(k) + \boldsymbol{B}' \cdot \boldsymbol{u}'(k) \tag{14-37}$$

$$\boldsymbol{y}'(k) = \boldsymbol{C}\boldsymbol{x}'(k) \tag{14-38}$$

无论通信正常与否，均建立相同的多目标函数，保障车队车间距偏差和速度偏差最小时以行程时间最短通过交叉口，因此目标函数建立如下：

$$\min F(x) = (f_1(x), f_2(x)) \tag{14-39}$$

满足

$$0 \leqslant v_i(t) \leqslant v_{\max} \quad i = 1, \cdots, n$$

$$u_{min} \leq u_i(t) \leq u_{max} \quad i=1,\cdots,n$$
$$p_i(t)-p_{i+1}(t) \geq d_{safe} \quad i=1,\cdots,n$$
$$0<t_{out,1}<t_{out,2}<\cdots<T_{green,i} \quad i=1,\cdots,n$$

通信异常时混行车队输入数据发生改变，建立的状态空间方程发生变化，进而导致计算出的最优控制策略不同。此时，系统将最优控制决策发送给各个车辆，车辆接收信息后按照指令调整自身行驶状态，确保通信异常时车辆局部发生波动但整体稳定性不受影响。

14.2 系统稳定性分析

队列稳定性是车辆编队的基本性能，它描述了系统在受到外界干扰时（运行异常、通信中断、丢包等）快速恢复到稳定状态的能力。通过设置控制器参数，使跟随车和领航车保持相同速度及一定安全距离行驶，同时确保车间距偏差和速度偏差不会从第一辆跟随车向后逐渐增大。由于非线性和时变性的影响导致不稳定的系统在实际运用时不可控，因此设计混行车队控制系统时必须考虑稳定性问题。

队列稳定性研究的基本过程可分为以下三个步骤：
① 队列稳定性性质的数学定义。
② 根据理论分析方法推导充分条件。
③ 设计满足条件的控制器。

队列稳定性有三种基本属性，即收敛性、有界性和可伸缩性。根据控制理论，研究者们已从域（频域和时域）、范数（$\mathcal{L}_2$、$\mathcal{L}_p$ 和 $\mathcal{L}_\infty$）及强度（强稳定性和弱稳定性）等角度对队列稳定性展开了研究。

目前已提出3种队列稳定性定义，即李雅普诺夫（Lyapunov）稳定性、输入-输出稳定性和状态输入稳定性（Input-to-State String Stability，ISSS）。李雅普诺夫稳定性采用状态向量，可以描述系统的外部特性也可以描述系统的内部特性，因此能够适用于单变量、多变量、线性、非线性和时变系统[3]。

设控制系统方程为

$$\dot{x}=f(x,t) \tag{14-40}$$

式中，x 为含有时间变量 t 的状态向量；$f(x,t)$ 为向量函数，可以是线性或非线性、时变或定常，其展开式为 $\dot{x}_i=f_i(x_1,x_2,\cdots x_n,t)$。若对于所有 t，满足 $\dot{x}_e=f(x_e,t)=0$，则称 x_e 为平衡状态，平衡状态的各个分量不再随时间变化，而是趋于稳定值。

定义1（李雅普诺夫稳定性）[4]：如果对于任意给定的 $\varepsilon>0$ 和任何 t_0，总存在一个与 ε 和有 t_0 关的正数，使

$$\|x(t_0)-\bar{x}(t_0)\| \leq \delta \Rightarrow \|x(t)-\bar{x}(t)\| \leq \varepsilon \tag{14-41}$$

那么，平衡状态 $\bar{x}(t)$ 称为在李雅普诺夫意义下稳定。式（14-41）中，$\|\cdot\|$ 为欧几里得范数，表示空间距离的尺度，通常选择 $\mathcal{L}_2$ 范数。如果常数 δ 与初始时间 t_0 无关，则称平衡状态是一致稳定的。

定义2（渐进稳定性）[5]：如果系统的平衡状态 $\bar{x}(t)$ 不仅具有李雅普诺夫意义下稳定性，且满足

$$\lim_{t \to \infty}\|x(t)-\bar{x}(t)\|=0 \tag{14-42}$$

那么，平衡状态 $\bar{x}(t)$ 称为渐进稳定。即，当 $t \to \infty$ 时，被扰动的状态 $x(t)$ 将趋于未动扰动的状态 $\bar{x}(t)$。如果常数 δ 与初始时间 t_0 无关，且极限过程也与 t_0 无关，则称平衡状态是一致渐进稳定的。

控制系统的稳定性分为三种：李雅普诺夫意义下的稳定性、渐进稳定性和大范围（全局）渐进稳定性。这三者稳定性强度逐渐增强，并且要求条件越来越苛刻。本章基于 MPC 建立了混行车队控制模型，同时分析了满足李雅普诺夫意义下的稳定性和渐进稳定性时应该具备的条件，以保障队列稳定性。

14.2.1 $\mathcal{L}_2$ 队列稳定性分析

队列稳定性指队列中车辆车间距偏差值随着车队的延伸而不增加，并且相邻两车的速度偏差在车辆下行过程中减弱甚至消除。本章采用 MPC 方法，主要适用于离散状态，需研究系统满足 $\mathcal{L}_2$ 队列稳定性时，应该具备的条件。

设 $x_n(z) = Z\{x_n(k)\}$，其中 z 是 Z 变换变量。定义 $\Gamma_n(z)$ 为离散状态下的传递函数，且 $x_n(z) = \Gamma_n(z) x_{n-1}(z)$。如果车车之间的车间距偏差和速度偏差不会因为向后传递而逐渐增大，则可说明该控制系统满足 $\mathcal{L}_2$ 队列稳定性，即

$$\sup_{x_{n-1} \neq 0} \frac{\|x_n(k)\|_{\mathcal{L}_2}}{\|x_{n-1}(k)\|_{\mathcal{L}_2}} \leq 1 \tag{14-43}$$

式中，离散时间状态变量 $x_n(k)$ 的 $\mathcal{L}_2$ 范数被定义为 $\|x_n\|_{\mathcal{L}_2} = (\sum_{k \in N_p} |x_n(k)|^2)^{1/2}$。

基于离散状态下的传递函数 $\Gamma_n(z)$，分析离散状态下的 $\mathcal{L}_2$ 队列稳定性条件，应该满足下列等式：

$$\|\Gamma_n(z)\|_{\mathcal{H}_\infty} := \sup_{x_{n-1}(k) \neq 0} \frac{\|\Gamma_n(z) x_{n-1}(k)\|_{\mathcal{L}_2}}{\|x_{n-1}(k)\|_{\mathcal{L}_2}} \leq 1 \tag{14-44}$$

由帕塞瓦尔（Parseval）定理中[4]关于离散状态下的车间距偏差和速度偏差的二次方的 $\mathcal{L}_2$ 向量范数定义，可得

$$\begin{aligned}
\|x_n(k)\|_{\mathcal{L}_2}^2 &= \sum_{n=-\infty}^{\infty} |x_n(k)|^2 = \frac{1}{2\pi} \int_{-\pi}^{\pi} |X_n(e^{j\omega})|^2 d\omega \\
&= \frac{1}{2\pi} \int_{-\pi}^{\pi} |\Gamma_n(e^{j\omega}) X_{n-1}(e^{j\omega})|^2 d\omega \\
&\leq \frac{1}{2\pi} \int_{-\pi}^{\pi} (\|\Gamma_n(e^{j\omega})\|_{\mathcal{H}_\infty} |X_{n-1}(e^{j\omega})|)^2 d\omega \\
&= \|\Gamma_n(e^{j\omega})\|_{\mathcal{H}_\infty}^2 \|x_{n-1}(k)\|_{\mathcal{L}_2}^2
\end{aligned} \tag{14-45}$$

式中，X_n 为 x_n 离散状态下的傅里叶变换；ω 为角频率。应该满足以下关系：

$$|X_{n-1}(e^{j\omega})| = \begin{cases} \sqrt{\pi/(2\varepsilon)}, & \text{当} |\omega - \omega_0| < \varepsilon \text{ 或 } |\omega + \omega_0| < \varepsilon \\ 0, & \text{其他} \end{cases} \tag{14-46}$$

式中，ε 为趋近于零的正数（$\varepsilon \to 0^+$）。并且，ω_0 满足 $|\Gamma_n(e^{j\omega_0})| = \|\Gamma_n(e^{j\omega})\|_{\mathcal{H}_\infty}$，表明传递函数 Γ_n 在此角频率上能够获得最大增益。

$$\|x_{n-1}(e^{j\omega})\|_{\mathcal{L}_2}^2 = \frac{1}{2\pi} \int_{-\pi}^{\pi} |X_{n-1}(e^{j\omega})|^2 d\omega = 1 \tag{14-47}$$

$$\begin{aligned}
\|x_n(k)\|_{\mathcal{L}_2}^2 &= \frac{1}{2\pi}\int_{-\pi}^{\pi}|X_n(e^{j\omega})|^2 d\omega \\
&= \lim_{\varepsilon\to 0^+}\frac{1}{2\pi}\Big(\int_{-\omega_0-\varepsilon}^{-\omega_0+\varepsilon}|\varGamma_n(e^{j\omega})X_{n-1}(e^{j\omega})|^2 d\omega + \\
&\quad \int_{\omega_0-\varepsilon}^{\omega_0+\varepsilon}|\varGamma_n(e^{j\omega})X_{n-1}(e^{j\omega})|^2 d\omega\Big) \\
&= \|\varGamma_n(e^{j\omega})\|_{\mathcal{H}_\infty}^2 \frac{1}{2\pi}\int_{-\pi}^{\pi}|X_{n-1}(e^{j\omega})|^2 d\omega \\
&= \|\varGamma_n(e^{j\omega})\|_{\mathcal{H}_\infty}^2
\end{aligned} \quad (14\text{-}48)$$

由此可以计算出满足 $\mathcal{L}_2$ 队列稳定性时的车间距偏差和速度偏差范围,然后对 MPC 目标函数进行约束,上述可知上界限为 $\|\varGamma_n(e^{j\omega})\|_{\mathcal{H}_\infty}^2$。

14.2.2 渐进稳定性分析

对于一个控制系统,如果能够找到一个正定函数且其导数是负定的,则系统是渐进稳定的。根据 Mayne 给出的 MPC 下系统渐进稳定时应该满足的 4 个条件[5],假定本章设计的控制器已经满足这 4 个条件,反推出目标函数中未知参数的取值范围,并把它作为 MPC 的约束条件,因此只要选择范围内的参数,即可保障控制系统的渐进稳定性。

根据定理[5],考虑以下 MPC 连续约束问题:

$$\min\int_0^{N_p}[\ell(X(t),U(t))]dt + \eta(X(N_p)) \text{ 满足} \begin{cases} \dot{X}(t)=g(X,U) \\ X(t)\in\mathcal{Z}, \text{当}\ t\in[0,N_p] \\ U(t)\in\mathcal{A}, \text{当}\ t\in[0,N_p] \\ X(N_p)\in\mathcal{Z}_f \end{cases} \quad (14\text{-}49)$$

式中,X 为状态变量矩阵;U 为控制变量矩阵;$X(N_p)$ 为 $X(t)$ 在预测时域 N_p 时的值;$\mathcal{Z}$、$\mathcal{A}$ 和 $\mathcal{Z}_f$ 分别为 $X(t)$、$U(t)$ 和 $X(N_p)$ 的可行集。如果存在一个控制器 $\mathcal{K}(X)$ 满足以下 4 个条件,即可认为是渐进稳定的。

条件 1:$0\in\mathcal{Z}$。

条件 2:$\mathcal{K}(X)\in\mathcal{A}$,当 $\forall X\in\mathcal{Z}_f$。

条件 3:$g(X,\mathcal{K}(X))\in\mathcal{A}$,当 $\forall X\in\mathcal{Z}_f$。

条件 4:$[\dot{\eta}+\ell](X,\mathcal{K}(X))\leq 0$ 当 $\forall X\in\mathcal{Z}_f$。

为了方便,将式(14-22)和式(14-23)中的权重矩阵 $R_i(i=1,2,4,5)$ 定义为

$$Q_1=\begin{bmatrix}R_1 & \\ & R_2\end{bmatrix}, Q_2=\begin{bmatrix}R_4 & \\ & R_5\end{bmatrix} \quad (14\text{-}50)$$

$$R_1=\varLambda^T D_a\varLambda,\ R_2=\varLambda^T D_b\varLambda,\ R_4=\varLambda^T D_c\varLambda,\ R_5=\varLambda^T D_e\varLambda \quad (14\text{-}51)$$

式中,$\varLambda$ 为一个 $n\times n$ 的正交矩阵,且 $\varLambda^T\varLambda=\varLambda^T=E_n$,$E_n$ 是一个 n 维单位矩阵。

定义对角正定矩阵 D_a、D_b、D_c 和 D_e 分别为 $D_a=\text{diag}(f_1\cdots f_n)$、$D_b=\text{diag}(q_1\cdots q_n)$、$D_c=\text{diag}(c_1\cdots c_n)$ 和 $D_e=\text{diag}(e_1\cdots e_n)$。其中,$f_i>0$,$q_i>0$,$c_i>0$,且 $i=1,2,\cdots,n$。

假设式(14-21)的目标函数满足定理,则有

$$\dot{X}(t)=g(X,U)=\psi X(t)+\varPhi\cdot U(t) \quad (14\text{-}52)$$

$$\ell(X(t),U(t))=X(t)^T Q_1 X(t)+U(t)^T R_3 U(t) \quad (14\text{-}53)$$

$$\eta(X(t)) = X(t)^T Q_2 X(t) \tag{14-54}$$

$$\dot{\eta}(X(t)) = \dot{X}(t)^T Q_2 X(t) + X(t)^T Q_2 \dot{X}(t) \tag{14-55}$$

为了简化计算,本章设计控制器为 $\mathcal{K}(X) = \mathcal{K} \cdot X$,为满足以上定理的 4 个条件,令 $\mathcal{K} = 0_{2n \times n}$,并对其进行验证:可行集可表述为 $\mathcal{Z} = \mathbb{R}^{2n}$, $\mathcal{A} = \mathbb{R}^n$ 和 $\mathcal{Z}_f = \mathbb{R}^{2n}$,因此 $0 \in \mathcal{Z}$,满足条件 1;根据 $\mathcal{K}(X) = \mathcal{K} \cdot X = 0_{1 \times n} \in \mathbb{R}^n = \mathcal{A}$,因此满足条件 2;根据上述公式推导可得 $g(X, \mathcal{K}(X)) = \psi X(t) + \boldsymbol{\Phi} \cdot \mathcal{K} \cdot X(t) = \psi X(t) \in \mathbb{R}^{2n} = \mathcal{Z}_f$,因此满足条件 3。

将式 (14-52)~式 (14-55) 带入条件 4 的不等式中,可得

$$[\psi X(t) + \boldsymbol{\Phi} \cdot \mathcal{K} \cdot X(t)]^T Q_2 X(t) + X(t)^T Q_2 [\psi X(t) + \boldsymbol{\Phi} \cdot \mathcal{K} \cdot X(t)] +$$
$$X(t)^T Q_1 X(t) + (\mathcal{K} X(t))^T R_3 (\mathcal{K} X(t)) \leq 0 \tag{14-56}$$

因为 $\mathcal{K} = 0_{2n \times n}$,进一步简化为

$$X(t)^T [\psi^T Q_2 + Q_2 \psi + Q_1] X(t) \leq 0 \tag{14-57}$$

如果 $\psi^T Q_2 + Q_2 \psi + Q_1$ 是半负定矩阵,则控制器满足条件 4,并且 MPC 的渐进稳定性得以证明。为了实现 $\psi^T Q_2 + Q_2 \psi + Q_1$ 是半负定矩阵,则应该满足的条件如下:

$$f_i < c_i \quad \forall i = 1, 2, \cdots, n$$

$$e_i \geq \frac{-c_i^2}{f_i - c_i} \quad \forall i = 1, 2, \cdots, n$$

$$q_i \leq \frac{c_i^2 + e_i(f_i - c_i)}{f_i - c_i} \quad \forall i = 1, 2, \cdots, n$$

14.3 混行车辆编队控制效果验证及分析

目前对于混行驾驶实验的验证主要分为实车验证和仿真验证两种。虽然实车验证能够获得更真实准确的数据,但是自动驾驶车辆、基础设施建设及场景搭建成本都较高,而且需避免复杂道路及高流量高饱和度道路,只能在特定路段进行实验,也无法得到多种场景下的数据,因此混行驾驶实车实验的难度大、灵活度低。在仿真验证方面,常用的车辆仿真软件包括 Unity、Carsim、Prescan 等。考虑到 Unity 软件对车辆数有限制,Carsim 软件模型比较简单,而 Prescan 软件包含丰富的道路场景及较为精准的车辆动力学模型,因此本章主要采用基于 Prescan 软件联合仿真验证混行车辆编队控制算法的可行性。通过仿真能够减少前期验证成本,并且降低真车实验对驾驶人和车辆造成的伤害。

本章主要根据实际道路需求和混行车辆编队特性,基于 Prescan/Matlab/Simulink 软件搭建不同测试场景下的联合仿真环境。首先,结合无线通信信道仿真仪对车车/车路通信系统进行建模;然后,基于 Prescan 微观交通仿真软件,搭建混行驾驶环境并修改车辆基本参数;之后,基于 Matlab/Simulink 软件对不同车辆模型进行混行车队动力学建模,对实际运行效果进行实时优化改进,并将优化后的数据发送到信道仿真仪,再分发给仿真环境中的各个车辆,实现闭环控制的目的。仿真平台结构如图 14-5 所示。

Prescan 软件是以物理模型为基础,可搭建车辆动力学模型,用于开发先进的辅助驾驶系统、自适应巡航控制系统、自动驾驶系统和车路协同系统的仿真模拟平台。它包含了多种传感器技术,如常用的摄像头、雷达/激光雷达及最近兴起的 V2V/V2I/V2P 通信技术,可用于模型在环、实时软件在环和硬件在环等模式下的仿真验证。

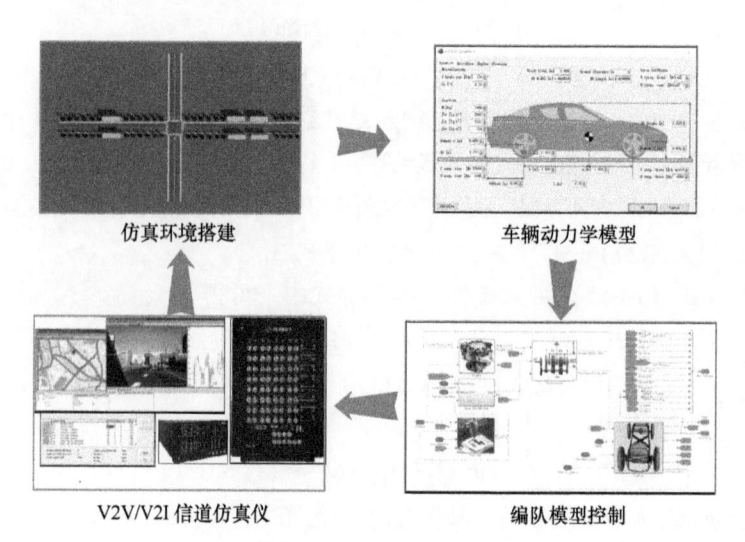

图 14-5 仿真平台结构

Prescan 软件提供了一种 CAV、CV 和 MV 的开发和评估环境,不仅可以模拟混行交通流,还可以关联道路基础设施,如交通信号灯等。车辆在行驶过程中,可以看到周围驾驶环境和状态,并实时调整自身行驶速度和方向。用户可以自由设置交通场景,并观察车辆控制算法在不同场景下的适用情况,及时做出调整,确定最优控制算法,为实际道路运行提供数据参考。

Prescan 软件包含多种环境组件,如道路模型(坡度、曲率、侧倾等)、环境模型(路边基础设施、建筑物、绿化带、交通标志等)、道路使用者模型(轿车、摩托车、商用车、行人、自行车等),以及天气模型(雨、雾、雪、阳光等)。同时,可以设置人眼视角,便于观测车辆运行情况,避免视觉盲区。通过可视化查看器(VisViewer)将场景转换成 3D 模式的可视化界面,根据设置的不同人眼视角自由切换仿真视角,全方位监测仿真情况,搭建环境 3D 场景(见图 14-6)。Prescan 软件支持车辆基本参数的修改,如车辆类型、尺寸、颜色、轮胎刚度、转动惯量等(见图 14-7)。

图 14-6 Prescan 软件的 3D 场景效果图

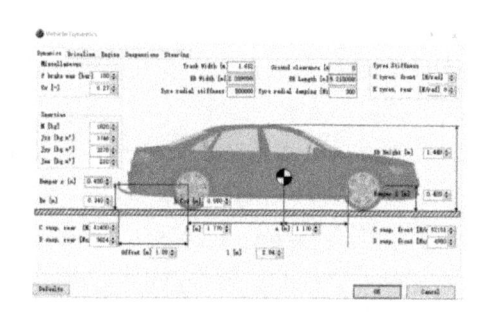

图 14-7 Prescan 软件车辆基本参数设置

Prescan 软件可以和 Vissim 软件联合仿真,产生随机车流,模拟车流量较大时的交通状况;也可以和 Matlab/Simulink 软件联合仿真,建立车辆控制模型,通过改变节气门开度、方向盘转角等让车辆按照计算出的最优控制策略行驶。Prescan 软件搭建的环境与 Simulink 软件的模块一一对应,车辆的感知决策和执行都是通过 Simulink 软件平台完成的,改变控制模型参数可影响车辆在 Prescan 软件的运行效果，其联合仿真界面如图 14-8 所示。

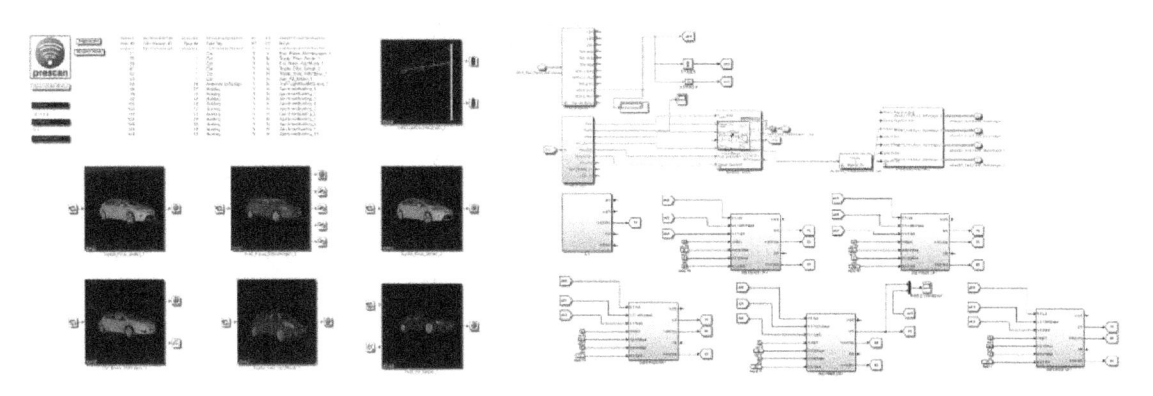

图 14-8　Prescan 与 Simulink 软件联合仿真界面

Prescan 软件中包括三种车辆动力学模型：None（无动力学）、2D Simple（模拟汽车横纵向运动）、3D Simple（模拟汽车横纵向、俯仰和横摇等多维度运动）。本章主要研究城市道路混行车辆在交叉口的行驶行为，没有坡道和桥梁环境，不需要研究混行车辆的俯仰运动，而是研究车辆的横纵向运动，因此主要采用 2D Simple 动力学模型。Simulink 软件车辆动力学模型如图 14-9 所示。

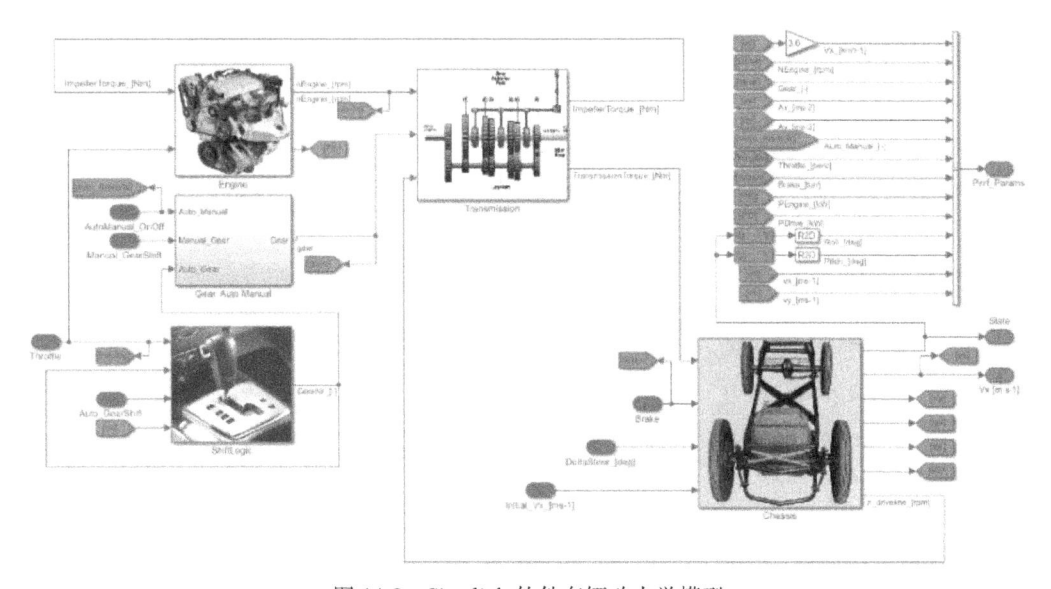

图 14-9　Simulink 软件车辆动力学模型

14.4　混行车队协同控制及通信异常切换控制

14.4.1　实验场景设计

本场景不考虑交通信号控制对于车队的影响，主要分析不同通信条件下车队的抗干扰能力和稳定性。搭建一个十字交叉口，车辆从西向东行驶，选取 5 辆车[6]进行混行车队协同控制。其中，领航车和车辆 4 为 CAV，车辆 1 为 MV，车辆 2 和车辆 3 为 CV。此时，MPC 方法的控制时域为 200ms，预测时域为 20s。环境仿真参数如表 14-1 所示。

表 14-1　环境仿真参数

参数名称	值
车辆总数/辆	5
领航车状态	正弦输入
最大速度 v_{max}/(m/s)	20
最小加速度 a_{min}/(m/s^2)	−3
最大加速度 a_{max}/(m/s^2)	3
车辆长度 l/m	4.8
通信模式	DSRC/LTE-V
控制周期/ms	200
时间延误/ms	≤100

各车辆初始状态如表 14-2 所示。该部分实验是为了验证 MPC 模型的抗干扰能力和鲁棒性，因此分为两个场景：场景 1，所有网联车通信正常；场景 2，车辆 2 在第 20s 时出现通信中断，其余车辆通信正常。

表 14-2　各车辆初始状态

编号	领航车	车辆 1	车辆 2	车辆 3	车辆 4
车辆类型	CAV	MV	CV	CV	CAV
初始位置/m	36	27	18	9	0
初始速度/(m/s)	12.5	12.5	12.5	12.5	12.5
初始加速度/(m/s^2)	1.2	0	0	0	0

14.4.2　实验结果分析

场景 1　车队通信正常

场景 1 不考虑交通信号配时，领航车以正弦匀变速方式行驶，整个队列车车之间通信正常，不存在数据丢包、时延或中断等现象，通信拓扑结构保持不变。场景 1 的联合仿真结果界面如图 14-10 所示。

由图可知，领航车状态发生变化，跟随车辆状态也相应发生变化，并逐步与领航车保持一致。图 14-10a 和 b 所示为各车实时加速度及速度曲线，加速度变化限制为−2~2m/s^2，速度变化限制为 5~20m/s。图 14-10c 所示为车间距偏差变化曲线，车间距偏差控制在 0.2m 以内，且 30s 后，理想车间距与实际车间距一致，因此车间距偏差趋于 0m，满足队列稳定性要求。

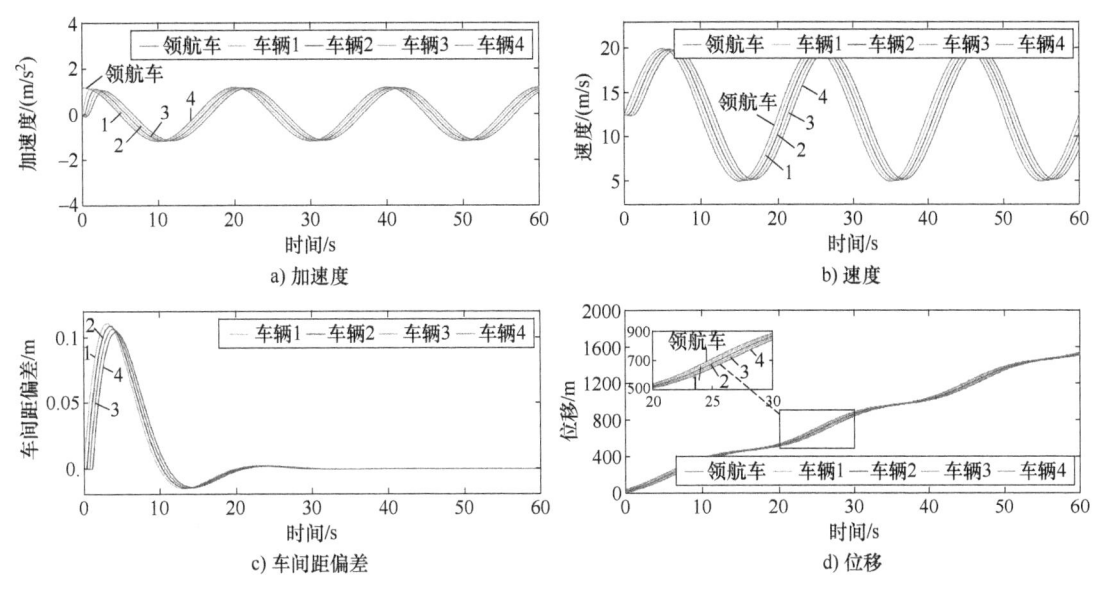

a) 加速度　　b) 速度　　c) 车间距偏差　　d) 位移

图 14-10　场景 1 的联合仿真结果界面

如图 14-10d 所示，车辆行驶轨迹无相交现象，说明行驶过程中没有发生碰撞事故，保证了队列行驶安全性。

场景 2　车队通信异常

场景 2 不考虑交通信号配时，领航车速度以正弦匀变速方式行驶，车队正常行驶到第 20s 时，车辆 2 通信时延过大导致通信异常，无法将信息发送给周围车辆。此时，系统将网联车辆视为非网联人工驾驶车辆（即 MV），并相应改变模型输入参数和通信拓扑。场景 2 的联合仿真结果如图 14-11 所示。

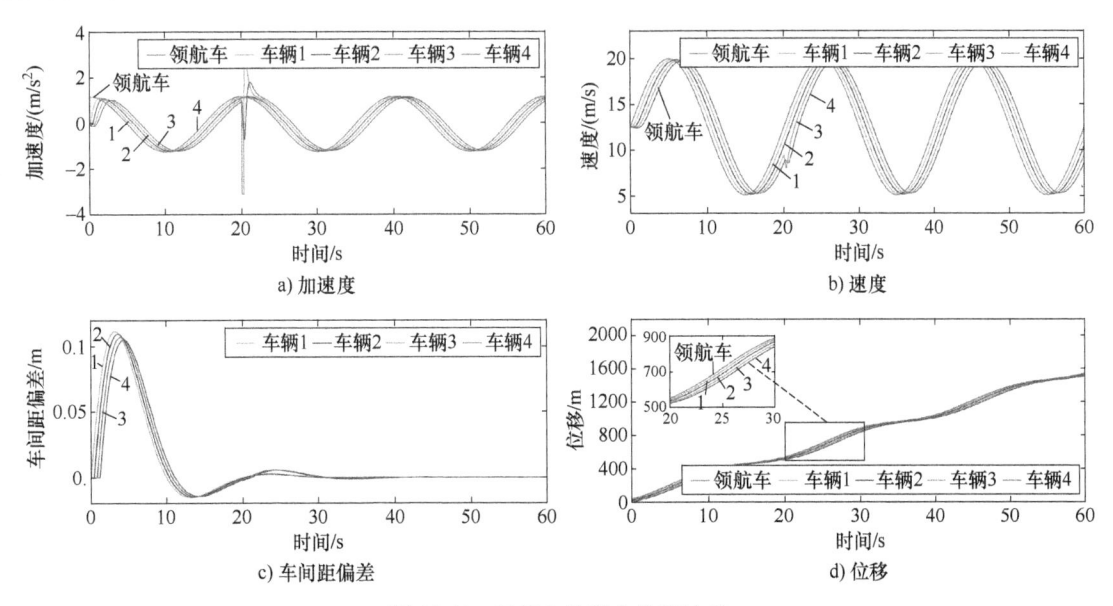

a) 加速度　　b) 速度　　c) 车间距偏差　　d) 位移

图 14-11　场景 2 的联合仿真结果

如图 14-11a 和 b 所示，初始 20s 前整个队列通信正常且行驶状态一致。第 20s 时，车辆 2 出现通信异常，导致车辆 3 的加速度和速度产生突变，但 2s 立刻恢复到正常状态。图 14-11c 所示为车间距偏差，第 20s 时，车辆 2 和车辆 3 的车间距偏差均产生小幅度波动，当整体仍控制在 0.02m 以内，且 40s 后车间距偏差趋于 0m，说明满足队列稳定性要求。如图 14-11d 所示，整个过程中所有车辆行驶轨迹无交叉现象，说明即使在车辆 2 通信异常时，队列中也无碰撞事故，保证了队列行驶安全性。

图 14-12 所示为利用 Prescan 软件仿真场景 2 的运行结果。最开始，混行车辆以队列形式行驶，整个车队通信正常（见图 14-12a）；行驶到第 20s 时，跟随车辆 2 出现通信中断，无法传送信息给周围车辆，因此系统快速切换车间距规则和通信拓扑结构，保证车辆间不会发生碰撞（见图 14-12b）；通过改变 MPC 模型的输入，重新调整车辆行驶状态，恢复到理想车间距和速度一致状态行驶，再次以队列形式行驶（见图 14-12c）。

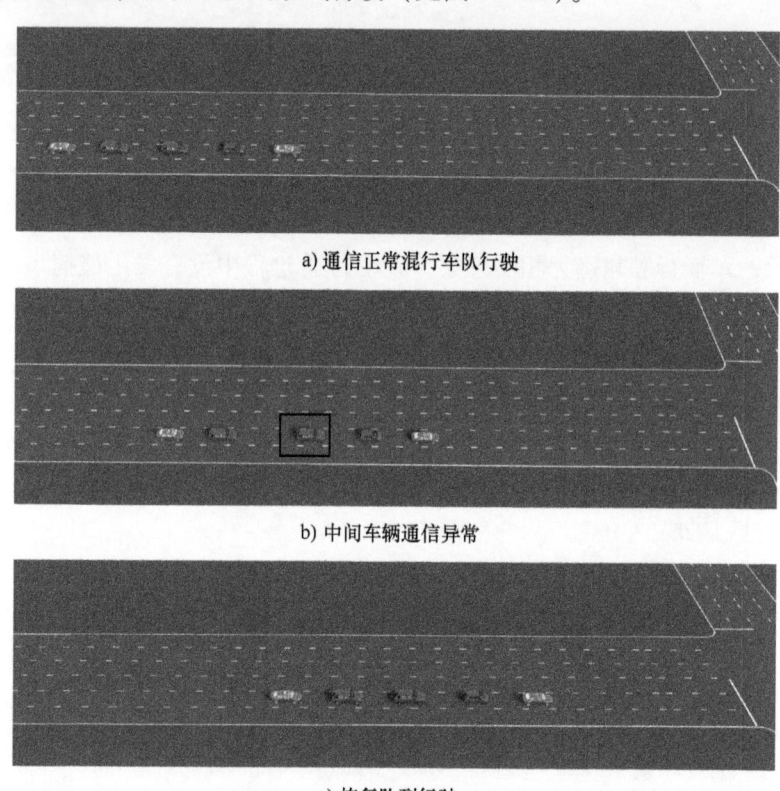

a) 通信正常混行车队行驶

b) 中间车辆通信异常

c) 恢复队列行驶

图 14-12　利用 Prescan 软件仿真场景 2 的运行结果

14.5　考虑交通信号配时下的单车道混行车队协同控制

14.5.1　实验场景设计

选取 6 辆车[7]进行混行车队协同控制。其中，车辆 1 和车辆 4 为 CAV，车辆 2 和车辆 5 为 CV，车辆 3 和车辆 6 为 MV。此时，MPC 方法的控制时域为 100ms，预测时域为 10s。环境仿真参数如表 14-3 所示。

表 14-3 环境仿真参数

参数名称	值
车辆总数/辆	6
最大速度 v_{max}/(m/s)	20
最小加速度 a_{min}/(m/s²)	-4
最大加速度 a_{max}/(m/s²)	4
车辆长度 l/m	4.8
道路长度 S/m	225
通信模式	DSRC/LTE-V
控制周期/ms	100
时间延误/ms	≤100

各车辆初始状态如表 4-4 所示。车队中通信正常，通过改变交通信号配时，验证 MPC 模型和交通信号的协同关系，因此主要分为两个场景：场景 3，当前绿灯时间能够满足 6 辆车同时通过，因此组成一队；场景 4，当前绿灯时间不能满足 6 辆车同时通过，只能满足部分车辆通过，因此拆分为两个队，分别进行车队协同控制。

表 14-4 各车辆初始状态

编号	车辆 1	车辆 2	车辆 3	车辆 4	车辆 5	车辆 6
车辆类型	CAV	CV	MV	CAV	CV	MV
初始位置/m	75	60	45	30	15	0
初始速度/(m/s)	15	15	15	15	15	15
初始加速度/(m/s²)	4	0	0	0	0	0

14.5.2 实验结果分析

场景 3 一个信号周期通过

场景 3 中，交通信号配时：绿灯时间为 20s，黄灯时间为 3s，红灯时间为 8s。车辆均以 15m/s 的速度进入路段，通过比较预测驶出时间和当前绿灯时间，发现 6 辆车均能通过，因此以车辆 1 作为领航车进行组队。由于直行车道前方不存在干扰车辆，为保障车队行程时间最短，因而动态调整各车行驶状态，使其以最大速度 20m/s 通过交叉口。场景 3 的联合仿真结果如图 14-13 所示。

随着领航车状态发生变化，跟随车的行驶状态也会发生改变，并逐渐与领航车状态一致。图 14-13a 和 b 所示为混行车队加速度和速度曲线，前 6s 主要是为了调整车辆行驶状态，保障车队能够以最短时间通过交叉口，因此车辆加速度先增加后减少，6s 后稳定于 0m/s²，速度均由 15m/s 提升到 20m/s 后匀速行驶。图 14-13c 所示为车间距偏差，车间距偏差变化为-0.7~0.1m，最终趋近于 0m，说明保障了整个队列稳定性。如图 14-13d 所示，各车均在绿灯时间

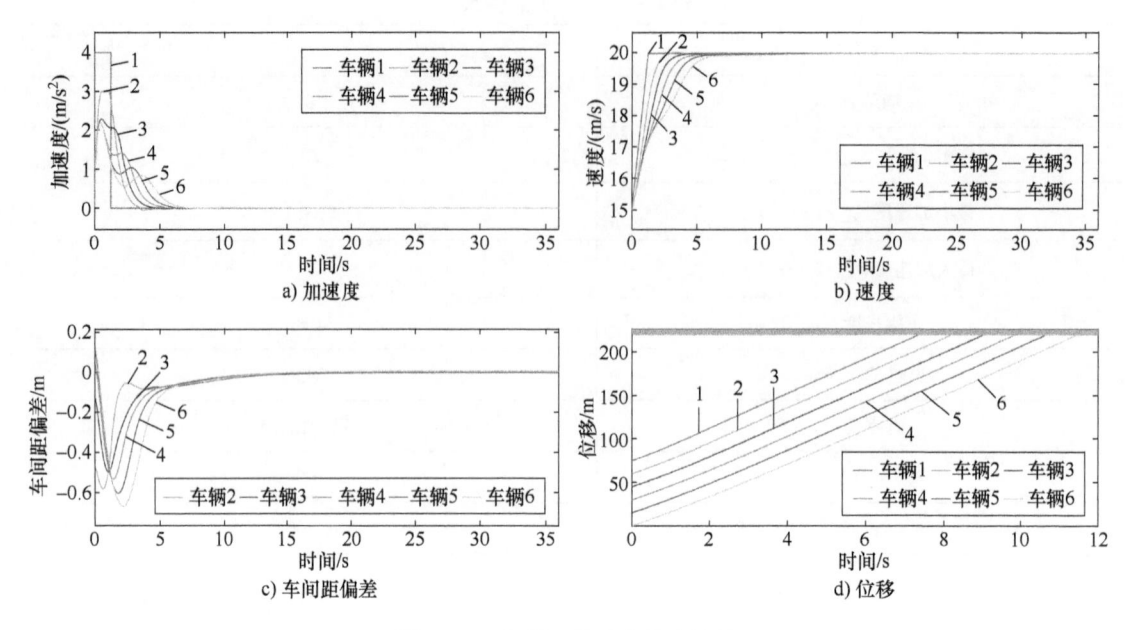

图 14-13 场景 3 的联合仿真结果

内通过交叉口，且各车轨迹不存在交叉，说明车车间没有发生碰撞，保障了队列安全性。

图 14-14 所示为利用 Prescan 软件仿真场景 3 的运行结果，第 1 辆车为领航车，其余全为跟随车。最开始，车辆随机进入路段（见图 14-14a），系统判断能够在当前绿灯时间内通过的车辆组成一队（见图 14-14b）。通过 MPC 模型，根据领航车行驶轨迹和前车行驶状态动态调整车队车间距和速度，以最优速度到达交叉口（见图 14-14c）。最后，车队在绿灯时间内顺利通过交叉口（见图 14-14d）。

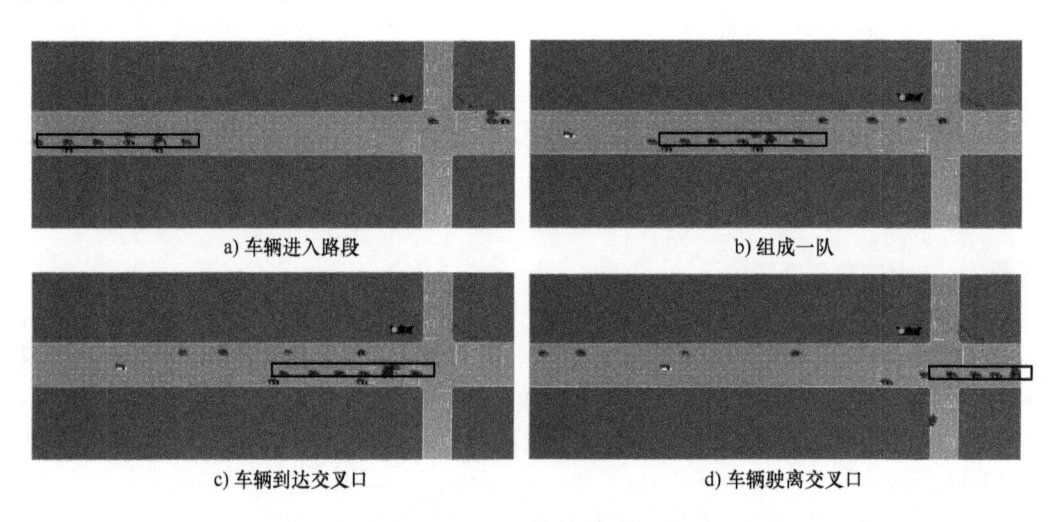

图 14-14 利用 Prescan 软件仿真场景 3 的运行结果

场景 4　分两个信号周期通过

场景 4 中，交通信号配时：绿灯时间为 10s，黄灯时间为 3s，红灯时间为 5s。车辆均以

15m/s 的速度进入路段,通过比较预测驶出时间和当前绿灯时间,发现只有前 3 辆车能通过,后 3 辆车需等待下一个绿灯时间通过,因此分别以 1 号和 4 号车辆作为领航车组成两个队列。为了保证队列 1 行程时间最短,使其以最大速度 20m/s 通过交叉口;为了保证车队 2 能够在下一个绿灯时间通过,且不会在停止线前停车,使其以 9m/s 的速度通过交叉口。场景 4 的联合仿真结果如图 14-15 所示。

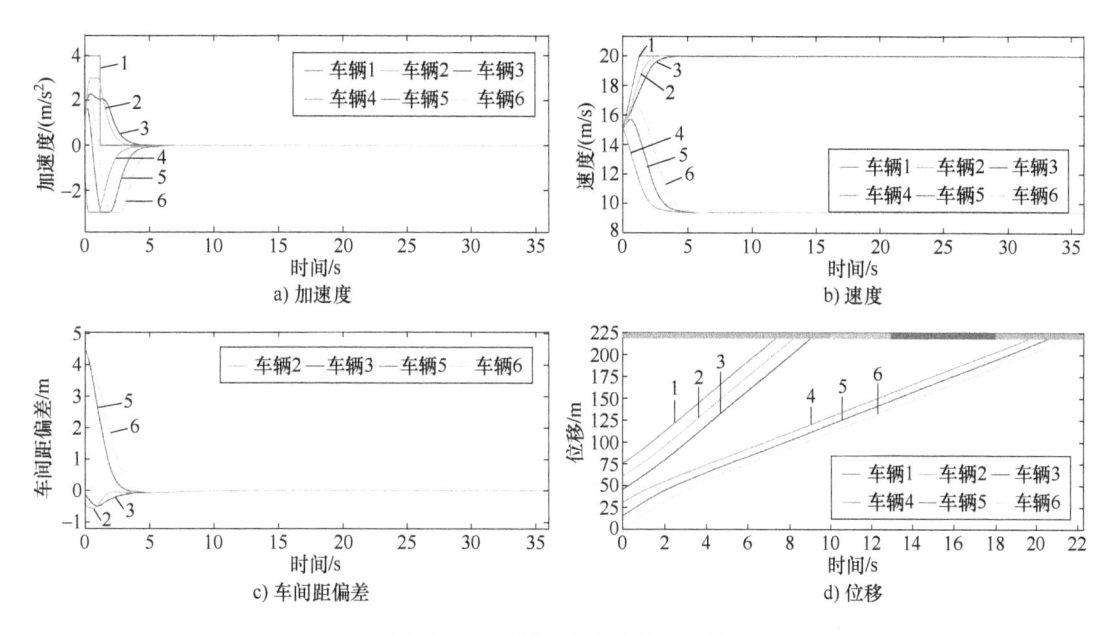

图 14-15 场景 4 的联合仿真结果

受交通信号影响,车辆组成两个车队,车队 1 加速通过,车队 2 减速通过。由于跟随车行驶状态受领航车影响存在差异,但同一个车队的跟随车逐渐与领航车状态一致。图 14-15a 和 b 所示为两个车队车辆的加速度和速度,前 6s 主要是根据交通状态,拆分组成两个车队,并调整车辆行驶状态。为保障车队 1 能够以最短时间通过交叉口,加速度先增加后减少,6s 后稳定于 $0m/s^2$,车队 1 车辆速度均由 15m/s 提到 20m/s 后匀速行驶。为避免车队 2 在停止线前停车,加速度先减少后增加,6s 后稳定于 $0m/s^2$,车队 2 车辆速度均由 15m/s 降到 9m/s 后匀速行驶。图 14-15c 所示为车间距偏差,车队 1 车间距偏差变化为 $0 \sim 4.5m$,车队 2 车间距偏差变化为 $-0.5 \sim 0m$,最终都趋近于 0m,说明保障了两个车队的队列稳定性。如图 14-15d 所示,车队 1 在当前绿灯时间内通过交叉口,车队 2 在下一个绿灯时间内通过,且各车轨迹不存在交叉,说明两个车队中,车车间没有发生碰撞,保障了队列安全性。

图 14-16 所示为利用 Prescan 软件仿真场景 4 的运行结果,车辆 1 和车辆 4 分别为车队 1 和车队 2 的领航车,其余全为跟随车。开始,车辆随机进入路段(见图 14-16a),系统判断能够在当前绿灯时间内通过的车辆组成一队,不能在当前绿灯时间内通过的车辆组成另一队(见图 14-16b)。通过 MPC 模型,根据领航车行驶轨迹和前车行驶状态动态调整两个车队的车间距和速度。车队 1 以最大速度通过交叉口(见图 14-16c),车队 2 在下一个绿灯时间内通过交叉口(见图 14-16d)。

a) 车辆进入路段　　　　　　　　　　b) 组成两队

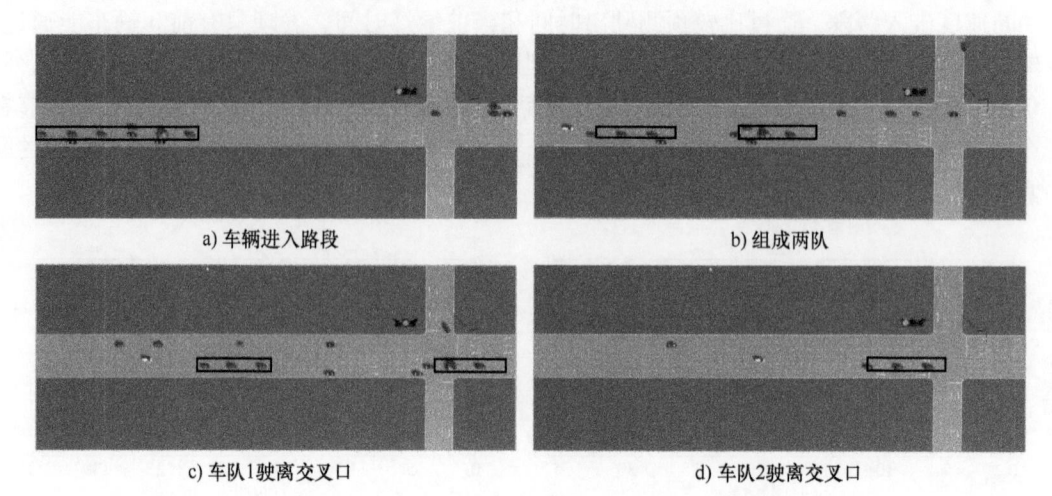

c) 车队1驶离交叉口　　　　　　　　d) 车队2驶离交叉口

图 14-16　利用 Prescan 软件仿真场景 4 的运行结果

14.6　考虑交通信号配时下的多车道混行车队协同控制

14.6.1　实验场景设计

选取东西直行方向车道作为研究对象，两个方向使用同一信号相位控制，以西向东编队区起始点为坐标原点，西向东为正方向，则东向西为负方向。编队区长度为265m，十字交叉口长度为40m，因此车辆从进入缓冲区到完全通过交叉口总共行驶的路程为305m。

西向东方向和东向西方向直行车道上，均分别选取10辆车[8]进行混行车队协同控制。其中，4辆为CAV，4辆为CV，2辆为MV。此时，MPC方法的控制时域为100ms，预测时域为10s。环境仿真参数如表14-5所示。

表 14-5　环境仿真参数

参数名称	值
车辆总数/辆	20
最大速度 v_{max}/(m/s)	20
最小加速度 a_{min}/(m/s²)	−4
最大加速度 a_{max}/(m/s²)	4
车辆长度 l/m	4.8
道路长度 S/m	305
通信模式	DSRC/LTE-V
控制周期/ms	100
时间延误/ms	≤100

各车辆初始状态如表14-6和表14-7所示。车队通信正常，通过改变直行相位交通信号配

时,验证多车道下 MPC 模型和交通信号的协同关系,主要分为两个场景:场景 5,当前绿灯时间能够满足西向东 10 辆车和东向西 10 辆车两个方向的车辆分别组成一个队列通过;场景 6,当前绿灯时间只能满足西向东 10 辆车和东向西 10 辆车两个方向的部分车辆分别组成一个队列通过,而剩余车辆只能调节速度等待下一周期通过,因此两个方向的车辆各自拆为两个车队,分别进行车队协同控制。

表 14-6 西向东直行各车辆初始状态

编号	车辆 1	车辆 2	车辆 3	车辆 4	车辆 5	车辆 6	车辆 7	车辆 8	车辆 9	车辆 10
车辆类型	CAV	CAV	MV	CV	CV	CAV	CAV	MV	CV	CV
初始位置/m	145	130	105	90	75	60	45	30	15	0
初始速度/(m/s)	15	15	15	15	15	15	15	15	15	15
初始加速度/(m/s^2)	4	0	0	0	0	0	0	0	0	0

表 14-7 东向西直行各车辆初始状态

编号	车辆 1	车辆 2	车辆 3	车辆 4	车辆 5	车辆 6	车辆 7	车辆 8	车辆 9	车辆 10
车辆类型	CAV	CV	MV	CAV	CV	CV	CV	MV	CAV	CV
初始位置/m	585	570	555	540	525	510	495	480	465	450
初始速度/(m/s)	−15	−15	−15	−15	−15	−15	−15	−15	−15	−15
初始加速度/(m/s^{-2})	−4	0	0	0	0	0	0	0	0	0

14.6.2 实验结果分析

场景 5 西向东和东向西直行车道分别组成一个队列

场景 5 中,交通信号配时:绿灯时间为 20s,黄灯时间为 3s,红灯时间为 10s。西向东和东向西直行车道两个方向的车辆均以 15m/s 的速度进入路段。通过比较预测驶出时间和当前绿灯时间,发现每个车道 10 辆车均能通过,两个方向的 1 号车辆均为 CAV,因此以 1 号车辆作为领航车进行组队。由于直行车道前方不存在干扰车辆,为保障车队行程时间最短,因而动态调整各车行驶状态,使其以最大速度 20m/s 通过交叉口。场景 5 的联合仿真结果如图 14-17 所示。

车队均采用 MPC,因此西向东和东向西方向的行驶状态变化趋势一致,图中的负号表示反方向。在同一车队中,随着领航车状态发生变化,跟随车的行驶状态也会发生改变,并逐渐与领航车状态一致。

图 14-17a 和 b 所示为西向东和东向西方向的加速度,前 10s 主要是为了调整车辆行驶状态,保障车队能够以最短时间快速通过交叉口,因此加速度先增加后减少,在 10s 后稳定于 0m/s^2。图 14-17c 和 d 所示为西向东和东向西方向的速度,两个方向的车辆速度均由 15m/s 提升到 20m/s 后匀速行驶,说明保持最大速度通过交叉口。图 14-17e 和 f 所示为西向东和东向西方向的车间距偏差,车间距偏差指实际车间距和理想车间距的差值,两个方向的车间距偏差变化均为 −0.8~0.1m,并在 10s 后趋近于 0m,说明保障了整个队列稳定性。图 14-17g 和 h 所示为西向东和东向西方向的位移,两个方向的车辆均在绿灯时间内通过交叉口,且各车轨迹

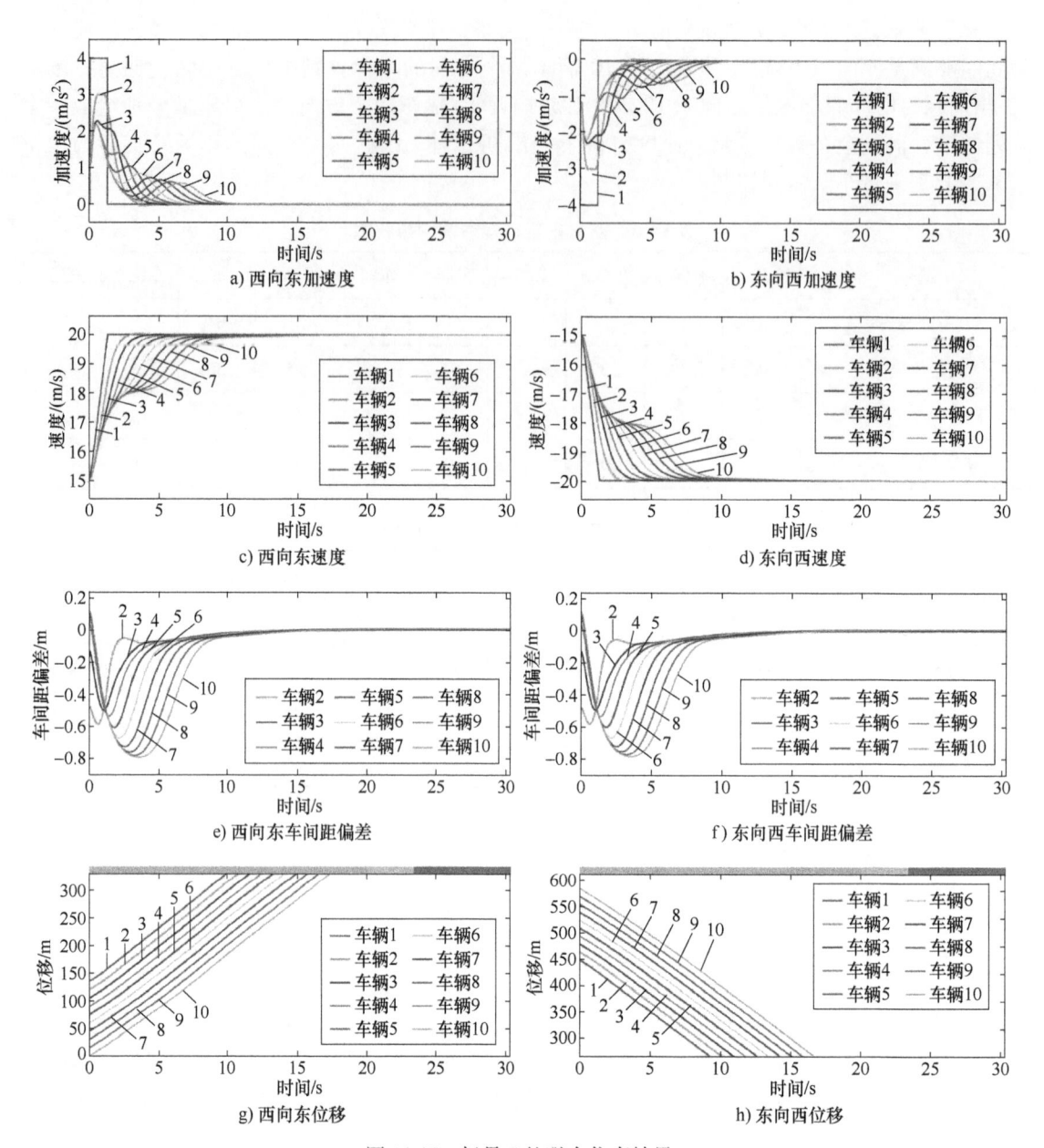

图 14-17 场景 5 的联合仿真结果

不存在交叉,说明车车间没有发生碰撞,保障了队列安全性。

图 14-18 所示为利用 Prescan 软件仿真场景 5 的运行结果,红色表示 CAV,蓝色表示 CV,黑色表示 MV。最初,车辆随机进入,东西方向处于相同相位,具备相同的信号配时状态。系统判断当前绿灯时间内,相同车道上的 10 辆车均可以通过,因此东西两车道分别组成一个队列(见图 14-18a)。通过 MPC 模型,根据领航车和前车行驶状态动态调整车间距和速度,车队逐渐加速到最大速度,保持最大速度通过交叉口(见图 14-18b)。最后,绿灯信号配时结束前,车队的最后一辆车顺利通过交叉口(见图 14-18c)。

场景 6 西向东和东向西直行车道分别组成两个队列

场景 6 中,交通信号配时:绿灯时间为 15s,黄灯时间为 3s,红灯时间为 7s。西向东和东

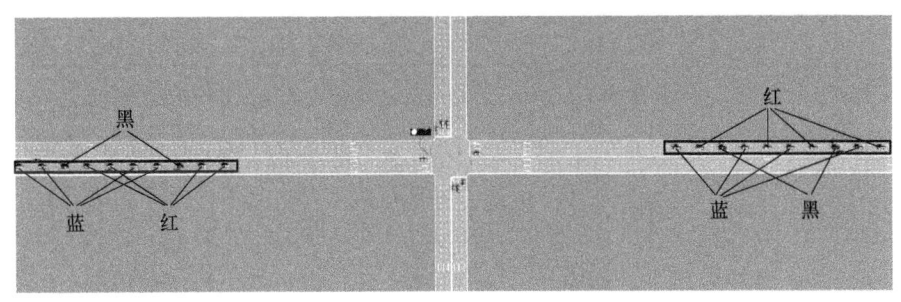

a) 双向车辆均组成一个车队

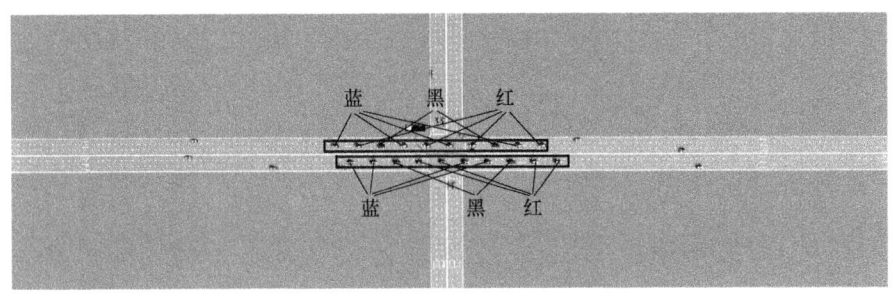

b) 双向车队到达交叉口

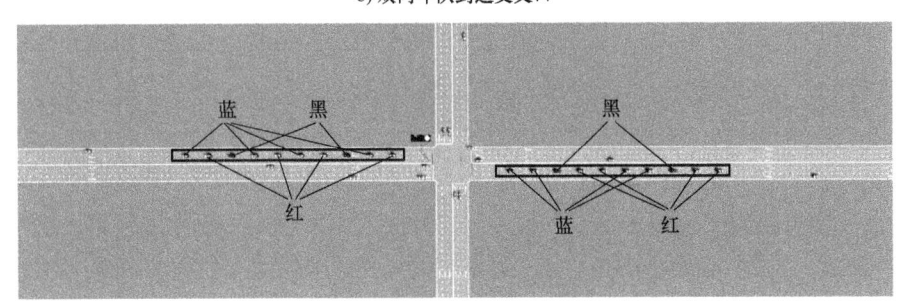

c) 双向车队均完全驶离交叉口

图 14-18　利用 Prescan 软件仿真场景 5 的运行结果

向西直行车道两个方向的车辆均以 15m/s 的速度进入路段。通过比较预测驶出时间和当前绿灯时间，发现每个车道只有前 5 辆车能通过，后 5 辆车只能等待下一周期通过，分别以 1 号车辆和 6 号车辆作为领航车，组成两个队列。车队 1 需要满足行程时间最短，因而加速到最大速度 20m/s 通过交叉口；车队 2 下一周期通过且不能在停止线前停车，因而减速到 9m/s 通过交叉口。场景 6 的软件联合仿真结果如图 14-19 所示。

车队均采用 MPC，因此西向东和东向西方向的行驶状态变化趋势一致，图中的负号表示反方向。受交通信号影响，西向东和东向西方向的车辆分别组成两个车队，车队 1 均加速通过，车队 2 均减速通过，跟随车行驶状态受领航车影响存在差异，但同一个车队的跟随车逐渐与领航车状态一致。

图 14-19a 和 b 所示为西向东和东向西方向的加速度，前 10s 根据交通状态，各车道均拆分为两个车队并调整车辆行驶状态。车队 1 应以最短时间通过交叉口，加速度先增加后减少；车队 2 应保障下一周期且不停车通过交叉口，加速度先减少后增加，两个车队的加速度均在 10s 后稳定于 $0m/s^2$。图 14-19c 和 d 所示为西向东和东向西方向的速度，车队 1 速度均由 15m/s 提到 20m/s 后匀速行驶，车队 2 车辆速度均由 15m/s 降到 9m/s 后匀速行驶。图 14-19e 和 f 所

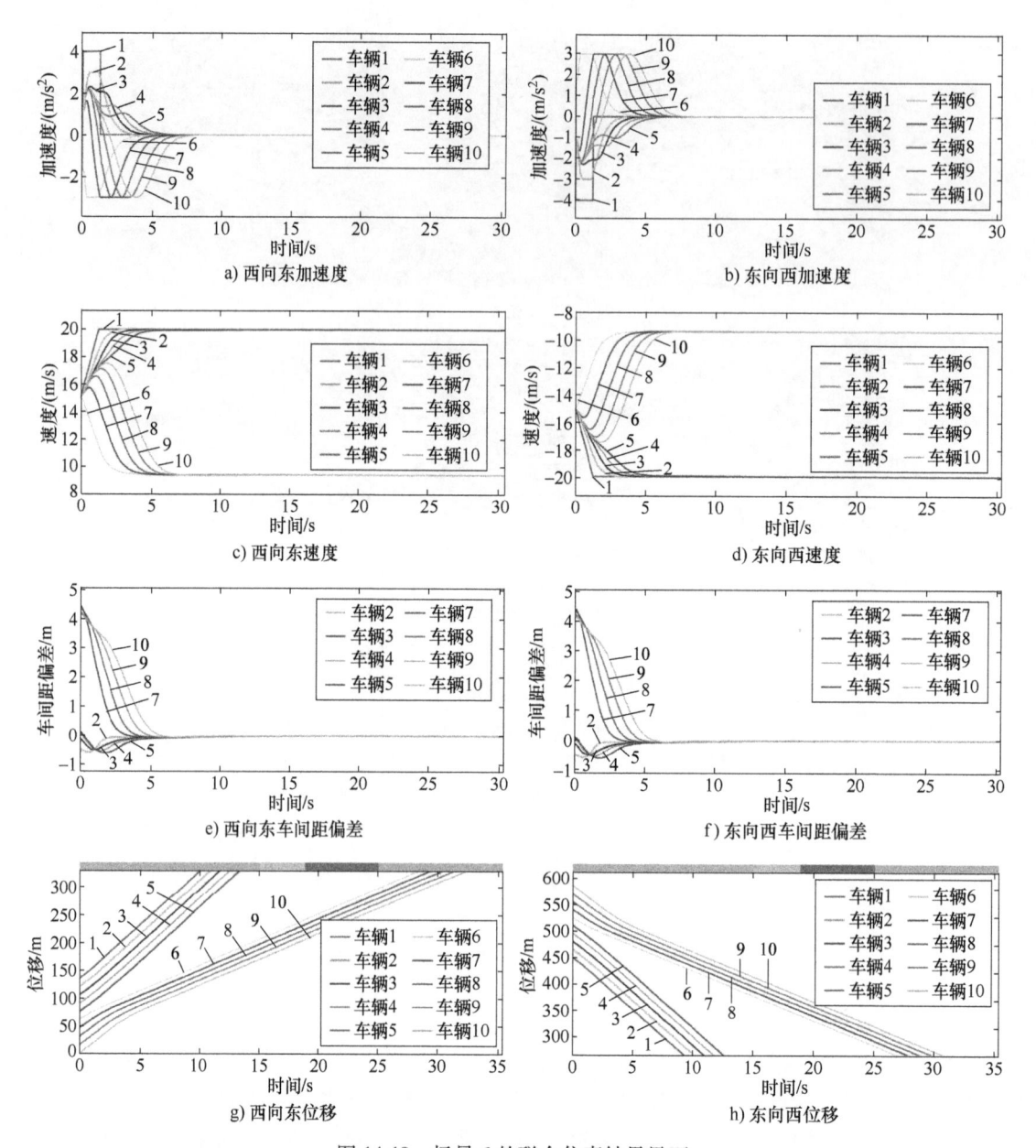

图 14-19 场景 6 的联合仿真结果界面

示为西向东和东向西方向的车间距偏差,两个车道中,车队 1 车间距偏差变化为 0~4.5m,车队 2 车间距偏差变化为 -0.5~0m,最终都趋近于 0m,说明两个车队的队列稳定性均得到保障。图 14-19g 和 h 所示为西向东和东向西方向的位移,两个车道中,车队 1 在当前绿灯时间内通过交叉口,车队 2 在下一个绿灯时间内通过,且各车轨迹不存在交叉,说明两个车队中,车车间没有发生碰撞,保障了队列安全性。

图 14-20 所示为利用 Prescan 软件仿真场景 6 的运行结果,红色表示 CAV,蓝色表示 CV,黑色表示 MV。东西方向处于相同相位,车辆 1 和车辆 6 分别为车队 1 和车队 2 的领航车,其余全为跟随车。最开始,双向车辆随机进入路段(见图 14-20a)。控制系统判断出相同车道上,前 5 辆车能在当前绿灯时间内通过,组成车队 1;后 5 辆车即使加速到最大也不能通过,

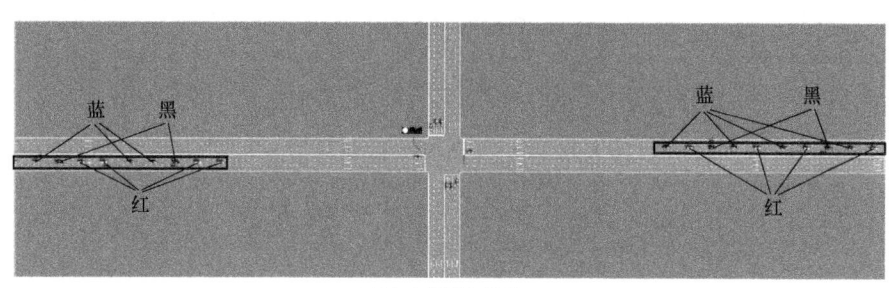

a) 双向车辆进入路段

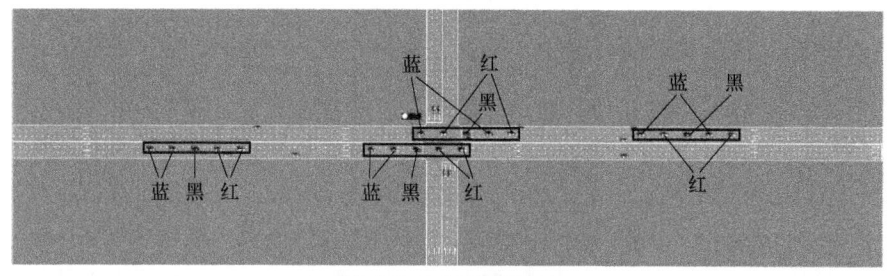

b) 双向车队1在当前周期通过

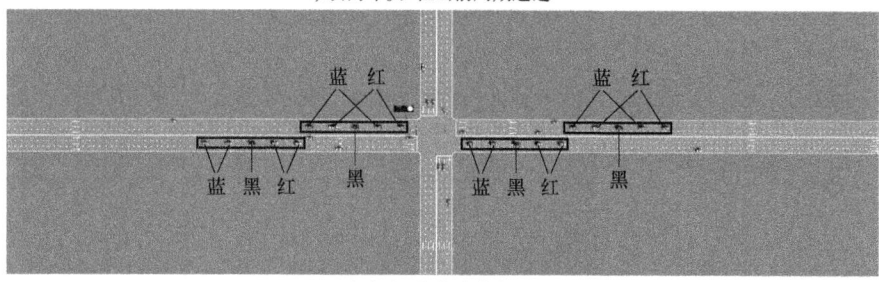

c) 双向车队1完全驶离交叉口

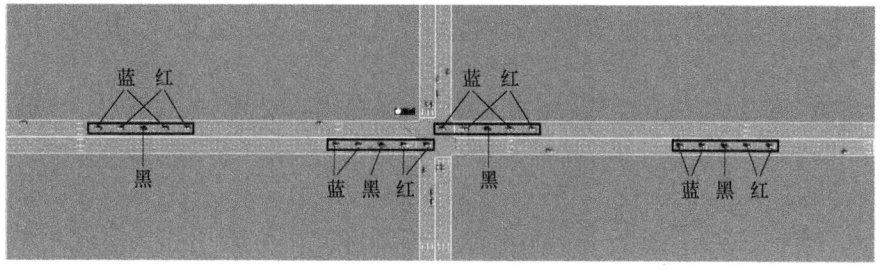

d) 双向车队2在下一周期通过

图 14-20　利用 Prescan 软件仿真场景 6 的运行结果

组成车队 2（见图 14-20）。通过 MPC 模型，根据领航车行驶轨迹和前车行驶状态动态调整车队行驶状态，车队 1 逐渐加速到最大，保持最大速度通过交叉口（见图 14-20c）。车队 2 为了避免停车等待，逐渐减速，保持最优速度在下一个绿灯时间内通过交叉口（见图 14-20d）。

基于 Prescan/Matlab/Simulink 软件建立了联合仿真平台，本章搭建了 3 种不同的交通场景。首先验证了通信异常时，拓扑结构和车间距策略切换后的混行车队协同控制效果；然后考虑信号配时影响，以单车道为研究对象，验证混行车队与交通信号灯的协同控制效果；最后增加交通量，改变交通配时，同时兼顾西向东和东向西双车道，验证多车道混行车队协同控制效果。实验结果表明，基于 MPC 方法的混行车队控制模型能够适应多种不同交通场景，保障了车队行驶的安全性和稳定性。

参 考 文 献

[1] 翟春杰. 基于分布式模型预测控制的智能车辆协同控制[D]. 广州：华南理工大学，2019.

[2] ZHOU Y, WANG M, AHN S. Distributed model predictive control approach for cooperative car-following with guaranteed local and string stability[J]. Transportation Research Part B：Methodological，2019，128：69-86.

[3] BANG S, AHN S. Mixed traffic of connected and autonomous vehicles and human-driven vehicles：traffic evolution and control using spring-mass-damper system[J]. Transportation Research Record：Journal of the Transportation Research Board，2019，2673（7）：504-515.

[4] NUNEN E V, REINDERS J, SEMSAR-KAZEROONI E, et al. String stable model predictive cooperative adaptive cruise control for heterogeneous platoons[J]. IEEE Transactions on Intelligent Vehicles，2019，4（2）：186-196.

[5] MAYNE D Q, RAWLINGS J B, RAO C V, et al. Constrained model predictive control：Stability and optimality[J]. Automatica，2000，36（6）：789-814.

[6] LI K, BIAN Y, LI S E, et al. Distributed model predictive control of multi-vehicle systems with switching communication topologies[J]. Transportation Research Part C：Emerging Technologies，2020，118：102717.

[7] CHIN H, OKUDA H, TAZAKI Y, et al. Model predictive cooperative cruise control in mixed traffic[C]// IECON 2015 - 41st Annual Conference of the IEEE Industrial Electronics Society，November 9-12，2015，Yokohama. New York：IEEE，c2015：3199-3205.

[8] ZHAO W, NGODUY D, SHEPHERD S, et al. A platoon based cooperative eco-driving model for mixed automated and human-driven vehicles at a signalized intersection[J]. Transportation Research Part C：Emerging Technologies，2018，95：802-821.

第 15 章

智能网联汽车编队控制硬件在环仿真技术

随着车辆智能化程度和车联网技术的不断提高，可通过智能车辆队列技术来提高车辆安全性和道路通行能力。但在智能车辆队列系统实际应用中，目前缺少一种可靠、高效的仿真系统对控制效果进行前期验证。因此，本章基于车车通信技术对车辆队列行驶的控制方法及仿真系统开展研究，并对系统的可行性进行了实验验证。本章建立了车辆队列协同控制模型及协同主动避撞模型。为解决实际的交通安全问题，除了仿真验证手段外，需要用实物验证的数据来进一步对模型进行分析，得出更具有说服力的实验结论。

15.1 智能网联汽车编队控制硬件在环仿真平台原理

目前，国内外有多种车辆编队控制系统测试方法。Naus 等人提出了协作自适应巡航控制系统的总体设计，针对车距控制运行和车速控制运行两种模式切换的转换逻辑进行了深入研究[1]。Fernandes 等人运用协作自适应巡航控制系统使车辆在小车距下行驶，并通过硬件在环仿真实验验证了其稳定性能够得到较好的保证[2]。Tan 等人利用磁极跟踪的方法来获取车辆队列在换道过程中的准确信息[3]。Behringer 等人利用摄像头传感器对采集的车辆信息进行分析，使车辆能够在弯曲道路安全行驶[4]。Hunter 等人通过在仿真软件中建立道路几何构造，提供必要交通数据需求，在交通控制器中提供信号控制逻辑与灯色状态，构建出了硬件在环仿真环境；对比评价出多路口中自适应信号控制系统相较于多时段定时控制能更好地提高通行效率[5]。施绍有等人利用硬件在环技术验证了基于模糊-神经网络的跟驰模型的合理性[6]。方兴等人通过硬件在环技术的优势解决了实车实验中车辆动力学特性不易确定的问题，并优化了系统提高解决智能车多车协作控制问题的效率[7]。

如图 15-1 所示硬件在环仿真，具有兼容性广的特点，能够在仿真实验高速运行的同时完成对模型参数的获取与控制；对控制数据及操作指令能够进行采集处理，并能够可靠地将设备数据与仿真数据进行匹配，传输实时性较高，保证仿真实验的测试准确性；通过设计编写的图形操作界面，能够直观简洁地将不同模块接口获取的信号数据进行展示，且能够在不同的控制模式下快速切换；节约时间成本，提高实验效率。

从实验角度来说，车路协同系统的应用使车辆的可靠性和主动安全性能得到了很大改善，但同时造成了车辆系统复杂化，导致研究过程中实车实验成本增加、危险系数增大，所以半实物验证平台成为目前研究智能车路协同系统常用的实验验证环境。半实物实验平台是指在与实际验证环境相似的场景中，按照相似比例关系的测试物取代相应实际物体进行实验，测试物等比放大或缩小。本章选用多智能微缩车半实物平台按比例缩小实物，通过机电模型来模拟真实的车辆动力学模型。其车辆传动系统、动力系统尽可能与实车动力学模型保持一致。

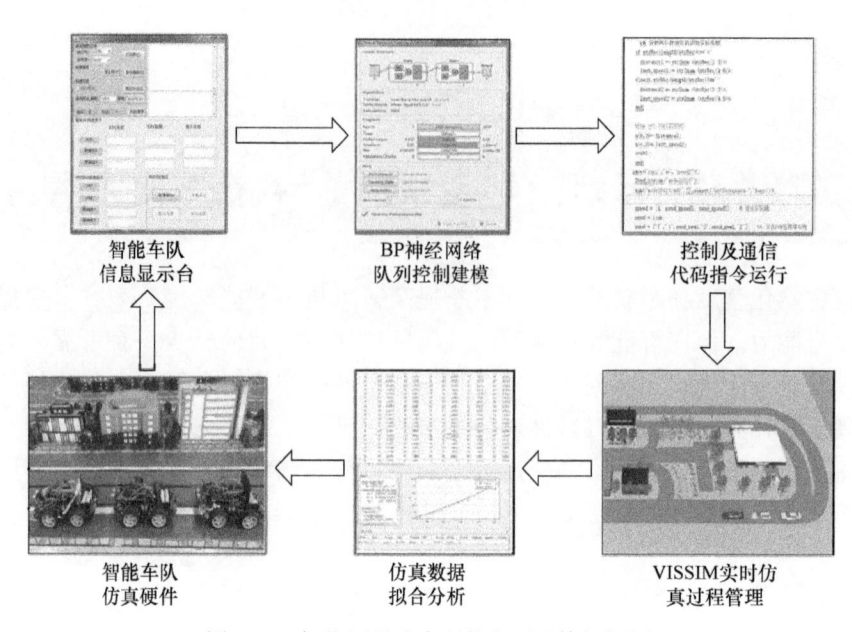

图 15-1 智能网联汽车硬件在环总体框架图

15.1.1 硬件在环仿真系统框架

如图 15-2 所示，智能网联汽车编队系统采用分布式控制方法，每辆车只需采集前后车的车辆信息，结合自身的行驶状态，由控制单元进行规划和决策。无需将队列中所有车辆的状态采集至中央控制器，避免数据冗杂和复杂计算。智能车辆队列系统主要由智能车子系统、通信子系统、路侧控制子系统三部分组成。智能车子系统中，其所配备的车载传感器主要完成车辆行驶信息感知采集工作，如采集自身车速、本车与前后车的间距、车道线偏离航向等信息；同时车辆的电子控制单元完成对车辆的行驶控制。通信子系统主要包括短程无线通信及 4G 网络。4G 网络主要完成将道路区域中车辆、道路的信息上传并保存至云端数据库；短

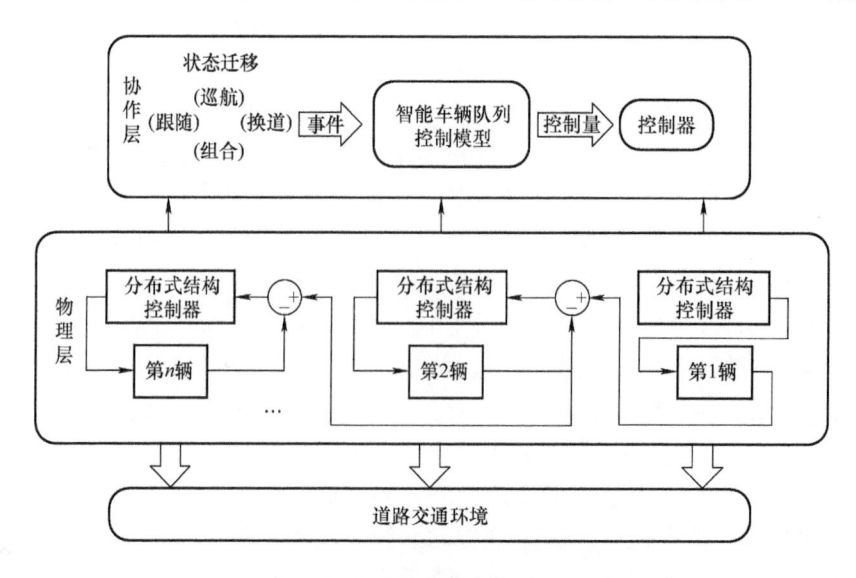

图 15-2 车辆分布式控制结构图

程无线通信主要完成车车、车路间的数据共享工作。路侧控制子系统主要完成信号相位配时、灯色状态及排队检测等工作。

智能网联汽车编队控制系统，主要可应用于城市快速路及市区内联络线。其工作流程如下：领航车通过云端获取前方路况及灯色信息，以合理的速度行驶于道路中。在有效区域内的车辆自动形成队列，以跟驰状态行驶。跟驰车辆通过传感器采集前后车辆的信息，并通过无线通信设备将数据进行共享；队列控制模型将信息进行融合并计算出最优的跟驰指令，完成对车辆的控制。当车队驶入交叉口，可根据路侧控制单元所采集的信号配时、排队长度等信息，使整个车队以不停车的行驶状态驶离交叉口。

如图 15-3 和图 15-4 所示，智能车辆队列硬件在环仿真系统实物部分主要由智能车及上位机软件两部分组成。两者之间由搭载的 ZigBee 无线通信模块完成数据的传输。智能车是仿真系统中的实体对象，也是系统的执行终端。它主要由无线通信、传感器、控制器等子系统组成。通过接收上位机的队列行驶指令，完成车辆行驶行为。上位机作为数据处理和决策终端，主要由队列控制显示平台、车辆队列控制模型、VISSIM 软件仿真模型组成。其获取的车队行驶状态信息经控制算法分析决策计算出最优行驶参数，传送给车辆。VISSIM 软件仿真中会同步车辆行驶状态。实体与仿真数据均显示在图形操作平台，且平台能够对车队行驶状态进行控制。

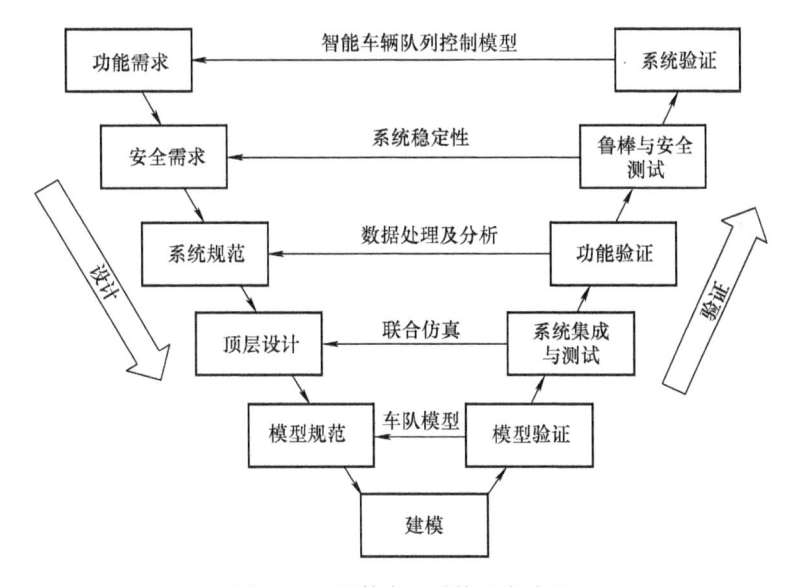

图 15-3　硬件在环系统开发流程

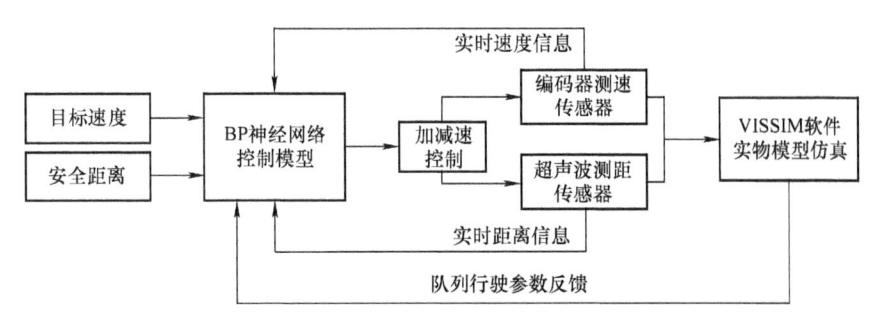

图 15-4　智能车辆队列系统流程图

15.1.2　硬件在环仿真平台验证原理

本章给出的智能微缩车平台是一个与实际场景按 1∶10 比例缩小智能车路协同系统半实物仿真平台。平台包括智能微缩车、沙盘道路及无线通信等交通设施，面积大约为 $25m^2$，如图 15-5 所示。智能微缩车选用后轮为直流电动机驱动和前轮为舵机转向的电动模型车；车载核心控制板的处理器是 32 位 ARM 内核处理器 STM32F407；采用图像识别车道线感知环境信息，车车通信方式获取车辆信息。沙盘道路是宽度为 35cm 的双车道，表面呈磨砂状，其与柏油公路的摩擦系数基本一致。智能车在沙盘道路行驶最高速度不超过 4m/s，通常设置为 3m/s 以下。道路沙盘的路况与真实场景类似，包括直道、弯道、坡道及高架桥等，与实际场景基本一致。智能微缩车和上位机监控中心均有无线通信模块，可以实现车路直接的信息交互和命令控制。

图 15-5　智能网联汽车硬件在环仿真平台

本章车辆队列实验采用智能微缩车平台，相比实车道路实验有以下优势：
1）实验平台系统便于设计，各部件成本低廉并且容易更换。
2）微缩车的电池续航能力较强，零部件磨损较小，适合长时间做验证测试，并且不存在危险性，保证了实验的安全性和重复性。
3）沙盘道路和交通设置不存在占用公共资源问题，并且不需要考虑路面磨损和驾驶、行人的人身安全，将实际问题大大简化。
4）实验场景和实验需求可以任意修改，并且可以做实际很难实现的临界测试场景，如紧急加减速运动等。

综上所述，由于半实物仿真平台和缩微版本与实际智能车路系统之间的极大相似性，并将很多现实情况下难以解决的问题大大简化，对于需要占用过多交通资源的车辆队列实验是较好的选择。

15.1.3 硬件在环仿真平台验证可行性验证

微缩车是否可以用来验证实车控制效果,各国科研机构一直存在着争议[8,9]。针对不同模型(ABS、ESP 等)的验证可行性,不同的机构都得出不同的缩比模型[10]。其中最具有参考意义的验证规则是美国麻省理工学院 Buckingham 建立的车辆"π groups"缩比模型法则[11]。它的实际意义在于缩比模型车和实车的下列参数比例一致时,证明两车的实验验证结果符合缩比性质。Buckingham 给出的该法则如图 15-6 所示。

$\pi_1 = Throttle$, $\pi_2 = Brake$	Non-dimensional driver inputs
$\pi_3 = i_t$, $\pi_4 = i_f$, $\pi_5 = N_{ratio}$, $\pi_6 = T_{ratio}$	Non-dimensional transmission and final drive gear ratio
$\pi_7 = \dfrac{J_e}{mL^2}$, $\pi_8 = \dfrac{I_t}{mL^2}$, $\pi_9 = \dfrac{J_w}{mL^2}$	Non-dimensional engine, transmission and wheel inertia
$\pi_{10} = \theta_{CS}$, $\pi_{11} = \theta_i$, $\pi_{12} = \theta_t$, $\pi_{13} = \theta_p$, $\pi_{14} = \theta_f$, $\pi_{15} = \theta_w$	Non-dimensional angular displacements
$\pi_{16} = \dfrac{\tau_e}{mU^2}$, $\pi_{17} = \dfrac{\tau_i}{mU^2}$, $\pi_{18} = \dfrac{\tau_t}{mU^2}$, $\pi_{19} = \dfrac{\tau_p}{mU^2}$, $\pi_{20} = \dfrac{f}{mU^2}$, $\pi_{21} = \dfrac{\tau_d}{mU^2}$, $\pi_{22} = \dfrac{\tau_w}{mU^2}$, $\pi_{23} = \dfrac{\tau_{brake}}{mU^2}$	Non-dimensional torques
$\pi_{24} = K_{fc}\sqrt{mU^2}$	Non-dimensional capacity factor
$\pi_{25} = \dfrac{R}{l}$	Non-dimensional wheel radius
$\pi_{26} = \dfrac{pL^3}{m}$, $\pi_{27} = \dfrac{p_{air}L^3}{m}$	Non-dimensional vehicle and air density
$\pi_{28} = \dfrac{A_f}{l^2}$	Non-dimensional projected front area of vehicle
$\pi_{29} = \dfrac{BU}{ml}$	Non-dimensional damping
$\pi_{30} = C_D$, $\pi_{31} = C_{rr}$	Non-dimensional drag and rolling resistance coefficient

图 15-6 Buckingham 给出的"π groups"车辆缩比模型相似法则

针对这个经典"π groups"车辆缩比模型法则,美国密歇根大学 Rajeev Verma 等人选用了 1∶13 的智能微缩车通过配置五项"π groups"法则基本参数,并按照 0.5 节气门开度加速曲线标定了缩比模型速度控制性能,实现了车辆动力学的缩比模型,并验证了避撞控制模型的实际效果[12]。目前该研究成果被广大研究结构采用。

基于以上文献的实验结论,沿用密歇根大学 Rajeev 团队证明的"π groups"缩比微缩车模型,本章的多智能微缩车平台采用缩比 1∶10 智能微缩车,选择"B-Class"轿车作为实车依据,具体参数对比见表 15-1 所示。

表 15-1 实车和道路与微缩车平台参数对比

参数类型	实车和道路参数	微缩车平台参数
车长/m	约 4.8	0.4
车重/kg	约 2000	1.157

(续)

参数类型	实车和道路参数	微缩车平台参数
车宽/m	约1.8	0.15
车道宽度/m	3.4	0.35
轮胎半径/cm	0.4412	0.0368
行车路面材质	柏油（摩擦系数约为0.6）	沙盘（摩擦系数约为0.6）
最高车速/(m/s)	55.6（约200km/h）	4m/s

（1）轮胎半径与车长比例

选用的"B-Class"车型标准轮胎半径为0.4412m、车长为4.8m，智能微缩车长为0.4m，通过"π groups"法则中的π_{25}定义，有

$$\left(\frac{R}{l}\right)_{\text{Actual}} = \left(\frac{R}{l}\right)_{\text{Scaled}}$$

$$\left(\frac{0.4412}{4.8}\right) = \left(\frac{R}{0.4}\right) \quad (15\text{-}1)$$

$$D_{\text{Scaled}} = 0.0368\text{m}$$

可以得出选择的智能微缩车轮胎需选用半径为0.0368m的轮胎，可以通过更换配件来实现。

（2）车长与车身质量比π_{26}

因为智能微缩车的重量变化不会太大，故π_{26}法则采取反向运用，实车重量应为2000kg，通过比例计算后，得出微缩车重量应为1.157kg，除去本身车重其他可以通过增加载荷来实现。

$$\left(\frac{\rho l^3}{m}\right)_{\text{Scaled}} = \left(\frac{\rho l^3}{m}\right)_{\text{Actual}}$$

$$(\rho)_{\text{Scaled}} = (\rho)_{\text{Actual}}$$

$$\left(\frac{l^3}{m}\right)_{\text{Scaled}} = \left(\frac{l^3}{m}\right)_{\text{Actual}} \quad (15\text{-}2)$$

$$\left(\frac{0.4^3}{m}\right)_{\text{Scaled}} = \left(\frac{4.8^3}{2000}\right)_{\text{Actual}}$$

$$m_{\text{Scaled}} \approx 1.157\text{kg}$$

（3）车速与车长比例

这一条法则在"π groups"中没有定义，是密歇根大学学者增加的一条，按照法则定义为

$$\left(\frac{Ut}{l}\right)_{\text{Scaled}} = \left(\frac{Ut}{l}\right)_{\text{Actual}}$$

$$\frac{U_{\text{Actual}}}{U_{\text{Scaled}}} = 4.8/0.4 = 12 \quad (15\text{-}3)$$

可以得出实际车速与微缩车车速的比例关系为12倍的关系。

（4）车长与发动机转动惯量比例关系π_7

这一条主要用于计算微缩车电动机转矩时需要的转动惯量，根据π_7定义计算如下：

$$\left(\frac{J_e}{ml^2}\right)_{\text{Scaled}} = \left(\frac{J_e}{ml^2}\right)_{\text{Actual}}$$

$$\left(\frac{J_e}{1157 \times 0.4^2}\right)_{\text{Scaled}} = \left(\frac{0.5}{2000 \times 4.8^2}\right)_{\text{Actual}} \tag{15-4}$$

$$J_{e\text{Scaled}} = 2.01 \times 10^{-6} \text{kg} \cdot \text{m}^2$$

这样可以计算出微缩车的转动惯量为 $2.01 \times 10^{-6} \text{kg} \cdot \text{m}^2$。

(5) 发动机对应车速下的发动机转矩关系 π_{16}

π_{16} 法则也是后续推导微缩车动力学模型的基础，计算微缩车转矩与实车发动机转矩的关系，有

$$\left(\frac{T_e}{mU^2}\right)_{\text{Scaled}} = \left(\frac{T_e}{mU^2}\right)_{\text{Actual}}$$

$$\left(\frac{T_e}{1.157}\right)_{\text{Scaled}} = \left(\frac{T_e}{2000 \times 12^2}\right)_{\text{Actual}} \tag{15-5}$$

$$(T_e)_{\text{Scaled}} = 4.017 \times 10^{-6} (T_e)_{\text{Actual}}$$

计算得出与实际转矩的比例关系。

15.1.4 车辆动力学的微缩车实现

本节将介绍智能微缩车验证实验的基础。通过 15.1.3 节的 "π groups" 的微缩车基本参数配置，可以实现与实车相似的模型，下一步需要验证微缩车的动力学模型。通过微缩车动力学模型验证结果证明可行性后，车辆控制模型验证的分析结果才能具有一定的说服力，才能作为模型实际验证手段。

参考美国密歇根大学建立的如下微缩车动力学模型：

$$m\ddot{\beta} + \left(B + K_T \frac{K_B}{R_{\text{dcm}}}\right)\dot{\beta} - K_T \frac{V_{\text{PWM}}}{R_{\text{dcm}}} = 0 \tag{15-6}$$

可以得出驱动电动机 PWM 控制方式如下：

$$V_{\text{PWM}} = k_1 T_d + k_2 v \tag{15-7}$$

式中，k_1，k_2 由直流电动机特性曲线决定，此处引用参考文献计算的参数代入 k_1，k_2；T_d 为实现加速度的期望电动机转矩。式（15-6）中，B 为动力系统阻尼。K_B，K_T 为电动机电枢电流系数，由电机特性曲线决定；β 为电动机转角位置；R_{dcm} 为电机电枢电阻；V_{PWM} 为驱动电动机对应 PWM 占空比电压值，计算公式为

$$V_{\text{PWM}} = 70 + 2800 T_d + 0.72 v \tag{15-8}$$

由此可得电动机转矩与电动机 PWM 值为线性关系，所以当需要计算理想车速时，换算出理想 PWM 值即能控制微缩车的期望加速度。这样从原理上验证了智能微缩车平台验证车辆队列控制模型的可行性。

沿用美国密歇根大学 Rajeev Verma 实验方法，设置节气门开度为 0.5，验证智能微缩车加速曲线与实际车辆加速曲线对比效果，如图 15-7 所示。

如图 15-7 所示，左右两图中虚线代表实车模型结果曲线，实线代表微缩车模型结果曲线，虚线与实线场基本拟合。通过相似比例来配置车辆参数后，得出了与密歇根大学 Rajeev Verma 等人实验结论一致的实验结果，这证明本章智能微缩车模型可成立，可以直接用于验证其他

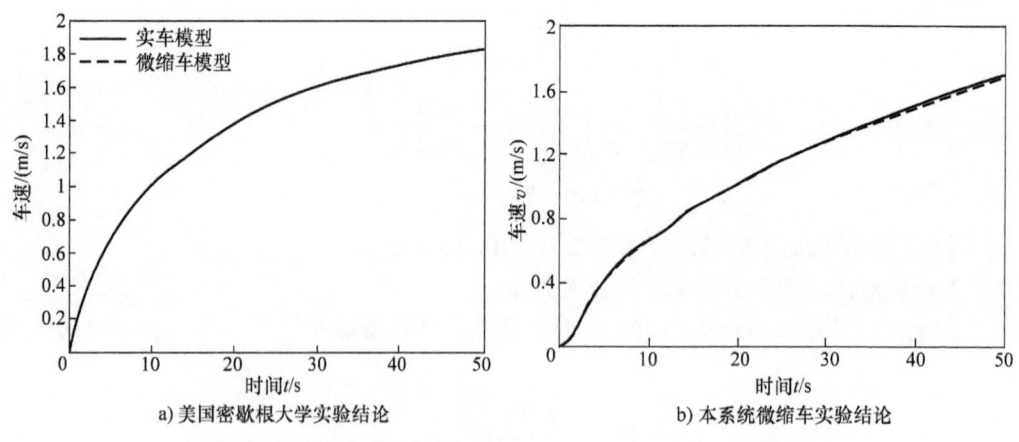

图 15-7 微缩车动力学模型验证对比（0.5 节气门开度加速）

车辆动力学控制模型。

15.2 智能微缩车平台硬件结构

本章采用的高性能智能微缩车硬件电路设计方案为双层结构，即图像处理层与控制层。智能微缩车硬件平台结构如图 15-8 所示。图像处理层采用 Mini-ITX 微型控制板作为图像处理的核心，处理器型号为美国英特尔（intel）赛扬 1037U 1.8G 双核，内存为 2G。控制层采用 ARM 处理器搭建嵌入式控制系统作为核心控制板，选用 STM32F407 微处理器。图像处理层用于图像分析、车道线识别，以及前车检测和车距识别。控制层用于实现智能微缩车转向与速度控制。图像处理层与控制层之间通过串口进行数据通信，图像处理层将图像处理后的信息发送给控制层，在控制层实现对执行机构的控制最终验证结果。智能微缩车之间，监控中心之间通过 ZigBee 通信实现信息交互。

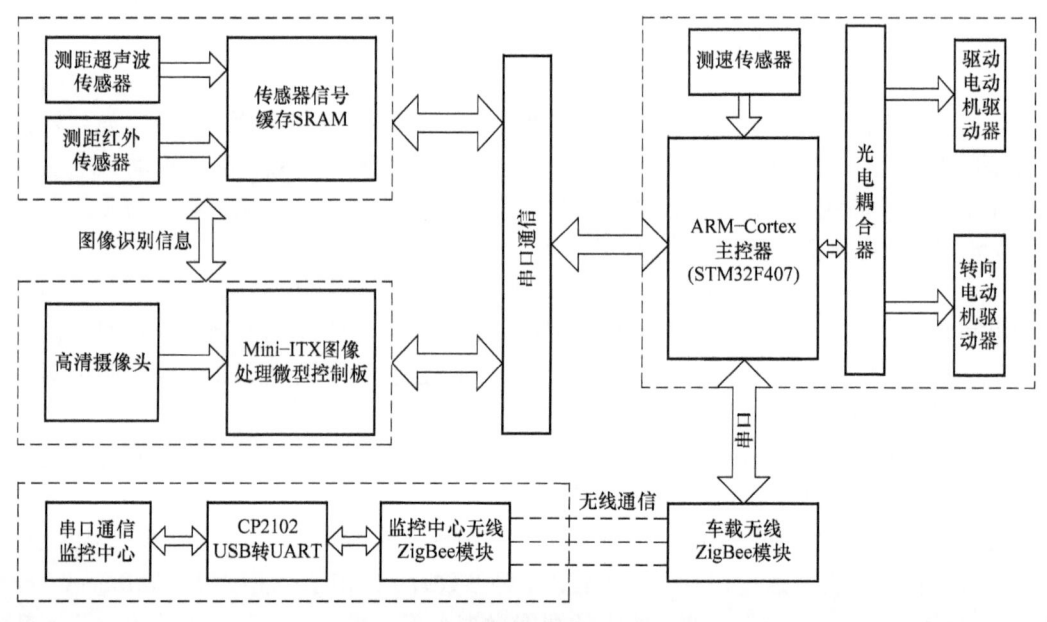

图 15-8 智能微缩车硬件平台结构

智能微缩车利用传感器采集信息，通过 ARM 内核处理器对信息进行分析处理，然后根据当前的行驶条件进行合理的实现行驶、转弯、避撞控制，提高了智能微缩车的可控制性；同时，智能微缩车基于无线通信实现多智能微缩车之间和沙盘道路之间的车车、车路通信，通过安装 ZigBee 无线传输模块接收车辆和监控中心的数据和命令信息。监控中心软件通过 RS232 串口将控制命令通过无线传输发送给各个微缩车的底层控制板，控制板接收到无线控制命令后控制启停等控制操作，车车之间通过互相收发行驶状态信息来判断当前车辆队列行驶的状况，并决定车辆控制执行器的参数和是否需要采取相应的避撞控制。智能微缩车安装了电动机驱动控制器，故只需给驱动器提供 PWM 脉宽调制信号即可控制舵机和驱动电动机。

15.2.1 控制部分电路设计

1. 硬件原理图设计

（1）STM32F407 最小系统设计

针对智能微缩车系统要求处理速度快、功耗低的特点，选用 STM32F407 作为核心处理器。STM32F407 是面向低成本、低功耗应用的基于 ARM7 架构的 Cortex-M3 的 32 位处理器，拥有 3 级流水线和哈佛结构。STM32F407 处理器最高主频高达 100MHz，内部存储空间包括 1MB 的 Flash 存储器、64KB 的数据存储器，并具有丰富接口资源（如 PWM、AD、CAN、IIC），可以很好满足开发平台的要求。

系统的最小系统包括晶振起振电路、程序下载电路、指示灯电路和基本处理器外围电路等，其电路原理图如图 15-9 所示。

（2）系统电源设计

系统以 12V、2000mA·h、驱动电流为 5A 的可充电锂电池作为电源供电，12V 作为图像处理工控板的供电，需要 2A 的驱动电流，所以基本占据整个系统电源输出功率的 1/2；12V 电源经电压稳压芯片 LM2576 转换得到 5.0V 电压，分别为超声波模块、舵机、驱动电动机、ZigBee 模块提供电源；然后低压差三端线性电压转换芯片 LM1117 将 5.0V 转换成 3.3V 电压，为 ARM 处理器内核、外围最小系统和 SD 卡存储提供电源，系统电源电路原理图如图 15-10 所示。

（3）驱动电动机控制电路

智能微缩车驱动电动机型号为 RS-540SH，属于直流电动机。智能微缩车通过驱动电动机来实现车速控制，输出功率为 0.9~60W，其特性如表 15-2 所示。

表 15-2 RS-540SH 直流电动机特性

电压/V		空载		最高效率				堵转	
工作范围	正常	转速/(r/min)	电流/A	转速/(r/min)	电流/A	转矩/(mN·m)	输出功率/W	转矩/(mN·m)	电流/A
4.8~9.6	7.2	23400	1.6	20040	9.55	31.0	64.9	216	57

采用集成驱动芯片 BTS7970 搭建 H 型全桥直流电动机驱动电路，用于智能微缩车小功率直流电动机的控制。道路沙盘面积大、环境复杂，电动机功率输出大，所以控制要求较高，需要车载电池提供持续、稳定的电源。所以，对智能微缩车硬件电动机驱动电路要特殊设计，保证为智能微缩车提供给驱动电动机稳定和持续的直流驱动功率，对于不同复杂的路况都能够稳定控制。

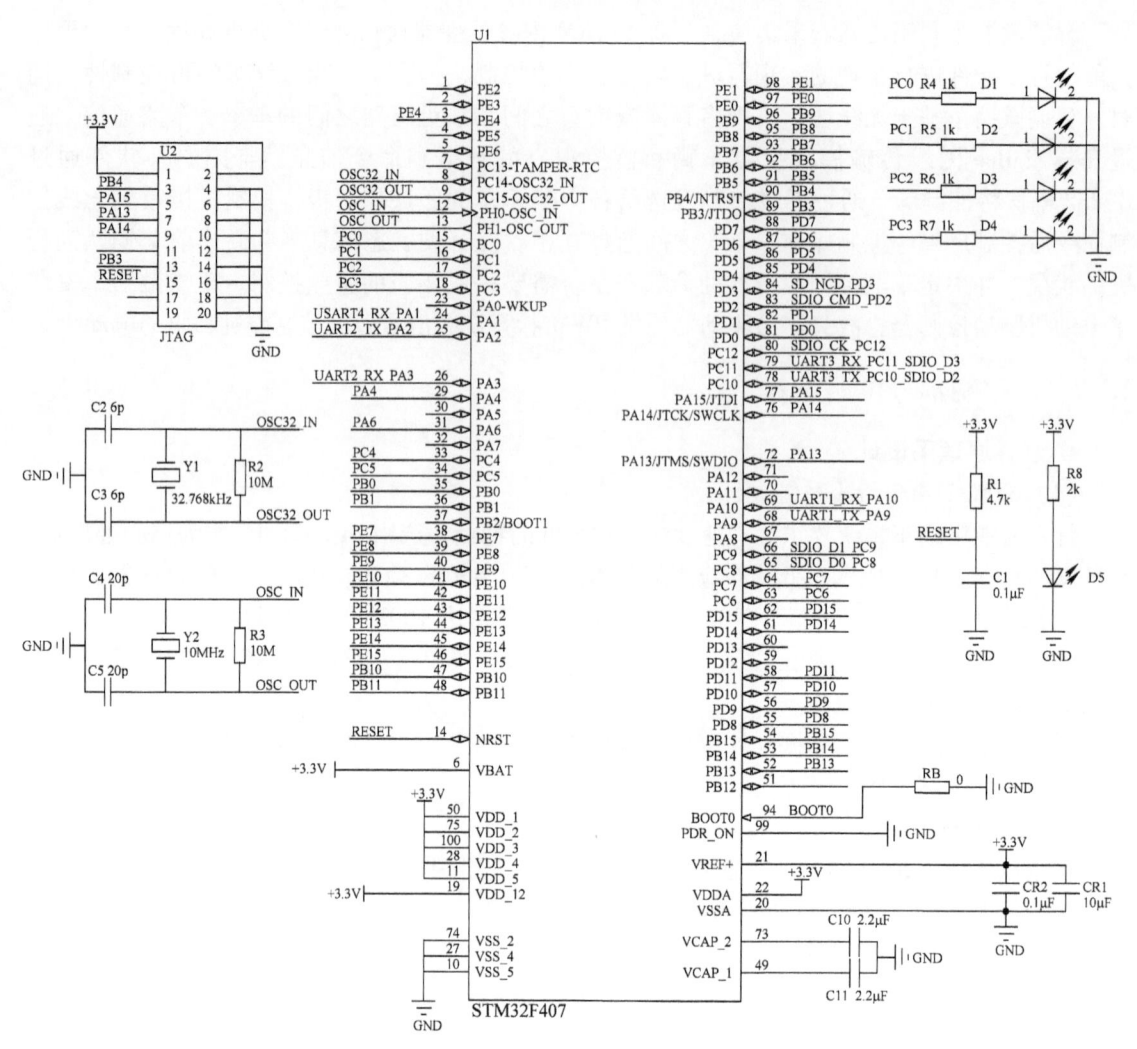

图 15-9 STM32F407 最小系统电路原理图

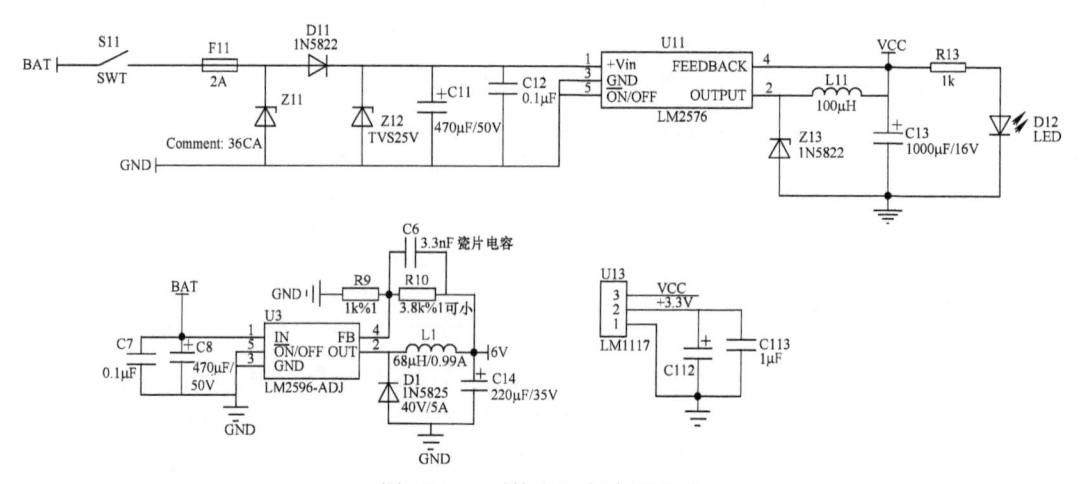

图 15-10 系统电源电路原理图

设计的智能微缩车 H 型全桥驱动电动机控制电路,如图 15-11 所示。

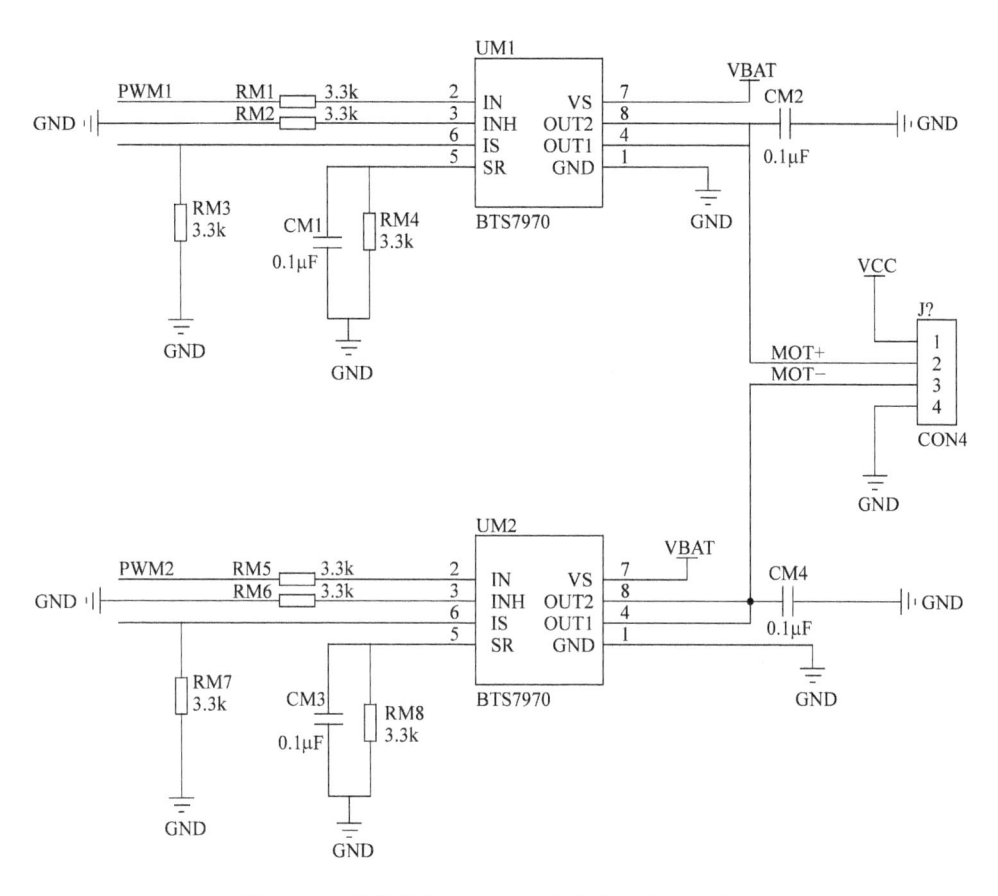

图 15-11 智能微缩车 H 型全桥驱动电动机控制电路

(4) 车车通信模块

智能微缩车在行驶验证过程中主要依靠无线通信获取道路信息和周围车辆行驶信息,并且需要获得启停等控制命令,与实际参考的系统相同,智能微缩车设计采用 ZigBee 无线通信方式。

智能微缩车选用美国飞思卡尔(Freescale)公司高灵敏度 ZigBee 芯片 MC13213 作为车车通信模型核心单元。MC13213 是将支持 IEEE 802.15.4 协议的射频芯片和具有 8 位单片机内核的处理器集成一体的片上系统(System on Chip,SOC)芯片。车车通信模块采用 RS232 串行接口作为与其他设备通信的方式,与本系统监控中心平台和智能微缩车控制板进行无线通信。实验用 ZigBee 模块如图 15-12 所示。

ZigBee 模块参数如表 15-3 所示。

图 15-12 实验用 ZigBee 模块

表 15-3 ZigBee 模块参数

参数类型	参数名称	参数值
无线网络参数	传输距离	200~2000m
	通信协议	IEEE 802.15.4
	网络拓扑	星形、树形、链形、网状网
数据通信接口	最大数据包	256byte
	数据接口	TTL 电平、RS232 串口
	波特率	1200~115200bit/s 可配置
收发器参数	频率范围	2.405~2.480GHz
	无线信道	16
	发射功率	-27~25dBm
	天线连接	外置 SMA 天线
工作参数	输入电压	直流 2.0~12V
	最大发射电流	200mA
	最大接收电流	55mA
	待机模式	10mA
	工作温度	-40~85℃

除此以外，电路原理图还包括速度反馈电路、数据存储电路、超声波测距电路等。

2. 控制板的 PCB 设计

控制板是系统硬件的核心。本系统用到了无线通信模块和众多通信端口，而且对系统实时响应要求较高，所以需要特别注意电磁兼容性和信号传输性来考虑设计方案。

（1）接地设计

智能微缩车行驶时各器件功率不同，额定电流也要同时满足，并且电压需要稳定在一定范围，可以采用接地平面覆铜。覆铜整个地平面有较低的阻抗，使地平面能保持一个稳定的电势。同时驱动电动机是智能微缩车的主要功率部件，并且会产生较大工作电流。智能微缩车额定功率为 25W，额定电压为 12V，当驱动电动机以额定功率运行时，在导线上最高产生 3A 左右的大电流，引起 PCB 产生大电压降。由于其他器件与驱动电动机共用覆铜地，会引起其他器件供电严重不足。所以在设计 PCB 时需要割裂接地层迫使它环绕割裂位置流动，让大电流不经过控制电路区域；同时避免驱动电动机反向电流干扰需要通过信号输入端接入光耦隔离器件控制电流流向；采用该接地设计方法可以保证驱动电动机工作电流的同时不影响控制电路的正常工作。

（2）信号线包地处理

智能微缩车各组成器件之间通信信号的稳定性决定了控制系统的稳定性。特别需要注意的是，与底层控制板电路相连接的外围模块需要额外处理。智能微缩车系统中的 ZigBee 无线模块属于高速时钟周期信号，超声波测距信号边沿变化很快，这些实时性要求高的信号电路与底层控制板通信电路可以采用包地处理。信号包地线还可以吸收这些高频信号走线上电流产生的噪声，同时其他电路产生电磁干扰也可以避免。智能微缩车系统控制板上处理器周围的 SPI、SDIO 总线、IIC 总线等也需要包地处理，防止干扰处理器工作。

（3）模拟地、数字地分开设计，在一点接地

智能微缩车系统中包含多组模拟信号和数字信号，地线也同时作为两种信号的电流返回

路径。数字信号由于噪声容限大所以抗干扰能力强,但是如果模拟地和数字地共用会导致数字信号的噪声影响模拟信号,所以必须将数字、模拟信号的电流回流路径分离。PCB 的数字地和模拟地采用单独布线,并且数字地平面和模拟地平面分割,最后在 PCB 上没有通信线路的区域通过 0Ω 电阻单点连接。

(4) 提供稳定系统供电,电源网络中需分配储能钽电容器

本系统有多组供电电源,电源网络设计尤为关键。开关噪声会在电源线或者电源平面传播并且对其他芯片产生干扰。所以在设计电路时电源芯片引脚附近都布置有 $0.01 \sim 0.1 \mu F$ 的去耦电容器,其主要功能就是给电路中有源器件提供局部的直流电源。当有源器件处于受干扰馈电状态时,每个芯片旁边的去耦电容器和储能电容器来补充其余的电量。

最终系统控制板的 PCB 图和实物图如图 15-13 所示。

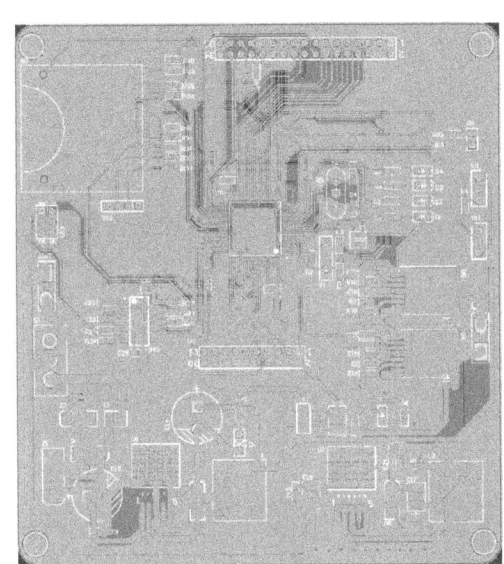

图 15-13 系统控制板的 PCB 图和实物图

15.2.2 环境感知部分设计

(1) Mini-ITX 图像处理微型控制板

Mini-ITX 图像处理微型控制板如图 15-14 所示,基于英特尔赛扬 1037U 型号处理器(1.8GHz)双核,2GB 内存。硬件接口包括一路高速 HDMI 接口,用于连接高速 USB 高清摄像头;识别车辆周围环境通过 Mini-ITX 板,通过上层 OpenCV 函数开发相应的图像处理程序。

本系统选用一路罗技(Logitech)公司的 C270 高清 CMOS 摄像头作为环境识别的传感器(像素为 300 万,分辨率为 1280×720,最大帧数为 30 帧/秒),通过 USB 接口与 Mini-ITX 板连接,功能实现通过调用 OpenCV 库函数对实时采集的图像进行二次开发,得出控制系统需要的车道线、前车、指示灯等环境信息。

图 15-14 Mini-ITX 图像处理微型控制板

(2) 智能微缩车外观

设计稳定可靠的微缩车对验证车辆队列控制来说是一个基本前提条件。其中机械结构的设计是很重要的一方面。微缩车的机械结构（如底盘设计和轮胎）设计要稳定，可以保证微缩车执行机构的稳定，同时保证了移动灵活性。因此，微缩车机械结构设计与控制系统具有同样重要的地位。

智能微缩车半实物平台道路沙盘的车道宽度为35cm，微缩车为1∶10缩比模型车。微缩车采用前轮转向后轮驱动的方案，如图15-15所示。

a) 摄像头寻迹车　　　　　　　　　　b) 光电寻迹车

图15-15　智能微缩车外观设计图

15.3　智能微缩车平台软件结构

15.3.1　图像处理部分软件结构

如图15-16所示，智能微缩车在行驶过程中通过高清摄像头实时对图像进行采集处理。首先经过滤波滤掉一些噪点，然后对图像进行二值化为黑白像素图，这是图像处理前期阶段。得到二值化图像后，对车道线特征点和白色矩形区域进行判断，对判断为车道线特征点进行霍夫变换并求出连续两帧图像的车道中线位置差来计算方向舵机的转向角度来控制微缩车的转向。通过对白色联通区域的识别来判断前方是否存在车辆；当判定为矩形区域是前车的标示时同时读取超声波采集的距离信息，即为当前车距信息；然后根据测速发电机的反馈值计算当前车速，从而执行安全车距控制模型。图像处理流程效果如图15-17所示。

15.3.2　控制系统部分软件结构

如图15-18所示，智能微缩车首先通过车车通信实时获取前车信息，包括（位置、距离、车速、加速度），然后根据提取出的信息判断通信区域内是否有目标车辆。当判断通信区域内存在目标车辆则进入车距保持控制程序，否则选择按当前车速匀速行驶。同时，协同主动避撞模型实时判断当前状态，当判断当前存在安全隐患时，选择前车车速和车距作为安全车距控制模型的输出期望加速度值来控制驱动电动机转速以避免碰撞事故的发生；加速度输出值由微缩车执行机构去执行，最后由输出的车速反馈给控制系统，进入下一周期的闭环避撞控制程序。

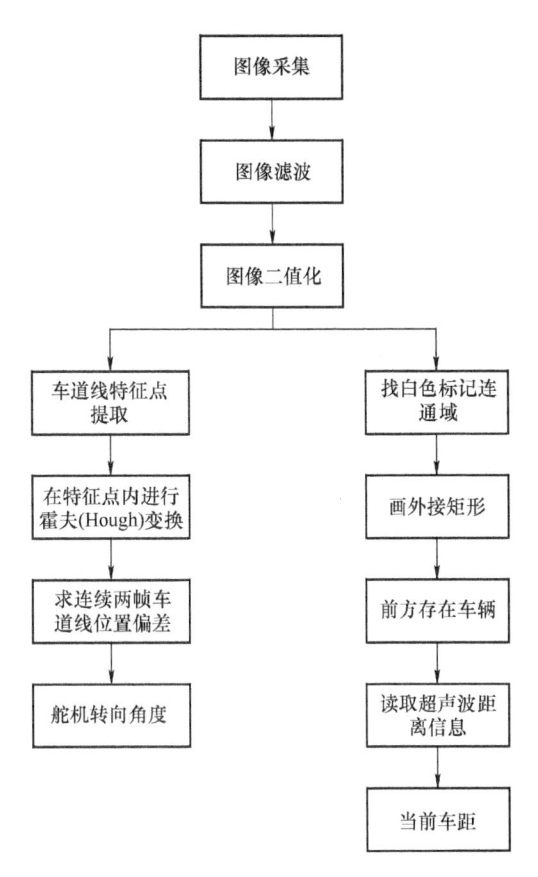

图 15-16　智能微缩车图像处理软件流程图

图 15-17　图像处理流程效果

15.3.3　数据滤波处理程序结构

智能微缩车验证过程中会接收和处理大量数据，所有数据必须按照统一的规范进行处理，也必须遵循一定的协议规则，相关的数据通信协议如表 15-4 所示。

表 15-4　智能微缩车数据通信协议

协议序列	数据名称	数据结构	数据单位	数据类型	占用字节数
1	起始位	$$	无	字符	2
2	车辆 ID	01	无	字符	2
3	车速	000~400	cm/s	十六进制	2
4	车距	000~500	cm	十六进制	2

（续）

协议序列	数据名称	数据结构	数据单位	数据类型	占用字节数
5	加速度	0~10	cm/s²	十六进制	1
6	车辆 ID	02	无	字符	2
7	车速	000~400	cm/s	十六进制	2
8	车距	000~500	cm	十六进制	2
9	加速度	0~10	cm/s²	十六进制	1
10	车辆 ID	03	无	字符	2
11	车速	000~400	cm/s	十六进制	2
12	车距	000~500	cm	十六进制	2
13	加速度	0~10	cm/s²	十六进制	1
14	故障码	0~255	无	十六进制	1
15	校验码	0~65535	无	十六进制	2

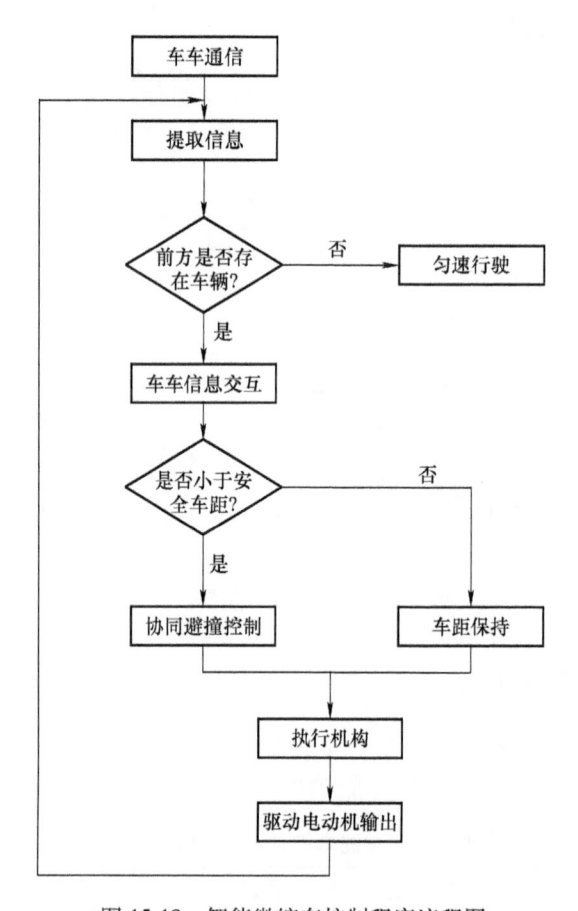

图 15-18　智能微缩车控制程序流程图

数据处理流程：当智能微缩车行驶时，首先需要对本车的信息进行采集和处理，主要包括控制板的测速发电机 A-D 接口反馈值，超声波 UART 接口反馈值和一些控制量的 IO 值，处理器将这些值进行转换成为可以被程序使用的本车车速、车距、加速度等信息；本车图像识别板还会反馈车道线信息、道路中心线偏移角信息和障碍物信息；在接收到本车信息后，处理器通过无线通信接收其他车辆的行驶信息和控制中心的控制命令，然后将这些信息通过限幅滤波和中位值滤波，滤掉数据中的干扰值和重复值，得出有效的数据后按照协议定义统一编码来参与程序运行；程序运行的结果会通过无线通信传输给 ZigBee 无线网络并通过硬件 SDIO 接口存储到 SD 卡中，存储后的数据用于后期验证分析。

智能微缩车信息数据处理流程如图 15-19 所示。

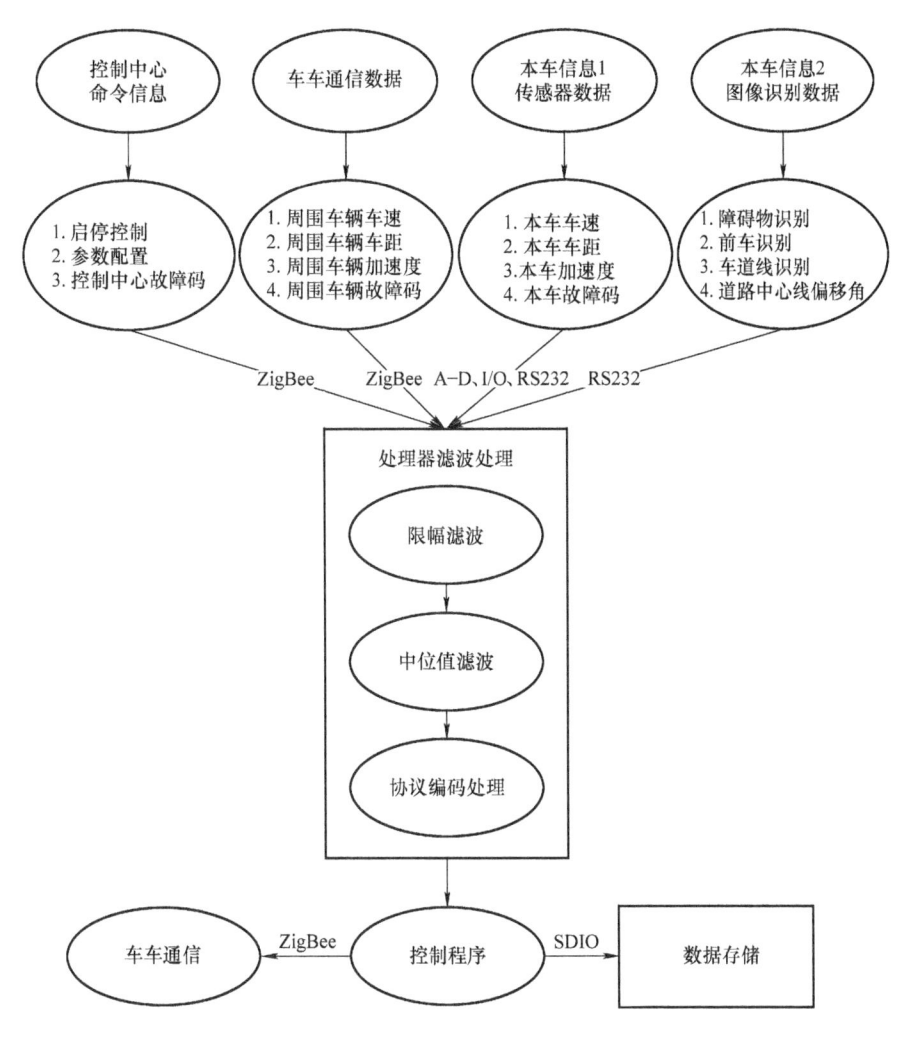

图 15-19　智能微缩车信息数据处理流程

15.3.4　上位机控制软件结构

如图 15-20 所示，在智能微缩车实验过程中，由于实验人员无法直接对 ARM 处理器底层控制板并进行命令控制，因此需要开发监控中心上位机软件与底层控制板进行无线通信，用户通过操作上位机软件来完成对智能微缩车的命令控制，实现智能微缩车控制系统的远程遥控和数据记录分析。

（1）队列控制操作平台

使用 Visual Studio 2010 的 C#语言开发上位机界面，通过界面的 MSCOMM 控件实现与控制

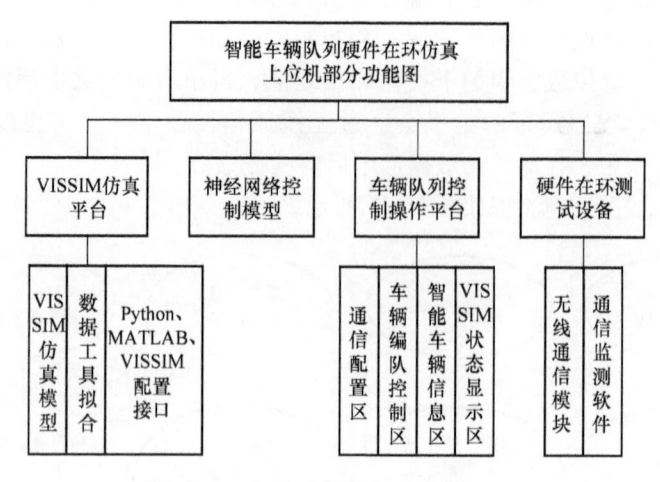

图 15-20 智能车辆软件功能结构图

终端的 ZigBee 无线通信模块的串行接口链接，从而实现上位机与智能微缩车之间的无线串口通信。监控中心上位机软件的编队控制操作平台主界面如图 15-21 所示。该监控软件可显示并储存智能微缩车在道路沙盘上的行驶信息，还可以用于后期数据分析处理，通过设置 ID 地址与智能微缩车进行命令控制。

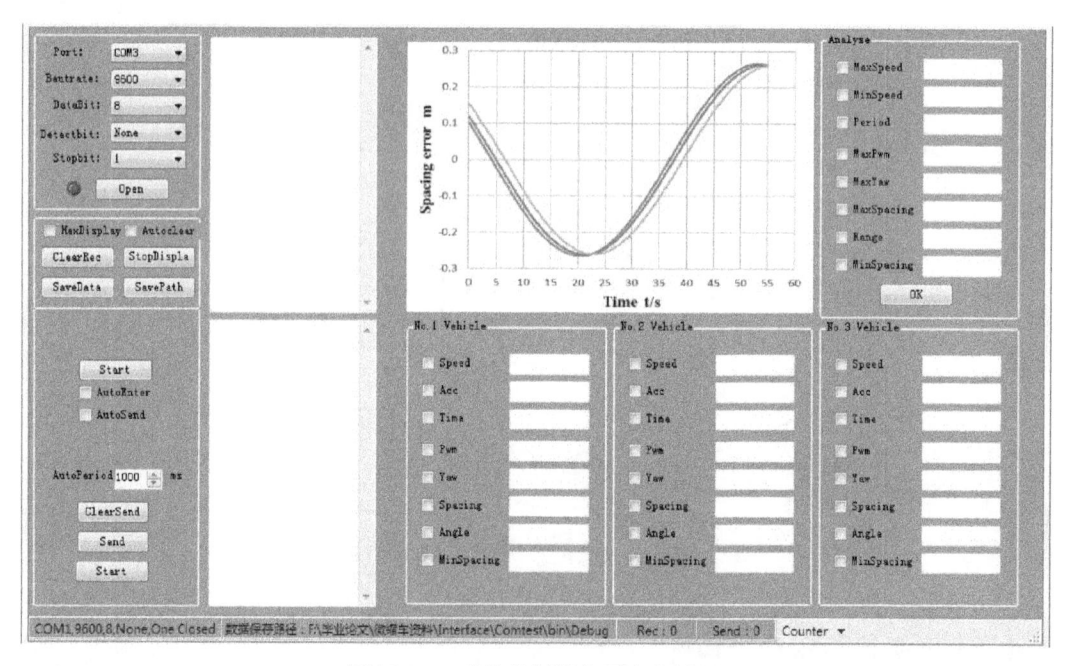

图 15-21 编队控制操作平台主界面

软件主要功能如下：
- 参数配置区，配置软件基本端口选择、波特率、校验位。
- 命令控制区，控制命令发送格式、自动发送周期选择、控制按钮配置。
- 数据发送显示区，动态显示上位机端口发送的数据。
- 数据接收显示区，动态显示上位机端口接收的数据。

- 1号、2号、3号车行驶信息显示区，实时显示3辆车的行驶状态，主要有车速、加速度、PWM值、车距、转向角度、当前最小车距和当前时间。
- 曲线显示结果区，3辆车的运行曲线回放。
- 曲线显示选择区，选择3辆车曲线回放的时间周期和曲线名称。

（2）VISSIM仿真平台

针对硬件在环仿真系统，VISSIM仿真平台基于实际智能车实验平台进行同比例缩放搭建，如图15-22所示。通过VISSIM软件提供的COM接口，与MATLAB软件建立连接，获取智能车辆队列控制与信息显示平台中采集的实际车辆数据，并对仿真车辆进行同步控制；同时，仿真车辆实时地将坐标（根据车辆所在车道及行驶里程确定）返回给平台。VISSIM仿真平台通过安置检测器，将仿真队列行驶状态进行保存，通过分析数据进一步为队列控制模型进行优化。

图15-22　VISSIM仿真平台

VISSIM是基于微观交通流模型所建立的仿真建模工具。通过对交通组成、车辆行驶状态、道路运行指标、公共交通设计等方面的设计与控制，它可实现对于城市道路交通及城市公共交通的仿真建模。是对于评价交通工程、城市交通规划、解决交通问题方面有效的技术工具。

同时，VISSIM提供的COM接口能够与其他应用程序连接，进一步的对仿真模型的数据进行分析、处理。本系统主要通过MATLAB编译环境，实现对VISSIM软件的直接控制。将车联网下车辆队列控制与VISSIM软件相结合，在仿真软件中实现车辆自组队、车队速度控制、队列运行状态数据输出的功能。

15.4　仿真结果分析

通过按照1∶10的比例分别搭建了微缩车平台的硬件、软件和上位机控制软件，为了验证设计的控制模型，需要对环境参数进行缩比设置。并选择两个具有代表性的验证实验作为模型验证手段，验证控制模型的可行性。

15.4.1　仿真场景环境参数设置

按照微缩车平台与实际场景1∶10的比例，实验参数设定如表15-5所示。

表15-5 实验参数设定

类型	微缩车	实车
微缩车控制程序周期/ms	200	200
车速范围/(m/s)	0.5~4	5~40
路面摩擦系数 μ	0.8	0.85
测距传感器类型	超声波	雷达
车车通信方式	ZigBee	LTE-V/DSRC
安全车距/m	0.3	3
加速度范围/(m/s^2)	-0.6~0.6	-6~6

15.4.2 智能网联汽车编队控制效果

输入加速度在-6~6m/s^2 正弦变化,验证车辆队列协同控制模型控制效果,如图15-23所示。

通过头车加速度正弦变化实验,从实验数据可以得出两车的车速稳定在1~3m/s,加速度稳定在-0.6~0.6m/s^2,并且三车车速变化趋势一致,理想车距差值保持在15cm以内。在正弦急加速和急减速的速度变化情况下,三车的加速度曲线会有小幅震荡,但是没有骤变和趋于零的情况出现。整个实验过程在满足车辆行驶安全性条件和队列稳定性条件下进行,没有发生安全事故,车距保持稳定,充分验证了车辆队列协同控制模型的可靠性。

如图15-23所示,头车在做正弦加速度变化时,会按照正弦输入变化车速,与后车的车距也会实时变化;车辆队列控制模型会将三车作为一体进行控制,实时判断当前状态并及时调整速度大小保证车辆队列按最小安全车距行驶;并且,三车之间距离基本稳定在一定范围之内,车速不会发生跳变引起安全隐患,整个过程车辆队列安全稳定行驶。

15.4.3 智能网联汽车编队主动安全控制效果

车辆进入弯道和高架桥时,存在传感器感知盲区,行驶信息丢失严重,特别是队列中某车辆存在阶跃变化时,队列稳定性很难保证,此场景可用来验证CACA模型和CCA模型实验结果。实验选取和本书第6章仿真验证的场景缩比参数,前两车按1m/s的速度行驶,后车速度阶跃变化为3m/s的车速行驶,并分别验证CACA控制下的协同主动避撞控制实验结果。

进入弯道和高架桥信息缺失情况,可通过硬件在环仿真实验结果进行分析。当初始3号车的车速发生阶跃变化且与前车距离小于安全车距时,CACA模型会计算当前车距是否大于制动距离。判断当前车距过近时,后车采取最大制动减速度-0.6m/s^{2}紧急制动,同时控制1号和2号车按CACA模型分配加速度,分别以0.2m/s^{2}和0.1m/s^{2}的加速度进行加速避撞控制;在车速结果曲线中,当0号车车速从3m/s减小且1号和2号车也同时加速,三车的车速曲线最终在1m/s左右的车速下汇合,三车的车速趋于一致,车车之间相对速度为零,队列进入稳定行驶;三车的最终运行效果可以在车距曲线中直观地看到,通过车距曲线可以看到1号和2号车的车距保持在1m左右,会有小幅震荡但没有趋近于零的趋势,1号和2号车不存在碰撞隐患,0号和1号车的车间距从3m开始减小到最小安全车距30cm左右,曲线不会趋近于零,说明协同主动避撞控制完成了避撞,三车最终按照稳定的状态安全行驶。这满足车辆队列的安全性条件,充分说明了CACA模型的可行性。

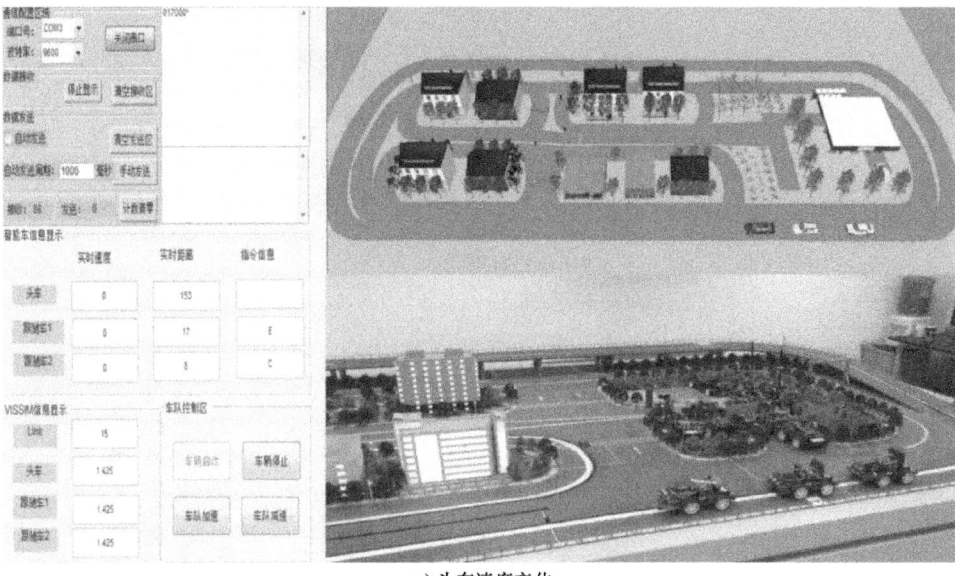

a) 头车速度变化

b) 车速保持一致形成编队

图 15-23　智能微缩车验证车辆队列协同控制模型

根据图 15-24 所示的实验，可以比较 CCA 和 CACA 的实际验证效果。在进入弯道和高架桥信息缺失情况下，可以看出当 1 号和 2 号车低速行驶时，如果 0 号车速度发生阶跃跳变会导致车距太小，在 CCA 控制下无法避免碰撞事故；当 CACA 控制时，1 号和 2 号车会根据 CACA 模型的分配加速度值加速避撞，及时弥补车距不足的漏洞，加速行驶产生的额外车距使得 0 号车有充足的距离完成紧急制动，最终三辆车的车速趋于一致，车距均保持在安全车距范围内，不会发生碰撞事故这样车辆队列可以稳定安全地行驶，验证了 CACA 模型相比 CCA 模型的优势。整个实验过程在满足车辆行驶安全性条件和队列稳定性条件下进行，没有发生安全事故，车距保持稳定，充分验证了车辆队列协同控制模型的可靠性。

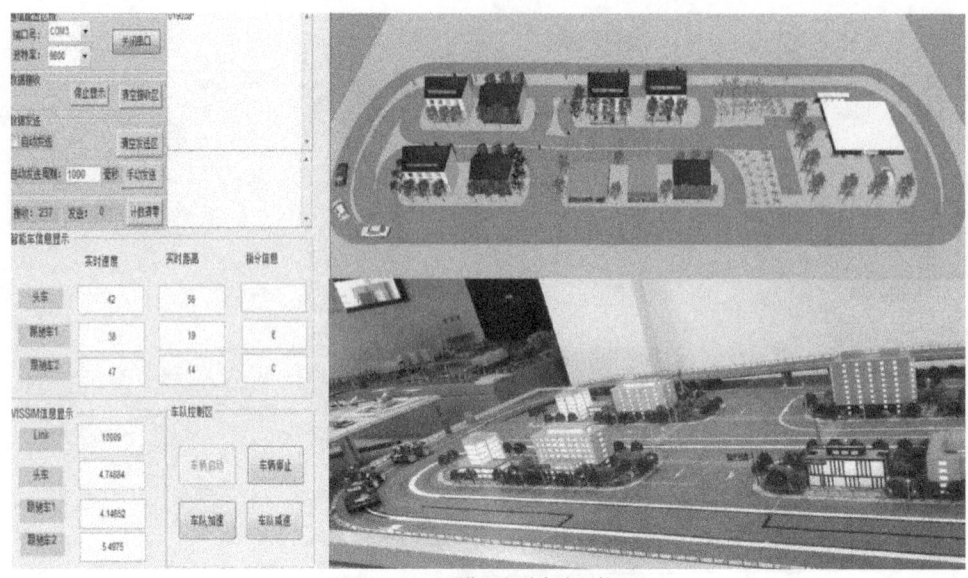

a) 进入弯道车速调整

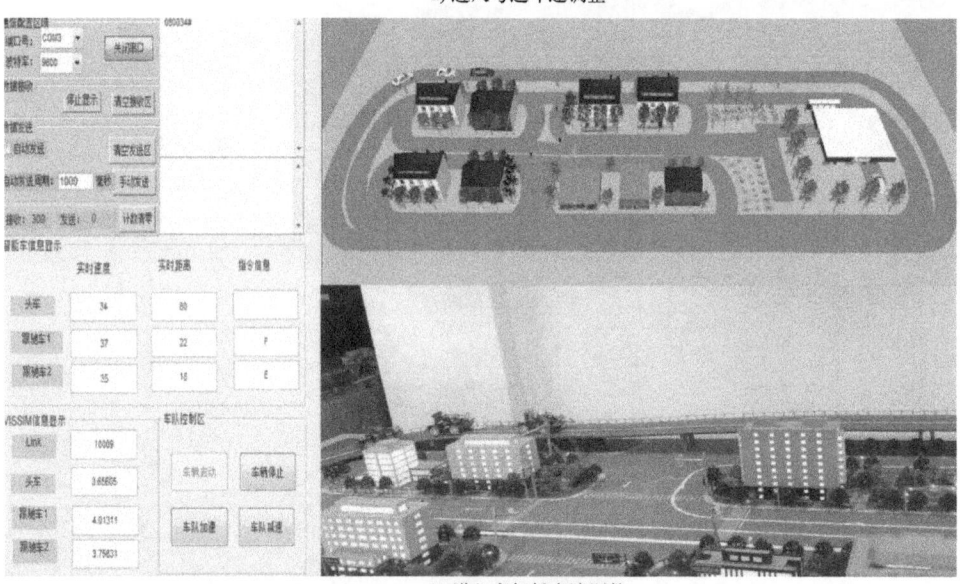

b) 进入高架桥车速调整

图 15-24　CACA 模型实验场景

15.5　智能网联汽车驾驶模拟平台

随着智能驾驶技术不断发展，智能驾驶已成为了目前智能交通及自动化等多种技术领域的研究热点之一。同时，由于自动驾驶技术无疑存在着许多优点，越来越多的产业单位及高校投入到对该技术的研究中。

目前，对智能网联汽车的研究大体方法分为两种：一种为利用实车进行实验；另一种为利用车辆仿真软件进行仿真实验。在实车实验方面，测试一般都会设置实验车辆，但测试存在着耗费大，且不易在复杂道路、大量车流中进行实验的问题。目前，大多数实车测试多为针对驾驶人行为分析及车辆碰撞实验的研究，针对智能车辆进行的实车实验测试较少。另一种普遍应用的方法为利用车辆仿真软件进行测试，如 Unity、CarSim、PreScan 等车辆仿真软件。但是，Unity 软件对仿真车辆的数量有着较大的限制；CarSim 软件主要为整车仿真，其为了提升仿真的速度，所以模型都比较简单，通常就是简单的公式或基于特性的模型。

本章将 PreScan 软件、智能驾驶模拟器及车辆控制输入设备作为软件仿真平台，并将 STM32 等比微缩智能小车与道路交通沙盘作为硬件仿真平台，对智能驾驶模拟器与等比微缩智能小车间进行协同联调，搭建智能驾驶虚拟仿真实验平台。智能网联汽车驾驶模拟平台系统结构如图 15-25 所示。

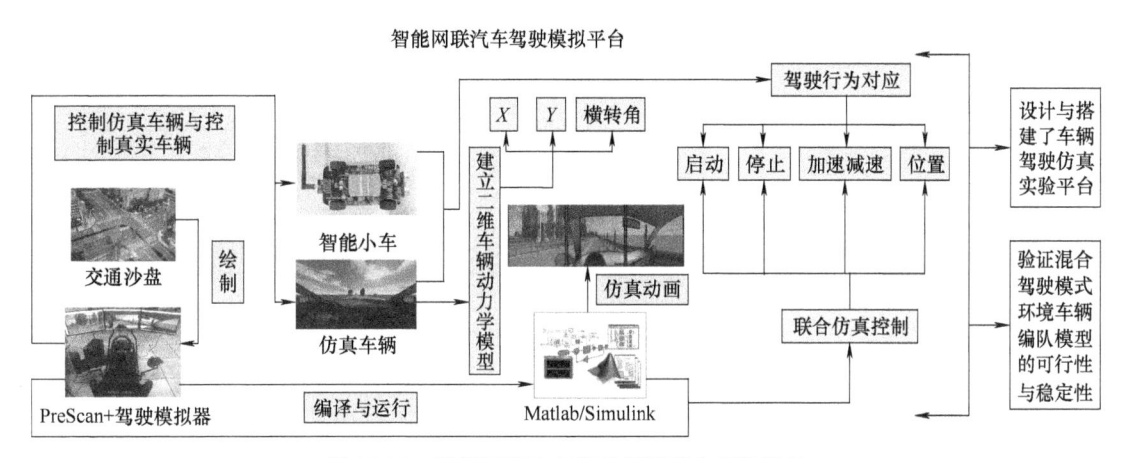

图 15-25　智能网联汽车驾驶模拟平台系统结构

该实验平台由以下几部分组成：PreScan 车辆仿真软件、Matlab 仿真软件、微缩智能小车、道路交通沙盘与驾驶模拟器。该实验平台的系统搭建流程如下：

1）将道路交通沙盘环境在 PreScan 软件中进行建模。
2）在 PreScan 软件中添加仿真车辆，并设置车辆动力学模型及车辆参数。
3）搭建驾驶模拟器和车辆的模拟驾驶设备。
4）在 Matlab/Simulink 软件环境下运行仿真工程，利用真人操控方向盘及踏板控制仿真车辆的行驶行为。
5）通过 Simulink 软件串口通信实现驾驶模拟器对微缩智能小车的启动、停止、加速、减速进行控制。
6）编写程序使得经过程序处理后驾驶模拟器控制的仿真动画中的仿真车辆与沙盘上的智能小车的行驶行为和实时位置一致。

在平台搭建后，能够对已有的车辆编队模型在混行车流环境下进行仿真层面的验证，并将智能小车在沙盘上的行驶情况作为一种演示效果，以便清晰观察实验现象。同时，也可以利用该平台对其他的车辆控制算法进行验证，以及分析各种驾驶情况等多种功能。

平台的设计与开发主要包括三个方面，具体的技术实现过程如下：

1）在环境搭建方面。首先绘制沙盘环境，通过设置车辆的动力学模型及驾驶模式，使得车辆模拟驾驶设备能够控制仿真车辆。
2）在联调智能小车方面。首先研究智能小车的整体结构及利用 ZigBee 串口无线通信模块向智能小车发送控制指令。串口通信需要在 Simulink 软件中实现。发送指令需要经过 Simulink

软件中 S-function 模块的处理。

3）在验证 MPC 模型方面。首先需要研究分析已知的一种在 Matlab/Simulink 软件中编写的模型预测控制（MPC）车辆编队控制模型，并设置自动驾驶仿真车辆与驾驶模拟器控制的仿真车辆；利用 MPC 模型实时计算出的结果控制自动驾驶仿真车辆行驶；同时编写智能小车车辆队列行驶的程序，利用超声波测距功能来根据不同的距离调整速度，实现跟随行驶；最后，进行实验验证在仿真中基于 MPC 模型的车辆编队效果。平台开发技术流程图如图 15-26 所示。

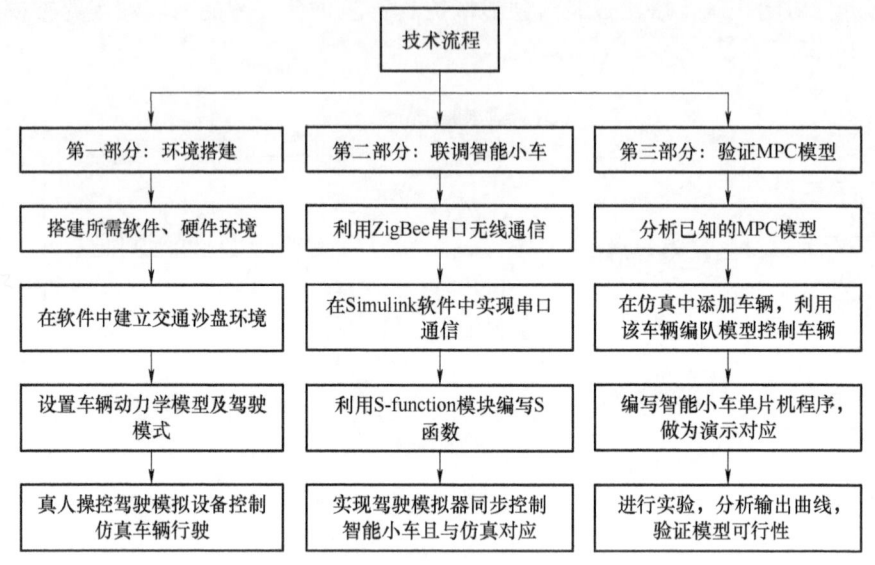

图 15-26 平台开发技术流程图

在该智能驾驶虚拟仿真平台中，可以较好地模拟搭建现实中的交通环境，同时也能较为精确地设置车辆的动力学模型及车辆行驶控制器；在实现了驾驶器与沙盘上的智能小车联调后，可以更清晰且直观地观察实验结果，同时具有直观的演示效果；并且，进一步实现了在考虑车辆动力学模型、车辆控制器等物理因素的条件下，验证混行车流车辆编队的控制模型的可行性与稳定性等。

15.5.1 仿真环境建立

1. 在软件中搭建交通沙盘环境

以交通沙盘作为实验测试环境（见图 15-27），在 PreScan 软件中建立仿真环境，通过调整道路长度、弯道半径等，将其在软件中按照 25∶1 的比例进行绘制。PreScan 软件提供了"VisViewer"功能，其可以将创建的场景以三维的动画形式可视化表示，并且该场景可以从多个角度观看，并可以在任意位置设置摄像机，可以在仿真运行中自由切换视角。

图 15-27 交通沙盘环境

在 PreScan 软件中，通过在构建区域中拖放实验组件，以创建实验的大致交通等环境布局。在此之后，每个组件的属性可以在各自的对象配置窗口中进行自定义更改，以还原出交通沙盘的实验环境。环境组建包含，道路环境、建筑环境、绿化环境、交通设施及设备、车辆行人及其轨迹、天气、人眼视角等。

2. 设置车辆动力学模型及驾驶模式

（1）车辆动力学模型

PreScan 软件支持三种车辆的动力学模型：None、2D Simple、3D Simple。None 指无动力学模型；2D Simple 指能够模拟汽车纵向、横向和横摇运动的模型；3D Simple 指能够模拟汽车的纵向、横向、俯仰和横摇运动，其中包括悬架模型。车辆动力学 Simulink 软件模型如图 15-28 所示。由于本章不研究车辆在坡道等环境下的行驶行为，只研究在平坦路面的驾驶情况，所以不用考虑车辆的俯仰运动的动力学模型，因此车辆动力学模型选择 2D Simple。

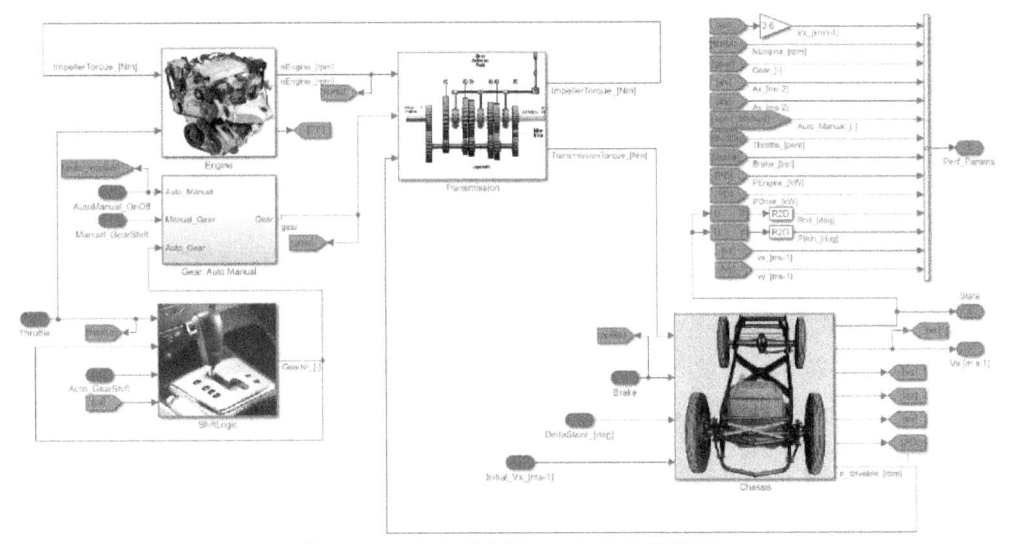

图 15-28　车辆动力学 Simulink 软件模型

同时，PreScan 软件支持车辆部分参数的更改，如轮胎刚度、转动惯量等，如图 15-29 所示。实验用车统一选用"Audi A8 Sedan"车型，并且车辆的参数使用默认参数，不进行更改。

（2）驾驶模式

PreScan 软件提供了三种驾驶模式：None、Game Controller、Path Follower。None 指的车辆完全按照 PreScan 软件为车辆设置的速度文件及轨迹行驶；Game Controller 为可以使用外接驾驶模拟设备对车辆驾驶行为进行控制；Path Follower 指将轨迹（路径+速度文件）转换为车辆动力学模型的转向角输入，在这个驾驶模式下加速制动和初始速度也受到控制，但与轨迹速度剖面无关，即结合车辆的动力学模型结构对车辆进行控制。利用这个模式，可以进行一些车辆驾驶方法（如车辆编队算法）的验证。本实验驾驶模拟器控制的车辆选择 Game Controller 驾驶模式，自动驾驶车辆选择 Path Follower 驾驶模式。

3. 驾驶模拟器控制仿真车辆

PreScan 软件支持使用一个外部力量反馈方向盘、踏板及变速杆设备，这可以让实验在实验的过程中可以控制仿真车辆的行驶。当使用了支持的方向盘设备时，PreScan 软件会自动进行驾驶功能的映射，并设置正确的轴属性的范围（如转向角度、中心弹力等），用户还可以选择自定义及更改游戏控制器的属性。

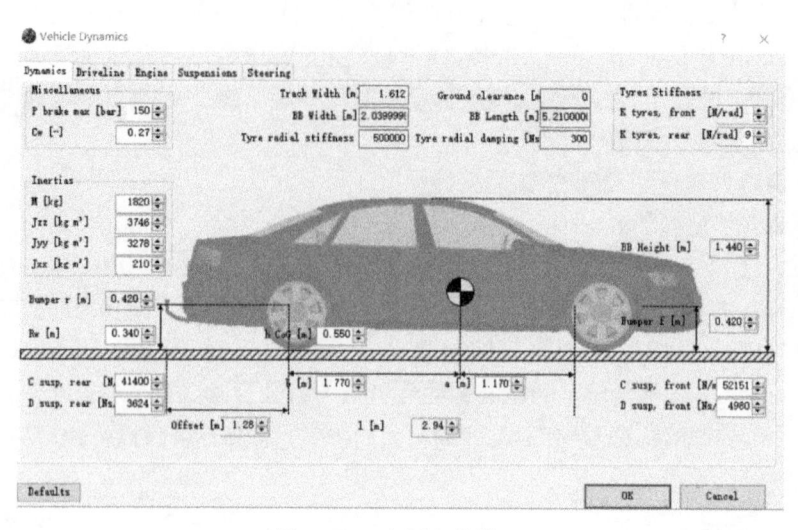

图 15-29 车辆参数设置

本节选择外接的驾驶模拟设备采用钢质滚珠轴承,以及配备不锈钢换挡拨片;其踏板部分采用金属材质,底部采用防滑橡胶脚垫,离合踏板、制动踏板、加速踏板按真实车辆位置设计,便于做跟趾动作;同时,用霍尔式转向传感器。由此设备的特点优势可见,应用该设备可以使得仿真实验更加贴近显示并符合驾驶人的驾驶习惯,使得仿真结果不存在设备问题的干扰,且更加具有说服力。

4. PreScan 与 Matlab/Simulink 软件联合仿真

PreScan 软件中各种技术可以无缝集成,因为主要接口是基于 Matlab/Simulink 软件的 Mathwork。PreScan 软件是基于 PC 的,它的基本版本带有一个强大的图形预处理程序、一个高端的 3D 可视化查看器(VisViewer)和一个标准 Matlab/Simulink 连接。

因此,在对车辆的一些控制设置与车辆编队模型的验证中,运用了 PreScan 与 Matlab/Simulink 软件联合仿真这一个特点,所涉及车辆驾驶的仿真运行及对于车辆编队模型在 PreScan 软件仿真中的导入及输入、输出的配置等,且都将在 PreScan 与 Matlab 软件中联合完成。

15.5.2 仿真平台与智能小车联调测试

1. 微缩智能小车

微缩智能小车是一种能够自动驾驶,并搭建多种传感器进行探测的微缩车辆,其可在智能驾驶、自动循迹等领域进行应用,其核心内容便是基于循迹算法进行控制行驶。

具有循迹功能的微缩智能小车系统主要包括电源、稳压模块、电机驱动模块、单片机最小系统和循迹传感器模块等。其循迹自动行驶的工作原理为循迹传感器模块探测信息,并将采集到的信息数据输入到单片机最小系统中;单片机最小系统对接收的数据信息进行分析与处理,利用智能小车的控制算法对驱动系统发出相应的行驶指令;智能小车根据指令显示出不同的行驶状态。微缩智能小车如图 15-30 所示。

2. 车车/车路无线通信

在仿真平台与智能小车联调的研究中,基于 ZigBee 无线通信技术实现发送控制指令控制智能小车驾驶行为的功能。选取两个 ZigBee 模块:一个下载 ZigBee 主机程序;另一个下载 ZigBee 从机程序。将下载了主机程序的 ZigBee 接在 PC 端;下载了从机程序的 ZigBee 接在等

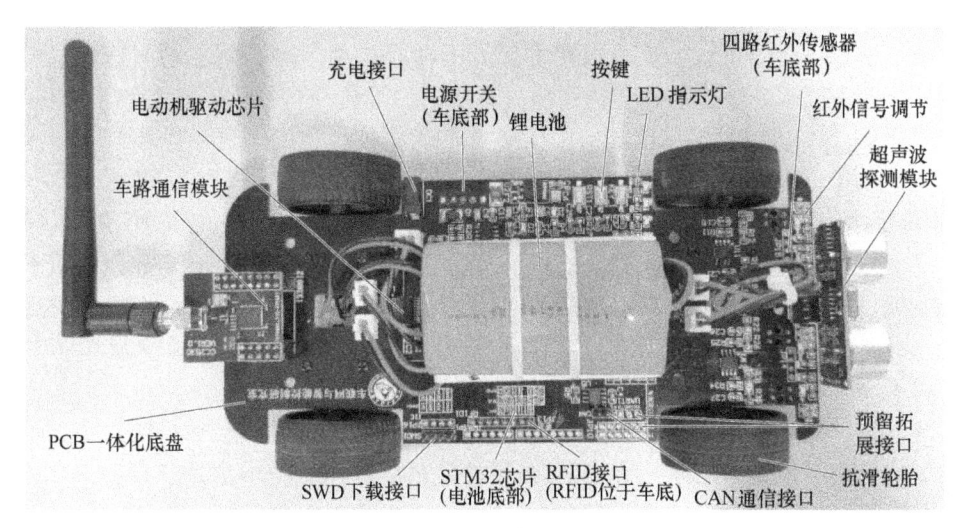

图 15-30 微缩智能小车

比微缩智能小车单片机中无线通信模块处，对波特率进行配置。其中，STM32 智能小车无线通信波特率设置为 38400，51 智能小车无线通信波特率设置为 9600。这里需要注意的问题为需要将主机与从机波特率设置为一致的。

在配置完成后，利用串口通信来实现基于 ZigBee 无线通信功能；应用串口调试助手进行连接通信测试，利用该软件向智能小车发送控制指令（含有启动、停止、加速、减速指令），控制指令下发成功后会收到智能小车的反馈，即通过无线通信可以在助手端显示出从机反馈给主机的信息。在这个过程中，实现了 PC 端对智能小车的控制，为接下来驾驶模拟器对智能小车控制的实现铺设了基础。

3. Simulink 软件串口通信模块

在仿真平台与智能小车的联调中，需要利用驾驶模拟器在控制仿真动画中仿真车辆的同时，可以控制沙盘上的微缩智能小车做出相同的驾驶行为，故利用无线通信技术来实现驾驶模拟器对循迹智能小车的控制。由于 PreScan 车辆仿真软件是与 Matlab/Simulink 软件进行联合仿真的，且仿真 3D 动画效果需要在 Matlab/Simulink 软件进行运行，则实现该功能的核心内容为在 Simulink 软件中实现基于 ZigBee 的无线通信，而不通过串口调试助手等软件进行辅助。

本实验使用的 ZigBee 模块利用串口进行通信，则在 Simulink 软件中主要需要应用两种模块：串口配置模块；串口数据发送模块。这两种模块是 Simulink 软件中可以从 Library Browser 直接调出使用的封装好的模块。两种模块功能具体如下：

1）串口配置（serial configuration）模块。利用该模块对串口进行基本配置，主要需要修改的有串口（communication port）号及波特率（baud rate），数据位（data bits）为默认 8，停止位（stop bits）为默认 1，其他参数也均使用默认配置及默认值。

2）串口数据发送（serial send）模块。利用该模块对串口进行数据信息发送，只修改串口号，其余参数使用默认配置及默认值，结合已经配置好的串口配置模块。在外接入设备后，即可实现 Simulink 软件的串口通信。

4. S-function 模块及其编写

智能驾驶虚拟仿真实验平台搭建的最后一步，为模拟驾驶器控制智能小车的驾驶行为。

即，当踩下车辆驾驶模拟设备中的加速踏板时，智能小车会启动；踩下制动踏板至仿真车辆停止时，智能小车也会停止；加速踏板踩下程度不同，仿真车辆会有不同的速度，智能小车也会加速减速至不同的速度；仿真车辆在仿真环境中的位置与智能小车在沙盘上的位置对应。因此，需要在 ZigBee 无线通信的基础上根据仿真车辆驾驶行为的不同发送控制指令至智能小车做出不同的动作，这里用到了 Simulink 软件的 S-function 模块。

S-function（System function）也称为 S 函数，可以利用它来写 Simulink 模块。S 函数可以用 Matlab 语言、C 语言、C++等语言来进行编写。它可利用 Matlab 的丰富资源，而不仅局限于 Simulink 提供的模块，而用 C 或 C++等语言写的 S 函数还可以实现对硬件端口的操作等。

这里选择 Level2 MS 函数、C 语言的函数作为模板，用 C 语言编写控制程序，而后在 Matlab 中利用 mex 命令编译为 .m 文件。S 函数编写流程图如图 15-31 所示。

仿真环境与沙盘环境的比例为 25∶1，通过添加智能小车速度分级的控制指令，可以基本实现仿真车辆的实时位置与智能小车在沙盘上的实时位置相对应。仿真流程图如图 15-32 所示。Simulink 模块连接图如图 15-33 所示。在仿真运行时，真人利用驾驶模拟设备驾驶仿真车辆，仿真车辆的实时参数可被获取并输入至 S-function 模块，经过函数处理后发送至串口端，通过 ZigBee 无线通信控制小车执行相应指令，并保证与仿真车辆行为相对应。

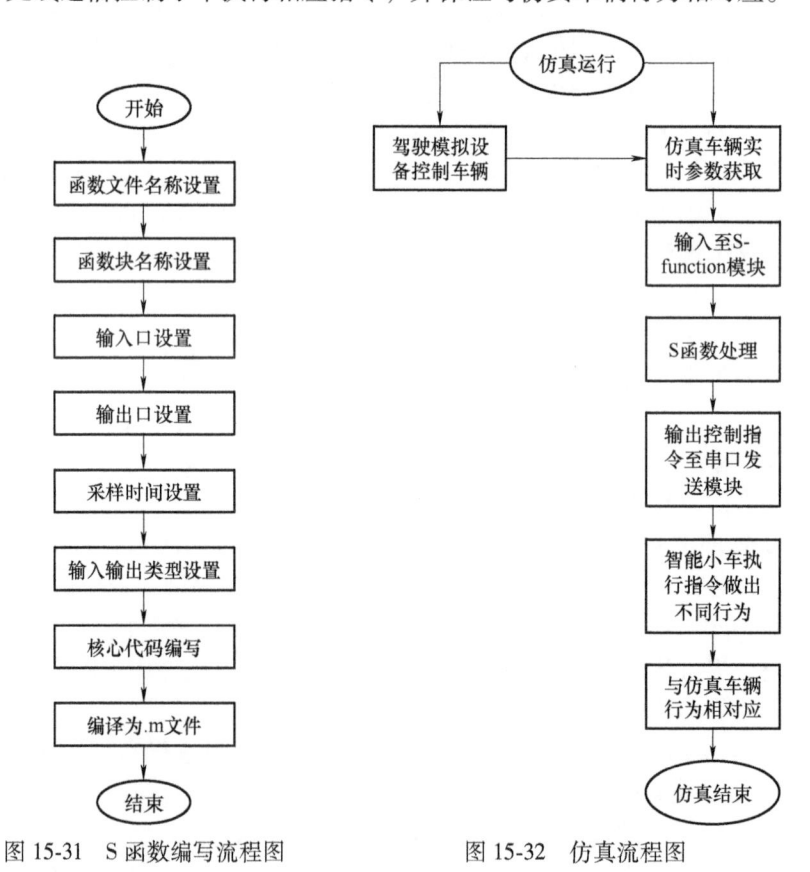

图 15-31 S 函数编写流程图

图 15-32 仿真流程图

5. 实现驾驶模拟器同步控制智能小车且与仿真对应

驾驶模拟器用真人进行驾驶实验，如图 15-34~图 15-37 所示。图中，左侧为仿真环境实时俯视图，可以观察到仿真车辆的行驶行为与实时位置；中间为仿真车辆驾驶人视角；右侧为实际沙盘环境实时俯视图，可以观察到智能小车的行驶行为与实时位置。

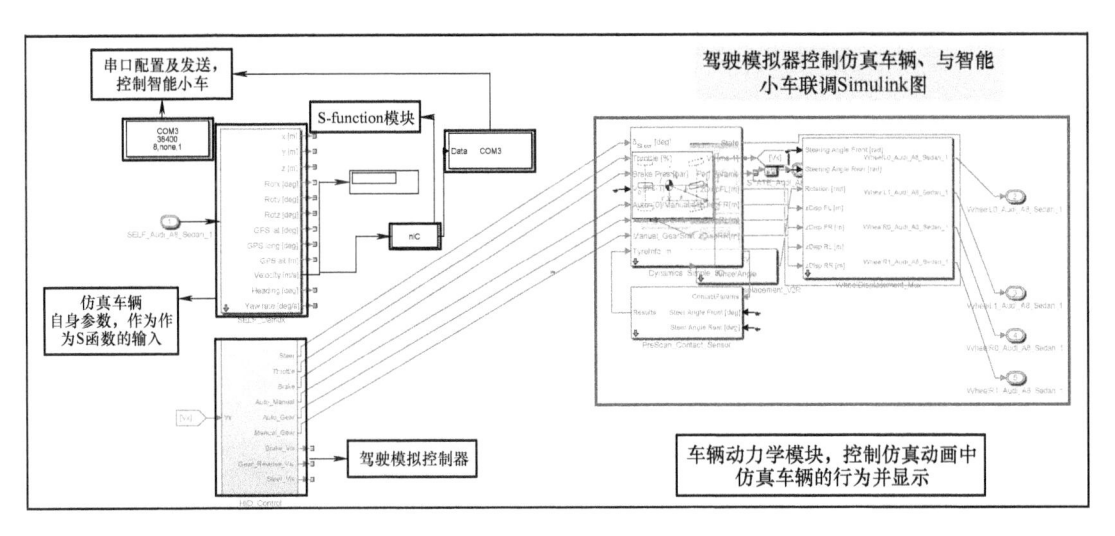

图 15-33　Simulink 模块连接图

图 15-34　驾驶实验过程 1

图 15-35　驾驶实验过程 2

在实现驾驶模拟器能够控制智能小车后，可以观察到仿真车辆与智能小车的行驶行为一致，且它们在各自环境中的位置基本对应，这样使得智能驾驶虚拟仿真实验平台搭建完成，可以作为智能车辆驾驶的仿真平台进行广泛的应用。

图 15-36　驾驶实验过程 3

图 15-37　驾驶实验过程 4

15.5.3　智能网联虚拟驾驶运行效果

1. 基于 MPC 的车辆编队模型

在仿真实验平台搭建完成后，利用该平台对车辆编队模型应用于混行驾驶车流下的可行性与安全性进行验证，本实验基于 MPC 方法来控制车辆编队。本实验，利用 Simulink 软件验证了基于 MPC 的车辆编队控制模型（见图 15-38），以及头车内部（见图 15-39）和跟随车辆内部（见图 15-40）的运行。该实验验证了 5 辆车的车辆编队模型。其中，1 辆为领航车，其余 4 辆为跟随车辆。该模型可以令车队中车辆近似保持设定好的理想车间距，同时后车根据领航车行驶行为的变化而做出不同的反应。

2. 仿真车辆模型搭建

为了验证该基于 MPC 的车辆编队控制算法在混行车流中的可行性与稳定性，在仿真环境中应设置驾驶模拟器控制车辆与自动驾驶车辆。

在本研究中，设置 1 辆模拟驾驶车辆（驾驶模拟器实际控制的车辆），4 辆自动驾驶车辆，共计 5 辆车，均选用"Audi A8 Sedan"车型；第 1 辆为模拟驾驶车辆（黑色喷漆），后 4 辆为自动驾驶车辆（红色喷漆），如图 15-41 所示。

设置自动驾驶车辆在仿真过程中的行驶路径，模拟驾驶车辆驾驶模式选用"Game Controller"；自动驾驶车辆驾驶模式选用"Path Follower"，并选用"With Preview"，如图 15-42 所示，这里的功能是在考虑车辆的动力学模型的情况下，尽可能完全按照用户设置的行驶路径控制仿真车辆进行行驶。实验中的仿真速度设置为尽可能快速（as fast as possible）。

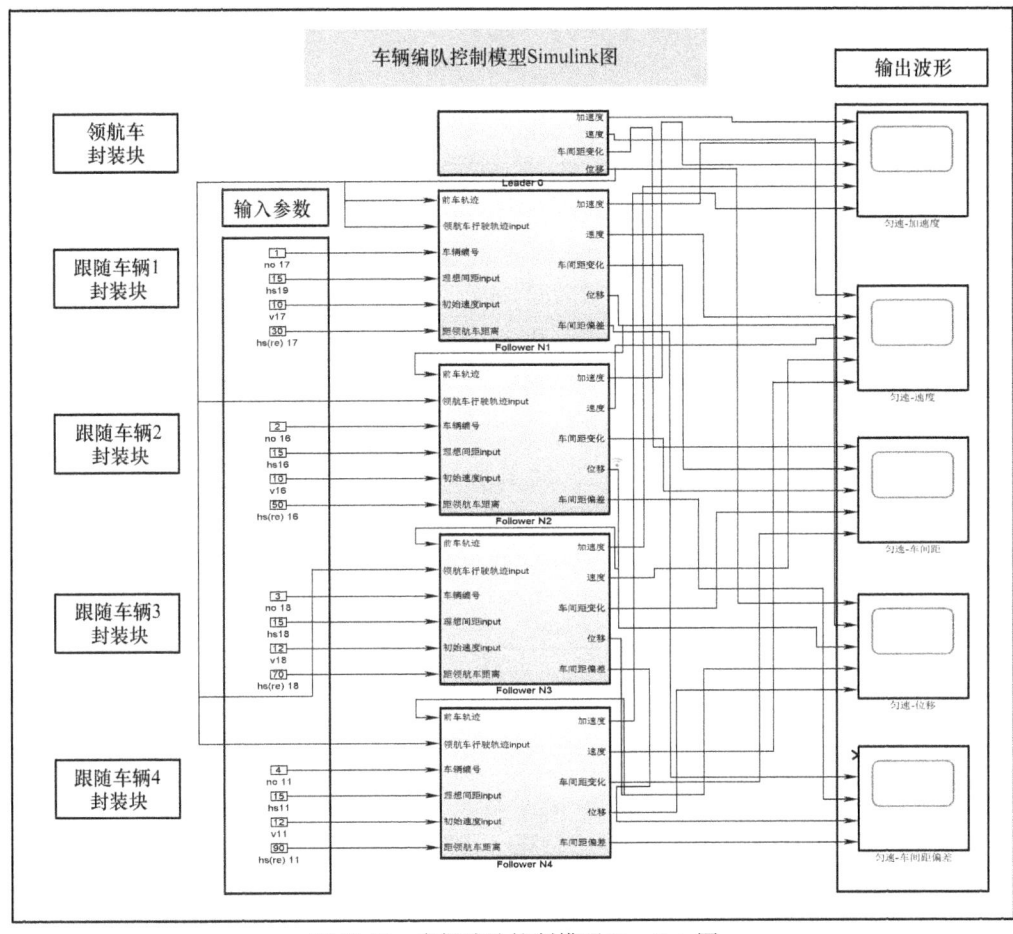

图 15-38　车辆编队控制模型 Simulink 图

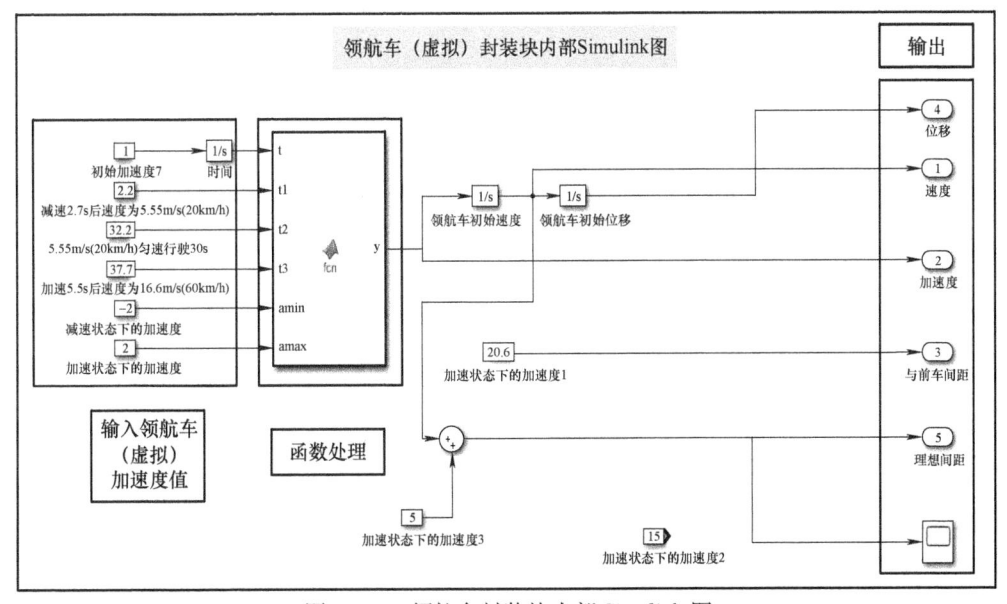

图 15-39　领航车封装块内部 Simulink 图

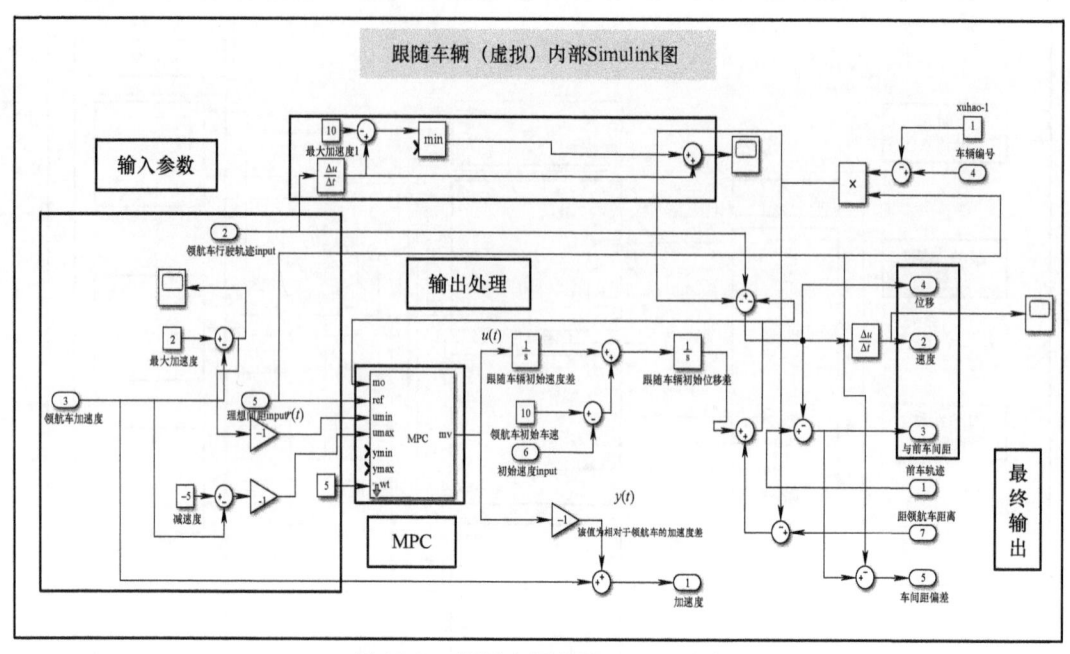

图 15-40 跟随车辆内部 Simulink 图

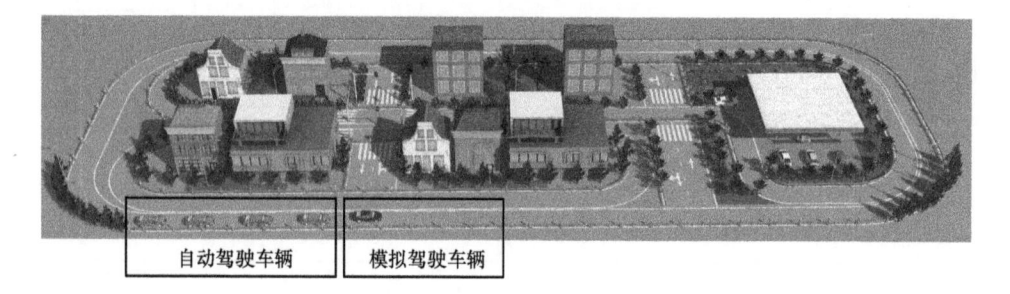

图 15-41 仿真车辆动画

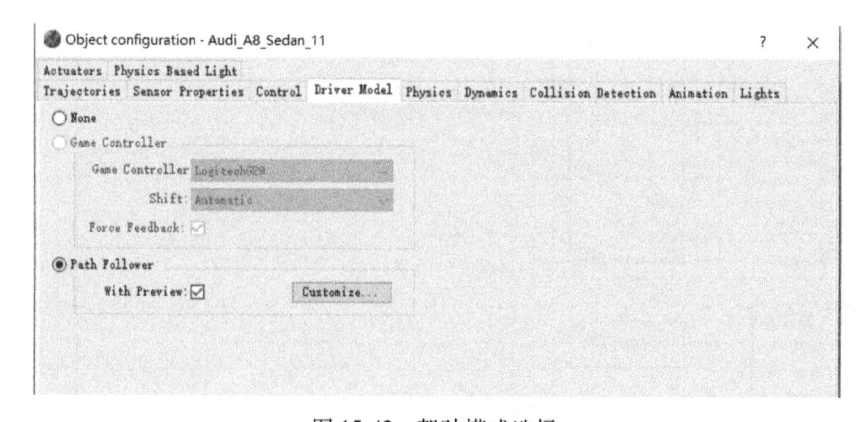

图 15-42 驾驶模式选择

3. 仿真工程运行

在仿真车辆模型设置完成后,进行编译并在 Matlab 中打开该实验工程的 Simulink 模型,使仿真车辆运用上述的基于 MPC 的车辆编队控制模型，需要将该算法模型与仿真文件在一个工程目录下，且该模型与仿真 Simulink 文件需要在一个 Simulink 文件中进行运行。在"Path Follower"驾驶模式下，可以自行设置自动驾驶车辆的初始速度（Initial Velocity）与期望速度（Desired Velocity），如图 15-43 所示。

本章的控制方法是将 MPC 模型计算出的实时期望速度值利用 Goto 模块进行导出，并利用 From 模块接入到自动驾驶车辆的"Desired Velocity"输入中，实现由领航车（即由真人驾驶的模拟驾驶车辆）运动状态的改变而更改其余 4 辆自动驾驶车的速度，实现混行车流状态下的车辆编队，仿真流程图如图 15-44 所示，仿真实验 Simulink 模型如图 15-45 所示。

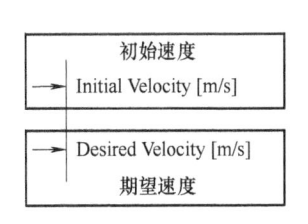

图 15-43 初始速度与期望速度输入口

在仿真运行后，驾驶模拟器控制仿真车辆中领航车与智能小车车队头车的同时，由该 MPC 模型对其余 4 辆自动驾驶仿真车辆的速度进行控制，在仿真中形成车辆编队效果。同时，其余 4 辆智能小车在前车启动后也会进行行驶形成编队效果，并与仿真动画中的 5 辆仿真车辆相对应。

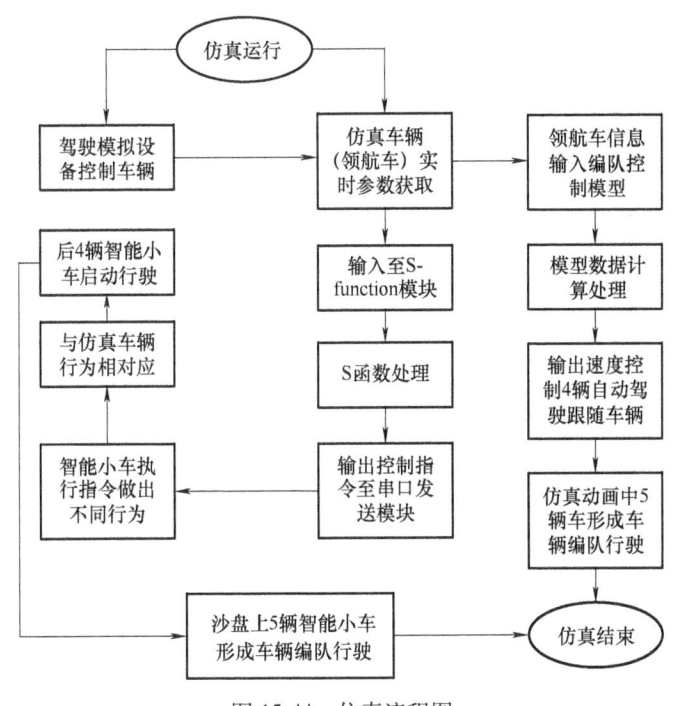

图 15-44 仿真流程图

4. 智能小车编队

在对模型的验证中，验证模型的可行性主要由仿真层面得到，而智能小车与交通沙盘主要作为一种实验的演示效果进行展现。共准备 5 辆智能小车，其中一辆智能小车装有 ZigBee 模块，用来与驾驶模拟器进行无线通信，使得真人操控驾驶模拟器能够控制该智能小车，模拟仿真车辆中的领航车；其余 4 辆小车为自动跟随小车，模拟仿真车辆中 4 辆自动驾驶车辆。起点处的智能小车如图 15-46 所示，实验演示过程如图 15-47 ~

图 15-49 所示。

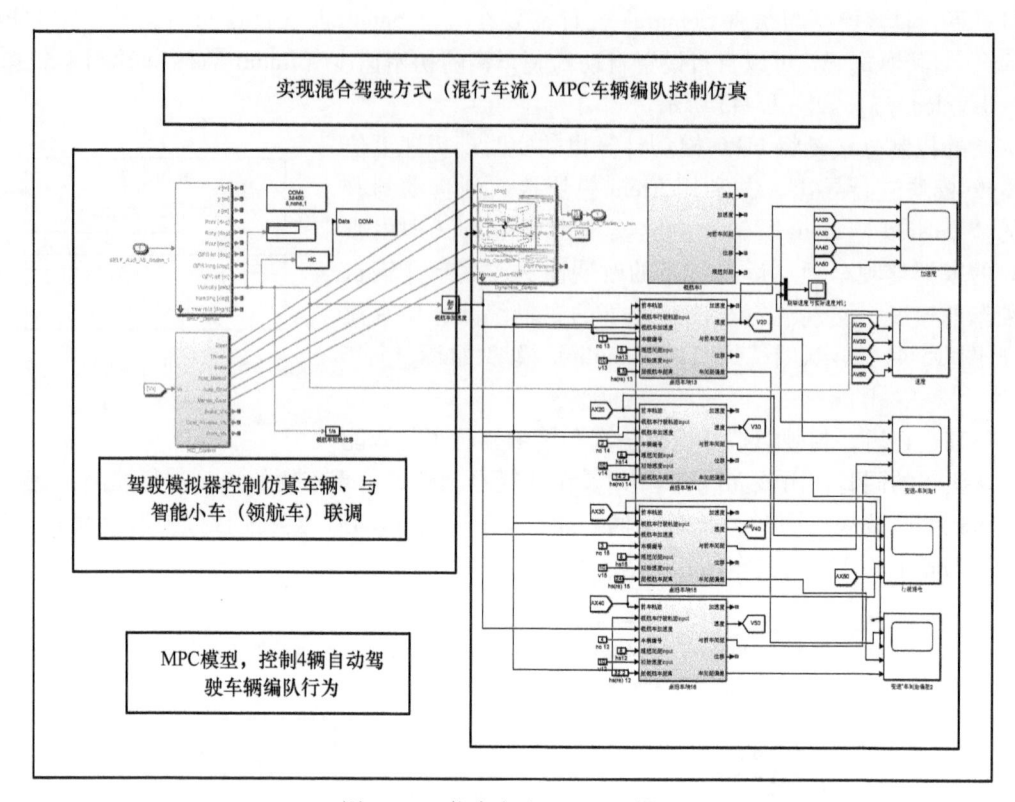

图 15-45　仿真实验 Simulink 模型

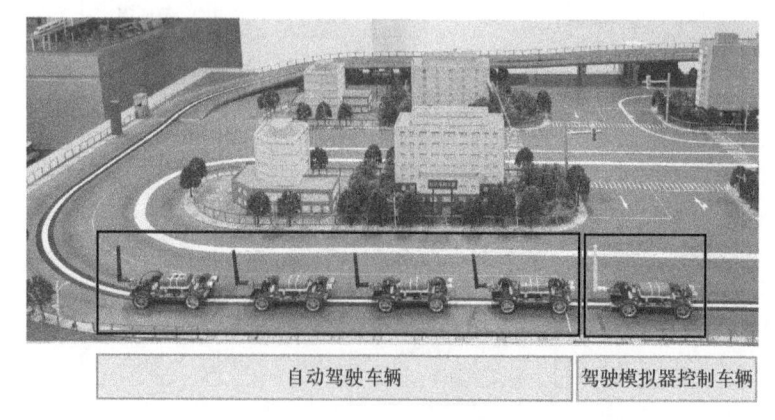

图 15-46　起点处的智能小车

5. 模型验证

对该模型的混行车流实验车辆编队进行验证,将自动驾驶车辆的初始速度(Initial Velocity)设置为 0,利用 Goto 模块及 From 模块将 4 辆跟随的自动驾驶车辆的速度、加速、行驶路程导出,与头车各项参数的数据曲线显示在一个 Scope 模块中,观察 5 辆车的行驶的各项参数曲线,得到验证结果。

由于该仿真车辆存在着车辆动力学模型,所以当给仿真车辆输入期望速度后,仿真车辆

图 15-47 实验演示过程 1

图 15-48 实验演示过程 2

图 15-49 实验演示过程 3

并不能完全每时每刻达到期望速度，但近似一致，此处做了一个对比。图 15-50 所示的曲线为一辆自动驾驶车的期望速度与实际速度对比曲线，深色线条为期望速度，浅色线条为实际速度。在仿真车辆的 Simulink 模型，存在着仿真车辆实时速度的输出端（见图 15-51）。

将实时速度进行积分，得到车辆的行驶路程并作为下一辆跟随车辆的"前车轨迹"进行输入。即，输入给下一辆车算法模块的，是通过前车实际速度得到的实际行驶路程。相比通过期望速度得到的行驶路程，这更具有真实性和说服力。同时，车辆的加速度通过对仿真车辆的实际速度微分得到。实验过程如图 15-52~图 15-55 所示。5 辆仿真车辆的加速度、速度、车辆行驶路程曲线如图 15-56~图 15-58 所示。

根据对加速度、速度、行驶路程曲线的分析可以得出，利用该 MPC 模型进行车辆编队后，自动驾驶车辆的速度、加速度基本按领航车（即驾驶模拟器控制车辆）的速度、加速度的变化而变化。可以看出，4 辆自动驾驶车辆速度、加速度的变化趋势及展现出的变化曲线形势与头车速度、加速度的变化趋势及曲线变化形状类似且趋于一致，且自动驾驶车辆的行驶

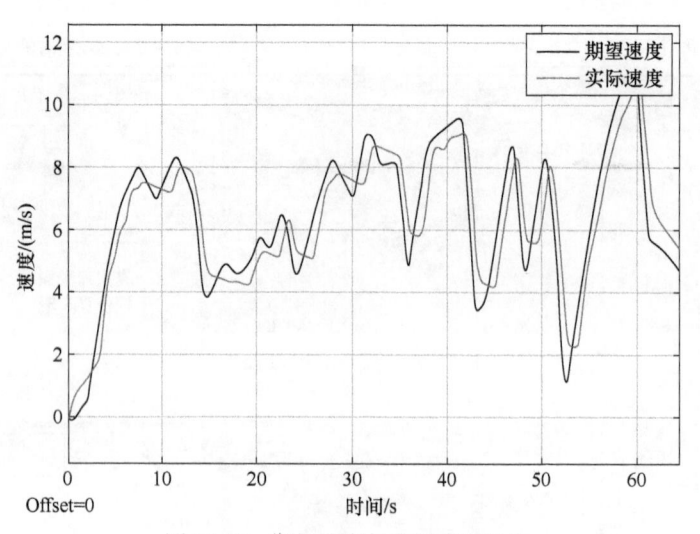

图 15-50　期望速度与实际速度对比

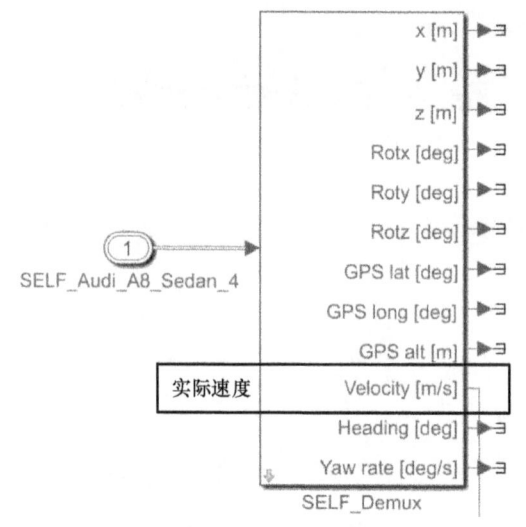

图 15-51　自动驾驶仿真车辆实时速度输出端

图 15-52　实验过程 1

路程与头车共计 5 辆车的行驶路程基本相等。故通过本仿真实验平台验证，该模型在混行车流中进行车辆编队的应用是可行的。

第 15 章　智能网联汽车编队控制硬件在环仿真技术

图 15-53　实验过程 2

图 15-54　实验过程 3

图 15-55　实验过程 4

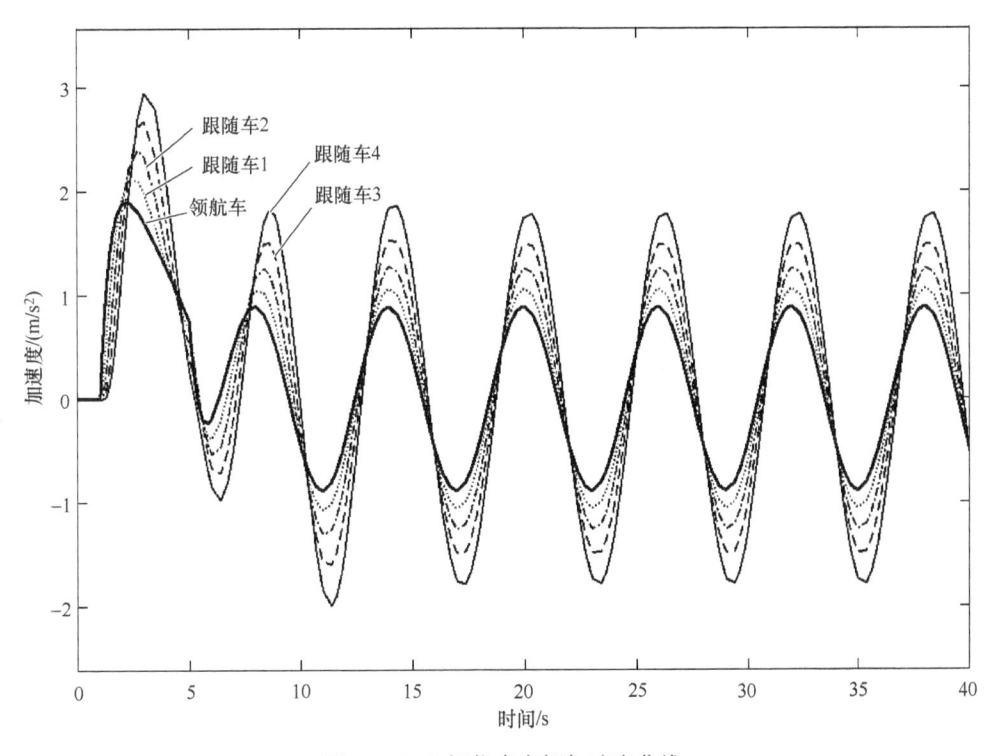

图 15-56　5 辆仿真车辆加速度曲线

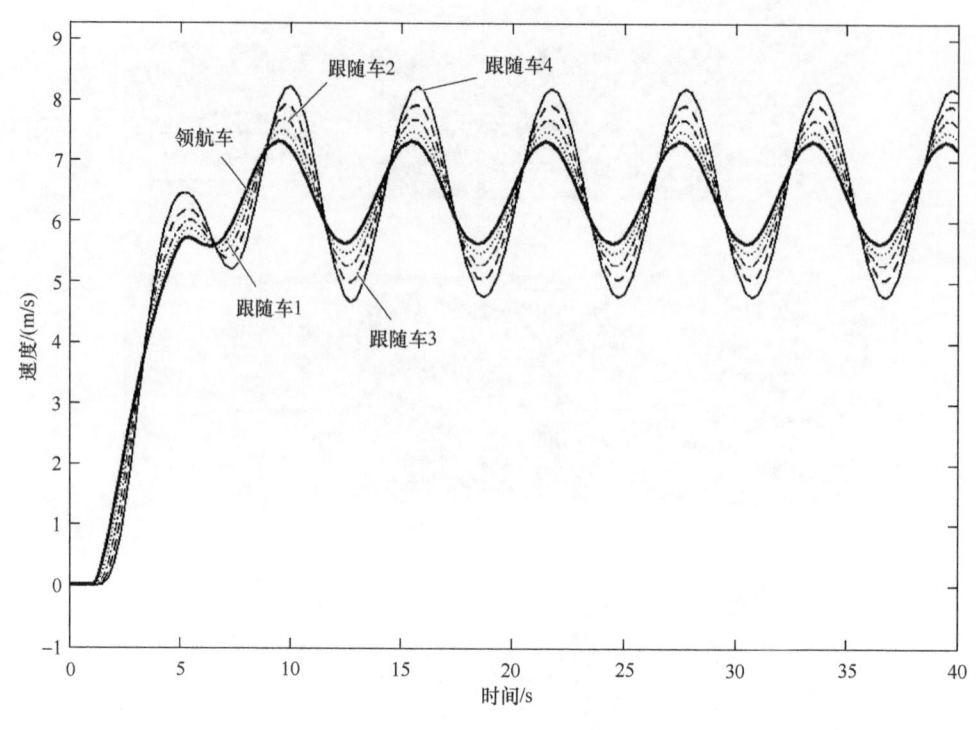

图 15-57　5 辆仿真车辆速度曲线

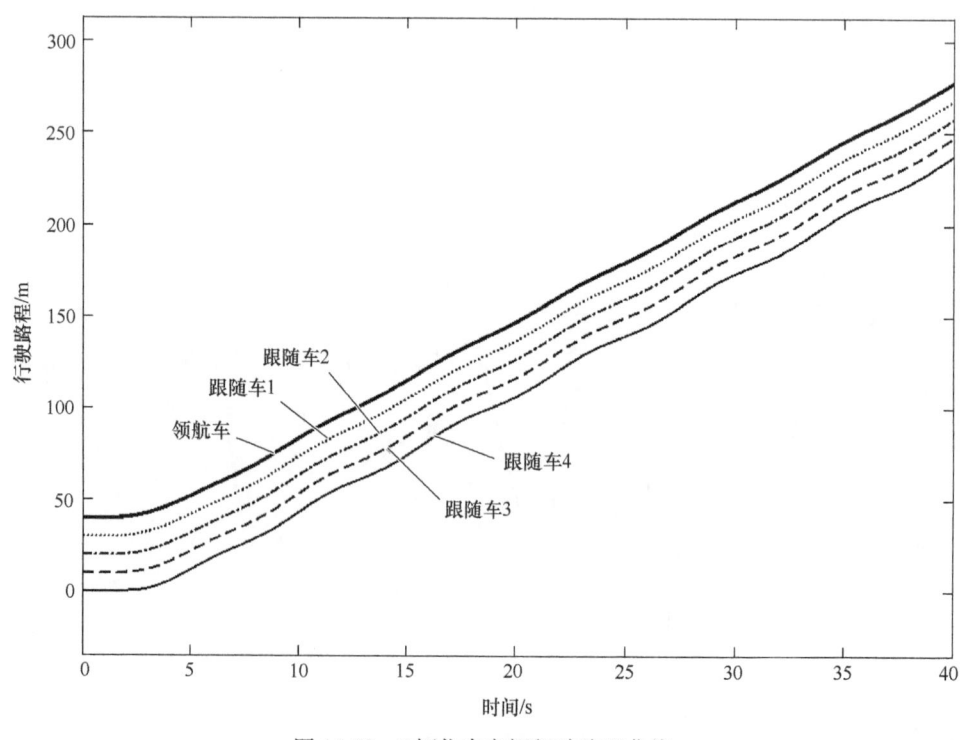

图 15-58　5 辆仿真车辆行驶路程曲线

同样，其中有着轻微的误差存在，最主要的误差是因为，驾驶模拟器信号输入选择为车辆模拟驾驶设备，自动驾驶车辆选择的驾驶模型为"Path Follower"进行控制，而无法保证两种控制器对车辆的控制完全相同，这样就存在着轻微的误差。

在实验设置中，4辆自动驾驶车辆的路径没有做到完全相同，相互间存在着轻微的偏差；且驾驶模拟器控制的车辆在行驶过程中刻意偏向毫无规律的行驶，存在着急加速及突然减速等行为；同时，5辆车均在考虑车辆动力学模型的情况下行驶，故在此情况下对模型的验证结果在更加接近实际情况的同时也更具有说服力。

参 考 文 献

[1] NAUS G J L, VUGTS R P A, PLOEG J, et al. String-stable CACC design and experimental validation: A frequency-domain approach [J]. IEEE Transactions on Vehicular Technology, 2010, 59 (9): 4268-4279.

[2] FERNANDES P, NUNES U. Platooning with IVC-enabled autonomous vehicles: Strategies to mitigate communication delays, improve safety and traffic flow [J]. IEEE Transactions on Intelligent Transportation Systems, 2012, 13 (1): 91-106.

[3] TAN H S, GULDNER J, PATWARDHAN S, et al. Development of an automated steering vehicle based on roadway magnets-a case study of mechatronic system design [J]. IEEE/ASME Transactions on Mechatronics, 1999, 4 (3): 258-272.

[4] BEHRINGER R, MULLER N. Autonomous road vehicle guidance from autobahnen to narrow curves [J]. IEEE Transactions on Robotics & Automation, 1998, 14 (5): 810-815.

[5] HUNTER M, ROE M, WU S. Hardware-in-the-loop simulation evaluation of adaptive signal control [J]. Transportation Research Record: Journal of the Transportation Research Board, 2010, (2192): 167-176.

[6] 施绍有, 高峰, 史科. 智能车辆巡航建模与硬件在环试验 [J]. 中国机械工程, 2008, 19 (4): 472-475.

[7] 方兴, 杨明, 彭新荣. 智能车硬件在环仿真系统的设计与实现 [J]. 华中科技大学学报（自然科学版），2008 (1).

[8] BRENNAN S N. Modeling and control issues associated with scaled vehicles [D]. Urbana-Champaign: University of Illinois at Urbana-Champaign, 1999.

[9] BRENNAN S N. On size and control: the use of dimensional analysis in controller design [D]. Urbana-Champaign: University of Illinois at Urbana-Champaign, 2002.

[10] POLLEY M, ALLEYNE A, VRIES E D. Scaled vehicle tire characteristics: dimensionless analysis [J]. Vehicle System Dynamics, 2006, 44 (2): 87-105.

[11] BUCKINGHAM E. On physically similar systems; illustrations of the use of dimensional equations [J]. Physical Review, 1914, 4 (4): 345-376.

[12] VERMA R, DEL VECCHIO D, FATHY H K. Development of a scaled vehicle with longitudinal dynamics of an HMMWV for an ITS testbed [J]. IEEE/ASME Transactions on Mechatronics, 2008, 13 (1): 46-57.